Deckert / Drasdo • Mein Wohnungseigentum

Wolf-Dietrich Deckert
Michael Drasdo

Mein Wohnungseigentum

Ein allgemeinverständlicher
Rechts-Ratgeber
rund um die Eigentumswohnung.
Mit Musterverträgen und Praxishilfen.

7., überarbeitete und aktualisierte Auflage

Begründet von
Dr. jur. Wolf-Dietrich Deckert
Rechtsanwalt in München
fortgeführt von
Michael Drasdo
Rechtsanwalt in Neuss

Haufe Mediengruppe
Freiburg • Berlin • München

Die Deutsche Bibliothek – CIP-Einheitsaufnahme

Deckert, Wolf-Dietrich:
Mein Wohnungseigentum: ein allgemeinverständlicher Rechtsratgeber rund um die Eigentumswohnung; mit Musterverträgen und Praxishilfen / Wolf-Dietrich Deckert / Michael Drasdo.
– 7., überarb. und aktualisierte Aufl. – Freiburg i. Br. : Haufe, 2001.
ISBN 3-448-04345-1

ISBN 3-448-04345-1   Best.-Nr. 71.13

1. Auflage 1984 (ISBN 3-448-01491-5)
2., aktualisierte Auflage 1987 (ISBN 3-448-01701-9)
3., überarbeitete und erweiterte Auflage 1991 (ISBN 3-448-02219-5)
4., überarbeitete Auflage 1993 (ISBN 3-448-02750-2)
5., überarbeitete und erweiterte Auflage 1995 (ISBN 3-448-03225-5)
6., überarbeitete und aktualisierte Auflage 1997 (ISBN 3-448-03565-3)
7., überarbeitete und aktualisierte Auflage 2001 (ISBN 3-448-04345-1)

© Rudolf Haufe Verlag, Freiburg i. Br. 2001

Produktmanager: Dirk Labusch

Alle Rechte, auch die des auszugsweisen Nachdrucks, der fotomechanischen Wiedergabe (einschließlich Mikrokopie) sowie der Auswertung durch Datenbanken oder ähnliche Einrichtungen, vorbehalten.

Umschlaggestaltung: Buttgereit & Heidenreich, Haltern am See
Satz und Druck: F. X. Stückle, Ettenheim

Liebe Leserin, lieber Leser,

auch mit dieser aktualisierten Neuauflage nunmehr „unseres" Ratgebers „rund um das Wohnungseigentum" wollen wir insbesondere Ihnen wieder vor, bei und nach Erwerb einer Eigentumswohnung (bzw. eines Teileigentums) in leicht verständlicher Weise vorwiegend rechtliche Hilfestellung leisten, d. h. insbesondere Grundzüge des Kaufs und Besitzes einer Eigentumswohnung vermitteln, Kurzhinweise auf verfestigte, herrschende Rechtsmeinungen geben und bewährte Vertragsformulierungen in rechtsgültiger Form empfehlen.

Das Wohnungseigentumsrecht ist zwischenzeitlich durch die vielen Einzelfall-Gerichtsentscheidungen und auch Literaturmeinungen so kompliziert geworden, dass man ohne einschlägige Erfahrung, fachspezifisch langjährig gewachsene Kenntnisse und mitunter auch ins Detail gehende Rechtsberatung schnell „überfordert" sein und während sowie nach Wohnungserwerb ohne entsprechendes, aktuelles Fachwissen mitunter „böse Überraschungen" erleben kann. Denken Sie hier z. B. an die anfängliche Baumängelthematik, an das notwendige Verständnis verbindlicher Vereinbarungsvorgaben in der speziellen Teilungserklärung mit Gemeinschaftsordnung, an Stimmrechts- und Beschlussfragen in der Eigentümerversammlung, an Wohngeldzahlungspflichten und häufig umstrittene Kostenverteilungsregelungen, an ordnungsgemäßes Verwalterhandeln insbesondere im Abrechnungswesen und der technischen Bestandsverwaltung, an nachträgliche Nutzungs- und bauliche Veränderungsprobleme, an Hausordnungs-Streitigkeiten und vieles mehr. Kontrollieren Sie bitte rechtzeitig auch anhand unserer Vertrags- und Verwalterformulare im Anhang unseres Ratgebers, ob sich Ihre Vertragsbeteiligten in etwa an unsere Muster-Empfehlungen halten bzw. gehalten haben. Im Einzelfall ist natürlich gesonderte rechtzeitige Fachberatung (auch in wirtschaftlicher und steuerrechtlicher Hinsicht) nicht entbehrlich.

Im rechtlichen Bereich können Sie von unserer jahrzehntelangen Berufserfahrung sicher profitieren. In dankenswerter Weise hat Herr Kollege Drasdo aus Neuss federführend die Neubearbeitung dieser 7. Auflage übernommen und dabei auch jüngste Rechtsentwicklungen in die Abhandlung mit eingearbeitet. In Detail-Rechtsfragen steht das seit 1951 bewährte Wohnungseigentumsrecht – kurz vor seinem 50jährigen Jubiläum – gerade zur Zeit leider in heftiger Literatur-Diskussion (z. B. zum sog. Zitterbeschluss, zur nachträglichen Sondernutzungsrechts-Begründung, zum Beginn der Existenz eines Eigentümerbeschlusses, zur Anfechtungsmöglichkeit sog. Negativ-Beschlüsse und vieles mehr). Die neue, für die Praxis sehr bedeutsame Entscheidung des BGH v. 20.9.2000, Az.: V ZB 58/99 (zur nachträglichen Begründung von Sondernutungsrechten und zur nunmehr sehr differenzierend zu behandelnden Problematik so gen. Zitterbeschlüsse bzw. Ersatzvereinbarungen) haben wir bewusst noch nicht in diese Neuauflage unseres Ratgebers eingearbeitet;

zum einen müssen die sicher weitreichenden Rechtsfolgen für die Praxis noch vertiefend überdacht werden, zum anderen wollten wir mögliche Verunsicherungen im Leserkreis derzeit noch vermeiden helfen und zuletzt auch die Veröffentlichung dieser Neuauflage nicht neuerlich verzögern. Ungeachtet aller aktuellen Rechtsdiskussionen waren wir bemüht, primär jeweils die zur Zeit vorherrschende Rechtsmeinung darzustellen, um Sie nicht unnötigerweise zu verunsichern. Eine Reform (oder Teilreform) des Gesetzes steht zumindest im Augenblick aktuell nicht an. Damit sind nach wie vor die wesentlichen Leitsatzgedanken und tragenden Entscheidungsgründe des BGH und aller deutschen Rechtsbeschwerdesenate (der Oberlandesgerichte, des KG und des BayObLG) auch für Sie primär verbindlich. Auf dieses Richterrecht als wesentliche „Erkenntnisquelle" haben wir zu vielen Einzelfällen in Kurzform sicher ausreichend hingewiesen.

Unsere Ausführungen dürften auch von lesenswertem Interesse für den einen oder anderen WEG-Verwalter sein, um sich vielleicht ebenfalls schnell zur aktuellen Rechtslage zu informieren.

Wollen Sie nach Lektüre unseres Kurzratgebers in die Materie tiefer „einsteigen", dürfen wir Sie erneut auf das 2-bändige Loseblattwerk „Die Eigentumswohnung – vorteilhaft erwerben, nutzen und verwalten" (Deckert, ETW 1982 ff., WRS-Verlag, Bestell-Nr. 71.06, Postfach 1363, 82152 Planegg/München, Fax 0 89 / 8 95 17–2 50) verweisen, ebenso auf die neue CD-Rom von Deckert zur wichtigsten wohnungseigentumsrechtlichen Rechtsprechung seit 1982 ff., auf dem Markt seit Ende Mai 2000 (ebenfalls WRS-Verlag) bzw. auch auf Sonderabhandlungen zum Wohnungseigentumsrecht aus der Haufe-Mediengruppe (insbesondere von Drasdo, „Der Verwaltungsbeirat; Aufgaben in der Wohnungseigentümergemeinschaft, Rechte und Pflichten, Vergütung, Haftung", 2. Auflage 1999, Rudolf Haufe Verlag Freiburg, Bestell-Nr. 07432 oder auch Keuter, WET-ORGALINE 2001).

Hoffentlich kommen Sie nach der Lektüre unseres Ratgebers nicht zum – unsererseits unerwünschten – Ergebnis (frei nach Stanislaw Jerzy Lec): „Vieles hätte ich ja verstanden, wenn es mir „Deckert und Drasdo" nicht erklärt hätten!

Stärken Sie rechtzeitig Ihr Fachwissen: „Verbesserungen müssen zeitig glücken, im Sturm kann man bekanntlich keine Segel flicken!"

München, November 2000

Ihr Dr. Wolf-D. Deckert
(Rechtsanwalt, München)
und
Michael Drasdo
(Rechtsanwalt, Neuss)

Inhaltsverzeichnis

Seite

Vorwort		5
1	Der herkömmliche Erwerb einer Neubaueigentumswohnung vom Bauträgerverkäufer	11
1.1	Vom Kauf zum Eigentum	11
1.2	Zeitpunkt des Erwerbs, Vertragssituation (allgemein) und MaBV	12
1.3	Das rechtliche Vertragsbild; der Bauträger; das Wohnungserbbaurecht	15
1.4	Vorprüfungen (notwendige Überlegungen vor einer Kaufentscheidung)	18
1.5	Studium der Werbeunterlagen (Prospekte, Pläne, Baubeschreibung, Flächenberechnung, Teilungserklärung)	26
1.6	Makler/Reservierung/Vorvertrag	30
1.7	Die Überprüfung der notariellen Erwerbsurkunde (im Entwurf)	33
1.7.1	Die persönlichen Daten der Vertragsparteien	33
1.7.2	Der Beschrieb des Grundstücks	34
1.7.3	Erwerbsgegenstand/vertraglicher Hinweis auf die Teilung und den Beschrieb des neu gebildeten Wohnungs- oder Teileigentums mit Nebenräumen	38
1.7.4	Der Verkäufer als Voreigentümer	39
1.7.5	Die Baugenehmigung	39
1.7.6	Im Grundbuch eingetragene Belastungen	39
1.7.7	Der Kaufpreis als Festpreis (Pauschalpreis/Komplettpreis) – zahlbar in Raten nach Baufortschritt	41
1.7.8	Die Zwangsvollstreckungsunterwerfungsklausel	44
1.7.9	Der Fertigstellungszeitpunkt	45
1.7.10	Erschließungskosten und andere Abgaben	46
1.7.11	Die Übergabe/Abnahme des Sondereigentums und des Gemeinschaftseigentums	46

1.7.12	Die Gewährleistung bezüglich anfänglicher Rechts- und Baumängel	49
1.7.13	Die Auflassung	53
1.7.14	Sonderwünsche	58
1.7.15	Nachträgliche Änderungen des Vertragsobjekts	59
1.7.16	Belehrungen des Notars	60
1.7.17	Kosten der Beurkundung und Eigentumsumschreibung	61
1.7.18	Steuern	62
1.7.19	Zusatzabsprachen	62
1.7.20	Vertragsänderungen	62
1.8	Die Vereinbarungen in der Teilungserklärung mit Gemeinschaftsordnung	63
1.8.1	Der formelle Beschrieb der Erwerbsobjekte in der Teilungserklärung/im Teilungsvertrag	64
1.8.2	Die Gemeinschaftsordnung als „Satzung" der Gemeinschaft	73
1.9	Der Verwaltervertrag	84
1.10	Baubeschreibung und Planunterlagen (als Vertragsbestandteil)	85
1.11	Fachberatung	87
1.12	Der endgültige notarielle Vertragsabschluss	88
2	**Der Erwerb einer „Gebrauchtwohnung" (aus Käufersicht)**	**91**
2.1	Vorbemerkung	91
2.2	(Weitere) Vorüberlegungen allgemeiner Art	91
2.3	Der technische Zustand (Wertangemessenheit); Besichtigung!	93
2.4	Prüfung des Kaufvertragsentwurfs	94
2.5	Gemeinschaftsregelungen	102
2.6	Ergänzende Fragestellungen an Verkäufer und Verwalter	102
2.7	Planbeschrieb der Wohnung	106
2.8	Der Mietvertrag	106
2.9	Ergänzende Verhaltensrichtlinien	107
2.10	Wohnungserwerb nach Umwandlung von Altbausubstanz in Wohnungseigentum	108
2.11	Erwerb kraft Gesetzes bzw. Hoheitsaktes	112

3	Der Erwerb einer Eigentumswohnung als Anlageobjekt oder als Feriendomizil	113
3.1	Einleitung	113
3.2	Objektzustand	113
3.3	Rendite	114
3.4	Betriebsphase	116
3.5	Ferienobjekte	120
3.6	Time-sharing-Modelle	120
4	Wesentliche Rechte und Pflichten als Wohnungseigentümer in der bestehenden Eigentümergemeinschaft	123
4.1	Zum Wohngeld/(Hausgeld) und zur Verwalterabrechnung	123
4.2	Rechte und Pflichten vor und in der Eigentümerversammlung	133
4.3	Gerichtliche Kontrollmöglichkeiten auf Antrag	146
4.4	Zum häufigen Streitthema der (nachträglichen) „baulichen Veränderungen"	155
4.5	Gewährleistungsansprüche wegen Mängeln am Gemeinschaftseigentum	160
4.6	Ordnungsgemäßer Gebrauch von Sonder- und Gemeinschaftseigentum	166
4.7	Hausordnungsfragen	171
4.8	Kontrolle des Verwalters	174
4.9	Übernahme eines Verwaltungsbeiratsmandats	181
5	Steuervergünstigungen in tabellarischer Schnellübersicht	185
5.1	Förderung nach dem Eigenheimzulagengesetz für eigengenutzte Wohnungen seit 1996	185
5.2	Gebäudeabschreibungen bei vermieteten Wohnungen	186
5.3	Neubewertung von Eigentumswohnungen und Übersicht zur neuen Erbschaft- und Schenkungsteuer	187
5.4	Werbungskostenpauschale und neue Grunderwerbsteuer	189
5.5	Literaturhinweise zu weiteren steuerlichen Einzelfragen	190

6	Muster	191
6.1	Hausordnungsvorschlag	191
6.2	Antragsvorschläge an das Wohnungseigentumsgericht	204
6.2.1	Anfechtungsantrag gegen Versammlungsbeschlüsse	204
6.2.2	Zahlungsantrag des ermächtigten Verwalters gegen wohngeldsäumigen Miteigentümer	210
6.2.3	Weitere gerichtliche Antragsvorschläge in Kurzform	212
6.3	Muster eines Einladungsschreibens zu einer ordentlichen Eigentümerversammlung	216
6.4	Stimmrechtsvollmacht für die Eigentümerversammlung	218
6.5	Versammlungsprotokoll	221
6.6	Verwaltervertrag	226
6.7	Abnahmeprotokoll – Gemeinschaftseigentum	240
6.8	Antrags- und Beschlussvorschlag für Mängelgewährleistungsanspruchsverfolgung (bei anfänglichen Baumängeln am/im Gemeinschaftseigentum)	241
6.9	Muster einer Gesamtabrechnung mit Einzelabrechnungen gem. § 28 WEG und eines Wirtschaftsplans	243
6.10	Muster eines Erwerbsvertrages	249
6.11	Muster eines Kartei-/Datenübersichtsblattes für Ihr Erwerbsobjekt	279

Anhang
Wohnungseigentumsgesetz – Auszug – 283

Stichwortverzeichnis 303

1 Der herkömmliche Erwerb einer Neubaueigentumswohnung vom Bauträgerverkäufer

1.1 Vom Kauf zum Eigentum

Der **rechtsgeschäftliche** Erwerb einer Eigentumswohnung (im Gegensatz zum Erwerb kraft Hoheitsaktes – z. B. Zuschlag in der Zwangsversteigerung – oder kraft Gesetzes – z. B. Erbfall –) vollzieht sich im deutschen Recht i. d. R.

1. durch Abschluss eines notariell beurkundeten Vertrages (**Grundgeschäft**, also i. d. R. Kauf, Tausch oder Schenkung) sowie
2. durch den weiteren notariellen Einigungsvertrag über den Eigentumsübergang (**Auflassung**) – kann bereits im schuldrechtlichen Erwerbsvertrag mitbeurkundet sein –
3. **und** durch die nachfolgende Umschreibung des Eigentums im Grundbuch (**Eigentumseintragung**).

Erst die Eintragung im Grundbuch komplettiert also **konstitutiv** den Eigentumswechsel (anders als z. B. im romanischen Rechtskreis).

In diesem Abschn. 1 (nachfolgend) wird allein der übliche (konventionelle) Erwerb vom Bauträger behandelt (Teilung des Grundstücks durch den Bauträger als Eigentümer gemäß § 8 WEG und Veräußerung von ihm schlüsselfertig geschaffenem Wohnungs- oder Teileigentum an Ersterwerber).

Das folgende Schaubild verdeutlicht den Erwerbsvorgang:

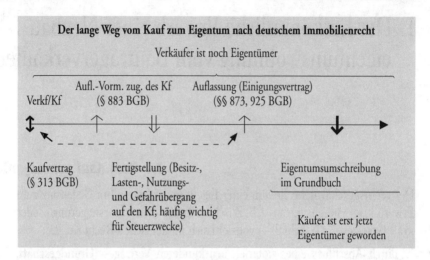

1.2 Zeitpunkt des Erwerbs, Vertragssituation (allgemein) und MaBV

Nachfolgende Hinweise betreffen sowohl das **Wohnungseigentum** (allein zu Wohnzwecken nutzbares Sondereigentum) als auch das **Teileigentum** (nicht zu Wohnzwecken nutzbares Sondereigentum), selbst wenn überwiegend nur von Wohnungseigentum oder Eigentumswohnung gesprochen wird (vgl. zur Gleichstellung auch § 1 Abs. 6 WEG).

Sie können Ihre Eigentumswohnung bei entsprechend frühem Angebot zeitlich noch vor einem ersten Spatenstich sozusagen **„vom Plan weg"** erwerben. Dies hat den Vorteil, dass Sie als einer der ersten Erwerber meist noch große Auswahlmöglichkeiten besitzen und häufig sogar noch spezielle **Sonderwünsche** (in Ausstattung und Innenraumaufteilung) realisieren können. Sie benötigen hier allerdings eine gewisse Vorstellungskraft, die zeichnerische Darstellung der ins Auge gefassten Wohnung gedanklich auf das fertige Vertragsobjekt übertragen zu können. Sichergestellt sein sollte zu diesem frühen Zeitpunkt allerdings die rechtliche, bautechnische und wirtschaftliche Realisierbarkeit des Gesamtobjekts.

Befindet sich die Anlage zum Erwerbszeitpunkt bereits **im Bau** oder ist sie schon großteils oder gar vollends fertig gestellt, fällt aufgrund bestehender Besichtigungsmöglichkeiten eine Kaufentscheidung u. U. leichter (aber Achtung: „Ladenhüter"!).

1 Erwerb einer Neubauwohnung

Die rechtliche **Vertragssituation** (insbesondere bezogen auf die Baumängelgewährleistung) ist in allen Fällen grundsätzlich die Gleiche, ob Sie nun Ihre Wohnung vor Baubeginn nach abgeschlossener Gesamt- und Detailplanung sowie behördlicher (öffentlich-rechtlicher) Genehmigung, in der Bauphase selbst oder erst mit bzw. kurz nach Fertigstellung erwerben. Bei frühzeitigem Erwerb ist allerdings auch zu bedenken, dass im Zuge der fortschreitenden Bauerstellung durch verkäuferseits später anderen Erwerbern eventuell zugesagte Sonderwünsche Beeinträchtigungen und Nachteile – bezogen auf Ihre erworbene Wohnung – eintreten könnten, die Sie dann u. U. gewährleistungsrechtlich verfolgen müssten. Mögliche **Baubeschreibungsänderungen** – oftmals bedingt auch durch nachträgliche behördliche technische Auflagen – dürfen sich ebenfalls nicht wertmindernd auf Ihr zukünftiges Wohnungseigentum auswirken. Vertraglich sollte dies von Anfang an klargestellt werden; die Geschäftsgrundlage Ihrer Kaufentscheidung muss dem Vertragspartner offenkundig sein; über ausdrückliche, mitzubeurkundende **Individualabrede** können und sollten bestimmte, von Ihnen erwartete und geforderte **Zusagen** (als wesentliche **Eigenschaftszusicherungen**) zum Vertragsbestandteil gemacht werden.

Da der Bauträgerverkäufer baustufenweise **vorleistungspflichtig ist** – was seine Bauerstellungspflicht betrifft –, wird Ihr vereinbarter Gesamtkaufpreis auch nur nach sukzessivem Baufortschritt in Teilen/Raten fällig **(Ratenzahlungsplan)**. Je nach Zeitpunkt des Vertragsabschlusses können wegen bereits fertig gestellter Bausubstanz anfänglich auch mehrere Raten gleichzeitig fällig werden. Ratenfälligkeit sind im Erwerbsvertrag zu vereinbaren. Nach den Regelungen der **Makler- und Bauträgerverordnung (MaBV)** in der Neufassung am 1. 3. 1991 in Kraft getreten, zuletzt geändert am 14. 2. 1997 mit Wirkung **ab** dem **1. 6. 1997**, stehen den Erwerbsvertragsparteien insgesamt 13 Bautenstandszeitpunkte zur Verfügung. Der Verordnungsgeber sieht vor, dass sich die Parteien hinsichtlich der Zahlung auf sieben Termine unter Zusammenfassung jeweils einzelner Positionen einigen müssen. Eine feste Fälligkeit wie nach der alten Fassung der MaBV besteht somit nicht mehr. Überzahlung Ihrerseits ohne erbrachten Gegenwert in erstellter Bausubstanz hätte im Fall einer möglichen Verkäuferinsolvenz in der Bauerstellungsphase für Sie u. U. fatale wirtschaftliche Folgen (Probleme im sog. stecken gebliebenen Bau).

Die einzelnen nunmehr vorgesehenen **Bautenstände** und die darauf entfallenden **Quoten** einer möglichen Zahlungsverpflichtung werden nunmehr (ausgehend von 100 % des Kaufpreises) wie folgt für **sieben Zahlungen** zur Disposition der Parteien gestellt:

- Nach Beginn der Erdarbeiten .... 30,0 %
- Nach Rohbaufertigstellung einschließlich Zimmerarbeiten ..... 28,0 %
- Nach Herstellung der Dachflächen und -rinnen .... 5,6 %
- Nach Fertigstellung der Rohinstallation und Heizungsanlage ... 2,1 %
- Nach Fertigstellung der Rohinstallationen für Sanitäranlagen ... 2,1 %
- Nach Fertigstellung der Rohinstallationen Elektroanlagen ..... 2,1 %
- Nach Fertigstellung des Fenstereinbaus einschließlich Verglasung 7,0 %
- Nach Fertigstellung des Innenputzes ohne Beiputzarbeiten ..... 4,2 %
- Nach Fertigstellung des Estrichs .... 2,1 %
- Nach Fertigstellung der Fliesenarbeiten im Sanitärbereich ..... 2,8 %
- Nach Bezugsfertigkeit Zug um Zug gegen Besitzübergabe ...... 8,4 %
- Nach Fertigstellung der Fassadenarbeiten .... 2,1 %
- Nach vollständiger Fertigstellung .... 3,5 %

Die wichtigsten Änderungen der MaBV (seit Bekanntmachung am 7. 11. 1990) beziehen sich auf die Fälligkeit des Erwerbspreises; überwiegend wurde der Erwerberschutz verbessert, zur vorletzten Zahlungsrate ist die Neuregelung allerdings erwerbernachteiliger. Zwei **Sicherungssysteme** bieten jetzt Erwerbern Schutz vor Vermögensverlusten, zum einen die Aushändigung einer selbstschuldnerischen Bank- oder Versicherungs**bürgschaft** über die **gesamte** Kaufpreissumme vor Entgegennahme von Erwerbergeldern nach § 7 MaBV (in der Praxis selten) und zum anderen diverse Voraussetzungen für die Entgegennahme von Erwerbergeldern nach § 3 MaBV (u. a. rechtswirksamer **Vertrag**, **Auflassungsvormerkung** zugunsten des Erwerbers, **Lastenfreistellung**, grds. auch Erteilung der **Baugenehmigung**). Da zahlreiche Bundesländer in letzter Zeit in reformierten Landesbauordnungen auf das Baugenehmigungserfordernis verzichteten und stattdessen sog. Genehmigungsfreistellungs- und Anzeigeverfahren bzw. Genehmigungsfiktionen eingeführt haben, ist statt erforderlicher Baugenehmigung auf die nach § 3 MaBV notwendige **Bescheinigung** des Bauträgers über die **Genehmigungsfreiheit** abzustellen.

Auch auf Altbausanierungsmaßnahmen bei **Umwandlung** von Mietobjekten in Eigentumswohnungen ist nunmehr aufgrund ausdrücklicher Regelung die MaBV anzuwenden. Es entstehen jedoch oft schwierige Abgrenzungsfragen. Der Ratenplan für Neubauten ist entsprechend anzuwenden.

1 Erwerb einer Neubauwohnung 15

1.3 Das rechtliche Vertragsbild; der Bauträger; das Wohnungserbbaurecht

Der oft als „Kaufvertrag" überschriebene notarielle Wohnungserwerbsvertrag beim konventionellen Bauträgerkauf (vgl. auch oben Abschn. 1.1) setzt sich zusammen aus dem **Verkauf/der Eigentumsverschaffungsverpflichtung des Grundstücksanteils** (eines ideellen Miteigentumsanteils am Gesamtgrundstück der Anlage) und der **Werkerstellungsverpflichtung bezüglich des Gebäudes** durch den Bauträgerverkäufer (also der Errichtung der speziellen Wohnung im Gesamtgebäude). Beide Verkäuferhauptleistungen sind im **einheitlichen Erwerbsvertrag** (dem sog. **Bauträgervertrag**) als Sondervertragstypus (im BGB nicht eigens kodifiziert) zusammengefasst, der damit Regelungen des Kaufrechts und solche des Werkvertragsrechts (einschließlich des Geschäftsbesorgungs- und Auftragsrechts) enthält.

Das **Sondereigentum Wohnung** (ebenso Teileigentum) ist sachenrechtlich mit einem Miteigentumsanteil am Grundstück und am baulichen Gemeinschaftseigentum rechtlich untrennbar verbunden (vgl. auch Grafik in Abschn. 1.7.3 unten).

Die „Wurzel" der **Sonderimmobilienform** Wohnungseigentum findet sich im Bruchteilsgemeinschaftsrecht des BGB (§§ 741 ff. BGB). Mit abgeschlossenheitsbescheinigtem Aufteilungsplan und im Grundbuch vollzogener Teilungserklärung entsteht – rechtlich verselbstständigt – jeweiliges Wohnungs- bzw. Teileigentum mit auf eigenem Grundbuchblatt (damit separat veräußer-, belast- und vererbbar). Aufteilungsplan und Teilungserklärung als grds. gleichrangige Bezugs- und Begründungsunterlagen von Wohnungseigentum sind rechtlich Bestandteil eines jeden neu gebildeten Sondereigentums und auch in der Grundakte des betreffenden Grundbuchs verwahrt. Die gemeinschaftlichen Bindungen aller Gemeinschaftsmitglieder einer vereinheitlichten Eigentümergemeinschaft ergeben sich aus den gesetzlichen Regelungen des WEG und aus der speziellen Teilungserklärung mit Gemeinschaftsordnung (vgl. auch Übersichtskizze unten in Abschn. 1.8).

Wohnungseigentum ist als eigenständiges (sonderrechtsfähiges) gebuchtes Immobil **veräußer- und belastbar** wie ein unbebautes oder auch mit einem Haus bebautes vermessenes Grundstück.

Bedingt durch den Grundstücksanteilskauf bedarf der Bauträgervertrag in seiner Gesamtheit der **notariellen Beurkundungsform** im Sinne des § 313 BGB. Zweck der notariellen Beurkundung sind die **Warn-, Schutz-, Richtigkeits-,**

Vollständigkeits- und Beweisfunktion. Nicht beurkundete, jedoch beurkundungsbedürftige Vereinbarungen sind nichtig (§ 125 BGB); ein Formmangel insoweit kann jedoch durch Auflassung und Eintragung im Grundbuch geheilt werden (§ 313 Satz 2 BGB).

Werden Wohnungen – wie üblich – in einer bestimmten Vielzahl von Fällen nach **einheitlichem Vertragsmuster** des Bauträgerverkäufers sozusagen **formularmäßig** an Erwerber verkauft (verbrieft), unterliegen die Vertragsklauseln trotz notarieller Formulierungshilfe auch der gerichtlich nachprüfbaren Gültigkeitskontrolle des zum Zweck verstärkten Verbraucherschutzes 1977 in Kraft getretenen **AGB-Gesetzes** (Gesetz zur Regelung des Rechts der Allgemeinen Geschäftsbedingungen). Gerade allzu „käuferunfreundliche" formularvertragliche Regelungen (z. B. der Mängelgewährleistung) wurden in der Vergangenheit nicht selten durch Gerichtsurteile anhand der im AGB-Gesetz verankerten Klauselverbote für ungültig erklärt.

Als **Bauträgerverkäufer** bezeichnet man Ihren Vertragspartner dann, wenn er gewerbsmäßig auf seinem Grundstück Bauvorhaben in eigenem Namen und für eigene Rechnung vorbereitet und durchführt (bzw. durch unterbeauftragte Sonderfachleute, Generalunternehmer und Subunternehmer ausführen lässt), in der Absicht, „seine Gesamtleistung" (Verkauf des Grundstücksanteils und Werkerstellungsverpflichtung) schlüsselfertig an Sie in mehr oder weniger fest bestimmter Frist zu einem Festpreis (Komplettpreis) zu verkaufen.

Ein Grundstück kann auch in der Weise belastet sein, dass demjenigen, zu dessen Gunsten die Belastung erfolgt ist, das veräußerliche, belastbare und vererbliche Recht zusteht, auf oder unter der Oberfläche des Grundstücks ein Bauwerk zu haben/zu errichten **(Erbbaurecht)**. Auf das Wohnungseigentum übertragen, ist gemäß **§ 30 WEG** ein **Wohnungs-** bzw. **Teilerbbaurecht** möglich. Steht ein Erbbaurecht mehreren gemeinschaftlich nach Bruchteilen zu, so können die Anteile in der Weise beschränkt werden, dass jedem der Mitberechtigten das Sondereigentum an einer Wohnung oder nicht zu Wohnzwecken dienenden bestimmten Räumen in einem aufgrund des Erbbaurechts errichteten oder zu errichtenden Gebäude eingeräumt wird. Ein Erbbauberechtigter kann auch das Erbbaurecht analog § 8 WEG teilen. § 30 WEG entspricht deshalb den §§ 3 und 8 WEG. Die Bestimmungen des **WEG** gelten für **Wohnungserbbaurechte entsprechend**. Die Berechtigung erstreckt sich meist auf 66 oder 99 Jahre. Der Wohnungserbbauberechtigte hat über Erbbaurechtsvertrag mit dem Grundstücks-

1 Erwerb einer Neubauwohnung

eigentümer diesem – meist ratenweise – i.d.R. einen Erbbauzins zu bezahlen, dinglich im Grundbuch abgesichert durch Reallast. Die Zinsabrede wird i.d.R. mit einer Wertsicherungs-(Index-)klausel versehen. Beim Wohnungserbbaurecht besteht auch ein anderer Ratenzahlungsplan nach MaBV. Über Verlängerung, Heimfall, Aufhebung, Zeitablauf, Erneuerung usw. des Erbbaurechts sei auch neben speziellen vertraglichen Regelungen (Urkunden) auf die **Erbbaurechtsverordnung** verwiesen.

Übersicht zum Vertragsbild und den Beteiligten beim „Kauf vom Bauträger"

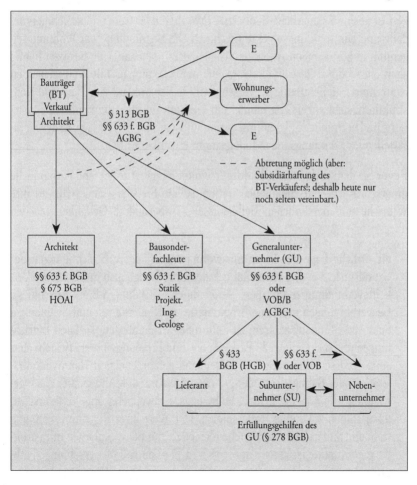

1.4 Vorprüfungen (notwendige Überlegungen vor einer Kaufentscheidung)

Wohnungseigentum kann nun auf eigenständigem, vermessenem Grundstück in einem Baukörper in kleinerer Luxuswohnanlage entstehen, aber auch in stockwerkhohem Punkthaus oder in sog. Mehrhausanlage mit diversen Wohnblöcken (u. U. auch baufortschrittsweise mit gewissen Sonderproblemen). Möglich ist auch ein atypischer Erwerb von Wohnungseigentum in oder als Reihen- oder Doppelhäuser(n), verbunden meist mit entsprechend großen Grundstücks-(Garten-)sondernutzungsrechten (also keiner Grundstücksrealteilung!). Zu denken ist auch an steuerliche Bauherrn-, Erwerber- oder Generalübernehmer-modelle und Umwandlungsobjekte (nachträgliche Begründung von Wohnungseigentum in bestehenden Altbauten/Mietshäusern). Neuanlagen besitzen häufig auch ober- oder unterirdische Garagenkomplexe, oftmals mit Wohngebäuden bautechnisch (teil)verbunden. Verschaffen Sie sich anhand von Plan- und Konstruktionszeichnungen erst einmal ein **Gesamtbild** über die konkrete Entstehung und vertragliche Eigentumsbegründungs**variante** der Anlage, in der Sie zu erstellendes Wohnungs- oder Teileigentum erwerben wollen.

Bevor Sie dem endgültigen Kauf Ihrer Wohnung näher treten und verbindliche unterschriftliche Entscheidungen treffen, sollten Sie sich – abgestellt auf Ihre Wünsche und persönlichen Bedürfnisse – insbesondere Gedanken machen über:

- die örtliche **Lage der Eigentumswohnanlage** (längere Besichtigungen des Grundstücks vor Ort einschließlich der Umgebung), also insbesondere Verkehrsverbindungen (Straßen, Autobahnen, U-Bahn-, S-Bahn-Anschlüsse, Busverbindungen usw.) zur Arbeitsstätte, zu Kindergärten und Schulen, zu Stadt- und Einkaufszentren, zu kulturellen Schauplätzen, sozialen Einrichtungen und nicht zuletzt zu Parks, Sport- und Erholungsstätten. Besteht aber auch gewisse Entfernung von lauten und gefahrgeneigten Hauptverkehrsstraßen oder Bahngleisen oder gar einer (geplanten) Mülldeponie? Auch gesundheitliche Aspekte (Klima, Höhenlage, Umweltbelastung, Verkehrslärm usw.) sollten u. U. eine Rolle spielen. Der Wert Ihrer Eigentumswohnung steht und fällt i. Ü. mit der bestehenden oder zumindest geplanten Infrastruktur eines Stadtteils. Verlassen Sie sich nicht allein auf oft „geschönte" Farbprospekte!

1 Erwerb einer Neubauwohnung

Entscheidend für Ihre **Standort**überlegungen ist sicher auch die Frage beabsichtigter Fremdnutzung (Erwerb als Kapitalanlage) oder Eigennutzung. Prüfen Sie auch Chancen und Risiken zukünftiger Wertentwicklungen und evtl. späterer Wiederverkaufsmöglichkeit (Sekundärmarkt). Ein Singlehaushalt dürfte auch andere Anforderungen an die Wohnlage stellen als z. B. eine Familie mit Kindern. Überdenken Sie auch künftige Bedarfssituationen sowie Unter- oder Überdimensionierung einer Wohnung (Kinder sind oft schnell „flügge" und gehen außer Haus!). Ist von einer **Wertsteigerung** Ihrer Immobilie auszugehen, auch unter Berücksichtigung der Regionalstruktur, der Standortsicherheit, der Arbeitsplatzsituation, der Bevölkerungsentwicklung etc.? Wie stellt sich das soziale Umfeld dar (Kinder-, Schulfreunde)? Sind Ihnen zukünftige Nachbarn sympathisch?

Fragen Sie u. U. beim Bauträger oder bei Behörden (Baugenehmigungsbehörde, Umweltamt, Wasserwirtschaftsamt) nach, ob Grund und Boden der geplanten Wohnanlage – soweit bekannt – **frei von Alt- und Kriegsfolgelasten** sind, sodass Schadstoffrisiken und mögliche **Kontaminationen** des Erdbodens ausgeschlossen werden können. Gerade Bauträger sollten sich hier schon im Zuge der Planung Gewissheit verschaffen (notfalls durch Bodengutachten und Bodenluftmessung), dass auf dem Grundstück nicht früher einmal z. B. eine Tankstelle, eine Mülldeponie (mit Bodensetzungsrisiken) oder ein Schrottplatz betrieben wurde (ggf. besondere vertragliche Zusicherungen geben lassen!). Die Stadt München führt wie andere Städte i. Ü. seit kurzem ein Kataster von „Altlasten-Verdachtsflächen" und schreibt dieses ständig fort, recherchiert insoweit also selbst, um gegebenenfalls die entsprechenden Bauauflagen erteilen zu können (z. B. Einbringung einer Folie in den Boden) und um wohl auch eigene (Staats-)Haftungsrisiken zu vermeiden. Da die Gemeinden dem jeweiligen Grundstückseigentümer zu dessen Lasten die **Suche** nach Alt- und Kriegsfolgelasten auf deren **Kosten** – nicht jedoch die Beseitigung – auferlegen können, sollten Sie sich vor dem Kauf über die Lage Gewissheit verschaffen.

- die **Lage der speziellen Wohnung** in der Gesamtanlage, die u. U. nicht nur aus einem Hauskomplex bestehen kann (sog. Mehrhausanlage). Vergleichen Sie die Preisliste der einzelnen Wohnungen, werden Sie feststellen, dass trotz möglicherweise gleicher Wohn- und Nutzflächen bei einzelnen Wohnungen höhere Endpreise und auch unterschiedliche Miteigentumsquoten angesetzt sind; dies hat seinen Grund darin, dass einige Wohnungen z. B. sonnenseitig gelegen sind oder einen unverbauten oder unverbaubaren Blick in Grünflächen genießen, abgewandt von Straßenflächen oder anderen möglichen Lärmquellen; auch die Stockwerkslage im Haus kann Vor- und Nachteile bringen, denken Sie z. B. an Einbruchsgefährdungen von Erdgeschosswohnungen mit ebenerdigen Fenstern und Terrassentüren oder an mögliche Lärmbelästigungen (Schallübertragungen durch die Heizungstechnik, einen Liftmotor, eine TG-Rampe, ein Garagenrolltor, einen Waschmaschinenraum usw.). Die Wohnung „unter Dach" kann wiederum Ärger erzeugen, wenn z. B. Flachdächer, insbesondere Dachterrassen-, Feuchtigkeits- und Dämmsperrschichten, einmal Durchfeuchtungsmängel zeigen sollten. Lift- oder Müllschächte in unmittelbarer Nachbarschaft einer Wohnung können ebenfalls zu Störquellen werden. Exponiert gelegene Wohnungen mit mehreren Außenwandfronten erzeugen häufig im Vergleich zu innen liegenden Wohnungen einen höheren Heizenergieverbrauch (insbesondere wenn der Verbrauchsanteil bei den Heizkosten sehr hoch festgelegt wurde); bei schlechter Außenwandwärmedämmung (DIN 4108/WärmeschutzVO!) und zu geringer Beheizung und Lüftung kann es bei ungünstig gelegenen Eckwohnungen auch zu ärgerlichen Nässeschäden der Innenwände (Kondensat- und gesundheitsschädigende Schimmelbildung) kommen. Auch die versprochene Bausubstanz/Ausbauqualität der einzelnen Wohnungen kann u. U. unterschiedlich sein und damit Quotenunterschiede rechtfertigen. Werterhöhend anzusetzen sind demgegenüber etwaige, dem einzelnen Sondereigentum zugeordnete dingliche (d. h. im Grundbuch eingetragene) Sondernutzungsrechte (an gemeinschaftlichen Bau- und Einrichtungsteilen, weiteren Räumen oder Grundstücks- und Gartenflächen; Gartenpflege kann Arbeit bedeuten – gerade im Alter – oder kostet Gärtnerlohn!). Wie weit sind die Wege zum Hauseingang, zur Mülltonne? Können spielende Kinder von der Wohnung aus unschwer beaufsichtigt werden? Ist evtl. erhöhter Schallschutz (vgl. DIN 4109/1989) in einer Luxuswohnanlage zugesagt?

Achten Sie auch auf günstige **Raumaufteilung** (z. B. separates WC, keine zu großen Flurflächen, wenig Dunkelräume – belichtetes Bad? Küche und Sanitärräume mit Fenster? – Stimmt der Grundriss und entspricht er Ihren Möblierungsvorstellungen und Bedürfnissen? usw.).

- Werden **Speicher** oder **Hobbyräume** (als Sondereigentum oder – nur – Sondernutzungsrecht) mitverkauft, ist rechtzeitig abzuklären, ob diese (bereits)

1 Erwerb einer Neubauwohnung

zum dauernden Aufenthalt, also für Wohnzwecke behördlich genehmigt sind (oder nicht!) oder ob im Fall evtl. späterer öffentlich-rechtlicher Genehmigung alle restlichen Miteigentümer einer Nutzungsänderung/**Umwidmung** verpflichtend zustimmen müssen (Teilungserklärungsvereinbarung!). Welche Bauleistungen werden hier bereits von Anfang an erbracht?

– Achten Sie bitte auch darauf, dass diese und andere Nebenräume nach der Teilungserklärung tatsächlich als Sondereigentum oder als Sondernutzungsrecht mit Ihrer Wohnung rechtlich verbunden sind. Andernfalls handelt es sich bei diesen um gemeinschaftliches Eigentum, welches alle Eigentümer nutzen dürfen. Nach der Rechtsprechung des BGH (Urteil vom 28. 2. 1997) stehen Ihnen in solchen Fällen der vertragswidrigen Zuordnung Rechtsmängelansprüche gegen den Verkäufer zu. An der fehlenden Zuordnung ändert dies jedoch nichts mehr. Die von Ihnen gewollte alleinige Nutzung der Räume ist dann nicht möglich.

– Für Ihre Kaufentscheidung von Wichtigkeit sein dürfte auch, mit welchen **technischen Einrichtungen** und **Gemeinschaftsräumen** eine Gesamtanlage ausgestattet ist (Lift – Gehbehinderung/Alter? –, Schwimmbad, Sauna, Fitnessraum, Fahrradkeller, Kinderwagen- und Schlittenabstellraum, Wasch- und Trockenraum, gemeinschaftlicher Spiel- oder Sportraum, Entlüftungsanlagen, beheizte Tiefgarageneinfahrtsrampe, Hausmeisterwohnung, Geräteraum, Heizungstechnik usw.). Die Ausstattung der Kinderspielzonen (Spielgeräte? Bolzplatz in der Nähe?) und des gemeinschaftlichen Gartens mit entsprechenden Nutzungsberechtigungen mag für junge kinderreiche Familien eine Überlegung wert sein, die personelle Zusammensetzung und das Alter der Bewohner ggf. wiederum ein Kaufkriterium älterer Personen darstellen. Sind evtl. Einrichtungen/Anlagen für sog. **betreutes Wohnen** im Alter geschaffen? Werden Servicedienste angeboten?

– Komfort und Luxus in der geplanten Haustechnik führen verständlicherweise zu höheren laufenden **Wohngeldlasten**, was nicht übersehen werden darf. Gerade die Höhe des zukünftigen (meist monatlich) vorauszuzahlenden Haus- bzw. Wohngeldvorschusses muss bei Ihren wirtschaftlichen Überlegungen berücksichtigt werden (insbesondere bei beabsichtigter Vermietung). Wohngeld (oft auch **Hausgeld** genannt) sind die Beiträge zu den Kosten und Lasten im Sinne des § 16 Abs. 2 WEG, die jeder Eigentümer anteilig an die Gesamtgemeinschaft (meist zu Händen eines bestellten Verwalters auf gemeinschaftliches Girokonto) zu entrichten hat, damit die ordnungsgemäße Versorgung (Verwaltung) des Gemeinschaftseigentums der Gesamtanlage gesichert ist. Die abzurechnenden Wohngeld(voraus)zahlungen sollen damit die gesamten Bewirtschaftungskosten, d. h. die allgemeinen Betriebskosten, die Heiz- und Warmwasserkosten, die Verwaltervergütung und im Regelfall ein separat zu bildendes Instandhaltungsrückstellungsvermögen kostenmäßig abdecken. Kalkulieren Sie hier zurzeit etwa zwischen 5 bis 10 DM pro m² Wohnfläche und Monat! Leider steigen auch ständig die behördlichen Gebühren, insbesondere für Müllentsorgung, Frischwasser und Abwasser/Kanal. Bedenken Sie auch, dass außergewöhnliche Luxuseinrichtungen und Ausstattungsgegenstände i. d. R. technisch anfälliger und in der Instandsetzung teurer sind als durchschnittliche Normalausstattungen; dadurch erhöhen sich auch Instandsetzungskosten nicht unwesentlich.

- die mögliche **Vermietbarkeit der Wohnung** für den Fall einer einmal nicht mehr beabsichtigten Selbstnutzung; kann – mittelfristig gesehen – von einer Mieternachfrage ausgegangen werden und von der Erzielung eines ortsüblichen, angemessenen Mietzinses (Rentierlichkeit der Wohnung)?

- Bei vom gleichen Bauträger errichteten nebeneinander liegenden Wohnungseigentümergemeinschaften werden häufig (auch zur Kostenersparnis) **gemeinschaftliche Einrichtungen** (Heizung, Schwimmbad, Spielplätze usw.) geschaffen, die alle Eigentümer der Gemeinschaften nutzen dürfen. Achten Sie darauf, dass diese Möglichkeiten durch Grunddienstbarkeiten abgesichert sind. Auch die **Kostentragungspflicht** für die Instandhaltung und den Betrieb dieser gemeinsamen Einrichtungen sollte geregelt sein. Wichtig kann auch eine Verpflichtung zur Abnahme von Leistungen sein, weil sonst eine Trennung leicht möglich ist. Die Eigentümer, auf deren Grundstück die Anlage gelegen ist, blieben dann auf den eventuell überdimensionierten Einrichtungen und den damit verbundenen Kosten sitzen. Entsprechende Unterlassungen (**leider sehr häufig!**) können zu bösen Überraschungen führen. Die Gemeinschaft aller Eigentümer der Anlagen bildet aber keine Wohnungseigentümergemeinschaft, sondern eine Gesellschaft bürgerlichen Rechts (**GbR**). Für sie gelten nicht die Regeln des WEG.

- die **Angemessenheit des geforderten Kaufpreises** (Preis-/Leistungsverhältnis); hier sollten Sie vergleichende Überlegungen anstellen, die Orts- und

1 Erwerb einer Neubauwohnung

Marktüblichkeit der Grundstücks- und Baupreise ermitteln (lassen) sowie die vernünftige Relation des Gesamtpreises im Verhältnis zur angebotenen Bauausführung und Ausstattung (Materialverwendung) nach Bau- und Leistungsbeschreibung überprüfen (lassen). Überdurchschnittlich gute oder gar luxuriöse Bauausstattung verteuert selbstverständlich die Erstellungskosten und erhöht damit auch den Erwerbspreis. Die Baubeschreibung sollte möglichst detailliert sein (ist sie leider in der Praxis oftmals nicht; Zusatzabsprachen mitbeurkunden!). **Verhandeln** Sie vor Kauf über etwaige Verbesserungen der Standardausstattung! Sonderwunschabsprachen mit klaren Regelungen über Aufpreise und Erstattungen rechtzeitig treffen!

- Handelt es sich um **„öffentlich geförderten"** Wohnraum? Davon ist i. d. R. auszugehen, wenn für den Bau der Wohnungen öffentliche Mittel (vgl. politische Diskussion: Objekt-/Subjektförderung) als Darlehen oder Zuschuss gewährt werden. Informieren Sie sich rechtzeitig! Öffentlich geförderte Wohnungen unterliegen den Beschränkungen des **Wohnungsbindungsgesetzes**; daran ist ein Erwerber/Eigentümer solcher Wohnungen auch gebunden, wenn er bei Erwerb keine Kenntnis von einer solchen Wohnungsbindung besaß. Vermietet werden kann hier nur an Inhaber einer behördlichen „Berechtigungsbescheinigung"; dies gilt auch für den „Selbstnutzer". Für den Vollzug des Wohnungsbindungsgesetzes ist die jeweilige Stadtverwaltung zuständig (bei Gemeinden unter 25 000 Einwohnern die Kreisverwaltung), in deren Gebiet die entsprechende Wohnung liegt. Dort erhalten Sie auch Auskünfte, ob Ihre Wohnung mit öffentlichen Mitteln gefördert wird (wurde) und wie lange ggf. die Wohnungsbindung (noch) besteht.

- die auf Ihre speziellen Einkommens- und Vermögensverhältnisse zugeschnittene **Finanzierung des Kaufpreises** unter Berücksichtigung Ihrer möglichen Eigenkapital- und Fremdmittelzahlungen. Lassen Sie sich in finanzieller Hinsicht umfassend und gründlich beraten; vergleichen Sie mehrere Marktangebote (unter Berücksichtigung des **Effektivzinssatzes**). Erarbeiten Sie mit Ihren möglichen Kreditinstituten oder Ihren Finanzberatern einen Finanzierungsplan. Hinsichtlich beanspruchter Hypotheken müssen Sie über die laufenden Annuitäten (Zins- und Tilgungsleistungen, Auszahlungshöhe, Darlehensvaluta, Damnum, Laufzeit, Zinsfestschreibung, Kündigungsmöglichkeiten, Abschlussgebühren usw.) genau im Bilde sein; Gleiches gilt für etwa notwendige Zwischenfinanzierungen und grundschuldgesicherte Bauspardarlehen sowie andere evtl. in Aussicht gestellte zinsgünstige Darlehensmöglichkeiten. Kalkulieren Sie auch etwaige Bereitstellungszinsen. Ein Damnum/Disagio kann durch sog. Tilgungsstreckungsdarlehen aufgefangen werden. Hypothekenberechtigungen und auch Bauspardarlehen können auch mit Lebensversicherungen kombiniert werden (aber: steuerliche Unschädlichkeit der Gewinnanteile?). Zu unterscheiden sind erststellige/erstrangige I a-Hypotheken und zur Sicherung der Gesamtfinanzierung etwaige I b-Hypotheken (landesverbürgte Darlehen).

Das **Disagio/Damnum** ist ein Abschlag von der Gesamtdarlehenssumme; achten Sie bei evtl. vorzeitiger Rückzahlung des Darlehens auch darauf, dass Ihnen das seinerzeitige Damnum anteilig zurückgezahlt wird.

Entscheidend ist Ihr **Eigenkapitaleinsatz** (Verwandten-, Firmensdarlehen?); wie ist Ihr Familieneinkommen nachhaltig gesichert? Muss vor einem Kauf von Ihnen noch Eigentum veräußert werden? Nur ein **optimales Finanzierungskonzept** verhindert das spätere Entstehen möglicher Finanzierungslücken! Oftmals bieten Ihnen Bauträger selbst als Serviceleistung Finanzierungsmöglichkeiten und -konditionen an. Vergleichen Sie! Bei langfristigen Finanzierungen werden oft verschiedene Zinsfestschreibungszeiträume festgelegt (je nach augenblicklichem Zinsniveau bzw. Hoch- oder Niedrigzinsphase); sprechen Sie mit Ihrem Institut über Sondertilgungen oder Umschuldung einzelner Darlehen, um das Zinsaufkommen evtl. zu reduzieren. Ihre Finanzierung muss **vor verbindlichem Kauf** hieb- und stichfest abgeklärt sein! Senden Sie rechtzeitig Kaufentwurfsunterlagen an Ihren Fremdfinanzierer! Erfüllen Sie auch rasch die weiteren Auflagen Ihrer Darlehensgeber! Sind Darlehensauszahlungstermine und alle Modalitäten klar und verbindlich abgesprochen?

- Bei **steuerlichen** Überlegungen denken Sie auch an spätere Zeiträume nach Wegfall augenblicklicher steuerlicher Vorteile. Spekulation ist auch hier Risiko! Wiederverkaufsmöglichkeiten, Sekundärmarkt? Vorsicht i. Ü. bei Zwischenmietabsprachen und Mietgarantien (Sicherheiten?)!

- und nicht zuletzt über Ihre potenziellen **Vertragspartner**; entscheidend ist hier insbesondere die finanzielle Solvenz (volle oder beschränkte Haftung) und persönliche Zuverlässigkeit des **Bauträgerverkäufers**. Eine persönlich voll, d. h. auch mit dem Privatvermögen haftende Einzelperson oder -firma mag zwar auf den ersten Anschein hin uneingeschränktes Vertrauen erwecken; bedenken Sie jedoch, dass eine solche Einzelperson eigene Vermögenswerte u. U.

schon frühzeitig (und unanfechtbar) auf Dritte (Verwandte, Ehegatten) übertragen haben könnte (Schenkungen, Gütertrennungsvereinbarung usw.). Unterschiedlich ist die Haftung auch bei Gesellschaftern und Gesellschaften des bürgerlichen Rechts und des Handelsrechts sowie bei Kapitalgesellschaften. Wer hier gewissenhaft recherchieren will, hat die Möglichkeit, entsprechende **Auskünfte** über die eigene Hausbank und über Kreditauskunfteien einzuholen. Auch ein Einblick in das **Handelsregister** bei dem zuständigen Amtsgericht des Firmensitzes ist empfehlenswert, um z. B. Auskünfte über Gründungsjahr der Firma/Gesellschaft, bestehendes Stammkapital, gesetzliche Vertretung und Geschäftsführung zu erhalten. Ein seriöser Vertragspartner dürfte sogar selbst bereit sein, Ihnen auf Bitte hin einen aktuellen Handelsregisterauszug vorzulegen. Auch ein Anruf beim zuständigen Vollstreckungsgericht kann in Zweifelsfällen Aufschluss geben, ob ein Geschäftspartner bereits im Schuldnerverzeichnis eingetragen (eidesstattliche Versicherung) oder ob hinsichtlich der betreffenden Firma ein Insolvenzantragsverfahren anhängig ist. Bestehen Sie ggf. auf einer **Selbstauskunft** Ihres möglichen Vertragspartners; lassen Sie sich eine **Referenzliste** übergeben und einige Kundennamen benennen! Nehmen Sie Kontakt auf mit Eigentümern (Verwaltungsbeiräten) aus bereits erstellten Wohnanlagen Ihres potenziellen Verkäufers (termingerechte und problemfreie Erbringung der dortigen Bauleistung?). Besteht u. U. sogar Bereitschaft Ihrer Vertragspartner, Ihnen eine **Erfüllungsbürgschaft** zu beschaffen und auszuhändigen?
Ein gewerbsmäßig tätiger **Bauträger** oder Baubetreuer, der Vermögenswerte von Erwerbern verwenden will, bedarf auch einer **behördlichen Erlaubnis** (§ 34 c Abs. 1 Gewerbeordnung); weiterhin unterliegt er den Vorschriften der schon eingangs erwähnten Makler- und Bauträger-Verordnung **(MaBV)**, insbesondere zur Sicherung Ihrer Zahlungen; die Neufassung der MaBV ist am 7. 11. 1990 bekannt gemacht worden; die letzte Änderung erfolgte am 14. 2. 1997 mit Wirkung zum 1. 6. 1997 (vgl. auch oben Abschn. 1.2 am Ende).

Achten Sie bitte auf die mit dem Vertragsschluss verbundenen **Nebenkosten**. Diese ergeben sich aus den Notargebühren, den Kosten der Finanzierung sowie der Bestellung und Eintragung von Grundpfandrechten. Nicht vergessen werden dürfen auch die Kosten eines möglicherweise tätigen Maklers (vgl. auch unten Abschnitte 1.6 und 1.7.17).

1.5 Studium der Werbeunterlagen (Prospekte, Pläne, Baubeschreibung, Flächenberechnung, Teilungserklärung)

Haben Ihre ersten, vorprüfenden Überlegungen zu einem positiven Ergebnis geführt, sollten Sie sich jetzt – ausgehend von Inseraten oder Maklerangeboten (Achtung: Kaufen Sie keine „Ladenhüter"!) – eingehend mit den Angebots- und Werbeunterlagen – bezogen auf Ihr konkretes Kaufobjekt – befassen. Dies sind einmal mehr oder weniger ausführliche Prospekte, Lagegesamt- und Detailpläne, **Tekturen** und insbesondere die **Bau- oder Leistungsbeschreibung**. Lassen Sie sich nicht blenden von allgemeinen prospektierten Lobpreisungen und rechtlich wenig gehaltvollen Versprechungen wie „Luxusanlage" mit „Höchstkomfort" usw. Diese allgemeinen Angaben sind meist zu wenig spezifiziert, um hieraus Garantieversprechen oder spezielle Zusicherungen ableiten zu können. Entscheidend ist der konkrete Beschrieb der Bauleistungen im Detail. Wird z. B. eine ausreichende Küchenausstattung mitgeliefert? Lassen Sie sich **nicht** unter (vielleicht nur vorgetäuschten) **Zeitdruck** setzen! Sind Sie technisch nicht geschult genug, die angekündigte Bauleistung vom Wert her beurteilen zu können, empfiehlt sich vorab die **Einholung technischen Rats**. Nur der Fachmann wird beurteilen können, ob die einschlägigen Gesetze, Verordnungen und insbesondere aktuellen DIN-Normen (insbesondere DIN 4109/89 – Schallschutz – und DIN 4108 – Wärmedämmung –) hinsichtlich der einzelnen Bauleistungen eingehalten sind. Ihr Bauvorhaben soll zumindest den zurzeit der Fertigstellung geltenden anerkannten **Regeln der Baukunst und Bautechnik** entsprechen. Wichtig ist insbesondere, dass die Bauphysik „stimmt"; z. B. nicht ausreichender Schallschutz, mangelhafte Wärmedämmung oder fehlende bzw. nicht korrekt ausgeführte Feuchtigkeitssperrschichten (Wandanschlüsse!) können später viel Ärger und Kosten verursachen. Gerade beim Schallschutz (Trittschall, Körperschall) kann es eine entscheidende Rolle spielen, ob „erhöhter Schallschutz" zugesichert ist oder nicht. Achten Sie auch darauf, ob baubiologisch moderne Baumaterialien verwendet werden, die Gesundheitsrisiken möglichst ausschließen. Kann ein Altlastenrisiko von Grund und Boden ausgeschlossen werden (vgl. auch oben Abschnitt 1.4)? Da neben der zeichnerischen Darstellung primär die **Baubeschreibung** Ihren Kaufgegenstand präzisiert und Vertragsbestandteil Ihrer Kaufurkunde wird, sollte diese Unterlage auslegungsfrei, klar, auch für den technischen Laien verständlich und so spezifiziert wie möglich sein, ohne damit sagen zu wollen, dass auch jede übliche Bauleistung im Detail eigens zeichnerisch dargestellt und beschrieben sein müsste. Die Raumaufteilung und der Schnitt Ihrer Wohnung ergeben sich wiederum aus den vorgelegten Plänen und **Detailzeichnungen,** die ebenfalls Bestandteil Ihres notariellen Vertrages werden sollten. Bedenken Sie, dass es sich bei Maßangaben i. d. R. um Rohbaumaße handelt (Putztoleranzen!). Lassen Sie sich ggf. die tatsächliche **Wohn- und Nutzfläche** (Fertigmaße!) eigens berechnen und zusichern (bei der Bewertung von Balkonen, Loggien, Terrassen, Emporen, Mansardenräumen, Kellern, Speichern, Treppen, Hobbyraumflächen usw. werden oft unrichtige Berechnungen vorgenommen). Auch eine Garten- oder Terrassensondernutzungsfläche sollten in Plänen möglichst genau nach m²-Fläche (mit Grenzlinien) bezeichnet und farblich hervorgehoben sein.

> Hinweis:
> Sie sollten sich das Objekt auf alle Fälle ansehen und nicht auf die Prospekte und Bekundungen des Vertreibers oder Maklers vertrauen. Die Realität kann sich nämlich gänzlich anders darstellen als die oft schön gefärbten Aussagen des Verkäufers. Zudem gilt das alte Sprichwort: „Papier ist geduldig".

Was die – häufig strittige – richtige **Wohnflächenberechnung** betrifft, gelten im Steuerrecht (Einheitswert, Grundsteuervergünstigung etc.) und bei öffentlich geförderten Wohnungen die §§ 42–44 der **II. Berechnungsverordnung** (II. BV); im Mietrecht bestehen für frei finanzierte Wohnungen i. Ü. keine gesetzlichen Vorschriften; man kann aber auch hier die II. BV zugrunde legen (Regelfall, OLG Celle IBR 1998, 533). Vielfach findet aber auch heute noch die **DIN 283** Anwendung, obwohl Teil 1 1989 und Teil 2 1983 dieser DIN ersatzlos vom Normenausschuss zurückgezogen wurden. Nach DIN 283 sind die Grundflächen von Räumen (z. B. Mansarden) mit einer lichten Höhe von mindestens 2 m voll, zwischen 1 und 2 m zur Hälfte anzurechnen. Die DIN 277 sprach von Brutto- oder Nettogrundfläche.

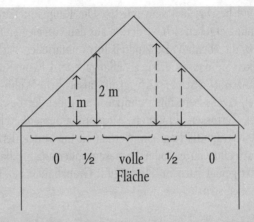

Fenster und **Wandnischen** mit mehr als 13 cm Tiefe werden i. d. R. voll angerechnet; dies gilt auch für **Erker** und **Wandschränke** mit mindestens 0,5 qm Fläche und für Raumteile unter **Treppen** von mehr als 2 m Höhe. Von der Wohnfläche abgezogen werden **Schornsteine** und andere **Mauervorsprünge** sowie Pfeiler mit mehr als 0,1 qm Grundfläche (diese Regelung gilt auch für **Treppen** mit mehr als 3 Stufen sowie Treppenabsätze). Basiert eine Flächenberechnung auf den Rohbaumaßen (nach Bauzeichnung), müssen die errechneten Flächen um 3 % gekürzt werden.

Balkone, Loggien, überdachte Freisitze können nach der II. BV zur Hälfte, nach (alter) DIN 283 zu einem Viertel berechnet werden.

Nach einem früheren mietrechtlichen Rechtsentscheid des BayObLG soll hier i. Ü. weder die II. BV noch die DIN 283 zur Anwendung kommen; entscheidend sei vielmehr der **Wohnwert**, der sehr gut (dann zu 1/2 als Maximum) oder sehr schlecht (dann Bewertung sogar bis 0) sein könne.

Im Normalfall dürfte eine Anrechnung mit 1/4 bei reinen, unausgebauten Abstellkellern bzw. mit 1/2 bei **Terrassen**, Balkonen, Loggien, ausgebauten oder ausbaufähigen **Hobby**- und Lagerräumen vertretbar sein; diese Berechnung ist häufig von Anfang an verbindlich vereinbart.

Fehlen entsprechende Vereinbarungen, sind nach neuerlicher obergerichtlicher Rechtsprechung (BayObLG) **Balkone**, **Loggien** und **Stockwerksterrassen** mit **1/4** der Fläche anzusetzen.

1 Erwerb einer Neubauwohnung

Ca.-Flächenangaben in einem Erwerbsvertrag stellen i. Ü. grds. **keine** verkäuferseitige verbindliche **Eigenschaftszusicherung** dar (jedoch im Streit Auslegung von Fall zu Fall!), sind im Regelfall also (nur) eine reine Beschaffenheitsangabe, ohne dass bei Abweichung Ausgleichsansprüche geltend gemacht werden können. Es sollte deshalb ein unbedingtes und verschuldensunabhängiges Einstehen des Verkäufers für eine bestimmte Flächengröße ausdrücklich (urkundlich) vereinbart werden. Übliche „Toleranz"-Absprachen (Abweichung ohne Geldausgleich) könnten im Formularvertragsregelungsfalle i. Ü. als zu unbestimmt gegen § 9 Abs. 2 AGBG verstoßen.

Abweichungen nach unten von über 3 % führen jedenfalls auch für die ansonsten als zulässig vereinbarten Toleranzwerte zu einem Minderungsanspruch (BGH Urt. v. 22. 10. 1999). Mehrflächen, die Sie erhalten, brauchen Sie jedoch keinesfalls zu bezahlen.

Zusammenfassung und Übersicht

I **Wohnfläche** | **Nutzfläche** | **Verkehrsfläche**
(Wohnräume, | (Keller, | (Treppenhäuser,
Flure, | Speicher, | Treppenhausflure)
Windfang, | Waschraum,
Abstellraum, | Trockenraum,
Speisekammer, | Abstellraum
Bad/WC/Dusche, | außerhalb d. Whg.
Küche, | Garage, Stellplatz,
Balkon, gedeckter | Dachboden,
  Freisitz, | zu Wohnzwecken
Dach- u. Wintergarten | genutzter, aber nicht
  usw.) | genehmigter Dach-
 | oder Kellerraum usw.)

II **Nicht anrechenbare Wohnflächen:**
- Flächen unter innen liegenden Treppen (Verbindungstreppen) mit weniger als 2 m lichter Höhe
- Dach- bzw. Mansardenraum unter 1 m Höhe (Stauraum), vgl. vorstehende Skizze

- Innenwände, Kamine, Nischen mit weniger als 13 cm Tiefe
- Türschwellen

III Zu **messen** ist von Innenwandputz zu Innenwandputz.

IV Je nach Nutzwert und Tauglichkeit **bis zu**
1/2-Flächenansatz:
- Balkone
- Dachgärten
- gedeckte Freisitze
(- Wintergärten)

Vereinbaren Sie möglichst Kaufpreise nach der zum Bezugsfertigkeitszeitpunkt ermittelten Fläche, orientiert an den **Fertigmaßen** (Minderflächenklausel)! Bestimmte Flächengrößen können Sie sich vertraglich auch ausdrücklich als **wesentliche Eigenschaft zusichern** lassen!

Achten Sie schon jetzt darauf, dass eine Ihnen auszuhändigende **Teilungserklärung mit Gemeinschaftsordnung** notwendige Mindestinhalte und Vereinbarungen enthält, insbesondere für eine von Anfang an fachgerechte Verwaltung des Gemeinschaftseigentums. Es sollte auch bereits vom Bauträgerverkäufer ein Erstverwalter bestellt sein, um zu vermeiden, dass mit Entstehen der (faktischen) Gemeinschaft dieses grds. notwendige Verwaltungsorgan fehlt (vgl. auch unten Abschn. 1.9); die Gemeinschaft wäre andernfalls zu Beginn bereits nahezu handlungsunfähig, anfängliche Auseinandersetzungen (z. B. gerichtliche Notverwalterbestellung nach § 26 Abs. 3 WEG) wären vorprogrammiert. Ebenso sollten bereits Wohngeldvorauszahlungsmodalitäten (Höhe, Fälligkeit, Zeitraum) von Anfang an noch vor einem beschlossenen 1. Wirtschaftsplan in der Gemeinschaftsordnung verankert sein (übergangsweise), um ordnungsgemäße Bewirtschaftung der neuen Anlage von Anbeginn sicherzustellen.

1.6 Makler/Reservierung/Vorvertrag

Wurde Ihnen das Vertragsobjekt durch einen Makler (Nachweis- oder Vermittlungsmakler) angeboten (detaillierte Exposés), sollte ein schriftlicher Auftrag vorgelegt und erst nach Durchsicht des Vertragsformulars und der Vertragsbedingungen unterzeichnet werden. Objektvorkenntnisse teilen Sie sofort einem

1 Erwerb einer Neubauwohnung

Makler mit. Die Fälligkeit der Maklerprovision (i. d. R. 3 % vom Erwerbspreis zzgl. MWSt) ist frühestens mit dem Zeitpunkt des Abschlusses eines notariellen Kaufvertrages zu vereinbaren. Makler legen oftmals auch Wert darauf, ihren Vergütungs-(Provisions-)anspruch im notariellen Erwerbsvertrag ausdrücklich zu verankern (als Vertrag zugunsten eines Dritten), was allerdings bei solcher Mitbeurkundung die Notarkosten erhöht. Die **Maklerperson** oder -firma darf mit der Bauträgerverkäuferseite nicht rechtlich oder wirtschaftlich identisch bzw. firmenmäßig oder personell eng verflochten sein, da Sie andernfalls u. U. nicht zu Provisionszahlungen verpflichtet werden können. Nur der unabhängig tätige Makler dürfte auch Ihre Interessen in geeigneter Weise vertreten und Sie beraten können. Er sollte Sie vor und bei Vertragsabschluss ergänzend (fachkundig) **beraten** und noch offene Fragen aufklären helfen; Verbandsmitgliedschaften (z. B. RDM oder VDM) dürften erste Hinweise auf Qualifikation sein. Fragen Sie auch nach bestehender Berufshaftpflichtversicherung des Maklers.

Auch eingesetzte **Erstverwalter** nach WEG könnten als Gelegenheitsmakler für Sie tätig geworden sein und Ihnen den Erwerb einer bestimmten Wohnung **vermittelt** haben; ist in einem solchen Fall in der Teilungserklärung auch eine Zustimmungspflicht des Verwalters zum Erwerbsvertrag nach § 12 WEG vereinbart (also auch die Erstveräußerung nicht ausdrücklich – wie allerdings üblich – vom Zustimmungserfordernis ausgeklammert), besteht grds. kein Provisionsanspruch dieses Maklers (Verwalters), außer, er hätte Sie entsprechend über fehlende Forderungsberechtigung aufgeklärt und Sie hätten ihm dennoch im Rahmen eines selbstständigen Provisionsversprechens den Anspruch unterschriftlich zugestanden (so BGH vom 26. 9. 1990).

Ein Teil der neueren Rechtsprechung der Instanzgerichte will allerdings selbst dem Verwalter, der einer Eigentumsübertragung nicht zustimmen muss, nunmehr ebenfalls einen Anspruch auf Maklerprovision absprechen. An dieser Einschätzung bestehen jedoch erhebliche Zweifel, sodass ein Provisionsanspruch des Maklers, der als Wohnungseigentumsverwalter einer Übertragung nicht zuzustimmen hat, nicht ausgeschlossen werden kann. Mangels höchstrichterlicher Entscheidung sollten Sie einstweilen auch dieses Kostenrisiko mitberücksichtigen.

Die verkäuferseits erbetene Unterzeichnung von **privatschriftlichen** (also nicht notariell beurkundeten) **Reservierungsvereinbarungen** oder so genannten **Optionen, Vorverträgen** oder **Ankaufsverpflichtungen** ist aus organisatorischer und wirtschaftlich-planerischer Sicht des Verkäufers gerade zu Beginn von Verkaufsaktivitäten sicher nicht unbillig, beweist Ihre Unterschrift unter einer solchen Vereinbarung doch Ihre ernst gemeinte Kaufbereitschaft und auch die Verkaufsbereitschaft des Bauträgerverkäufers. Mehr als ernst gemeinte „wohlwollende" **Absichtserklärungen** stellen Reservierungsvertragsunterschriften grds. allerdings nicht dar.

Irgendwelche endgültigen, unabänderbaren Bindungen lassen sich aus solchen Vorvereinbarungen für beide Seiten nicht ableiten, da jegliche Kauf-, aber auch Verkaufsverpflichtungen nach § 313 BGB in der Neufassung seit 1973 der **notariellen Beurkundung** bedürfen, um rechtlich verbindliche Wirkungen entfalten zu können. Müssen Sie aus Ihrerseits nicht zu vertretenden Gründen von einer Vorvereinbarung „zurücktreten", dürften auch pauschale **Bearbeitungsgebühren** oder gar ausdrückliche **Vertragsstrafabstandszahlungen** verkäuferseits kaum mit Erfolg gegen Sie geltend gemacht werden können. Veranlassen Sie jedoch einen Bauträgerverkäufer auch nicht vor endgültigem notariellem Vertragsabschluss, für Sie kostenmäßig und aufwendig tätig zu werden, da Sie in einem solchen Fall bei unbegründetem oder schuldhaftem Abstandnehmen von einem Vertragsschluss schadenersatzpflichtig werden könnten (aus vorvertraglichen Verschuldensgrundsätzen nach § 242 BGB). Die Unterschrift unter eine kurzgefasste Reservierungsvereinbarung (mit einigen Rahmendaten) muss also wohl überlegt sein, auch wenn die Vertragspunkte und Absprachen im Einzelnen erst in der notariellen Kaufurkunde verbindlich festgelegt werden.

Alle Verträge/Vertragsklauseln, die auch nur einen mittelbaren Zwang zum Abschluss eines Grundstücksgeschäfts bewirken (sollen), sind **beurkundungspflichtig**; dies gilt insbesondere bei solchen Vertragsabsprachen, in denen Vertragsstrafen versprochen werden, Anzahlungen bei Rücktritt verfallen sollen oder Reservierungsgebühren an einen Makler bezahlt werden müssen. Im Fall einer erfolgsunabhängigen Maklerprovision/Reservierungsgebühr darf der Betrag grundsätzlich i. Ü. nicht mehr als **10–15 %** der vereinbarten bzw. üblichen Provision/Gebühr betragen (h. M.).

Die vereinzelt erwünschte Konstruktion einer Aufforderung der Verkäuferseite, als Kaufinteressent vorerst einmal ein einseitig verbindliches notarielles **Kaufangebot** abzugeben und die Entscheidung der Annahme dem Verkäufer – freibleibend, längerfristig – freizustellen, können wir Ihnen nicht empfehlen. Denn dadurch setzen Sie sich auf unabsehbare Zeit dem Risiko aus, die Wohnung erwerben zu müssen. Revidierbar ist eine Entscheidung zu einer solchen Vorgehensweise nur in seltenen Fällen (Anfechtung wegen Täuschung oder Irrtum).

1.7 Die Überprüfung der notariellen Erwerbsurkunde (im Entwurf)

Bestehen Sie darauf, einige Tage vor dem angesetzten notariellen Beurkundungstermin den Entwurf des Erwerbsvertrages ausgehändigt zu erhalten. Diesen Entwurf sollten Sie dann auch in Ruhe zu Hause durchlesen und eventuelle Fragen an Verkäufer oder auch Notar notieren bzw. noch vor Beurkundung abklären. Achten Sie darauf, dass alle wesentlichen Absprachen, die bis zum endgültigen Verbriefungstag zwischen Ihnen und dem Verkäufer getroffen wurden, in der Urkunde ausdrücklich erfasst sind. Nur privatschriftliche oder mündliche Abreden sind formungültig, wenn sie nicht **mitbeurkundet** sind. Später besteht verkäuferseits oftmals keine Bereitschaft mehr, vorvertraglich, in nicht beurkundeter Form abgegebene Zusicherungen auch einzuhalten. Eine Notarurkunde besitzt grundsätzlich den Rechtsschein der Vollständigkeit aller zwischen den Vertragspartnern getroffenen Abreden.

Besprechen Sie Vertragsentwürfe vor notarieller Unterschriftsleistung u.U. auch mit einem fachlich versierten **Rechtsanwalt** Ihres Vertrauens, der Ihnen ohne Zeitdruck Erläuterungen und vielleicht auch einige vertragliche Verbesserungsvorschläge (weitere Verhandlungsgrundlagen) unterbreiten kann, selbst wenn Sie vielleicht für 2- bis 3-stündige Beratungsarbeit (Vertragsdurchsicht, Kanzleibesprechung und -beratung) – je nach meist zu treffender schriftlicher Honorarvereinbarung vielleicht 1 000 DM bis 1 500 DM zzgl. MWSt hierfür zahlen müssen (im Verhältnis zu evtl. späteren Schäden, die dadurch vermieden werden könnten, ein sicher geringer „Aufpreis"!).

Nun zu den **wesentlichen Regelungen eines Erwerbsvertrages**:

1.7.1 Die persönlichen Daten der Vertragsparteien

Die persönlichen Daten der Vertragsparteien sind im Rubrum (Eingang) der Urkunde vollständig anzugeben. Insbesondere sollte auch die Verkäuferperson/-firma/-gesellschaft mit vollständiger Anschrift genannt sein; hierzu gehören auch eventuelle Vertretungs- und Vollmachtshinweise. Prokura oder Verkaufsvollmacht ergeben sich oftmals aus dem betreffenden Handelsregistereintrag; von der Richtigkeit hat sich der Notar durch Einsichtnahme in das betreffende Register Gewissheit zu verschaffen. Bei Gesamthandsgemeinschaften auf der

Verkäuferseite sollten sämtliche Gesellschafter namentlich mit Anschriften erscheinen. Vollmachtsnachweise sind der Urkunde am Ende beizuheften; Nachgenehmigung oder auch Stufenbeurkundung ist möglich.

Sollten auf Ihrer Seite mehrere Personen das Wohnungseigentum erwerben, z. B. Sie zusammen mit Ihrem Ehepartner oder Ihre Kinder als Erwerber, also jeweils in Bruchteilsgemeinschaft nach den §§ 741 ff. BGB (dies kann im Einzelfall steuerlich vorteilhaft sein), müssen die erwünschten **Bruchteile** angegeben sein (bei Ehegatten z. B. Erwerb zu je 1/2 Miteigentumsbruchteilen; bei drei Kindern z. B. zu je 1/3 gleichen Miteigentumsbruchteilen). Bruchteile sind allerdings bei Streit innerhalb solcher Bruchteilsgemeinschaften nur schwer oder gar nicht verkäuflich; es drohen dann Teilungs- und Auseinandersetzungsversteigerungen, oft mit erheblichen Wertverlusten; in solchen Eigentumsbruchteilsgemeinschaften sollten auch möglichst bald zur internen Gemeinschaftsverwaltung (vgl. § 745 BGB) klare und für alle Mitglieder verbindliche Absprachen getroffen werden.

1.7.2 Der Beschrieb des Grundstücks

Das Gesamtgrundstück, an dem Sie anteilig Eigentum erwerben, und auch das zu kaufende Vertragsobjekt selbst sollten korrekt in der Einleitung der Urkunde beschrieben sein. Von der Richtigkeit dieser Daten hat sich der Notar zu überzeugen. Anzugeben sind die Grundstücksflurstücknummer und der Vortrag des Grundstücks im Grundbuch des betreffenden Amtsgerichts mit der entsprechenden Band- und Blattbezeichnung. U. U. sind mehrere Grundstücksparzellen des Verkäufers zu einem einheitlichen Grundstück vereinigt und auch katastermäßig zusammengeschrieben worden. Wohnungseigentum kann nur auf **einem** katastermäßig erfassten und vermessenen, d. h. realem (real geteilten) Grundstück begründet werden.

Üblicherweise hat der Verkäufer seinen Grundbesitz gemäß § 8 WEG (bei mehreren Grundstücksmiteigentümern Teilungsvertrag nach § 3 WEG) vor Abschluss der Erwerbsverträge durch notariell unterschriftsbeglaubigte oder (besser) beurkundete **Teilungserklärung** (mit Gemeinschaftsordnung) in **Miteigentumsanteile**, verbunden mit Sondereigentum an zu Wohnzwecken dienenden Räumen **(Wohnungseigentum)** sowie ggf. Sondereigentum an nicht zu Wohnzwecken dienenden Räumen **(Teileigentum)** aufgeteilt und hierbei gleichzeitig eine Gemeinschaftsordnung bestimmt („vereinbart", vgl. § 10 Abs. 1, 2 WEG). Eine solche eintragungsbewilligte Teilungserklärung nimmt dann auch Bezug auf einen **Aufteilungsplan** mit baubehördlicher **Abgeschlossenheitsbescheinigung** (vgl. auch Allgemeine Verwaltungsvorschriften von 1974). Der Aufteilungsplan ist eine von der Baubehörde genehmigte Tektur (Gleichlautvermerk), aus der Gebäudeaufteilung sowie Lage und Größe der im Sondereigentum und im Gemeinschaftseigentum stehende Gebäudeteile (Flächen, Räume, Einrichtungen, Anlagen) ersichtlich sind (**Identifizierung** der Räumlichkeiten). Alle zum selben Sondereigentum gehörenden Einzelräume (also z. B. auch dem Wohnungssondereigentum unselbständig – entfernt gelegene – zugeordnete Keller, Speicher, Hobbyräume, Stellplatzflächen) sind mit der jeweils gleichen Nummer (ggf. gleichfarbig) gekennzeichnet (neben Grundrisszeichnungen gehören grds. auch Schnitte und Ansichten zu einem vollständigen Aufteilungsplan). Teilungserklärung und Aufteilungsplan werden durch doppelte Bewilligungsbezugnahme Grundbuchinhalt und sind damit auch Bestandteil Ihres Sondereigentums. Zum Erwerbszeitpunkt sollten diese Unterlagen möglichst bereits im Grundbuch vollzogen, zumindest die entsprechenden Eintragungsbewilligungen und Eintragungsanträge beim Grundbuchamt eingegangen sein, ohne dass Beanstandungen und vollzugshindernde Zwischenverfügungen oder gar Zurückweisungen seitens des Grundbuchrechtspflegers/richters vorliegen; die Anlegung der einzelnen Grundbuchblätter, bezogen auf die diversen neu gebildeten Eigentumseinheiten, sollte zumindest beim Grundbuchamt in Vollzug sein (nach Einreichung von Teilungserklärung und abgeschlossenheitsbescheinigtem Aufteilungsplan). Andernfalls müssten Sie vor Kaufpreiszahlungen darauf bestehen, Bürgschaftssicherheiten oder andere Zahlungsabsicherungen (z. B. Zahlung auf Notaranderkonto) zu erhalten.

Handelt es sich um einen Bauträgerkauf, so schreibt § 3 MaBV nunmehr zwingend vor, dass die Wohnungsgrundbücher angelegt sein müssen, bevor der Verkäufer Gelder von Ihnen anzunehmen berechtigt ist. Die Teilung muss demnach im Grundbuch vollzogen sein. Andernfalls werden Ihre Zahlungen nicht fällig. In diesem Fall brauchen Sie auch nicht vorab auf ein Notaranderkonto Kaufpreisraten zu bezahlen.

Längerfristige Verzögerungen im grundbuchamtlichen Vollzug der Teilungserklärung fallen im Regelfall in den Verantwortungsbereich des Verkäufers und können im Extremfall Rücktrittsrechte und Verzugsschadenersatzansprüche Ihrerseits rechtfertigen (BGH-Rechtsprechung).

Das zu erwerbende Wohnungs- oder Teileigentum muss im Erwerbsvertrag ebenfalls **exakt beschrieben** sein (auf jeden Fall unter Hinweis auf das bereits gebildete Grundbuch) und sollte insbesondere mit einer bestimmten Nummer auf einen genehmigten Aufteilungsplan mit Abgeschlossenheitsbescheinigung sowie den formellen Beschrieb in bereits vollzogener Teilungserklärung (möglichst widerspruchsfrei) Bezug nehmen. Ferner wird i. d. R. auch nochmals die in der Teilungserklärung bestimmte **Miteigentumsquote** der zu erwerbenden Einheit angegeben (meist in bestimmte 100stel, 1 000stel oder 10 000stel aufgeteilt). Die einzelnen Raumbezeichnungen und Flächenangaben können ebenfalls in den Beschrieb mit aufgenommen werden (möglich aber auch Bezugnahme auf die Detaildarstellung sämtlicher Einheiten in der Teilungserklärung). Achten Sie schon hier bei **Flächenangaben** auf die genannten Wohn- und Nutzflächenmaße, insbesondere dann, wenn einer Wohnung ein Kfz-Stellplatz, ein Kellerabteil, eine Terrasse, ein Balkon, ein Hobbyraum, ein Speicher und/oder eine Empore zugeordnet sind. Die Flächen dieser „Nebenräume" sind hier niedriger als bei normalen Wohnräumen anzusetzen (gegebenenfalls mit 1/2 oder 1/4 der Raumfläche), vgl. Abschn. 1.5 oben. Auch Studios oder Mansardenräume mit Dachschrägen unterliegen – wie schon oben erwähnt – einer anderen – reduzierten – Flächenberechnung. Steuer- und Gebührenbegünstigungen treten im Übrigen auch nur ein, wenn bestimmte Maximalgesamtflächen einer Wohnung nicht überschritten sind; hier empfehlen sich oftmals entsprechende Verkäuferzusicherungen. Zum Sondereigentum einer Wohneinheit gehörende, örtlich von der Wohnung getrennte Räume wie Kellerabteile, Speicher, Hobbyräume usw. sollten auf jeden Fall eigens mitangeführt sein, ebenso etwaige **Sondernutzungsrechte** z. B. an Kfz-Stellplätzen, Flurteilen, Terrassen- und Gartenteilflächen; achten Sie hier auf die exakte farbliche oder nummernmäßige Kennzeichnung und richtige eindeutige Zuordnung solcher Nebenräume und Flächen in den der Urkunde beizuheftenden Planauszügen des Aufteilungsplanes! Sondernutzungsflächen sind im Originalplan (in der Grundakte beim Grundbuchamt) meist farblich schraffiert in der Farbe, mit der auch die Sondereigentumseinheit selbst gekennzeichnet ist (ggf. Nr.-Kennzeichnung). Der Beschrieb im Erwerbsvertrag sollte auch von Ihnen auf Identität mit der Darstellung in der Teilungserklärung und im Aufteilungsplan überprüft werden! Ebenso sollten zeichnerische Darstellungen (Eintragungen) im Aufteilungsplan mit Beschrieben und Vereinbarungen in Teilungserklärung und Gemeinschaftsordnung übereinstimmen.

Bei Widersprüchen kann u. U. das Grundbuch unrichtig sein/werden; bei Umfangs- und Abgrenzungszweifeln von Sondereigentum (zu Gemeinschaftseigentum) wird im Regelfall allein von entstandenem Gemeinschaftseigentum auszugehen sein.

Die Begründung von Sondereigentum ist auch an solchen Räumen nicht möglich, in denen sich wesentliche Gemeinschaftseinrichtungen (Wasser- und Gasuhren, Stromzähler, Absperrventile, Heizungsanlage etc.) befinden oder die Räume solchen vorgelagert sind. Prüfen Sie dies vorher ausreichend. Andernfalls erhalten Sie für Ihre Zahlung keine Gegenleistung. Die Rückabwicklung ist mit dem Bauträger oft schwierig – **Insolvenzgefahr.**

Hobbyräume, Speicher, Garagen, Stellplätze in einer Tiefgarage können auch als **separates Teileigentum** ausgewiesen sein und getrennt oder zusammen mit einer Wohnung gekauft werdern; achten Sie hier auf die richtige Plannummer und Identität des Planbeschriebs mit der betreffenden Räumlichkeit im Gebäude.

Verweisung auf andere notarielle Urkunden (wie z. B. die Teilungserklärung, eine Baubeschreibung) ist nach **§ 13a BeurkG** in notariellen Erwerbsverträgen möglich; eine Verlesung der „anderen Urkunden" ist dann entbehrlich, wenn die Beteiligten dem Urkundsnotar (Vor)Kenntnis bestätigen; der Verzicht auf Verlesung sollte in der Erwerbsurkunde ausdrücklich festgehalten werden, ebenso ein etwaiger Verzicht auf Beifügung dieser „anderen Bezugsurkunden". Achtung: Stimmen Sie einer Verweisung auf andere Urkunden nur zu, wenn Ihnen diese tatsächlich inhaltlich bekannt sind; besser ist, Sie lassen sich diese vor Vertragsschluss aushändigen und machen sich hinreichend mit deren Inhalt vertraut!

Für die **Bezeichnung** des Erwerbsgegenstandes (der Wohnung) genügt nach BGH vom 4. 3. 1994 die Angabe des betreffenden **Wohnungsgrundbuchs** (soweit das WE schon eingetragen ist) mit Gemarkung, Band- und Blattnummer; aus dem Bestandsverzeichnis ergibt sich dann der zugehörige Miteigentumsanteil unter Bezugnahme auf die Eintragungsbewilligung, die ihrerseits wieder auf die im Grundbuch bereits vollzogene Teilungserklärung verweist; dort finden sich wieder Detailangaben über Zahl, Art, Lage der Räume und (ggf.) Wohnfläche (als Grundbuchinhalt).

1.7.3 Erwerbsgegenstand/vertraglicher Hinweis auf die Teilung und den Beschrieb des neu gebildeten Wohnungs- oder Teileigentums mit Nebenräumen

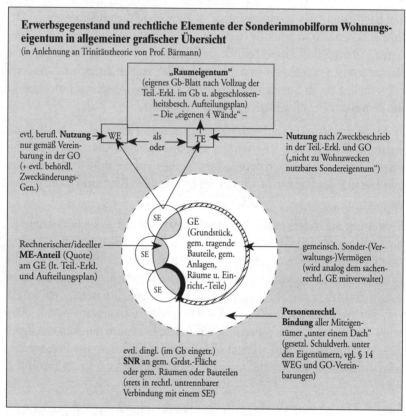

Gb = Grundbuch
GE = Gemeinschaftseigentum (Grundstück, gemeinsch./tragende Bauteile, gemeinsch. Anlagen, Räume und Einrichtungsteile)
GO = Gemeinschaftsordnung
ME-Anteil = Miteigentumsanteil (ideeller, rechnerischer Quotenanteil)
SE = Sondereigentum
SNR = Sondernutzungsrecht (verdinglicht durch Eintragung in Gb)
TE = Teileigentum (nicht zu Wohnzwecken dienendes SE)
WE = Wohnungseigentum (zu Wohnzwecken dienendes SE)

(vgl. auch unten Abschnitt 1.8.1)

1 Erwerb einer Neubauwohnung

1.7.4 Der Verkäufer als Voreigentümer

Der Verkäufer muss hinsichtlich des Vertragsobjekts (bezogen auf das Gesamtgrundstück) im Grundbuch voreingetragener Eigentümer bzw. zumindest auflassungsvormerkungsberechtigt sein. Die Prüfung erfolgt hier ebenfalls durch den Notar über Grundbucheinsicht.

1.7.5 Die Baugenehmigung

Im Verkaufszeitpunkt sollte (müsste) auch eine gültige, rechtskräftige behördliche Baugenehmigung vorliegen (soweit landesbaurechtlich noch erforderlich), möglichst nicht nur ein positiver Bauvorbescheid. Nachbarwidersprüche (bei Verletzung nachbarschützender Normen) gegen solche Bescheide könnten u. U. den Baubeginn und damit den gesamten Bauablauf nach Bauzeitenplan (somit auch den geplanten bzw. fix bestimmten Fertigstellungszeitpunkt) nicht unerheblich verzögern/gefährden. Hinsichtlich einer auf dem Grundstück befindlichen, abzubrechenden Altbausubstanz müsste eine Abbruchgenehmigung bereits erteilt sein. Informieren Sie sich rechtzeitig über eine eventuell bereits erteilte Baugenehmigung einschließlich der dort meist geforderten diversen Bauauflagen. Müssen Sie feststellen, dass dem Bauträger bisher noch keine verbindliche Baugenehmigung erteilt wurde, können und sollten Sie u. U. selbst bei der Gemeinde Einblick nehmen in evtl. Flächennutzungs- oder Bebauungspläne, ebenso in ein Baulastenverzeichnis (um selbst etwaige Baubeschränkungen zu erfahren); auf keinen Fall sollte das Grundstück außerhalb eines rechtskräftigen Bebauungsplans liegen.

Sollte eine Baugenehmigung nach landesrechtlichen Vorschriften nicht mehr erforderlich sein (vgl. auch oben Abschn. 1, 2), muss jedenfalls eine dies bestätigende Erklärung der Baubehörde oder des Verkäufers vorliegen. Erkundigen Sie sich gegebenenfalls bei der zuständigen Baubehörde nach den Voraussetzungen des Baugenehmigungsverfahrens für Ihr Objekt.

1.7.6 Im Grundbuch eingetragene Belastungen

Lassen Sie sich auch detaillierte Auskünfte über grundbuchrechtlich auf dem Grundstück eingetragene **Belastungen** geben, die ebenfalls in der Erwerbsurkunde erwähnt sein müssen (der Notar überprüft auch hier die entsprechenden Grundbucheintragungen).

[Handschriftliche Notizen am oberen Rand:]
Grunddienstbarkeit:
z.B. Wege-/Leitungsrecht
→ privatrechtl. im Grundbuch Abt II
→ öffentl. rechtl. im Baulastverzeichnis

1 Erwerb einer Neubauwohnung

In **Abteilung II** des Grundbuchs – soweit nicht lastenfrei – sind sämtliche eintragungsfähigen Belastungen mit Ausnahme von Hypotheken, Grund- und Rentenschulden eingetragen, die wiederum wegen ihrer Häufigkeit in der besonderen Abteilung III erwähnt sind (einschließlich der sich darauf beziehenden Änderungen, Vormerkungen, Widersprüche und Löschungen). In dieser Abteilung II des Grundbuchs werden damit zeitlich beschränkte Nutzungen an einem Grundstück (z.B. ein Nießbrauch) eingetragen, ebenso inhaltlich beschränkte Nutzungen (wie z.B. die Grunddienstbarkeit oder auch die Reallast), oder auch inhaltlich und zeitlich beschränkte Nutzungen (wie z.B. beschränkt-persönliche Dienstbarkeiten und u.U. auch Reallasten).

In **Abteilung III** des Grundbuchs finden sich – wie erwähnt – etwaige Absicherungen der Globalfinanzierungsinstitute des Verkäufers (Gesamthypotheken oder Gesamtgrundschulden als Brief- oder Buchpfandrechte).

Da diese Belastungen auch Ihr zu erwerbendes Vertragsobjekt betreffen, sollten entsprechende **Pfandfreistellungserklärungen** der Finanzierungsinstitute des Verkäufers vorliegen, die besagen, dass entsprechend Ihrer Kaufpreiszahlungen Ihr Wohnungseigentum von Globalpfandrechten belastungsfrei gestellt wird.

Einsicht in das öffentliche Grundbuch haben alle Personen bei Glaubhaftmachung eines berechtigten Interesses (aus datenschutzrechtlichen Gründen); ein ernsthafter Erwerbsinteressent besitzt im Regelfall ein solches berechtigtes Interesse (evtl. über Vollmacht des Eigentümers und Verkäufers).

Nochmals zusammengefasst zu **Ihrer Information**:

I. Sehr transparent setzt sich das Wohnungsgrundbuch aus **5 Teilen/ Spalten** zusammen:
  - Aufschrift: AG-Bezirk / Band-, Blattnummer
  - Bestandsverzeichnis: Informationen über Grundstück (Größe, Lage, Nutzungsart)
  - Abteilung I: Eigentümernamen/Grundlagen der Eintragung
  - Abteilung II: Lasten und Beschränkungseintragungen (wie z.B. Geh- und Fahrtrechte, Nießbrauch, Leibrenten, Vorkaufsrechte)
  - Abteilung III: Hypotheken- und Grundschuldbelastungen

II. **Erledigungen** (Löschungen) sind im Original-Gb **rot** (in Kopie schwarz) unterstrichen; Erledigungsvermerke finden sich i.d.R. auf

1 Erwerb einer Neubauwohnung

gegenüberliegender Seite. Einzelheiten können bei dem/der Gb-Rechtspfleger/in erfragt werden oder beim Urkundennotar.

III. Zu jedem Grundbuchblatt gehört auch eine separat geführte „**Grundakte**"; dort sind Eintragungsunterlagen und Urkunden aufbewahrt, die mit dem Grundstück im Zusammenhang stehen, wie z.B. Teilungserklärung/Gemeinschaftsordnung, Aufteilungsplan mit Abgeschlossenheitsbescheinigung, Dienstbarkeiten, Nutzungsbeschränkungen, Nießbrauchsrechte, Leibrentenverträge, Altrechte usw.

1.7.7 Der Kaufpreis als Festpreis (Pauschalpreis/Komplettpreis) – zahlbar in Raten nach Baufortschritt

Der Erwerbspreis (Gegenleistung) für das fertige Objekt sollte als unabänderbarer Festpreis **(Pauschal- bzw. Komplettpreis)** ausgewiesen sein, allenfalls unterteilt in Grundstücksanteilskaufpreis und Werkerstellungsvergütung. Bei Erwerb einer Garage oder eines Kfz-Stellplatzes kann der Preis hierfür ebenfalls separat erfasst sein. Sog. Preisanpassungsklauseln (z.B. bei erwarteter MWSt-Erhöhung) sind gemäß § 11 Nr. 1 AGBG nur dann wirksam, wenn zwischen Vertragsschluss und Fertigstellung mehr als 4 Monate liegen.

In einem Zahlungsplan sind dann die einzelnen Kaufpreisraten und Fälligkeiten zu bestimmen (gegebenenfalls in einer Anlage zur Urkunde als wesentlicher Vertragsbestandteil). Die Ratenzahlungen sollten sich hier mindestens nach den gesetzlichen Vorschlägen der **Makler- und Bauträgerverordnung (MaBV)** in Neufassung richten, bekannt gemacht am 7. 11. 1990, zuletzt geändert am 14. 2. 1997 (vgl. auch oben Abschn. 1.2). Hinsichtlich der einzelnen Baustufen ist der **Verkäufer vorleistungsverpflichtet**; die jeweilige Ratenzahlung darf erst nach Erreichen des jeweiligen Bautenstandes und des vereinbarten Fälligkeitstermins gefordert und entgegengenommen werden.

Die möglichen **Zahlungszeitpunkte** können nunmehr zwischen folgenden Bautenständen vereinbart werden:

- Nach Beginn der Erdarbeiten   30,0%
- Nach Rohbaufertigstellung einschließlich Zimmerarbeiten   28,0%
- Nach Herstellung der Dachflächen und -rinnen   5,6%

- Nach Fertigstellung der Rohinstallation und Heizungsanlage　2,1 %
- Nach Fertigstellung der Rohinstallationen für Sanitäranlagen　2,1 %
- Nach Fertigstellung der Rohinstallationen Elektroanlagen　2,1 %
- Nach Fertigstellung des Fenstereinbaus einschließlich Verglasung　7,0 %
- Nach Fertigstellung des Innenputzes ohne Beiputzarbeiten　4,2 %
- Nach Fertigstellung des Estrichs　2,1 %
- Nach Fertigstellung der Fliesenarbeiten im Sanitärbereich　2,8 %
- Nach Bezugsfertigkeit Zug um Zug gegen Besitzübergabe　8,4 %
- Nach Fertigstellung der Fassadenarbeiten　2,1 %
- Nach vollständiger Fertigstellung　3,5 %

Statt des Ratenzahlungssicherungssystems gemäß § 3 MaBV gibt es noch die **Bürgschaftssicherungsvariante** nach § 7 MaBV (selbstschuldnerische Bürgschaft einer Bank oder Versicherung über die gesamte Kaufpreissumme). Austausch der Sicherungssysteme ist möglich, nicht jedoch ein teilweiser Wechsel oder eine Vermischung.

Vielleicht ist ein BT-Verkäufer auch bereit, als zusätzliche Sicherung eine Fertigstellungs- bzw. **Vertragserfüllungsbürgschaft** einer Bank (Höhe etwa 10 bis 20 % des Erwerbspreises) auszuhändigen.

Wesentliche Baumängel, die Sie bereits während der Bauausführung feststellen, lassen Ihre vertragliche Kaufpreisschuld nur hinsichtlich der mangelfreien Gewerke entstehen. Insoweit sind Sie zur vollständigen Zahlung der jeweiligen Rate nur verpflichtet, wenn eine mangelfreie Leistung vorliegt. Der Bauträger darf die Fortführung jedoch wegen der geringeren Zahlung nicht einstellen. Diese Grundsätze ergeben sich aus der letzten Änderung der MaBV. Werden Mängel erst mit Abschluss des Vorhabens oder im Zeitpunkt der Abnahme festgestellt, berechtigt Sie dies zur Geltendmachung von Zahlungsleistungsverweigerungsrechten **(Zurückbehaltungsrechten)** in angemessener Höhe, d. h. in Blickrichtung auf etwaige Sanierungskosten (oftmals wird ein **3-fach-Betrag** des Sanierungsaufwandes – Kostenvoranschlag/Gutachten – anerkannt). Die Leistungsverweigerung ist hier ein Druckmittel zur Erledigung noch anstehender Arbeiten und sollte vertraglich nicht ausgeschlossen sein.

Geraten Sie mit einer Zahlungsrate in **Verzug**, werden Sie i. d. R. – je nach Vereinbarung – mit einem höheren als dem gesetzlichen Verzugszins (4 %) belastet,

1 Erwerb einer Neubauwohnung

also z. B. mit einem Pauschalzins von 10 oder 12 % oder auch 4 oder 5 % über dem Leitzinssatz der Europäischen Zentralbank. Im **Zahlungsverzugsfall** besitzt der Veräußerer auch die Rechte nach § 326 BGB (Nachfristsetzung mit Leistungsablehnungsandrohung und nachfolgender Schadenersatzforderungs- oder Vertragsrücktrittsberechtigung; vgl. jedoch § 454 BGB, der allerdings i. d. R. vertraglich ausdrücklich ausgeschlossen wird).

Zahlungen auf den Erwerbspreis sollten allerdings erst **fällig** gestellt sein und erfolgen, wenn der Verkäufer tatsächlich als Voreigentümer des Grundstücks im Grundbuch eingetragen ist und wenn Ihnen der Notar schriftlich Mitteilung gemacht hat, dass die sog. **Auflassungsvormerkung** zu Ihren Gunsten im Grundbuch eingetragen ist, und zwar im unmittelbaren Rang nach den vorrangigen Globalbelastungen und etwa Ihrerseits übernommenen Grundstücksbelastungen. Die Auflassungsvormerkung sichert Ihre Rechtsstellung als Erwerber; der Verkäufer kann nach Eintragung einer solchen Auflassungsvormerkung nicht mehr anderweitig über „Ihr" Vertragsobjekt verfügen; insoweit wären solche Verfügungen Ihnen gegenüber unwirksam, soweit sie Ihren Anspruch auf Eigentumsverschaffung vereiteln oder beeinträchtigen würden (vgl. §§ 883, 888, 892 BGB).

Zusätzlich müssen u. U. vor einer ersten Zahlungsfälligkeit noch andere **Auflagen** erfüllt sein bzw. Negativatteste vorliegen (so z. B. Vorliegen der **Pfandfreistellungserklärung**). Auch die rechtskräftige **Baugenehmigung** (soweit noch erforderlich) sollte nachweisbar zu diesem Zeitpunkt erteilt sein (alternativ: Negativerklärungen, wie bereits erwähnt).

> **Ein praktischer Tipp:**
> Eröffnen Sie möglichst bald ein eigenes Baukonto, über das Sie alle den Bau/Kauf betreffenden Zahlungen laufen lassen, und führen Sie ggf. ein kleines Bautagebuch.

Etwa vereinbarte **Vollmachten** an den Bauträgerverkäufer, zu Ihren Lasten Darlehensverträge abzuschließen und Ihr Kaufobjekt zu belasten, müssen auf Ihre im Vertrag vereinbarte Einzelfinanzierung begrenzt sein; weiterhin muss die Löschung spätestens mit der Eigentumsumschreibung abgesichert sein.

Vor „Schwarzgeldzahlungsabsprachen" und Gegenleistungs-„**Unterverbriefungen**" (um vielleicht Grunderwerbsteuer, Notarkosten und Gerichtsgebühren „zu sparen") können wir nur warnen! Ein Vertrag mit zu niedrig beurkundetem Erwerbspreis ist nach deutschem Recht als **Scheingeschäft nichtig** (§ 117 BGB), ein Kauf kann damit für Sie wertlos sein! Auflassungsvollzug „heilt" jedoch (§ 313 Satz 2 BGB). Vertragspartner sind insoweit auch erpressbar; denken Sie auch an mögliche Steuerstrafverfahren!

1.7.8 Die Zwangsvollstreckungsunterwerfungsklausel

Die übliche Zwangsvollstreckungsunterwerfungsklausel zugunsten des Verkäufers besagt, dass ein Verkäufer bei Zahlungsverzug Ihrerseits direkt aus der Urkunde gegen Sie die Zwangsvollstreckung betreiben kann. Hierzu bedarf es dann nur einer Vollstreckungsklausel durch den Notar auf einer Ausfertigung der Urkunde und der Zustellung an Sie. Der Verkäufer muss die Fälligkeit der jeweiligen Forderung durch eine Urkunde nachweisen (BGH, Urteil vom 22. 10. 1998). Die einfache dahingehende Behauptung des Bauträgers ist daher nicht ausreichend. Dennoch werden die Bauträger versuchen, weiterhin die Vollstreckungsunterwerfungsklausel zur schnelleren Durchsetzung ihrer Ansprüche in dem Erwerbsvertrag zu vereinbaren. Unter Berücksichtigung der nunmehr vorliegenden Rechtsprechung könnte eine Klausel in den notariellen Verträgen dahingehend lauten, dass die übliche Vollstreckungsunterwerfungsklausel und die Befugnis, eine vollstreckbare Ausfertigung der Urkunde zu verlangen mit einer Vereinbarung der Parteien verbunden wird, dass der Nachweis des erreichten Bautenstandes durch einen möglichst bereits in dem Vertrag benannten oder identifizierbaren vereidigten Sachverständigen erfolgt.

Die Erteilung einer Vollstreckungsklausel im obigen Sinne scheidet auch dann aus, wenn Ihnen berechtigte Mängelrügen zustehen. Denn dann brauchen Sie die Zahlungen nicht oder nicht in vollem Umfang zu leisten. Zumindest steht Ihnen bis zur Beseitigung der Mängel ein Zurückbehaltungsrecht in der Regel in der Höhe des dreifachen Betrages der Mängelbeseitigungskosten zu. Die Forderung des Bauträgers ist dann nicht fällig.

Wird entgegen den obigen Ausführungen durch den Notar dennoch eine Vollstreckungsklausel erteilt, verbleibt Ihnen nur die Möglichkeit der so genannten Vollstreckungsgegenklage, verbunden mit dem Antrag auf einstweilige Einstellung der Vollstreckung. Dies erfolgt regelmäßig gegen Stellung einer entsprechenden Sicherheitsleistung, muss aber, wenn eine Bestätigung eines Sachverständigen für den Eintritt der Fälligkeit nicht vorliegt, ohne eine solche vorgenommen werden.

1.7.9 Der Fertigstellungszeitpunkt

Achten Sie auf bestimmte Fertigstellungszusagen durch den Veräußerer, um selbst rechtzeitig verbindlich disponieren zu können. Möglich und für Sie am günstigsten wären feste Terminzusagen, also die Vereinbarung eines **verbindlichen**, fixen **Fertigstellungstermins** zu einem genau angegebenen Datum. Dabei sollten Sie herausstellen, dass dieser feste Termin eine besondere Bedeutung für Sie hat, weil nicht jede zeitliche Festlegung ein so genanntes Fixgeschäft zur Folge hat. Wenn Sie einen sicheren Weg einschlagen wollen, lassen Sie sich anwaltlich beraten. Bei Terminüberschreitung können Sie dann etwaigen Verzugsschaden in nachgewiesener Höhe geltend machen. Bei nur unverbindlicher Fertigstellungszusage bestehen grundsätzlich keine Schadenersatzmöglichkeiten. Sie können den Fertigstellungstermin auch mit sog. **Vertragsstraf-** oder pauschalierten Schadenersatz**klauseln** im Rahmen der von der Rechtsprechung entwickelten Grenzen verbinden (bestimmte pauschalierte Verkäuferzahlung pro Woche/Monat einer Fristüberschreitung; hier haben Sie dann keine konkreten Schadensnachweispflichten, müssen sich jedoch grundsätzlich bei Abnahme schriftlich solche Vertragsstrafansprüche **vorbehalten**, d. h. am besten in einem Abnahmeprotokoll den Vorbehalt ausdrücklich vermerken). Berechtigte Vertragsstrafforderungen können Sie auch mit Restkaufpreisraten des Verkäufers verrechnen. Auf Abreden von Aufpreiszahlungen bei vorzeitiger Fertigstellung müssen Sie sich nicht einlassen.

Der genaue Fertigstellungs-/Übergabetermin sollte Ihnen vom Verkäufer in einer bestimmten angemessenen Frist benannt werden, damit Sie sich rechtzeitig auf die Abnahmeverhandlung einstellen können. Bei der **Abnahme** können Sie sich auch durch einen Techniker Ihres Vertrauens **vertreten** lassen oder zusammen mit einem solchen Fachmann die technische Abnahmeverhandlung mit dem Verkäufer oder dessen Vertreter führen (vgl. ergänzend auch Abschn. 1.7.11 unten).

1.7.10 Erschließungskosten und andere Abgaben

Bei Festpreisvereinbarung sind auch sämtliche baubedingten Erschließungskosten und Nachfolgelasten im Kaufpreis mitenthalten, welche durch die Realisierung des Bauvorhabens ausgelöst sind. Gleiches gilt grundsätzlich auch für alle öffentlichen Lasten, Gebühren und Abgaben, die bis zum vereinbarten Zeitpunkt (häufig dem der Besitzübergabe) ebenfalls vom Verkäufer zu übernehmen sind. Hierunter fallen z. B. auch Kosten für Anschlüsse von Versorgungseinrichtungen, für Wasser-, Abwasser-, Strom- und Telefonleitungen. Lesen Sie die oft unterschiedlich beurkundeten Erschließungskostenklauseln genau; Sie können sich auch vor Kauf bei der Gemeinde erkundigen, ob neue Erschließungsmaßnahmen (z. B. Kanalverlegung, Straßen- und/oder Gehwegsverbreiterung, Straßenoberdeckenneubau usw.) anstehen, die nach Fertigstellung Ihrer Anlage zu – nur anteiligen – Kostenlasten der neuen Wohnungseigentümer gehen könnten.

Beachten sollten Sie auch, ob wegen einer noch nicht vorgenommenen Vermessung des Grundstücks später Gebühren für die Einmessung des Grundstücks und die Fortschreibung des Katasterverzeichnisses anfallen können. Diese werden regelmäßig erst nach dem Eigentumsübergang erhoben. Nach den jeweiligen Vorschriften der einzelnen Bundesländer sind diese in der Regel von dem Eigentümer zu tragen, der zum Zeitpunkt der Vermessung oder Fortschreibung im Grundbuch eingetragen ist.

Die klarste Vertragsvereinbarung wäre, dass die Verkäuferseite sämtliche objektbezogenen (derzeit bekannten) Erschließungskosten oder zu erwartenden sonstigen Kosten und Gebühren trägt bzw. zusichert, dass sämtliche Erschließungskosten oder Gebühren bezahlt sind und – nach augenblicklichem Kenntnisstand – keine weiteren in Betracht kommen.

1.7.11 Die Übergabe/Abnahme des Sondereigentums und des Gemeinschaftseigentums

Nach Baufertigstellung wird dem Erwerber die tatsächliche Verfügungsgewalt über den Erwerbsgegenstand eingeräumt (**Besitzeinräumung**).

Die Übergabe/Abnahme des **Sondereigentums** (und möglichst separat auch des Gemeinschaftseigentums – hier auch entsprechende spezielle Vereinbarung in der Gemeinschaftsordnung möglich) sollte ausführlich im Erwerbsvertrag geregelt sein; die förmliche Übergabe und willentliche Abnahme wird üblicherweise durch Erstellung eines sog. **Abnahmeprotokolls** dokumentiert, welches von beiden Vertragsparteien zu unterzeichnen ist. Das Protokoll ist eine Beweisunterlage. Bei der Übergabe- und Abnahmeverhandlung ist Vertretung möglich; Sie kön-

1 Erwerb einer Neubauwohnung

nen selbstverständlich auch – auf eigene Kosten – einen eigenen bautechnischen Fachmann bei der Abnahme zu Rate ziehen. Im Protokoll sollten die von Ihnen festgestellten (erkannten und erkennbaren) Baumängel und noch nicht erledigten Arbeiten möglichst genau beschrieben und aufgelistet werden. Erkennt der Verkäufer einzelne behauptete Baumängel nicht an, sollte die Leistungsablehnung entsprechend vermerkt werden (hier dann Klärung über Privatgutachten oder ggf. einzuleitendes selbstständiges Beweisverfahren). Für die Beseitigung anerkannter Baumängel haftet Ihnen der Verkäufer in angemessener Frist. Die Angemessenheit der Frist richtet sich grds. nach Art, Umfang und Schwere der festgestellten Mängel (auch nach Jahreszeit und Witterung).

> Rechtlich hat die **Abnahme** u. a. die **Bedeutung**,
> – dass die Untergangs- und Verschlechterungsgefahr des Erwerbsgegenstandes mit diesem Zeitpunkt auf Sie übergeht (Beweislastumkehr),
> – nach diesem Zeitpunkt sämtliche Steuern, Abgaben und öffentlichen Gebühren im Regelfall (zumindest im Innenverhältnis zu Ihrem Verkäufer) von Ihnen getragen werden müssen,
> – Hausgeld-(Wohngeld-)vorauszahlungen ebenfalls im Rahmen üblicher Vertragsregelung im Verhältnis zu Ihrem Verkäufer von Ihnen als Wohnungsbesitzer (ggf. als faktischer, werdender Eigentümer direkt der Gemeinschaft gegenüber) bezahlt werden müssen,
> – nach Abnahme entstehende oder erst entdeckte Baumängel von Ihnen zu beweisen sind (Beweislastumkehr; vor Abnahme trägt der Veräußerer die Beweislast für die Mängelfreiheit),
> – mit Abnahme (als im Wesentlichen erbrachte Werkleistung) (Rest-)Erfüllungsansprüche geringeren Umfangs grundsätzlich nach Mängelgewährleistungsrecht zu verfolgen sind (Frist!),
> – etwaige Vertragsstrafvorbehalte spätestens zu diesem Zeitpunkt erfolgen müssen und
> – eine vereinbarte bzw. die gesetzliche Mängelgewährleistungsfrist in Lauf gesetzt wird (aktuell werden zu diesem Zeitpunkt auch gegebenenfalls vereinbarte Abtretungsklauseln hinsichtlich der dem Verkäufer zustehenden Mängelgewährleistungsansprüche gegen baubeteiligte Dritte; Sie müssen dann neue Mängel primär gegen die vom Bauträgerverkäufer unterbeauftragten baubeteiligten Dritten [Architekt,

> Generalunternehmer, Projektant usw.] geltend machen; schlägt der außergerichtliche Versuch fehl, sich bei baubeteiligten Dritten schadlos zu halten, lebt die Haftung des Bauträgerverkäufers als ursprünglichem Gewährleistungsschuldner mit neuem Gewährleistungsfristbeginn wieder auf – sog. **Subsidiärhaftung**).

Zur Abnahme sind Sie nur verpflichtet, wenn der Erwerbsgegenstand „abnahmereif", d. h. als im Wesentlichen vertragsgerecht erfüllt ist; Ihre Wohnung muss aus objektiver Sicht ohne Probleme als solche – funktionstauglich – bewohnbar sein; kleinere, übliche Mängel berechtigen Sie insoweit nicht, die geforderte Abnahme zu verweigern.

Sog. **Abnahmefiktionsklauseln** (analog § 12 Nr. 5 VOB/B) sind im Bauträgervertragsrecht nach h. R. M. nicht möglich (vgl. § 10 Nr. 5 AGBG); eine Teilbezugnahme auf § 12 Nr. 5 VOB/B ist im Bauträgerrecht nicht (mehr) zulässig, ebenso grds. nicht einmal eine Gesamtbezugnahme auf die VOB/B.

Achten Sie insbesondere auch auf eine ausdrückliche, angemessene Regelung der **Übergabe/Abnahme des Gemeinschaftseigentums**, da im Bereich des Gemeinschaftseigentums sehr häufig Mängel auftreten, welche meist auch einen hohen Sanierungskostenaufwand erfordern und sich auch häufig auf das Sondereigentum auswirken (Feuchtigkeit in den Außenmauern, Undichtigkeit des Daches). Eine eigene Regelung ist hier insbesondere wichtig, wenn das Gemeinschaftseigentum nach endgültiger Fertigstellung einheitlich und organisiert von der gesamten Gemeinschaft, d. h. entsprechend ermächtigten Personen abgenommen werden sollte (vgl. Muster eines Abnahmeprotokolls Abschn. 5.7 unten). Eine originäre Ermächtigung des Verwalters oder des Verwaltungsbeirates zur Abnahme besteht jedenfalls nicht und müsste gesondert vereinbart werden (wegen der damit verbundenen Haftung risikoreich für die Beteiligten und daher nicht zu empfehlen!). Möglich sind beim Gemeinschaftseigentum auch zeitlich versetzte Teilabnahmevereinbarungen (z. B. blockweise, Hauskörper/Tiefgarage, Garten und Außenanlage usw.).

Existieren keine Vereinbarungen (auch keine gemeinschaftlichen Beschlüsse) über eine rechtsgültige, einheitliche, ggf. für alle Miteigentümer verbindliche, förmliche Abnahme des Gemeinschaftseigentums, wird wohl jeder Erwerber einer neu erstellten Wohnung (auch noch der letzte!) mit Abnahme seines Sondereigentums stets auch das gesamte Gemeinschaftseigentum abnehmen können; rechtlich nachteilig für den Bauträgerverkäufer sind bei solcher Vertragsgestaltung die unterschiedlichen Gewährleistungsfristbeginne und -abläufe. Insoweit existieren zu diesem Abnahmethema häufig auch **Individualvereinbarungen**, die Sie in voller rechtlicher Tragweite vor unterschriftlicher Anerkennung überdenken sollten.

Ist vertraglich – wie heute üblich – eine einheitliche Übergabe/Abnahme des Gemeinschaftseigentums mit Wirkung für und gegen alle augenblicklichen und zukünftigen Miteigentümer (bzw. Eigentumsanwärter) vorgesehen und – meist nach mittlerem Bezug von Ersterwerbern – durchgeführt, kann in Folgeverkäufen an spätere Ersterwerber u. E. auf diese bereits erfolgte Abnahme vertraglich Bezug genommen werden. Gewährleistungsfristverkürzungen müssten hier jedoch wohl ebenfalls über wirksame Individualvereinbarungen geregelt sein, um Gültigkeit zu erlangen (umstrittenes Thema).

Spätestens bei Abnahme sollten Sie sich auch Bedienungsanleitungen und evtl. auch **Detailpläne** aushändigen lassen; inwieweit Sie hier Ansprüche beim konventionellen Wohnungskauf gegen Ihren Verkäufer ohne spezielle vertragliche Zusicherungen besitzen, ist sehr umstritten und im Regelfall bei schlüsselfertigem Kauf (nach Aufteilungsplan, Teilungserklärung und Baubeschreibung) wohl zu verneinen (vgl. auch §§ 444 und 402 BGB); bei vereinzelt noch vereinbarter Gewährleistungsanspruchsabtretung haben Sie demgegenüber sehr weitgehende **Auskunfts-** und **Unterlagenherausgabeansprüche** gegen den Bauträgerverkäufer.

1.7.12 Die Gewährleistung bezüglich anfänglicher Rechts- und Baumängel

Grundsätzlich haftet ein Verkäufer ohne Verschulden 30 Jahre lang für die Freiheit des Kaufgegenstandes von Rechten Dritter, die vom Erwerber im Vertrag nicht übernommen wurden (§ 434 BGB); solche **Rechtsmängel** wären Hypotheken, Reallasten, Wohnungsrechte, Miete oder Pacht; der Verkäufer hat den Rechtsmangel allerdings nicht zu vertreten, wenn ihn der Erwerber bei Vertragsabschluss kennt (§ 439 Abs. 1 BGB). Im Grundbuch eingetragene Pfandrechte hat der Verkäufer aber auch dann zu beseitigen, wenn der Erwerber hiervon Kenntnis besitzt (§ 439 Abs. 2 BGB); Miet- und Pachtverhältnisse gehen gemäß § 571 BGB mit Eintragung als Eigentümer im Grundbuch auf den Erwerber über; der Verkäufer ist jedoch nach § 434 BGB verpflichtet, die Eigentumsverschaffung frei von Miet- oder Pachtrechten herbeizuführen, es sei denn, im Vertrag übernimmt der Erwerber ausdrücklich diese bestehenden Vertragsrechte. Bei bestehenden Rechtsmängeln besitzen Sie als Erwerber die Rechte nach § 440 BGB. Die Haftung des Bauträgerverkäufers für solche Rechtsmängel wird allerdings meist **vertraglich ausgeschlossen**, soweit diese dem Verkäufer unbekannt sind; ein solcher Haftungsausschluss ist nichtig, wenn der Verkäufer den Rechtsmangel arglistig verschweigt (§ 443 BGB).

Was die **Sachmängelgewährleistung** neu erstellten Eigentums im Detail betrifft, gestaltet sich die nunmehr von der Rechtsprechung geforderte Vereinbarung nach **BGB-Werkvertragsrecht** erwerberfreundlich. Die Gewährleistungsfrist beträgt hiernach grundsätzlich **fünf Jahre** bei Mängeln am Bauwerk (beginnend mit der jeweiligen Abnahme der Werkleistung). Fristunterbrechende Maßnahmen können hier jedoch – mangels eines ausdrücklichen Mängelanerkenntnisses – nur über gerichtliche Antragsmaßnahmen erfolgen (z. B. Antrag auf Durchführung eines selbstständigen **Beweisverfahrens** nach §§ 485 ff. ZPO in Neufassung (früheres Beweissicherungsverfahren), Klage, Mahnbescheid, Streitverkündung usw.). **Achtung:** Einfache privatschriftliche **Mängelrügen** unterbrechen eine Gewährleistungsfrist nach BGB-Werkvertragsrecht nicht! Häufig werden für kurzlebige Bestandteile des Gebäudes (Elektroanlagen, mechanische Geräte) in den Verträgen kürzere Gewährleistungsfristen vereinbart, wenn diese einer besonders schnellen Abnutzung unterliegen. Erweisen sich solche Einrichtungen später als fehlerhaft, liegt der Mangel nicht in dem Verschleiß. Dieser ist bereits bei dem Erwerb bekannt. Mängelansprüche können nur dann gegeben sein, wenn bereits ein Mangel bei Übergabe des Gerätes vorliegt.

Die alternativ zur Verfügung stehenden **Mängelrechte** (vgl. §§ 633 ff. BGB) sind primär der Anspruch auf Nachbesserung/Mängelbeseitigung und im Verzugsfall der Kostenerstattungsanspruch (einschließlich eines zulässigen Vorschussverlangens), sekundär nach Fristsetzung mit Ablehnungsandrohung Minderung, ggf. Wandelung (Rücktritt, selten!) und im Verschuldensfall Schadenersatz. Achten Sie darauf, dass Ihnen wesentliche Gewährleistungsrechte nicht durch formularmäßige Ausschlüsse genommen sind. Haftungsbeschränkungen in Formularerwerbsverträgen (i. G. zu ausdrücklichen Individualvereinbarungen) verstoßen oftmals gegen Klauselverbote des AGB-Gesetzes (Einzelfragen sind hier strittig). Soweit vom Verkäufer im Rahmen des Vertrages Ausstattungs- und Einrichtungsgegenstände zu liefern sind, kann hinsichtlich dieser beweglichen Gegenstände auch kaufrechtliche Gewährleistung nach BGB (sechs Monate seit

1 Erwerb einer Neubauwohnung 51

Ablieferung!) vereinbart werden. Strittig ist, ob für anfängliche Mängel an gleitenden und beweglichen Einbauteilen (insbesondere elektrischen Anlagen und Verschleißteilen) die Gewährleistungsfrist ebenfalls (etwa auf 1/2 Jahr) auch formularvertraglich verkürzt werden kann.

Anfängliche Baumängel am/im **Sondereigentum** kann und muss der jeweilige Wohnungs- oder Teileigentümer gewährleistungsrechtlich allein verfolgen.

Bei **Mängeln am/im Gemeinschaftseigentum** besteht hinsichtlich der alternativen Gewährleistungsrechte (§§ 633 ff. BGB) – was die Wahl- und **Klagebefugnis** betrifft – derzeit eine sehr **modifizierende BGH-Rechtsprechung**. Vorteilhaft ist es hier, der gesamten Gemeinschaft durch entsprechende, rechtzeitige Beschlussfassungen die Entscheidung über die Geltendmachung von Gewährleistungsrechten zu überlassen. Nur im Ausnahmefall sollten Sie hier selbst und allein tätig werden (Kostenrisiko!), obgleich Sie zumindest Nachbesserungs- und Kostenerstattungs- (einschl. Vorschuss-) Ansprüche, wohl auch Wandelung und nach letzter BGH-Rechtsprechung im Ausnahmefall auch Minderung (bei sog. Ausstrahlungsmängeln, also solchen, die sich allein auf Ihr Sondereigentum nachteilig auswirken) **eigenständig** gerichtlich verfolgen könnten (i. d. R. nur anteilig); machen Sie solche Gewährleistungsansprüche tatsächlich in eigenem Namen geltend, müssten die Klageanträge allerdings im Regelfall auf Leistung an die gesamte Gemeinschaft gerichtet sein (§ 432 BGB). Die Geltendmachung von Minderung und Schadenersatz (der sog. „kleine Schadenersatzanspruch" des § 635 BGB) gehört jedoch bereits zur ordnungsgemäßen Verwaltung (Instandsetzung) des Gemeinschaftseigentums und setzt nach (u. E. richtiger) Meinung des BGH eine **gemeinschaftliche Beschlussentscheidung** der Eigentümer voraus. Bei Schadensersatzforderungen steht nach wie vor – wie vom BGH auch zuletzt 1991 bestätigt – die **Gemeinschaftsgebundenheit** dieses Anspruchs im Vordergrund und damit das Gebot gemeinschaftlicher Klagebefugnis (Ermächtigungsbeschlüsse an einzelne Eigentümer, aber auch den Verwalter sind jedoch auch hier möglich). Vgl. auch unten Abschn. 3.5.

Eine alternative, häufig verwendete Gewährleistungsregelung war zumindest in der Vergangenheit auch in Bauträgerverträgen die einer Bezugnahme auf **§ 13 VOB/B** oder – seltener – auf die gesamte VOB/B; im Formularerwerbsvertrag ist die Vereinbarung des § 13 VOB/B und auch die Gesamtbezugnahme auf die VOB/B nach der neuen Rechtsprechung des **BGH** nunmehr **ungültig**; es gilt ersatzweise stets BGB-Gewährleistung nach den §§ 633 ff. BGB. Eine solche VOB-Gewährleistungsvereinbarung war für Sie ungünstiger als das BGB-Werkvertragsgewährleistungsrecht, da nach VOB/B die Gewährleistungsfrist grundsätzlich nur **zwei Jahre** beträgt, wenn auch die schriftliche Mängelbeseitigungsaufforderung als solche bereits eine neue 2-jährige Frist für einen speziell gerügten Mangel in Lauf setzte. Diese neue Zweijahresfrist musste dann allerdings bei Nichterledigung fortlaufend wieder durch gerichtliche Maßnahmen unterbrochen werden. Das Schadenersatzrecht des § 13 Nr. 7 VOB/B ist im Übrigen gegenüber dem BGB-werkvertraglichen Schadenersatz eingeschränkt. Eine Wandelung kennt die VOB/B nicht, zumindest nicht ausdrücklich. Bei Mängeln, die auf Planungsverschulden beruhten, war schon nach früherer Rechtsprechung des BGH eine solche fristverkürzende Bezugnahme auf die VOB nicht gültig, sodass in diesen Fällen der Verkäufer trotz vereinbarter VOB nach BGB-Werkvertragsrecht haftete. Auch eine etwa individuell ausgehandelte Teilbezugnahme auf § 13 VOB/B ist nach jetziger BGH-Meinung isoliert nicht mehr zulässig; Gleiches gilt für Gesamtbezugnahmen. Bauträgerverkäufer vereinbaren deshalb heute i. d. R. auch in den Bauverträgen (meist nach VOB/B) mit ihren Subunternehmern eine grds. 5-jährige Gewährleistungsfrist, was auch in VOB/B-Verträgen möglich und zulässig ist, um hier Fristen möglichst kongruent zu halten.

Da bekanntlich nicht selten Mängel, insbesondere am Gemeinschaftseigentum, erst nach Ablauf von 2 Jahren seit Übergabe auftreten, ist die Rspr. des BGH zur **Ungültigkeit** der **Bezugnahme** auf die VOB/B in Formular- und auch Individualverträgen aus insoweit berechtigten Erwerberschutzgründen zu begrüßen.

Mitunter finden sich auch heute noch im Zuge der vertraglichen Gewährleistungsregelung sog. **Abtretungsklauseln.** Dies bedeutet, dass Sie bei Baumängeln, die erst nach Abnahme auftreten oder von Ihnen entdeckt werden (innerhalb der Gewährleistungsfrist), vorab Ihre Rechte bei den vom Bauträgerverkäufer unterbeauftragten Unternehmern (Subunternehmern) oder Sonderfachleuten (z. B. Architekten) geltend zu machen haben. Erforderlich ist jedoch in diesem Fall, dass Sie mit Abnahme zumindest eine entsprechende Handwerker- und Baubeteiligtenliste erhalten (u. U. noch weitere Ausschreibungs-, Leistungsverzeichnis- und Vertrags- sowie Planunterlagen), ebenso die Mitteilung, wann bei den Handwerksfirmen die Gewährleistungsfristen ablaufen (nach BGH-Entscheidung sogar unaufgefordert). Gleichzeitig sollte Sie der Verkäufer bei der möglichen Durchsetzung solcher Ansprüche durch Rat und Tat unterstützen. Führt Ihre schriftliche Mängelbeseitigungsaufforderung bei den Handwerksfirmen und drittbeteiligten Bausonderfachleuten (Architekt, Ingenieur) allerdings nicht zum Erfolg, können Sie –

ohne hier gegen Dritte Klagen führen zu müssen – wieder auf die Haftung des Verkäufers zurückgreifen (sog. **Subsidiärhaftung**). Die Subsidiärhaftungsfrist des Verkäufers beginnt in dem Zeitpunkt neu zu laufen (wiederum grds. 5 Jahre), in dem feststeht, dass Sie Ihre Ansprüche gegen Handwerker oder Dritte – gleich aus welchem Grund – nicht realisieren können. Aufgrund der u. U. sehr langen möglichen Haftung des Verkäufers dürften diese Abtretungsklauseln in Zukunft in Erwerbsverträgen kaum noch Verwendung finden. Empfehlenswert ist allenfalls die Vereinbarung einer Abtretungsverpflichtung seitens des Verkäufers auf erste Anforderung Ihrerseits hin (vgl. auch Vertragsmuster 5.10).

1.7.13 Die Auflassung

Erwerbsvertrag (Kauf, Schenkung, Tausch etc.) und **Auflassung** (sowie Eigentumsübergang) sind nach BGB zu **trennen** (vgl. schon eingangs Abschn. 1.1). Die Auflassung (dies ist die nach deutschem Recht zur Übertragung des Eigentums an einem Grundstück/Grundstücksanteil nach § 873 BGB erforderliche, ebenfalls notariell zu beurkundende **Einigung** des Verkäufers und des Erwerbers über den Eigentumsübergang, § 925 BGB) kann bereits (notarkostengünstiger) in der Kaufurkunde vereinbart werden (mit Weisung erst späteren Vollzugs nach Erfüllung der Vollzugsvoraussetzungen), kann allerdings auch in separater Urkunde erfolgen. Endgültig (neuer) **Eigentümer** sind Sie jedoch auch nach erfolgter Auflassung noch nicht, sondern erst mit Ihrer **Eintragung** (Umschreibung) im Grundbuch einige Wochen oder Monate später. Die Auflassung wird erst dann vollzogen, wenn für jedes Sondereigentum nach im Grundbuch vollzogener Teilungserklärung (mit Aufteilungsplan und Abgeschlossenheitsbescheinigung) ein eigenes Grundbuchblatt angelegt ist, das Erwerbsobjekt fertig gestellt und von Ihnen ordnungsgemäß abgenommen wurde und nach den üblichen Bauträgerverträgen Sie den **vollständigen Kaufpreis** einschließlich etwaiger Kosten für Sonderwünsche und Verzugszinsen vorbehaltlos entrichtet haben (einschließlich der Grunderwerbsteuer, also Vorliegen entspr. steuerlicher Unbedenklichkeitsbescheinigung). Erst wenn der Verkäufer den Erhalt dieser Zahlungen dem Notar bestätigt bzw. der Erwerber alle vertraglich geschuldeten Zahlungsleistungen nachgewiesen hat, wird dieser eine Auflassung vollziehen, d. h. den Eigentumsumschreibungsantrag – in der Regel in Vollmacht beider Parteien unter Befreiung von § 181 BGB – zum Grundbuchamt stellen. Mit Eingang des Antrags beim Grundbuchamt ist Ihre Eigentümerstellung gesichert. Die Umschreibung selbst dauert je nach Arbeitsbelastung des zuständigen Grundbuchamts beim Amtsgericht dann meist noch einige Wochen oder sogar Monate. Vom Notar erhalten Sie dann einen abschriftlichen Grundbuchauszug, der Ihre Eigentümerstellung ausweist (auf Anforderung auch direkt vom Grundbuchamt).

Exkurs:
Beim Ersterwerb vom Bauträger werden Sie u. U. bereits **vor** Eigentumsumschreibung sog. **faktischer**/werdender (wirtschaftlicher) **Eigentümer**! Auf die entstandene faktische Gemeinschaft finden bereits die wohnungseigentumsgesetzlichen bzw. in der Teilungserklärung vereinbarten Regelungen **entsprechend** Anwendung! – aber nach einer neueren, wenn auch nicht überwiegenden Rechtsansicht (etwa OLG Saarbrücken, Beschl. v. 27. 2. 1998 und vereinzelte Stimmen in der Literatur) wieder infrage gestellt.

Beim Kauf vom Bauträger (also einer Teilung nach § 8 WEG) werden Sie nach wirksamem notariellem **Kaufvertragsabschluss**, zu Ihren Gunsten eingetragener **Auflassungsvormerkung** (was Vollzug der Teilungserklärung im Grundbuch und Grundbuchblattanlegung Ihres Sondereigentums voraussetzt) und **Übergabe** des fertig gestellten Sondereigentums noch **v o r** Entstehung der Eigentümergemeinschaft (Eintragung mindestens eines weiteren Erwerbers im Grundbuch als Eigentümer neben dem veräußernden Alleineigentümer) sog. **werdender/faktischer Eigentümer** (h. M. aufgrund verfestigter Rspr. des BayObLG; auf Sie als Eigentumsanwärter findet damit bereits das **WEG entsprechende** Anwendung; Sie haben ab Übergabe/Abnahme Wohngeld (Hausgeld) dann auch direkt als Schuldner an die (werdende) Gemeinschaft (zu Händen des Verwalters) zu leisten, Sie sind zu Versammlungen zu laden, Sie besitzen das Stimmrecht und Sie können auch ab dieser Zeit als Beteiligter wohnungseigentumsgerichtliche Anträge nach § 43 WEG stellen. Für noch nicht übergebende Einheiten verbleiben alle eigentumsrechtlichen Verpflichtungen, insbesondere Wohngeldzahlungspflichten beim Bauträgerverkäufer, allerdings auch die Eigentümerrechte. Entsteht – später (mit Eigentumseintragung eines ersten Erwerbers im Grundbuch) – die WE-Gemeinschaft, behalten Sie Ihre einmal erlangte Stellung als faktischer Eigentümer (gelten also nicht als Sondernachfolger, der Rechte und Pflichten erst mit Eigentumseintragung im Grundbuch erhält, vgl. auch oben Abschn. 3.1).

Mit Beginn der faktischen Gemeinschaft (Besitzübertragung einer ersten fertiggestellten Sondereigentumseinheit an einen Ersterwerber) **beginnt** auch frühestens/spätestens die **Amtszeit** eines bereits erstbestellten **Verwalters**.

1 Erwerb einer Neubauwohnung   55

Vgl. nachfolgende Grafiken!

Grafische Übersicht zur werdenden/faktischen Gemeinschaft und zum Sondernachfolger
(im Anschluss an BayObLG v. 11.4.1990 und ff., und auch unter Berücksichtigung des BGH v. 1.12.1988 u. v. 18.5.1989; Fundstellen siehe in ETW)

KAUF VOM BAUTRÄGER (BT)
(Anfangphase)

1. Phase
Bauträgerverkäufer ist Alleineigentümer von 7 aufgeteilten, fertig gestellten bzw. in Fertigstellung befindlichen Wohnungen und verkauft Wohnungen ①, ② und ③; für diese Erwerber sind Auflassungsvormerkungen im Grundbuch eingetragen; die 3 Wohnungen sind bereits fertig gestellt und übergeben/abgenommen (Besitz-, Lasten-, Nutzungs- und Gefahr-Übergang).

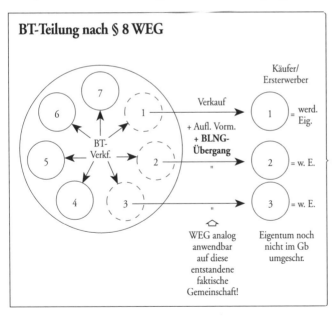

2. Phase

Eigentumseintragung des 1. Ersterwerbers ① im Grundbuch setzt Wohnungseigentümer-Gemeinschaft in Vollzug (rechtliche Entstehung der Wohnungseigentümergemeinschaft).

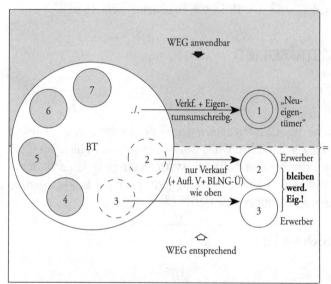

Ende der faktischen Gemeinschaft und gleichzeitig **Entstehung der Wohnungseigentümergemeinschaft** (bestehend aus Volleigentümern – ① – und BT mit Wohnungen ④ bis ⑦ – und (noch) werdenden Eigentümern – ② und ③ –); Eintragung von mind. 2 Eigentümern im Grundbuch, d.h. hier vom Bauträger (BT) und Neueigentümer ①

Die beiden faktischen Eigentümer ② und ③ bleiben weiterhin (also auch nach Entstehung der Eigentümergemeinschaft) in ihrer einmal erlangten „faktischen/werdenden" Stellung.

1 Erwerb einer Neubauwohnung

3. Phase

Käufer (Zweitkäufer, Sondernachfolger ⑩ vom „Neueigentümer" ① oder Zweitkäufer ② vom werdenden Eigentümer ② oder Erstkäufer ④⓪ vom Bauträger (BT) ④ der bereits in Vollzug gesetzten Wohnungseigentümergemeinschaft haben bis zur Eigentumsumschreibung im Gb keinerlei Rechte und Pflichten gegenüber der Wohnungseigentümergemeinschaft, allenfalls solche kraft erwerbsvertraglicher Vereinbarungen gegenüber ihrem Verkäufer.

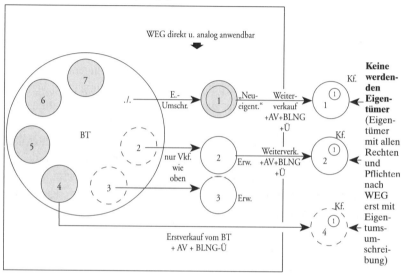

Sondernachfolger (Rechtsnachfolger) in bereits entstandener und in Vollzug gesetzter Eigentümergemeinschaft erlangen (so die BGH-Rechtsprechung) Rechte und Pflichten nach WEG erst mit ihrer Eintragung im Grundbuch (also mit Eigentumsumschreibung); bis dahin bleiben alle Rechte und Pflichten in der Gemeinschaft beim (Vor-)Eigentümer/Verkäufer! Dies gilt auch bei Weiterverkauf von Wohnungen durch faktische/werdende Ersterwerber (im Bild ②)!

Erwerben Sie also Ihre Wohnung/Ihr Teileigentum zeitlich erst **nach** bereits entstandener, d.h. in Vollzug gesetzter Eigentümergemeinschaft (Eintragung von mindestens zwei Miteigentümern als Eigentümer im Grundbuch), erlangen auch Sie erst Rechte und Pflichten als Wohnungseigentümer gegenüber der Gemeinschaft mit Ihrer Eigentumseintragung im Grundbuch; Sie sind dann sog. **Sonderrechtsnachfolger**; das Institut des faktischen/werdenden Eigentümers hat hier zur Sondernachfolge der BGH bereits 1988 verneint. Ihre Rechte und Pflichten beurteilen sich vor Eigentumsumschreibung insoweit allein nach den erwerbsvertraglichen Absprachen mit Ihrem Vertragspartner, also Ihrem Veräußerer. Eine Stimmrechtsvertretung in der Eigentümerversammlung wäre Ihnen bei Ermächtigung/Vollmachtserteilung durch den Verkäufer z. B. nur möglich, falls keine anderweitigen, vertretungseinschränkenden Vereinbarungen wirksam in der Gemeinschaftsordnung getroffen sein sollten (strittig).

1.7.14 Sonderwünsche

Üblicherweise wird Ihnen verkäuferseits die Möglichkeit eingeräumt, Sonderwünsche geltend machen zu können (meist zur Raumaufteilung unter Veränderung nicht tragender Innenwände, zur Sanitär- und Heizungsausstattung, zur Verfliesung und zur Bodenoberflächengestaltung sowie den Elektroinstallationen). Hier sollten klare Absprachen getroffen werden; einmal ist es wichtig, dass Sie etwaige Bauänderungs- oder Zusatzwünsche **rechtzeitig** an den Verkäufer herantragen, damit der kontinuierliche Bauablauf nicht gestört wird. Ein Sonderwunsch kann demnach auch von der vorherigen schriftlichen Zustimmung eines Verkäufers abhängig gemacht werden. Es ist auch nicht unbillig, wenn der Verkäufer einen 5 bis 10 %igen Aufschlag auf die Sonderwunschauftragssumme erhebt, wenn er die Erledigung in eigener Verantwortung übernommen hat (wegen etwaiger Rabattverluste bei Wegfall von Leistungen der Normalausstattung lt. Baubeschreibung, Mehraufwand im Bereich der Planung, Bauleitung und Bauaufsicht usw.). Unter Berücksichtigung einer Rückerstattung für entfallene Normalausstattungsleistungen sollte ein **Aufpreis** je Sonderleistung genau ausgehandelt und (schriftlich) vereinbart werden. Voraussetzung ist insoweit, dass die Baubeschreibung gerade hinsichtlich der Sanitäreinrichtungsgegenstände und der vorgesehenen Bodenbeläge eindeutige Leistungspreisangaben enthält (Material- und Arbeitspreise), um etwaige Sonderwunschmehrkosten genau errechnen zu können. Wir halten es im Übrigen nicht für empfehlenswert, Regelungen zu treffen, die Ihnen die Entscheidung überlassen, Sonderwünsche direkt mit beteiligten Unternehmern abwickeln zu können.

Bei allen Sonderwunschabsprachen ist darauf zu achten, dass sich Mehrforderungen (Aufpreise) des Verkäufers für unstreitig bestehenden Mehraufwand in angemessenem Rahmen halten.

1 Erwerb einer Neubauwohnung

Vor Sonderwunschzustimmungen sollte der Bauträger stets auch sorgfältig überprüfen, ob gewünschte Änderungen nicht andere Eigentümerrechte beeinträchtigen.

Wenn Sie Sonderwünsche betreffend Ihres Sondereigentums haben, bedenken Sie auch, dass diese nach den Regelungen der MaBV im Bauträgervertrag in den Gesamtkaufpreis einzubeziehen sind. Dies erhöht dann entsprechend die einzelnen Raten unabhängig davon, wann die Realisierung Ihrer Sonderausstattungen vorgenommen wird. Werden von Ihnen erst nach dem Abschluss des Vertrages mit dem Bauträger Sonderwünsche vereinbart (zu den formellen Anforderungen an Vertragsänderungen vgl. unten Abschn. 1.7.20), muss eine gesamte Neuberechnung der Raten erfolgen. Einerseits müssen dann wegen der Erhöhung der Vertragssumme auf die bereits fälligen Raten Nachzahlungen erbracht werden, andererseits muss der Bauträger vor Anforderung weiterer Gelder zunächst die bereits fälligen Sonderwünsche erfüllen.

1.7.15 Nachträgliche Änderungen des Vertragsobjekts

Sollte sich der Verkäufer in der Kaufurkunde noch (wirksame?) **Vollmachtsrechte** (möglichst nur kurzzeitig befristet) hinsichtlich einer nachträglichen Änderung der Teilungserklärung mit Gemeinschaftsordnung vorbehalten haben (grds. bereits Zustimmungspflicht anderer dinglich Berechtigter ab Auflassungsvormerkungseintrag im Grundbuch; evtl. inhaltlich auch nach Grundbuchrecht ungültig), vielleicht auch Änderungsmöglichkeiten in Planung und Bauausführung (z. B. aufgrund nachträglicher baubehördlicher Auflagen, Materialknappheit usw.), müsste auf jeden Fall sichergestellt sein, dass sich hierdurch nicht die Größe Ihres erworbenen Miteigentumsanteils verändert, sowie Lage und Nutzungsart Ihres erworbenen Sondereigentums und etwaige Sondernutzungsrechte **nicht** negativ **(wertmindernd)** berührt werden (keine unmittelbare Betroffenheit Ihres Sondereigentums). Abweichungen von den angegebenen Größen der Wohn- oder Nutzfläche bis zu maximal allenfalls +/- 3 % (ohne entsprechende ausdrückliche vertragliche Flächenzusicherungen) führen meist nicht zu einer Veränderung des vereinbarten Pauschalpreises und der Größe der verkauften Miteigentumsanteile am Grundstück (str., vgl. auch oben Abschn. 1.5); weitergehende Änderungen ohne entsprechenden Wertausgleich müssten jedoch von Ihnen nicht beanstandungslos hingenommen werden. Solche formelhaften

Vollmachtsabsprachen in Erwerbsverträgen müssten i. Ü. einer Kontrolle nach dem AGB-Gesetz standhalten (z. B. auch § 9 AGBG).

> Achten Sie i. Ü. bei frühzeitigen Möbelbestellungen (insbesondere Küchen, Schränken) auf die endgültigen Rauminnenmaße! Ein gewissenhafter Händler wird Sie um die Detailpläne bitten, um das Aufmaß nehmen zu können.

Nachträgliche Abreden (vor Eintragung der Eigentumsänderung im Grundbuch), welche die Übereignungspflicht des Veräußerers oder die Abnahmepflicht des Erwerbers in wesentlichen Punkten verändern, unterliegen ebenfalls der notariellen **Beurkundungspflicht** (vgl. auch unten Abschn. 1.7.19). Formfrei sind allenfalls nachträgliche Änderungen von Nebenpunkten bzw. unwesentliche Bestimmungen.

Die spätere **Verteilung**/Veräußerung von **Sondernutzungsrechten** (z. B. an Kfz-Stellplätzen) kann sich allerdings ein Bauträger auch in der Teilungserklärung längerfristig vorbehalten, u. U. auch einen Erstverwalter mit Zuordnungsermächtigungen betrauen. Die Übertragung von Sondernutzungsrechten innerhalb einer Gemeinschaft ist grds. möglich/zulässig (Abbuchung/Zubuchung); eine isolierte Übertragung an fremde Dritte ist nicht möglich.

Sonderprobleme entstehen bei erwünschten Wohnungszusammenlegungen und Unterteilungen (vorher Fachberatung!).

1.7.16 Belehrungen des Notars

In der Urkunde beweiskräftig niedergelegt sein müssen auch erfolgte Hinweise und Belehrungen des Notars; über den Inhalt dieser Belehrungen muss Sie bei Nichtverständnis auf Frage hin der Notar anlässlich der Beurkundung angemessen aufklären.

Der Urkundsnotar hat primär darauf zu achten, dass keine rechts**un**wirksamen Vertragsklauseln beurkundet werden, ohne jedoch Ihr Rechts-, Steuer- oder kaufmännischer Wirtschaftsberater sein zu müssen. Ein Urkundsnotar muss grds. das, was die Vertragsparteien wünschen/erklären, möglichst klar und eindeutig in Schriftform gießen. **Unparteiisch** hat er beide Vertragsseiten auf Rechtsfolgen der Vertragsbestimmungen aufmerksam zu machen (insbesondere

1 Erwerb einer Neubauwohnung

bei entsprechenden Fragestellungen). Grds. besteht freie **Notariatswahl**. Bauträger wünschen jedoch meist Verbriefungen bei ihrem „Hausnotar", der bisherige Beteiligte und das Objekt durch Vorbeurkundungen häufig bereits bestens kennt, vielleicht auch unter gewissem konkreten Vertrags-„Formulierungszwang" des Bauträgers steht (häufige Gefahr eines Verstoßes gegen das Neutralitätsgebot). Anwaltliche Vertretung vor und/oder auch bei Verbriefung schadet deshalb sicher nicht! Im Einzelfall könnten Sie – soweit vereinbarungsmöglich – aus Sicherungsgründen u. U. auch Zahlungen auf Notaranderkonto leisten (Kosten, Zinsverluste?).

1.7.17 Kosten der Beurkundung und Eigentumsumschreibung

Die Kosten der Errichtung der Erwerbsurkunde und ihres grundbuchamtlichen Vollzugs, der Genehmigungen und Bescheinigungen sowie der Katasterfortführungsgebühren haben grundsätzlich Sie nach üblichen Vertragsabsprachen zu tragen. Die Kosten der vertragsmäßigen Lastenfreistellung von der Globalbelastung hat wiederum der Verkäufer zu übernehmen. Sie erhalten hierzu entsprechende Rechnungen des Notars und der betreffenden Justizkasse.

> Kalkulieren Sie hier etwa einen Kostenansatz von etwa 1 % Ihres Erwerbspreises zusätzlich zum vereinbarten Kauffestpreis!

Im Verhältnis zum Verkäufer (Innenverhältnis) kann auch vereinbart sein, dass Sie etwaige Verwalterzustimmungsgebühren (bei vereinbarter Regelung des § 12 WEG) zu tragen haben, also Unterschriftsbeglaubigungsgebühren und auch ein evtl. wirksam vereinbartes Sonderhonorar an den Verwalter für dessen erforderliche Zustimmungserteilung zum Verkauf an Sie.

1.7.18 Steuern

Die anfallende (nunmehr 3,5 %ige) **Grunderwerbsteuer** haben grundsätzlich Sie als Käufer zu übernehmen und damit die Verantwortung für die insoweit steuerliche Unbedenklichkeit. Zahlungsaufforderung erhalten Sie hier unaufgefordert vom Finanzamt für Grundbesitz- und Verkehrssteuern kurze Zeit nach Abschluss des notariellen Erwerbsvertrages.

Hängt i. Ü. die Fälligkeit einer Kaufpreiszahlung von Ihrer Grunderwerbsteuerzahlung ab, handeln Sie treuwidrig, wenn Sie diese Zahlung verzögern (OLG Karlsruhe v. 6. 7. 1995).

1.7.19 Zusatzabsprachen

Denken Sie auch an mögliche vorvertragliche Zusatzabsprachen. Diese sollten ebenfalls unter eigener Ziffer am Ende der Urkunde eigens nochmals bestätigt und dargestellt werden. Alle **wesentlichen Nebenabreden** sind damit beweisbar beurkundet und formwirksam. Erst die ausdrückliche Beurkundung begründet entsprechend durchsetzbare Ansprüche und Verpflichtungen. Denken Sie hier z. B. auch an etwaige Änderungen und Ergänzungen einer zum Vertragsbestandteil gemachten (leider nicht selten sehr dürftig gehaltenen) allgemeinen Baubeschreibung.

1.7.20 Vertragsänderungen

Sie sollten zuletzt unbedingt darauf achten, dass jede Änderung des von Ihnen abgeschlossenen und notariell beurkundeten Vertrags nach h. R. M. ebenfalls der Form der Beurkundung bedarf. Anderweitige Vereinbarungen sind unwirksam. Dies gilt für alle Änderungen. In Betracht kommen insoweit Minderungen des Kaufpreises, Stundungen und Vergleiche bei Streitigkeiten, insbesondere jedoch die nachträgliche Vereinbarung von Sonderwünschen. Die anfallenden Mehrkosten wird der Vertragspartner zu tragen haben, der die Änderung veranlasst hat.

1.8 Die Vereinbarungen in der Teilungserklärung mit Gemeinschaftsordnung

Die Teilungserklärung/der Teilungsvertrag

Teilungserklärung / **Teilungsvertrag** } im weiteren Sinne

(oft auch Miteigentümerordnung genannt)
(§ 3 bzw. § 8 WEG)

Teilungserklärung im engeren Sinne (formeller Teil I oder A der Vereinbarung) ←--→ Gemeinschaftsordnung (schuldrechtl. Vereinbarungsteil, Teil II oder B der Vereinbarung)

eine öffentlich beglaubigte oder beurkundete Vereinbarung

Inhalt u. a.:
- Grundbuchstand/ Beschrieb d. Gdst.
- Beschrieb von SE und GE
- Dingl. Zuordnung der sachenrechtl. Elemente zu SE oder GE
- evtl. SN-Rechte
- usw.

Inhalt u. a.:
- Nutzungsfragen
- Instandhaltungs- und Instandsetzungspflichten
- Versammlungsorganis.- und Stimmrechte
- Kosten u. Lasten (Wohngeld/Kostenverteilungsschlüssel)
- 1. Verwalterbestellung (Vertrag)
- ggf. Hausordnung
- usw.

1.8.1 Der formelle Beschrieb der Erwerbsobjekte in der Teilungserklärung/im Teilungsvertrag (vgl. auch Grafik oben in Abschn. 1.7.3)

Die vom Verkäufer einseitig konzipierte (notariell beurkundete oder unterschriftsbeglaubigte) **Teilungserklärung** mit Gemeinschaftsordnung (§ 8 WEG) – auch Miteigentümerordnung genannt – ist eine ganz **wesentliche Bezugsurkunde**, die Sie ebenfalls vor verbindlichem Kaufabschluss in Kopie/Abschrift in Händen und durchgesehen haben sollten. Sie besitzen Anspruch darauf, rechtzeitig eine Kopie dieser Urkunde ausgehändigt zu erhalten. Wie der **Aufteilungsplan** mit **Abgeschlossenheitsbescheinigung** „gehört" die Teilungserklärung mit Gemeinschaftsordnung als Bestandteil zum jeweiligen Wohnungs- bzw. Teileigentum, liegt auch in Ausfertigung als Bezugsurkunde beim Grundbuchamt in der betreffenden Grundakte; ebenso sollte sie sich bei den Verwaltungsunterlagen eines bestellten Verwalters befinden. Was in Teilungserklärung und Gemeinschaftsordnung steht, hat grds. (mangels ausdrücklicher anderweitiger Hinweise auf evtl. nur „schuldrechtliche Wirkung" einzelner Regelungspassagen) **Vereinbarungswirkung** i. S. des § 10 Abs. 1 und 2 WEG, wirkt also gegenüber Sonderrechtsnachfolgern (Wohnungskäufern, Beschenkten, Erben, Erstehern in der Zwangsversteigerung) und kann grds. nachträglich nur mit Zustimmung aller Eigentümer (also allstimmig), aller dinglich Berechtigten (z. B. Auflassungsvormerkungsberechtigten) und im Regelfall auch aller Pfandgläubiger (Hypothekenbanken, Bauspargrundschuldgläubiger) geändert werden. Änderungen müssen auch wieder, um Rechtswirkung gegenüber Sondernachfolgern zu erlangen, im Grundbuch eingetragen werden. Die Teilungserklärung ist damit die intensivste „Vereinbarung" im Sinne des § 10 Abs. 1 WEG.

Insbesondere durch den formellen Teil der Teilungserklärung (des **Teilungsvertrags** nach § 3 WEG bei Teilung durch mehrere Grundstücksmiteigentümer) – der sog. Teilungserklärung im engeren Sinne – werden die einzelnen **Kaufobjekte**/Eigentumseinheiten eindeutig **identifiziert** (nach Zahl, Art, Größe und Lage); damit regelt die Teilungserklärung die dinglichen Rechtsverhältnisse am Gesamtgrundstück und dem oder den Gebäudekörper(n). Klargestellt ist insbesondere, welche Einheiten als **Wohnungen** und welche Räumlichkeiten als „nicht zu Wohnzwecken dienend" **(Teileigentum)** vorgesehen sind. Teileigentum kann z. B. nutzungseingrenzend als „Laden" beschrieben sein, aber auch allgemeiner als „Gewerbe- oder Geschäftsräume". Bei **Zweckbestimmung** eines Teileigentums als „Laden" ist die obergerichtliche Rechtsprechung zu beachten, welche diese Begriffsbezeichnung seit vielen Jahren sehr eng im Sinne eines Einzelhandelsgeschäfts mit Warenverkauf über Ladentisch unter Einhaltung der allgemeinen gesetzlichen Ladenschlusszeiten auslegt. Bei beabsichtigter branchenoffener Nutzung sollte der gesetzliche Begriff für das Teileigentum „nicht zu Wohnzwecken dienende Räume" gewählt sein. Vgl. hierzu auch unten Abschn. 3.6.

Schon hier im formellrechtlichen Teil der Teilungserklärung können auch etwaige verdinglichte **Sondernutzungsrechte**, d. h. durch Eintragung im Grundbuch auf Dauer einem (oder mehrerem) Sondereigentum zugeordnete alleinige Nutzungs- oder Gebrauchsrechte gemeinschaftlicher Grundstücksflächen, Räume oder Bauteile schriftlich (ggf. unter Hinweis auf entsprechende – und meist farbliche/ schraffierte – Einzeichnungen im Aufteilungsplan) vereinbart sein, die den Wert eines Sondereigentums erhöhen; üblich sind solche Alleinnutzungsrechte an Garten- und Terrassenflächen, an Speicher-, Keller- oder Hobbyräumen, an Kfz-Stellplätzen unter- oder oberirdisch, an konstruktiven Gebäudeteilen (Fassade, Fenstern, Dächern) usw.; meist ist hier zugleich entsprechende alleinige Instandhaltungsverantwortlichkeit (nicht unbedingt Instandsetzungspflicht) vereinbart. **Sachenrechtlich** bleiben zur Sondernutzung zugewiesene Räume, Flächen und Bauteile allerdings **Gemeinschaftseigentum**, sodass im Regelfall auch Grundsätze des § 22 Abs. 1 WEG bei beabsichtigten nachträglichen baulichen Veränderungen beachtet werden müssen. Die entsprechende (Allein-)Nutzung muss sich i. Ü. grds. im Rahmen des **Verkehrsüblichen** (in typisierender Betrachtungsweise) halten. Isoliert kann ein Sondernutzungsrecht nicht veräußert oder belastet werden, also stets nur zusammen mit dem betreffenden Sondereigentum; allein Übertragungen (und Umschreibungen, d. h. Ab- und Zubuchungen) innerhalb der Gemeinschaft durch entsprechende notarielle Abtretungsurkunde sind möglich. Über entsprechend vereinbarte Vollmacht kann sich ein Bauträger auch das Recht vorbehalten haben, z. B. Stellplatzsondernutzungsrechte erst später aufzuteilen und an bestimmte Gemeinschaftsmitglieder zu veräußern.

An Räumen, die zwingend dem gemeinschaftlichen Gebrauch einer Anlage dienen (z. B. Heizzentrale), kann weder Sondereigentum begründet noch ein Alleinsondernutzungsrecht vereinbart werden. Gleiches gilt auch für solche Räumlichkeiten, die den Zugang zu solchen Einrichtungen/Räumen darstellen (z. B. Flur zu Versorgungsanlagen). Anderweitige Regelungen in der Teilungserklärung wären nichtig (damit evtl. auch Grundbuchunrichtigkeit).

Den einzelnen Sondereigentumseinheiten werden von Anfang an entsprechende rechnerische **Miteigentumsquoten** zugeordnet. In der Bewertung der Quoten ist der Grundstückseigentümer grundsätzlich frei. Üblicherweise orientiert sich die Miteigentumsquote an der Flächengröße der Einheit, u. U. aber auch an Lagegegebenheiten, Miet-, Nutz-, Bausubstanz- und Verkaufswerten. Sondernutzungsrechte (einem Sondereigentum zugeordnet) wirken sich oft auch quoten- bzw. werterhöhend aus. Die vereinbarten Quoten können später grundsätzlich nicht mehr (bzw. grds. nur wieder durch eine Vereinbarung aller Eigentümer) **geändert** werden (seltene Ausnahme: Anspruch auf Quotenänderung nur bei grob unbilliger und missbräuchlicher Erstbewertung bzw. später bei wesentlicher Änderung der anfänglichen Grundlagen!).

Der **Beschrieb** der einzelnen Einheiten in der Teilungserklärung sollte mit den Angaben im abgeschlossenheitsbescheinigten **Aufteilungsplan** identisch sein. Vorrang dürften jedoch im Zweifel eigenständige, ausdrücklich spezifizierende schriftliche Vereinbarungen in Teilungserklärung mit Gemeinschaftsordnung genießen (Vereinbarungswirkung; strittig). Ansonsten sind Teilungserklärung und Aufteilungsplan gleichrangige Begründungsunterlagen von Wohnungseigentum, sodass auch im Widerspruchsfall insbesondere von Sondereigentum und Gemeinschaftseigentum im Zweifel von allein entstandenem Gemeinschaftseigentum auszugehen sein dürfte (zwischenzeitlich gefestigte Rechtsprechung). Der Aufteilungsplan ist also eine weitere Eigentumsbegründungsunterlage und Bezugsurkunde, d. h. ein Tektursatz (mit Gleichlautvermerk), i. d. R. bestehend aus Lageplan (mit farblich gekennzeichneten evtl. Sondernutzungsflächen), Grundriss-, Schnitt- und Ansichtszeichnungen gemäß Bauvorlagen-VO; auf diesem Plansatz erfolgt die baugenehmigungsbehördliche Abgeschlossenheitsabstempelung (nach Allgemeiner Verfügung von 1974). Aus dem Plan sollte unzweifelhaft ersichtlich sein, welche Raumflächen zum SE, zum GE und zu SNR'en gehören.

In der Teilungserklärung finden sich meist neben dem Grundstücksbeschrieb auch allgemeinverbindliche Angaben über die Gesamtanlage, d. h. über Art, Charakter und **Zweckbestimmung** der Wohnanlage; erwähnt ist auch die dingliche Aufteilung des Objekts in Haupt- und Nebengebäude, Tiefgarage, Kfz-Abstellflächen, Gärten usw. Hier muss auf besonders klare und deutliche Formulierungen und die Übereinstimmung von Angaben im Aufteilungsplan mit denen der Gemeinschaftsordnung geachtet werden. Differenzen in letzterem Fall lassen sich oft nur schwer lösen. Wenn auch der wörtlichen Vereinbarung ein gewisser Vorrang einzuräumen sein wird, besteht bei Widersprüchen die Gefahr, dass letztlich eine Lösung nicht gefunden werden kann. Für den betroffenen Eigentümer ist dies in der Regel nachteilig.

Einige strittige **Abgrenzungs- und Zuordnungsfragen** zwischen einzelnen Gewerken, Einrichtungsteilen und Räumen, insbesondere zwischen Sondereigentum und Gemeinschaftseigentum sind ebenfalls in der Regel in einer Teilungserklärung beispielhaft angesprochen. Meist sind dies die umstrittenen Fragen hinsichtlich der Balkone oder Balkonteile, von Bodenkonstruktionsschichten, der Fenster, Rollläden, Türen, Heizungs- und anderer Versorgungseinrichtungen und -leitungen usw.

Die jeweilige Zuordnung zu Sondereigentum oder Gemeinschaftseigentum ist deshalb wichtig, da sich nach ihr grds. Nutzungsberechtigung und insbesondere Kostenschuldnerschaft gerade bei notwendigen Instandhaltungen und Instandsetzungen richten. Die **gesetzliche Vermutung** – insbesondere mangels eindeutiger Vereinbarung – spricht auch hier im Zweifel **zugunsten des Gemeinschaftseigentums**.

Grundstück sowie Teile des Gebäudes, die für dessen Bestand oder Sicherheit erforderlich sind, sowie Anlagen und Einrichtungen, die dem gemeinschaftlichen Gebrauch der Wohnungseigentümer zu dienen bestimmt sind, müssen **zwingend** dem **Gemeinschaftseigentum** zugeordnet werden. Anderslautende Abgrenzungsvereinbarungen in einer Teilungserklärung wären nichtig. Auf die Nichtigkeit einer Vereinbarungspassage kann sich jeder grds. jederzeit berufen, ohne das Gericht bemühen zu müssen. Gemeinschaftseigentum sind damit neben dem Grundstück insbesondere Außenmauern, Fundamente, Geschossdecken, tragende Zwischendecken, Bodenunterkonstruktionen, Wohnungstrennwände, Wohnungseingangstüren, Dächer, Treppen, Treppenhäuser, Aufzüge, Versorgungsschächte und -leitungen bis zu den Anschlüssen/Auslässen in den Wohnungen, die **Zentralheizungsanlage** (soweit sie nur die eine Anlage versorgt) und vieles mehr.

Bei **Balkonen** ist allein der Oberflächenbelag sachenrechtlich dem Sondereigentum des Balkons zugeordnet. Balkonkragplatten, Brüstungen und Geländer sind jedoch zwingend Gemeinschaftseigentum, ebenso Feuchtigkeits-, Schall- und Wärmedämmschichten (insbesondere bei Dachterrassen) einschließlich eines eine Feuchtigkeitssperrschicht schützenden Estrichs.

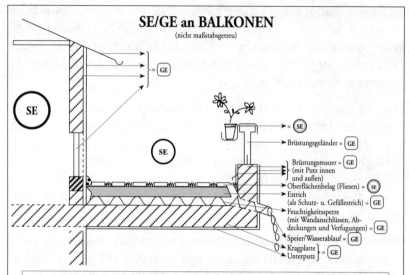

SE/GE an BALKONEN
(nicht maßstabsgetreu)

Achtung: Muss ein Bauteil des GEs von der Gemeinschaft saniert (repariert, erneuert) werden (z.B. die konstruktiv vorhandene Feuchtigkeitssperre) und muss zu diesem Zweck ein im SE stehender Oberflächenbelag (Verfliesung) zerstört/zerschlagen werden, hat der „Balkonsondereigentümer" grds. Anspruch gegen die Gemeinschaft auf Neuverfliesung nach durchgeführter GE-Sanierung (**§ 14 Nr. 4 WEG!**). Im anfänglichen Mängelgewährleistungsfall besteht allerdings Haftung des Gewährleistungsschuldners für GE **und** SE!

1 Erwerb einer Neubauwohnung

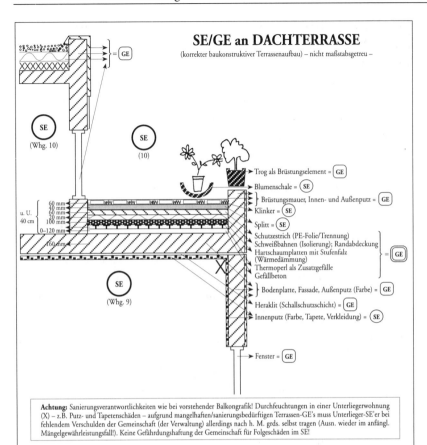

Einfachglas-, Isolierglas-, modernes Verbundglas- (insbes. Thermopanescheiben-)**fenster** sind nach wohnungseigentumsrechtlich nunmehr h. M. einschließlich Rahmen, Scheiben innen und außen sachenrechtlich als ein Baukonstruktionsteil **zwingend Gemeinschaftseigentum** (sozus. Außenfassadenbestandteil); Eigentümer können diese konstruktiven Bauteile weder durch Mehrheitsbeschluss noch durch allstimmige Vereinbarung zu Sondereigentum erklären. Allein bei noch seltenen Doppelglasfenstern mit trennbaren Fensterflügeln wird man den Innenfensterflügel dem Sondereigentum zuordnen können. Fenstersanierungen (Außenanstriche, Versiegelungen, Erneuerungen) betreffen also grundsätzlich die ordnungsgemäße Verwaltung des gemeinschaftlichen Eigentums (modernisierende Instandsetzungen können mit einfacher Beschlussmehrheit entschieden werden, bauliche Veränderungen bedürfen hier jedoch grds. allstimmiger Zustimmung). Ob ein Mehrheitsbeschluss auf Ersatz bauseitig vorhandener Holzfenster in Kunststofffenster ordnungsgemäßer Verwaltung entspricht oder (im Sinne eines aliud) als nachteilige bauliche Veränderung anzusehen ist, dürfte strittig sein (vom BayObLG wurde ein Mehrheitsbeschluss als wirksam erachtet).

Im Rahmen einer **Kostenverteilungsregelung** (Vereinbarung) nach § 16 Abs. 2 WEG kann jedoch wirksam vereinbart werden, dass für Pflegemaßnahmen, Glasbruch oder sogar weitergehende Fensterschäden usw. jeder Sondereigentümer selbst kostenverantwortlich ist (nicht zu empfehlen hinsichtlich Außenanstricharbeiten oder gar Reparaturen in sog. tätiger Mithilfe/Eigenleistung). Pflegeverpflichtungen hinsichtlich kontinuierlicher Innenanstriche speziell bei Holzfenstern ergeben sich ohnehin auch zulasten jeden Eigentümers aus § 14 WEG und meist entsprechenden Vereinbarungen in der Gemeinschaftsordnung.

In manchen Teilungserklärungen werden Teile des Gebäudes dem Sondereigentum zugeordnet, obwohl es sich bei diesen zwingend um Gemeinschaftseigentum handelt (so auch häufig bei Fenstern, Balkonen usw.). Solche Zuordnungen sind unwirksam. Sie sollten jedoch bedenken, dass diese nichtigen Vereinbarungen möglicherweise in eine Kostentragungspflicht zu Lasten der betreffenden einzelnen Sondereigentümer in Änderung des § 16 Abs. 2 WEG **umgedeutet** werden können. Die Rechtsprechung tendiert zwischenzeitlich dahin mit der Begründung der Vertragsfreiheit und dem Willen des teilenden Eigentümers zur Kostenübertragung auf den einzelnen Wohnungseigentümer.

1 Erwerb einer Neubauwohnung

Dachterrassenflächen sind nach überwiegender Meinung – wie auch Balkone – sondereigentumsfähig (die Raumeigenschaft wird hier bejaht); anders ist dies bei Erdgeschossterrassen, da es sich hier bei ebenerdigen Terrassen auf dem Grundstück nicht um „umbaute Räume" handelt (Umdeutung in Sondernutzungsrechte ist hier jedoch möglich).

Was **Garagen** und **Kfz-Stellplätze** betrifft, bestehen unterschiedliche Regelungsmöglichkeiten. Eine Tiefgarage kann als Gemeinschaftseigentum mit entsprechend vereinbarten Gebrauchsregelungen hinsichtlich einzelner Stellplätze ausgewiesen sein. Die Tiefgarage selbst kann u.U. auch als eigene Teileigentumseinheit konzipiert sein, wiederum aufgeteilt in Bruchteile, die mit entsprechenden Nutzungsrechten (hier nach §§ 1010 ff. BGB oder nach § 15 WEG) verbunden werden (nur ein einheitliches Stimmrecht nach Wohnungseigentumsrecht! Das Innenverhältnis der Bruchteilsgemeinschaft richtet sich nach den §§ 741 ff. BGB!). Jedoch soll hinsichtlich der Kostenverteilung eine Behandlung wie bei Sondereigentum möglich sein (BayObLG, Beschluss vom 22.4.1999). Denkbar ist aber auch eigenes separates Stellplatzsondereigentum (Teileigentum), soweit die Stellplätze dauerhaft markiert und voneinander abgegrenzt sind (§ 3 Abs. 2, S. 2 WEG). Im letztgenannten Fall ist für jedes Stellplatzteileigentum ein eigenes Grundbuchblatt zu bilden. Diese Stellplatzeinheiten sind dann auch separat veräußer- und belastbar. Stellplätze auf gemeinschaftlicher Grundstücksoberfläche können jedoch nicht zu Sondereigentum erklärt werden (streitig); auf gemeinschaftlichem Grund sind nur separate Sondernutzungsrechtsvereinbarungen möglich. Die einzelnen Stellplätze an üblichen Doppelstockgaragen/Hebebühnen sind einzeln für sich nach h.M. nicht sondereigentumsfähig (also nur Bruchteilsmiteigentum z.B. von je 1/2 mit Nutzungsrecht oben oder unten am Hebebühnen-/Doppelstocksondereigentum).

Pergolaartig überdachte, ebenerdige **Stellplätze** (sog. **Carports**) sind zumindest nach früherer Meinung des BayObLG nicht sondereigentumsfähig, in anderen Bundesländern jedoch bereits seit langer Zeit auch als Sondereigentum wie oberirdische Fest- oder Fertigteilgaragen begründbar.

Vgl. zum Garagen- und Stellplatzeigentum auch umseitige Übersicht:

Garagen- und Stellplatzeigentum
(Gestaltungsmöglichkeiten von SE/GE/SNRen in Kurzübersicht)

1) TG-Stellplätze als unselbstständige **Nebenräume** eines Wohnungs- bzw. Teileigentums (wie z.B. zu einem SE gehörende Kellerabteile im UG)
2) TG-Plätze als **selbstständiges SE** (TE) (Raumeigenschaft durch dauerhafte Markierung); separat veräußer- und belastbar; eigener ME-Anteil
3) TG im **GE** (mit Sondernutzungsrechten an bestimmten Plätzen, verbunden mit dem WE bzw. TE)
4) TG als ein SE (TE) und Bildung einer Bruchteilsgemeinschaft (nach §§ 741 ff. BGB) mit bestimmten Nutzungsberechtigungen (grds. nach § 1010 BGB) zugunsten der Stellplatzbruchteilseigentümer (Achtung: Nur 1 Stimmrecht in der WE-Versammlung wie auch bei einem WE; Stimmrechtsvertreter bestellen!)
5) Ebenerdige (auch markierte) Stellplatzflächen bleiben GE (umstritten, in der Regel Sondernutzungsrechte in Verb. mit WE/TE möglich)
6) Ebenerdige Garagen (evtl. in Garagenzeile) als sep. SE (TE)
7) Doppelstockgaragen bzw. Mehrfachhebebühnen in TG als ein SE (TE) (beide Plätze oben und unten, als Bruchteile von 1/2 oder z.B. auch 1/4 mit Nutzungsrechtsvereinbarung) – streitig jedoch hinsichtlich der technischen Einrichtungen der Hebevorrichtung, die nach einer neueren, nicht unumstrittenen Rechtsprechung des OLG Düsseldorf gemeinschaftliches Eigentum sein soll);
kein alleiniges SE am oberen oder unteren Bühnenplatz möglich;
Gleiches gilt bei Mehrfachbühnen; auch Hydrauliktechnik und Hebemechanik sind SE dieser Einheit (wesentliche Bestandteile)
8) Sog. **Carports**; Sonderrechtsfähigkeit (SE) sehr umstritten! (BayObLG lehnte SE früher einmal ab)
9) An beweglichen **Paletten** wohl kein SE begründbar
10) An einzelnen **Paternoster**plätzen/-wannen u.E. kein SE möglich, sondern Bruchteilseigentum an Gesamtanlage (einschließlich Lift) als SE (TE)

11) Garageneigentum (Stellplatznachweise) über **Grunddienstbarkeit** auf Nachbargrund
12) Ablösezahlungen an Gemeinde

Das gemeinschaftliche Geld- und anderweitige (bewegliche) **Verwaltungsvermögen** (Geldbestände, Unterlagen, Pläne, Geräte, Werkzeug usw.) ist zwar nicht Gemeinschaftseigentum i. S. der sachenrechtlichen gesetzlichen Definition, unterliegt jedoch grds. den Regelungen des gemeinschaftlich gebundenen und untrennbaren Gemeinschaftseigentums, was oft auch ausdrücklich in der Teilungserklärung erwähnt und mitvereinbart wird. Dieses im Wohnungseigentumsrecht notwendige Sondervermögen wird vom WE-Verwalter mitverwaltet.

1.8.2 Die Gemeinschaftsordnung als „Satzung" der Gemeinschaft

Die Gemeinschaftsordnung als Bestandteil der Teilungserklärung regelt satzungsartig als **verdinglichte** (d. h. im Grundbuch eingetragene) **Vereinbarung** (i. S. des § 10 Abs. 1, 2 WEG) auch gegenüber Sonderrechtsnachfolgern (Käufern, Beschenkten, Erben, Erstehern in der Zwangsversteigerung) das mitgliedschaftsähnliche **Kollektivverhältnis** der Miteigentümer untereinander, d. h. deren Rechte und Pflichten im Detail (oftmals auch in Abweichung zu abdingbaren gesetzlichen Regelungen).

- In dieser für alle Eigentümer verbindlichen Vereinbarung werden der **Inhalt** des jeweiligen Sondereigentums und der **Gebrauch** von Sondereigentum und Gemeinschaftseigentum sowie Verwaltungsregelungen näher bestimmt. Gegen zwingende gesetzliche Bestimmungen, Anstand und gute Sitten dürfen Regelungen in der Gemeinschaftsordnung nicht verstoßen (andernfalls Nichtigkeit!). Gerichtliche Inhaltskontrolle nach § 242 BGB ist im Einzelfall möglich und kann möglicherweise zur Ungültigkeit einer einzelnen Vereinbarungsklausel führen.
- Grundstücksflächen bzw. -teilflächen sowie gemeinschaftliche Räume, Bauteile und Einrichtungsgegenstände können von Anfang an der ausschließlichen, im Grundbuch verdinglichten **Sondernutzung** (Alleinnutzung) eines Eigentümers zugeordnet werden (z. B. Kfz-Stellplatz-, Terrassen- oder Gartenteilsondernutzungsrechte bei Erdgeschosswohnungen; Sondernutzung an Dachterrassenflächen, Sondernutzungsrechte an Hausaußenseiten und Dächern bei

Reihen- oder Doppelhauswohnungseigentum usw.). Die spätere Begründung von dinglichen Sondernutzungsrechten am Gemeinschaftseigentum bedarf – mangels anfänglich wirksam erteilter Vollmachten – der Zustimmung aller Eigentümer. Dabei ist zu beachten, dass nach z.Z. obergerichtl. Rechtsprechung (auch allstimmige) Beschlussfassung nicht ausreichen dürfte, sondern Vereinbarungsform erforderlich ist; eine solche Vereinbarung muss – um Wirkung für und gegen Rechtsnachfolger zu erlangen – beglaubigt/beurkundet und in die Wohnungsgrundbücher eingetragen werden (§ 10 Abs. 2 WEG!).

Sondernutzungsrechte sind mit einem Wohnungs- oder Teileigentum verbunden, isoliert also nicht an Nichtwohnungseigentümer übertragbar, auch nicht separat belastbar. Innerhalb der Gemeinschaft sind Übertragungen (Abtretungen) möglich. Die Sondernutzung muss sich im Rahmen vereinbarter bzw. allgemeinüblicher Nutzung dieser Räume/Flächen/Bauteile halten; nachteilige, gegenständliche (in die Substanz des GE nicht unerheblich eingreifende) Veränderungen unterliegen den Grundsätzen baulicher Veränderungen des Gemeinschaftseigentums. So ist es z.B. grds. nicht zulässig, auf einem Gartensondernutzungsrecht nachträglich ein Garten- oder Gerätehäuschen aufzustellen. Sehr umstritten ist noch die Frage, ob Gartensondernutzungsflächen nachträglich mit einem ortsüblichen Zaun abgegrenzt werden können (derzeit wird je nach Einzelfall obergerichtlich unterschiedlich entschieden). Weitergehende Nutzungen (auch solche, die als (nachteilige) bauliche Veränderung des Gemeinschaftseigentums i.S. des § 22 Abs. 1 WEG qualifiziert werden könnten) sollten ausdrücklich in der Gemeinschaftsordnung auslegungsfrei vereinbart werden. Pflanzungen auf Sondernutzungsgartenflächen sind grds. möglich, soweit sie nicht andere Miteigentümer oder auch gemeinschaftliche Bauteile beeinträchtigen bzw. zu Schadensrisiken führen; landesgesetzlich geregelte Grenzabstände sind in entsprechender Anwendung einzuhalten (in Bayern nach Regelungen im AGBGB und EGBGB Grenzabstand von 1/2 m bei Bäumchen, Sträuchern und Hecken, soweit diese unter einer Höhe von 2 m gehalten werden und Abstand von 2 m bei Gewächsen über 2 m Höhe); als Verjährungsfrist für Gegenvorstellungen und Beseitigungsanträge gilt hier eine 5-Jahresfrist.

Das Sondernutzungsrecht wird meist auch mit der Pflicht verknüpft, dass sich der Alleinberechtigte zumindest um die Instandhaltung (also z.B. Gartenpflege), seltener auch um Instandsetzungen zu kümmern hat.

1 Erwerb einer Neubauwohnung

- **Gewerbliche oder freiberufliche Nutzung** von Wohnungseigentum kann von der Zustimmung des Verwalters oder genehmigendem Mehrheitsbeschluss der Gemeinschaft abhängig gemacht werden (z. B. Versagung aus wichtigem Grund), soweit diese Nutzungsart in Wohnungen nicht kraft Vereinbarung gänzlich ausgeschlossen wurde. Die Zustimmung kann auch unter Auflagen und stets widerruflich erteilt werden. Bei berufsbezogener Benutzung einer Wohnung ist insbesondere auf Beeinträchtigungen/Gefährdungen anderer Wohnungseigentümer abzustellen. Neben Lärmstörungen können auch andere nachteilige Immissionen (bzw. Emissionen) in Betracht kommen. Geht es z. B. um die Frage der Zustimmung zu einer Arztpraxis in einer Wohnung, wird insbesondere auf den Gesamtcharakter der Anlage, aber auch darauf abzustellen sein, ob für Hausbewohner Ansteckungsgefahren durch den Patientenverkehr eintreten können (z. B. Kinderarztpraxis). Anwalts- und Steuerberaterkanzleien sind nach gängiger Rechtsprechung jedoch zulässig. Vermehrte Liftbenutzung und naturgemäß größere Verschmutzungen durch berufsbedingten Personenverkehr könnten und sollten bei der Kostenverteilung (evtl. Auflagen erhöhter Wohngeldbeteiligung) berücksichtigt werden. Sittenwidrige Gewerbe sind in Wohnungs- oder Teileigentum i. Ü. nicht zulässig. Bei Nutzungsüberlassung einer Wohnung z. B. an **Asylbewerber** ist nach diverser oberlandesgerichtlicher Rechtsprechung insbesondere zu beachten (abgesehen von Überbelegungsverboten nach Landes-Wohnungsaufsichtsgesetzen), dass eine Eigentumswohnung maximal nur an eine Familie vermietet werden kann, dass grds. in jedem Zimmer nicht mehr als 2 Personen wohnen und dass Nutzungsverhältnisse nicht zu kurzfristig abgeschlossen werden, da andernfalls von heim- bzw. pensionsartiger Wohnungsnutzung (und damit u. U. unzulässiger gewerblicher Nutzung) auszugehen ist.

- Sind z. B. Räume in Teilungserklärung und Aufteilungsplan als **Speicher** oder **Hobbyraum** anfänglich zweckbestimmt, dürfen sie grds. nicht zu Wohnzwecken genutzt werden, wenn einer solchen – nachträglich vom betreffenden Eigentümer erwünschten – Nutzungsänderung nicht **alle** anderen Miteigentümer ausdrücklich zustimmen. Es ist ein weit verbreiteter Irrtum, zu glauben, dass eine Nutzungsänderung bereits dann gestattet ist, wenn behördliche Nutzungsänderungs- und Ausbau-/Umbaugenehmigungen erteilt sind. Erforderlich sind also **sowohl öffentlich-rechtliche** wie auch **wohnungseigentumsrechtliche** Genehmigungen/Zustimmungen. Möglich sind jedoch bereits anfängliche Zustimmungsvereinbarungen in einer Teilungserklärung, meist verbunden mit diversen Auflagen, wie z. B. über eine Kosten- und Folgekostenregelung, die Übernahme des Genehmigungsrisikos, eine Beweislastumkehr, höhere Wohngeldzahlung, Zahlung einer „Abstandssumme" in die Rücklage usw. Behördliche Auflagen nach jeweiligen LandesBOen, um z. B. Dachgeschossräume zu dauernden Aufenthaltsräumen umwidmen zu dürfen (z. B. Mindesthöhe in bestimmten Teilbereichen der Grundfläche, Rettungs- und Fluchtwege, Treppenraum mit sog. „notwendigen Treppen", Fenstervergrößerungen, Dachgaubenhöhe, weitere Stellplatznachweise bei überschreitender GFZ, weitere Brand- und Schallschutzauflagen) können sich wohnungseigentumsrechtlich als gravierende nachträgliche bauliche Veränderungen des GE's im Sinne des § 22 Abs. 1 WEG darstellen. Vgl. zu diesen Nutzungsfragen auch Abschn. 3.6 unten.

- In der Gemeinschaftsordnung kann auch vereinbart sein, dass zur **Veräußerung** (seltener: auch zur Vermietung) einer Eigentumseinheit die **Zustimmung** (i. d. R.) des **Verwalters** erforderlich ist (vgl. § 12 WEG). Die Erstveräußerung durch den Bauträgerverkäufer ist im Regelfall kraft ausdrücklicher Vereinbarung vom Zustimmungserfordernis ausdrücklich ausgeklammert (vgl. zur Heilung **alter** Verträge § 61 WEG, in Kraft seit 15. 1. 1994). Allerdings darf eine Zustimmung zwingend nur aus **wichtigem Grund** verweigert werden. Der wichtige Verweigerungsgrund muss sich allein auf erwartete **persönliche** oder **finanzielle Unzuverlässigkeit** der **Erwerberperson** beziehen; andere Gründe können eine Zustimmungsverweigerung durch den Verwalter grds. nicht rechtfertigen. Auch bei etwaigen Wohngeldrückständen des Verkäufers darf die Zustimmungserteilung nicht von der Zahlung dieser Schuld abhängig gemacht werden. Zur Zustimmungserteilung hat der Verwalter allenfalls 8 bis 10 Tage in etwa Zeit; er kann auch Information über den Erwerber vom Veräußerer erbitten. Zu Unrecht verweigerte Zustimmungen müssen durch den Veräußerer **(nicht den Erwerber!** dieser hat mangels noch nicht bestehender Mitgliedschaft in der Gemeinschaft keine Rechte) schnellstens (Schadensminderungspflicht!) auf wohnungseigentumsgerichtlichem Wege erzwungen werden, da mangels Zustimmung ein notarieller Erwerbsvorgang einstweilen in der Schwebe bleibt und nicht vollzogen werden kann (meist mit entsprechenden wirtschaftlichen Folgeschäden). Pflichtwidriges oder rechtsirriges Handeln eines Verwalters kann zusätzlich Schadenersatzansprüche gegen den Verwalter begründen. Will

1 Erwerb einer Neubauwohnung

der Verwalter die Zustimmung versagen, die Entscheidung wegen der Schwierigkeit der Angelegenheit oder aus sonstigen Gründen jedoch nicht ohne die Zustimmung der Wohnungseigentümer treffen, so kann er u. U. die Frage der Versammlung (eilbedürftig!) zur Beschlussfassung vorlegen. Nach neuerer, nicht unumstrittener Rechtsprechung des BGH können die Wohnungseigentümer zumindest von einem Profiverwalter insoweit auch eine ausführliche rechtliche Beratung erwarten. Diese Zustimmungsklauseln sind u. E. allerdings meist wenig effektiv und können – wie vorerwähnt – Verwalter in erhebliche Haftung bringen. Ratsamer sind u. E. allein bereits anfängliche Vereinbarungen, die einen Verkäufer verpflichten, dem Verwalter von einem Veräußerungsgeschäft bzw. dem Datum der Eigentumsumschreibung (Eintragung des neuen Eigentümers im Grundbuch) und der Person des Erwerbers unverzüglich Kenntnis zu geben (mangels anfänglicher Vereinbarung empfiehlt sich entsprechender Organisationsbeschluss in einer Versammlung).

- Die Gemeinschaftsordnung enthält in der Regel auch Ausführungen zu den (vorläufigen) laufenden **Kosten** und **Lasten** des Wohnungseigentums (§ 16 Abs. 2 WEG), insbesondere den **Wohngeld-(Hausgeld)vorauszahlungen**. Zu achten ist hier auf üblicherweise vereinbarte **Kostenverteilungsschlüssel** (Kostenaufteilung z. B. nach Miteigentumsquoten entsprechend dem – allerdings abdingbaren – gesetzlichen Vorschlag in § 16 Abs. 2 WEG, nach Wohn- oder Nutzfläche, nach Verbrauch über Messgeräteerfassung, nach Einheiten [i. d. R. bei Verwalterhonorar] oder – selten und meist nicht empfehlenswert – nach Personenzahl). Ohne separate Kostenverteilungsvereinbarungen gilt der Grundsatz des Gesetzes (§ 16 Abs. 2 WEG), d. h. eine Kosten- und Lastenverteilung nach den grundbuchmäßig festgelegten **Miteigentumsquoten**. Ein Kostenverteilungsschlüssel in einer Gemeinschaftsordnung ist im Übrigen grundsätzlich später nur mit Zustimmung aller Miteigentümer **abänderbar** (sofern nicht die Gemeinschaftsordnung selbst speziell für diese Regelung oder generell ein qualifiziertes Mehrheitserfordernis vorsieht, wobei dann allerdings zusätzlich – laut BGH – für nachträgliche Änderungen ein **sachlicher Grund** vorliegen muss und des Weiteren einzelne Eigentümer gegenüber dem früheren Rechtszustand **nicht unbillig** benachteiligt sein dürfen); nur im Fall grober Unbilligkeiten (Verstoß gegen den Grundsatz von Treu und Glauben) besteht wohl ansonsten ein Anspruch auf nachträgliche Änderung der Vereinbarung (Kostenverteilung).

Hinsichtlich der Kosten gerichtlicher Verfahren nach § 43 WEG gelten gemäß § 16 Abs. 5 WEG Sonderregelungen; maßgeblich für die Verteilung ist hier die gerichtliche Kostenentscheidung; im Innenverhältnis ist bei einer Mehrheit von Beteiligten auf einer Verfahrensseite nach wohl h. M. ein Kostenbetrag nach kopfgleichen Quoten aufzuteilen.

Selbst langjährige (sogar einvernehmliche) Kostenverteilung in **Abweichung** vom Gesetz oder von getroffenen Vereinbarungen in der Gemeinschaftsordnung führt nicht zu sozusagen gewohnheitsrechtlich gültiger Neuvereinbarung auch für alle Zukunft; auch insoweit kann jeder Eigentümer und Rechtsnachfolger für die Zukunft fordern, dass ab sofort im Sinne der Vereinbarung oder des Gesetzes Kosten verteilt und abgerechnet werden (die fristgerechte Anfechtung eines anderslautenden Abrechnungsgenehmigungsbeschlusses hätte Erfolg!).

Eine Abrechnungsbeschlussanfechtung kann i. Ü. nicht mit erwünschter Kostenverteilungsänderung begründet werden, wenn die Abrechnung auf bisher gültiger Verteilung basiert; Änderungen müssten über separaten Zustimmungsverpflichtungsantrag verfolgt werden, rechtskräftige Entscheidungen entfalten dann insoweit allein für die Zukunft Rechtswirkungen.

In so genannten **Mehrhausanlagen** können bereits anfänglich in zulässiger Weise Untergemeinschaften mit gesonderter Kostenverteilung (soweit überhaupt trennbar) vereinbart sein/werden. Bestimmte Eigentümergruppen können auch von gemeinschaftlichen Kosten gänzlich freigestellt sein, so z. B. Garageneigentümer von Kosten des Wohnhauses und umgekehrt; auch hier müssen jedoch klare (möglichst auslegungsfreie) Vereinbarungen in der Gemeinschaftsordnung getroffen sein, analog dann auch zu sog. Gruppenstimmrechten.

- Das **Wohngeld** (oft auch **Hausgeld** genannt) soll finanzielle Deckung schaffen für alle Bewirtschaftungskosten einer Gesamtanlage und setzt sich zusammen aus den allgemeinen Betriebskosten, die meist näher aufgeschlüsselt werden (vgl. hierzu auch vergleichsweise den Katalog nach Anlage 3 zu § 27 II. Berechnungsverordnung zum Mietrecht), den Heizkosten, dem Verwalterhonorar und den Instandhaltungsrückstellungsbeiträgen. Über die **tatsächlichen** Gesamteinnahmen und -ausgaben (sog. Ist-Abrechnung nach h. M.) hat der Verwalter grundsätzlich jährlich abzurechnen (das heißt in etwa innerhalb der nächsten sechs Monate im Anschluss an das abzurechnende Geschäftsjahr, wobei ein Geschäftsjahr nicht unbedingt identisch sein muss mit dem Kalenderjahr). Auf der Basis der beschlossenen **Gesamtabrechnung** sind dann die **Einzelabrechnungen** unter Berücksichtigung der jeweiligen Kostenverteilungsschlüssel zu erstellen, d. h., es ist eine Saldierung der eigentümerseits geleisteten Vorauszahlungen (und evtl. anderer anteiliger Gutschriften) mit der festgestellten anteiligen tatsächlichen Zahlungsschuld des abgelaufenen Wirtschaftsjahres vorzunehmen. Gesamt- **und** auch Einzelabrechnungen sind mehrheitlich zu beschließen.

Der vom Verwalter vorzuschlagende und ebenfalls mehrheitlich zu beschließende **Wirtschaftsplan** regelt die voraussichtlichen Gesamteinnahmen und -ausgaben des nächsten (oder auch des laufenden) Geschäftsjahres und setzt die evtl. neuen Wohngeldvorauszahlungsbeträge der Eigentümer fest (Einzelwirtschaftspläne); i. d. R. wird Fortgeltung bis zur Beschlussfassung über einen neuen Wirtschaftsplan beschlossen. Fällig ist die Wohngeldvorauszahlung in der Regel zu Beginn eines Monats (seltener nach Vereinbarung quartalsweise). Die entsprechende gesetzliche Rahmenregelung zu diesen Abrechnungs- und Wirtschaftsplanfragen findet sich in § 28 WEG.

Zur Bilanzierung (insbesondere „Abrechnung" offener Forderungen und Verbindlichkeiten zum Ende des Geschäftsjahres) mit Gewinn- und Verlustrechnung und zur Vornahme von (periodengerechten) Rechnungspostenabgrenzungen (Ausn.: Heizkosten und evtl. Rücklagensollumbuchung) ist der Verwalter nach derzeit herrschender Rechtsmeinung nicht verpflichtet, ja sogar nicht einmal berechtigt. Vereinzelt wird jedoch in Großgemeinschaften (mit hohem Mietwohnungsbestand) verwalterseits auch – entgegen bisheriger h. M. – (eigentümerseits unbeanstandet) bilanzähnlich abgerechnet (im Rahmen üblicher doppelter Buchführung mit weitgehender Abgrenzung der einzelnen Ausgabenpositionen zeitbezogen); vermietende Eigentümer können insoweit meist leichter die tatsächlich angefallenen Nebenkosten mit ihren Mietern periodengerecht abrechnen.

Fakultativ (wenn auch wünschenswert und heute allgemein üblich) ist die Erstellung eines **Vermögensstatus** (Übersicht über offene Forderungen und Verbindlichkeiten zum Ende eines Geschäftsjahres); vom Genehmigungsbeschluss muss ein solcher Status allerdings nach derzeit h. M. nicht erfasst werden.

- Die **Heiz-** und **Warmwasserkosten**verteilung hat sich an der Heizkosten-Verordnung von 1981 zu orientieren. Vereinbart sind bereits häufig von

Anfang an die üblichen Verteilungsmaßstäbe zwischen Fix- und Verbrauchskostenanteilen (30:70, 40:60 oder 50:50). Umstellungen können nur durch Vereinbarungen erfolgen. Verbrauchserfassungsgeräte sind bei zentraler, gemeinschaftlicher Heizversorgung heute meist bauseits schon installiert. Thermostatventile waren grds. bis spätestens 30. 7. 1987 anzubringen (§ 7 Heizungsanlagen-Verordnung). Funkablesung dürfte sich in den nächsten Jahren durchsetzen.

- Wie das **Form- und Dokumentationsbild** eines **korrekten Abrechnungspakets** nach derzeit h. R. M. im Sinne der gesetzlichen Rahmenregelung des § 28 WEG aussehen sollte (ebenso das eines Wirtschaftsplans), ist einem Muster am Ende dieses Ratgebers zu entnehmen (Abschn. 5.9).

- Die Gemeinschaftsordnung enthält meistens auch noch Vereinbarungen über die Ladung und Durchführung von ordentlichen oder außerordentlichen **Eigentümerversammlungen**. Hierzu gehören insbesondere die **Stimmrechtsvereinbarungen**. Abweichend vom gesetzlichen Vorschlag des Kopfprinzips (je Wohnungseigentümer eine Stimme, unabhängig von der Zahl der einem Eigentümer gehörenden Einheiten) könnte das Wertprinzip (Stimmrechte nach Miteigentumsanteilen) oder das Objekt- bzw. Realprinzip (je Einheit eine Stimme) vereinbart sein. Modifizierende Stimmrechtsprinzipien sind ebenfalls denkbar.

- In diesem Zusammenhang sind in Gemeinschaftsordnungen häufig auch noch (grds. zulässige, u. E. jedoch häufig absolut unnötige) einschränkende **Stimmrechtsvertretungsregelungen** enthalten, etwa des Inhalts, dass Stimmrechtsvollmachten nur an Ehegatten, andere Miteigentümer und den Verwalter – in Schriftform – gegeben werden können. Von der Stimmrechtsvertretung ist die Versammlungsteilnahme von **Begleitpersonen** (einschließlich Beratern) zusammen mit dem betreffenden Eigentümer zu unterscheiden; der BGH hat jüngst unter Berufung auf die Nichtöffentlichkeit der Eigentümerversammlung entschieden, dass grundsätzlich (mangels anderweitiger Vereinbarung) keine fremden Begleit- und Beratungspersonen zugelassen werden müssen (Ausn.: z. B. hohes Alter oder persönliches Gebrechen eines Eigentümers oder besonders schwierige, zur Beschlussentscheidung anstehende Themenbereiche!). Über mehrheitlichen (nicht erfolgreich anfechtbaren) Geschäftsordnungsbeschluss kann im Einzelfall allerdings das Teilnahmerecht bestimmter Vertreter oder Begleiter gestattet werden.

1 Erwerb einer Neubauwohnung

- Sondervereinbarungen können auch bezüglich **nachträglicher** (nach Fertigstellung der Anlage beabsichtigter bzw. vorgenommener und fertig gestellter) baulicher Veränderungen am Sondereigentum und insbesondere am Gemeinschaftseigentum bestehen (§ 22 Abs. 1 WEG). Grundsätzlich bedürfen **bauliche Veränderungen** am Gemeinschaftseigentum der Zustimmung aller Eigentümer, soweit deren Rechte (aller Eigentümer) durch die Änderungen beeinträchtigt werden, ansonsten nur der Zustimmung nachteilig betroffener Eigentümer. Ein Mehrheitsbeschluss ist weder ausreichend noch erforderlich (BGH von 1979). Zu beachten ist häufig in diesem Zusammenhang auch § 16 Abs. 3 WEG. Eine nachteilige bauliche Veränderung kann allerdings auch durch einfachen Mehrheitsbeschluss genehmigt (ggf. nachgenehmigt) werden, wenn ein solcher Beschluss ohne fristgemäße Beschlussanfechtung bestandskräftig wird („Zitterbeschluss"). § 22 Abs. 1 WEG ist kein zwingendes Recht. Sind Nachteile ganz unerheblich, besteht i. Ü. entsprechende Zustimmungs- oder **Duldungspflicht** der restlichen Eigentümer nach § 14 WEG.

Von baulichen Veränderungen zu unterscheiden sind Änderungen in Aufteilung oder Bauausführung gegenüber anfänglichen Plänen und Baubeschreibungen, die noch **vor Fertigstellung** bzw. Entstehung der faktischen Gemeinschaft meist noch durch den Bauträger (als Alleineigentümer) vorgenommen wurden (oft Sonderwunschmaßnahmen). Hier können Miteigentümer nicht Beseitigung nach § 1004 BGB verlangen, sondern allenfalls Verpflichtung von allen augenblicklichen Eigentümern, den ursprünglichen Plan- und Ausführungsstand zu Kostenlasten aller(!) wieder herzustellen (als Maßnahme ordnungsgemäßer Verwaltung i. S. des § 21 WEG) – soweit solche Ansprüche nicht verwirkt sein sollten. In solchen Fällen können Sie als u. U. Betroffener gegenüber der Gemeinschaft nicht einwenden, dass bereits Zahlungen für diese Maßnahmen an den Bauträger geleistet worden seien. Gegenüber der Gemeinschaft ist eine solche Zahlung ohne Bedeutung. Sie müssen sich wegen der Rückforderung mit dem Bauträger auseinander setzen, was schwierig ist, wenn sich dessen Insolvenz abzeichnet oder gar schon vorliegt. Achten Sie daher schon beim Erwerb der Wohnung unbedingt darauf, dass Teilungserklärung und Aufteilungsplan mit den tatsächlichen Bauausführungen übereinstimmen und dass Sie an den Bauträger nur Zahlungen erbringen, die auch dem geplanten und realisierten Bautenstand entsprechen.

Bauliche Veränderungen in Form von **Modernisierungs-** oder Energieeinsparungsmaßnahmen stehen hierbei im Spannungsverhältnis zu § 21 WEG (ordnungsmäßiger Verwaltung). Spezielle Vereinbarungsregelungen finden sich heute bereits meist in „modernen" Gemeinschaftsordnungen. Kriterium ist insbesondere eine Kosten-/Nutzen-Analyse (baldige Amortisation der Investition, Folgekosten, technische Fortentwicklung, nachteilige Immissionen?). Ordnungsgemäße Verwaltungsmaßnahmen sind bekanntlich mit einfacher Beschlussmehrheit zu entscheiden und dann für alle Eigentümer verbindlich, auch was die entsprechenden Kostenbeteiligungen betrifft (Bindungswirkung eines Beschlusses für die überstimmte Minderheit und nicht anwesende oder vertretene Eigentümer).

Das Thema der baulichen Veränderungen kann in der Gemeinschaftsordnung u. U. auch unter qualifiziertes Mehrheitserfordernis gestellt sein (§ 22 Abs. 1 WEG ist abdingbar).

- In die Gemeinschaftsordnung integriert ist häufig auch eine **Hausordnung** (vgl. **Mustervorschlag** Abschn. 5.1 unten und weitere Ausführungen unten in Abschn. 3.7). Diese Regelungen haben keinen Vereinbarungscharakter (nach § 10 Abs. 2 WEG) im Sinne grundsätzlich nur allstimmig möglicher Änderung, sondern den Charakter eines schriftlichen Beschlusses; dies bedeutet, dass Änderungen und Ergänzungen einer solchen „vereinbarten" Hausordnung auch mit einfacher Mehrheit beschlossen werden können. Die Regelungen einer Hausordnung orientieren sich an den Besonderheiten einer speziellen Wohnanlage. Neben einer Hausordnung können ergänzend auch eine Garagenordnung, eine Liftbenutzungsordnung, eine Schwimmbad- und Saunaordnung sowie Waschküchen- und Spielplatzordnung vereinbart sein.

Die Hausordnung enthält meist allgemeine Verhaltensregelungen, Sorgfalts-, Sicherheits- und Gefahrenvorbeugungspflichten, Benutzungsregelungen hinsichtlich gemeinschaftlicher Flächen, Räume und Einrichtungsgegenstände, Reinigungspflichten und Ruhezeiten. Oft sind dort auch umstrittene Fragen geregelt wie Tierhaltung, Musikausübung/Ruhezeiten, tätige Mithilfe/Turnusdienste, Grillverbote, das Verschließen der Haustüre, Kinderspielzeiten und vieles mehr. Probleme bereitet häufig das Bepflanzen von Balkonbrüstungströgen oder das Aufstellen schwerer Pflanztröge mit oft hohen und schweren Bäumen auf Terrassenflächen; hier empfehlen sich von Anfang einschränkende Regelungen, um oft nachträglich nur schwer beweisbare Folgeschäden gar nicht erst entstehen zu lassen.

1 Erwerb einer Neubauwohnung

Hinzuweisen ist darauf, dass durch die Hausordnung weder ein Musizieren noch eine (Haus)Tierhaltung in der Wohnung gänzlich verboten werden kann. Nach nunmehr vorliegender Rechtsprechung des BGH muss allerdings davon ausgegangen werden, dass ein Beschluss, der auch wesentlich in die individuellen Rechte der Wohnungseigentümer eingreift, Rechtswirkungen entfaltet, wenn er nicht rechtzeitig angefochten wird.

Mietrechtliche und wohnungseigentumsrechtliche Hausordnungen sollten aufeinander abgestimmt werden; der Wohnungseigentümerhausordnung sollte durch spezielle gültige mietvertragliche Vereinbarung stets der Vorrang eingeräumt werden. Zu achten ist jedoch darauf, dass die Hausordnung gegenüber dem Mieter nur Gültigkeit hat, wenn sie als Bestandteil des Mietvertrages vereinbart wurde (Schwierigkeiten hinsichtlich der Änderungen wegen bestehender Verträge).

Die Einhaltung der Hausordnung hat der Verwalter zu überwachen (§ 27 Abs. 1 Nr. 1 WEG). Gerichtliches Vorgehen des Verwalters (als Vertreter der – restlichen – Gemeinschaft) setzt allerdings einen entsprechenden Mehrheitsbeschluss voraus.

Gestörte Miteigentümer können bei wiederholten Hausordnungsverstößen gegen uneinsichtige „Störer" auch direkt auf Tun, Dulden oder Unterlassen klagen und auch rechtskräftige Gerichtsentscheidungen durch Beugestrafanträge vollstrecken. Gegen Miteigentümer ist auf wohnungseigentumsgerichtlichem Wege vorzugehen, gegen Mieter im ordentlichen Zivilprozess (§ 1004 BGB).

1.9 Der Verwaltervertrag (vgl. Mustervorschlag in Abschn. 5.6)

Der Bauträgerverkäufer kann und sollte bereits in der Gemeinschaftsordnung einen ersten WE-Verwalter bestellt und die Details eines Verwaltervertrages (im Rahmen eines u. E. allstimmigen Beschlusses/Scheinvereinbarung) verbindlich geregelt haben. Mit Verkauf und Inbesitznahme einer ersten fertig gestellten Eigentumswohnung beginnt das „Leben" der entstehenden Wohnungseigentümerschaft als sog. **faktische Gemeinschaft**; dies dürfte auch der Zeitpunkt einer einsetzenden Verwaltungsnotwendigkeit, d. h. der Beginn der ersten Verwalteramtszeit sein. Formalrechtlich entsteht eine Wohnungseigentümergemeinschaft erst mit Eintragung eines ersten Erwerbers im Grundbuch neben dem bisherigen Alleineigentümer (dann zweigliedrige Gemeinschaft, vgl. hierzu auch oben

Abschn. 1.7.13 – Exkurs). Auf Bestellung eines Verwalters besteht Anspruch der Wohnungseigentümer untereinander (Maßnahme ordnungsmäßiger Verwaltung im weiteren Sinne); die Verwalterbestellung kann auch nicht in einer Teilungserklärungsvereinbarung ausgeschlossen werden (§ 20 Abs. 2 WEG).

Geregelt sein sollten in einem etwa neben der Bestellung bereits vereinbarten Verwaltervertrag die Vertragszeit mit Angabe des Vertragsbeginns (maximale Amtszeit des Verwalters nach der zwingenden Bestimmung des § 26 WEG: **fünf Jahre!**), die Vergütung (Honorierung) sowie die wesentlichsten Aufgaben und Pflichten des Verwalters. Das Recht zur Abberufung aus wichtigem Grund und zur fristlosen Kündigung des Verwaltervertrags durch die Gemeinschaft darf nicht ausgeschlossen oder eingeschränkt sein (es genügt einfacher Mehrheitsbeschluss! Anderslautende Vereinbarungen in einer Gemeinschaftsordnung wären nichtig!). Was die notwendigen Aufgaben des Verwalters betrifft, wird meist auf den zwingenden **Aufgabenkatalog** des § 27 WEG verwiesen. Der Verwalter hat grundsätzlich kaufmännisch-buchhalterische Pflichten (Abrechnungswesen), rechtlich-organisatorische (Ladung und Leitung der Eigentümerversammlung, Protokollerstellung, Veräußerungszustimmung u. a.) und technische Aufgabenbereiche (Instandhaltungs- und Instandsetzungspflicht bzgl. des Gemeinschaftseigentums) zu erfüllen.

Eigentümerseits sollte darauf geachtet werden, dass ein Verwalter eine ausreichende **Vermögenschadensversicherung** abgeschlossen hat. Seine Haftung kann der Verwalter vertraglich nur im Rahmen des gesetzlich Zulässigen (AGB-Gesetz!) einschränken. Haftungseinschränkende Regelungen entsprechend den Berufs- und Standesrechten anderer konzessionierter selbstständiger Treuhandberufe (wie Rechtsanwalt, Steuerberater, Notar oder WP) sind zwischenzeitlich üblich geworden.

Gerade Fragen der häufig umstrittenen Fremdgeldverwaltung eines Verwalters sollten bereits im Verwaltervertrag speziell geregelt werden (pfand- und insolvenzsichere Kontenführung, Vermögenstrennung, Zustimmungsvorbehalte, Rücklagenanlage usw.).

Achtung: Verwaltervertragspassagen dürfen nicht gegen Vereinbarungen in einer Teilungserklärung/Gemeinschaftsordnung verstoßen (andernfalls ggf. Teilnichtigkeit).

Die **Angemessenheit** des **Honorars** richtet sich nach der Erfahrung und Leistungsfähigkeit des bestimmten Verwalters, der Größe einer zu betreuenden Anlage, dem

1 Erwerb einer Neubauwohnung

Alter und Baujahr, anstehenden Sanierungsnotwendigkeiten, dem Umfang wartungspflichtiger und zu überwachender Haustechnik, der örtlichen Markt- und Konkurrenzsituation und auch der persönlichen Zusammensetzung und erwarteten Solvenz der Eigentümer (u. U. auch der „Streitanfälligkeit" einer Gemeinschaft). Ein möglicher Anhalt zur angemessenen Vergütungshöhe findet sich auch in der II. Berechnungsverordnung (Maximalsatz derzeit 500 DM per anno und Einheit zzgl. ges. MWSt). Damit sind heute bei i. d. R. vereinbarter monatlicher Fälligkeit Sätze **pro Wohneinheit** und Monat zwischen netto **35 DM und 50 DM** üblich (bei vereinbarter Verteilung nach Einheiten). Mit einer solchen Pauschhonorierung sind grds. alle notwendigen Verwalterleistungen abgegolten. Mögliche Zusatz- und Sonderhonorare müssten ausdrücklich speziell vereinbart sein.

1.10 Baubeschreibung und Planunterlagen (als Vertragsbestandteil)

Überprüfen Sie eingehend Ihre Bau- oder Leistungsbeschreibung! Aus dieser Unterlage ergibt sich der **technische Wert** Ihrer Eigentumswohnung und nicht zuletzt damit auch die Antwort darauf, ob der Erwerbspreis angemessen ist. Die Baubeschreibung soll zum wesentlichen Bestandteil der Erwerbsurkunde gemacht sein. Bestehen Sie darauf, eine möglichst detaillierte und ausführliche Baubeschreibung zu erhalten! Ist z. B. erhöhter Schallschutz zugesichert? Wie ist die Wärmedämmung ausgeführt? Sind die Bäder ausreichend feuchtigkeitsgeschützt? Gibt es ausreichend Elektroauslässe? Wie steht es mit den Außenanlagen?

Hinsichtlich der zu Ihrer Wohnung gehörenden **Keller/Kellerabteile** achten Sie darauf, dass Ihr Keller mit der gleichen Nummer wie Ihre Wohnung versehen ist! Kellerräume sind meist Nebenräume der Wohnung und dem Sondereigentum der Hauptwohnung zugeordnet. Auch ein Kellerplan sollte als Urkundsbestandteil dem Erwerbsvertrag beigeheftet sein. Sie haben Anspruch auf den Keller, der nach Plan Ihrer Wohnung zugeordnet ist und den Sie gekauft haben. Gleiches gilt für rechtlich unselbstständige **Tiefgaragenstellplätze**, i. Ü. auch für etwa zusätzlich erworbene **Hobby-** oder **Speicher-**(Mansarden)räume.

Bestehen Sie auch auf Aushändigung eines **Planauszuges**, dem die Maße Ihres speziellen Kaufobjekts entnommen werden können. Planbeschrieb und Baubeschreibung sollten im Zweifel auf Identität überprüft werden.

Zugewiesene **Sondernutzungsrechte** an Grundstücksflächen sollten mit möglichst exakten Maßangaben versehen sein.

Von der Baubeschreibung abweichende oder diese ergänzende **Sonderwünsche/ Zusatzleistungen** (mit oder ohne Aufpreis) können – wie schon erwähnt – vereinbart werden, meist abhängig von der rechtzeitigen Äußerung eines Wunsches, um den kontinuierlichen Bauablauf nicht zu stören. Es sollten hier über mögliche Aufpreise unter Berücksichtigung von Normalausstattungserstattungen ausdrücklich schriftliche Vereinbarungen getroffen werden, um spätere Streitigkeiten zu vermeiden.

Achten Sie auch darauf, dass Versprechungen in Werbe- und Emissions**prospekten** in den Erwerbsvertrag und die Baubeschreibung mit aufgenommen und damit zum Vertragsbestandteil gemacht sind. Allgemeine Anpreisungen in Prospekten wie „Höchstkomfort" oder „besonderer Luxus" sind ohne spezielle vertragliche Zusicherungen meist inhaltsleer, begründen auch grundsätzlich keinerlei Anspruchsberechtigungen, wenn sie nicht ausdrücklich Bestandteil der Notarurkunde geworden sind.

Meist finden sich in Baubeschreibungen auch **Änderungsklauseln** aufgrund behördlich oder technisch bedingter Änderungen. Hier sollte jedoch – ggf. durch Zusatzabsprache – sichergestellt sein, dass solche Änderungen Ihr bereits erworbenes Eigentum **nicht wertmindern.**

1.11 Fachberatung

Ungeachtet Ihrer eigenen gründlichen Vorprüfung der Vertragsunterlagen ist im Einzelfall eine **wirtschaftliche, steuerliche und rechtliche Fachberatung** dringend zu empfehlen (insbesondere bei vom üblichen Bauträgerkauf **abweichenden Sondermodellen** wie z. B. Bauherrenmodellkonzeptionen, Erwerber- und Erhaltungsmodellen, Umwandlungs- oder Bruchteilsmodellen, dem Generalübernehmermodell als verdecktem Bauherrenmodell oder auch offenen oder geschlossenen Immobilfondsbeteiligungen mit nicht unerheblichen rechtlichen Risiken). Die hierfür anfallenden Honorare stehen in keinem Verhältnis zu etwaigen Schäden, die nur bei Übersehen von „Kleinigkeiten" eintreten könnten. Allgemeine Beratung erfolgt meist durch gewissenhafte, fachkundig und vertrauenswürdig arbeitende Makler und Anlageberater. Die Vertragsentwürfe sollten durch einen immobilrechtlich versierten Rechtsanwalt gegen vorherige schriftliche Vereinbarung einer Auskunfts- oder Zeitgebühr überprüft werden. Gerade bei Formularerwerbsverträgen lassen sich hier in Blickrichtung auf Klausel-ungültigkeiten nach dem AGB-Gesetz u. U. rechtliche Verbesserungen erzielen, die auch wirtschaftliche

Vorteile erbringen könnten. Sie könnten sich auch Merkblätter der Landesnotarkammern beschaffen. Auch die steuerliche Gesamtsituation sollte mit einem Steuerberater Ihres Vertrauens abgesprochen sein. In Finanzierungsfragen erfolgt detaillierte Fachberatung üblicherweise durch die Kreditbankinstitute sowie die Bausparkassen, aber auch durch geschulte Makler und Finanzberater.

Auch im **technischen** Bereich ist oftmals Fachberatung dringend zu empfehlen. Nur der Ingenieur, Architekt und Baufachmann kann überprüfen, ob die versprochene Bauleistung mindestens den heutigen anerkannten Regeln der Baukunst und Bautechnik entspricht und in angemessener Relation zum Erwerbspreis steht. Die technische Prüfung bezieht sich in erster Linie auf die Baubeschreibung und die Tekturzeichnungen; fachtechnische Unterstützung ist jedoch in der Regel auch angezeigt – spätestens – bei formeller **Abnahme** des Erwerbsobjekts, d. h. des Sondereigentums (am vorteilhaftesten bereits während der Bauphase), nicht zuletzt auch bei der Übergabe und **Abnahme des Gemeinschaftseigentums** (und späterer Mängelanspruchsverfolgung). Die Entscheidung, sich bei der förmlichen Abnahme des Gemeinschaftseigentums fachlicher, d. h. privatgutachtlicher Unterstützung zur Mängelauf- und -feststellung zu bedienen, sollte allerdings der Mehrheitsentscheidung der Eigentümergesamtheit überlassen bleiben (Honorierung durch die Gesamtgemeinschaft). Auf förmliche Übergabe des Gemeinschaftseigentums durch den Verkäufer sollten Sie stets drängen und etwaigen Argumenten einer – im Bauträgervertragsrecht abzulehnenden – stillschweigenden oder konkludenten (schlüssigen) Abnahme des Gemeinschaftseigentums (z. B. durch Ingebrauchnahme und Benutzung der gemeinschaftlichen Bauteile) energisch widersprechen. Nach herrschender Rechtsmeinung haben Sie Anspruch auf förmliche Übergabe und Abnahme auch des Gemeinschaftseigentums.

In der Vorverhandlungsphase vor endgültigem notariellem Vertragsabschluss (vor Unterschriftsleistung) sollten Sie die Chance nutzen, durch sog. **Individualabreden** ggf. rechtliche und wirtschaftliche Vertragsverbesserungen zu erreichen. Ist der Verkäufer an einem Verkauf der Wohnung an Sie interessiert („Käufermarkt"), wird er u. U. auch Abweichungen von seinem Formularvertragsmuster tolerieren. Zu denken ist hier insbesondere an klare Absprachen zum Fertigstellungstermin, an eine etwaige Vertragsstrafe bei Überschreitung dieses Termins (Verzugsschadenspauschale), an erwerberfreundliche Gewährleistung, reduzierten Erwerbspreis, zusätzliche Sicherheiten (z. B. Bürgschaften), Nebenkosten, Sonderwunschabsprachen, Zahlungsfristen und -fälligkeiten usw.

1.12 Der endgültige notarielle Vertragsabschluss

Haben sämtliche Vorgespräche und Überprüfungen der Vertragsunterlagen zu einem positiven Ergebnis geführt, kann nunmehr der notarielle Beurkundungstermin und damit der verbindliche Erwerb Ihrer Wohnung erfolgen. Haben Sie keine Hemmungen, anlässlich des notariellen Verbriefungstermins Fragen an den Urkundsnotar zu stellen, wenn Ihnen noch einzelne Vertragsformulierungen unverständlich sein sollten. Der Notar ist verpflichtet, Sie grds. über alle Risiken des Vertrages zu belehren, Fragen zu beantworten und ggf. Sicherungsmöglichkeiten vorzuschlagen. Der **Notar** ist ein grds. **objektives** und **neutral-unparteiisches Rechtspflegeorgan** und hat insbesondere auch darauf zu achten, dass keine unwirksamen Vertragsklauseln beurkundet werden. Bedenken Sie jedoch, dass der Notar der spezielle „Hausnotar" des Verkäufers und gewissen Rechtsformulierungsweisungen des Verkäufers unterworfen sein könnte. Bei manchen Vertragsklauseln besteht eben ein gewisser Varianten- und Ermessensspielraum, ob nun eine Vertragspassage erwerber- oder verkäuferfreundlich beurkundet wird. Aus diesem Grund wurde Ihnen auch vorstehend empfohlen, eigene Fachberater Ihres Vertrauens zu Rate zu ziehen. Berücksichtigen Sie stets, dass ein Notar nicht „Ihr" Rechts-, Steuer- oder kaufmännischer Berater ist. Damit soll nicht gesagt sein, dass ein Notar (als objektives, neutrales Rechtspflegeorgan) grds. in irgendwelchen Abhängigkeiten steht. Interessenskonfliktsituationen sind jedoch möglich. Die höchstrichterliche Rechtsprechung beweist, dass in der Vergangenheit mitunter auch rechtsungültige Klauseln beurkundet wurden. Möglichen späteren streitigen Auseinandersetzungen sollte von Anfang an durch rechtswirksame Vertragsklauseln (unter Bezug auf die aktuelle höchstrichterliche Rechtsprechung) – ggf. auch über zu vereinbarende Individualabrede – der Boden entzogen werden. Sie können ergänzend zur Vorbereitung der Beurkundung – wie schon erwähnt – auch Merkblätter der jeweiligen Landesnotarkammern anfordern.

Einige Tage nach dem notariellen Vertragsschluss kommt es dann grds. zur **Eintragung der Auflassungsvormerkung** zu Ihren Gunsten im Grundbuch; hiervon werden Sie vom Notar schriftlich unterrichtet (damit beginnen meist auch Ihre Ratenzahlungsverpflichtungen). Die **Auflassung**, d. h. der weitere Vertrag über die dingliche Einigung des Eigentumsübergangs, erfolgt i. d. R. auf Veranlassung des Veräußerers, wenn Sie sämtliche Zahlungen geleistet haben. Erst die daran anschließende Eintragung des Eigentumswechsels im Grundbuch vollzieht und komplettiert Ihren endgültigen **Eigentumserwerb**.

2 Der Erwerb einer „Gebrauchtwohnung" (aus Käufersicht)

2.1 Vorbemerkung

Der Entschluss, eine bereits fertig gestellte, schon längere Zeit bewohnte „Gebrauchtwohnung" als Zweit- oder Nacherwerber zu Eigen- oder Fremdnutzungszwecken rechtsgeschäftlich zu erwerben (zu kaufen), hat neben dem u. U. günstigen Erwerbspreis (je nach Lage, Marktsituation und Baujahr) zumindest den Vorteil, dass Sie die **„Ware"** vor dem Kauf genau **inspizieren** können. Weiterhin haben Sie die Möglichkeit, Einblick zu nehmen in das laufende und hoffentlich möglichst gut funktionierende Verwaltungsgeschehen der Gemeinschaft (**Beschlussprotokolle** mindestens der letzten 2 oder 3 Jahre aushändigen lassen!). Gibt es **Streit** unter Eigentümern oder mit dem amtierenden Verwalter? Stehen größere **Instandsetzungen** an? Die Wohnungsnachbarn und die Verwaltung sind Ihnen bekannt, die Bausubstanz ist vorhanden, bautechnische Risiken (Mängelgewährleistung) aus der Erstellungsphase stellen sich – hoffentlich – grundsätzlich nicht (mehr). Ebenso sind Ihre augenblicklichen Wohngeld(voraus)zahlungsverpflichtungen bekannt. Achten Sie besonders auf mögliche **Sonderumlagefälligkeiten** (evtl. bereits zu Ihren Lasten)! **Sprechen** Sie mit Bewohnern (Verwaltungsbeiräten). Erkundigen Sie sich auch unbedingt nach der Höhe der Instandhaltungsrücklage. Diese erwerben Sie durch den Kauf in der Höhe des auf die Wohnung entfallenden Anteils. Die Höhe kann von Bedeutung sein. Jedenfalls muss der Verkäufer Sie nicht ungefragt über diese – auch wenn die Rücklagen nicht bestehen – aufklären (SaarlOLG, Urt. vom 13. 10. 1999).

2.2 (Weitere) Vorüberlegungen allgemeiner Art

Auch bei beabsichtigtem Erwerb einer Gebrauchtwohnung werden Sie sich rechtzeitig über den örtlichen **Standort** des Gesamtobjekts und die **Lage** der speziellen Wohnung im Haus informieren, ebenso über die günstige Infrastruktur der Örtlichkeit, bezogen auf Ihre speziellen Bedürfnisse. Eine exponiert gelegene

Eckwohnung hat meist höheren Heizenergieverbrauch. Eine unter einem alten Flachdach oder einer Dachterrasse gelegene Wohnung könnte Sie u.U. einmal sehr unmittelbar mit Durchfeuchtungsschäden konfrontieren (vgl. auch Grafik unter Abschn. 1.8.1 oben). Eine Wohnung direkt neben einem Lift, einem Treppenhaus oder über einer Heizzentrale verursacht ggf. unerwünschte Schallbelästigungen. Bedenken Sie auch mögliche Störungen durch benachbart gelegenes Teileigentum (Geschäftsräume, Läden, Restaurants, Praxen usw.).

Prüfen Sie selbst bei beabsichtigter Vermietung der Wohnung (also bei derzeitiger Kapitalanlageabsicht), ob Sie ggf. die Wohnung auch selbst beziehen würden. Die **Vermietbarkeit** und Rentierlichkeit einer Wohnung ist von Ort zu Ort, ja sogar von Stadtteil zu Stadtteil u.U. sehr unterschiedlich. Mietzinsausfälle oder gar eine längerfristige Unvermietbarkeit können Finanzierungspläne erheblich gefährden. Wie sehen die Prognosen über die wirtschaftliche Entwicklung der Region aus, bestehen gute Verkehrsverbindungen und Anbindungen an öffentliche Verkehrsmittel, gibt es Einkaufsmöglichkeiten, Kindergärten, Schulen, Parks und Freizeitangebote? Verschaffen Sie sich einen allgemeinen Marktüberblick (sind Kaufpreis und kalkulierte Miete realistisch?). Neben wirtschaftlichen Überlegungen (Angemessenheit des Kaufpreises) spielen oftmals auch steuerliche Fragen eine nicht unerhebliche Rolle (Grunderwerbsteuer, einkommensteuerliche Abschreibungsmöglichkeit).

Auch die Höhe des laufenden **Wohngelds** und der bestehenden **Instandhaltungsrückstellung** (die Sie anteilig „miterwerben") ist von wirtschaftlicher Bedeutung (Angemessenheit?), zumal bei bestehender oder beabsichtigter Wohnraumvermietung kraft Gesetzes nicht alle Positionen des Wohngelds als Nebenkosten auf einen Wohnmieter umgelegt werden können (i. d. R. z. B. nicht Verwalterhonorare, Instandhaltungsrückstellungsbeiträge und Instandsetzungsaufwendungen).

Erwerben Sie gleichzeitig **Speicher-** oder **Hobbyräume** mit und sind diese vielleicht bereits zu **Wohnnutzungszwecken ausgebaut**, fragen Sie ausdrücklich nach entsprechenden behördlichen **und** wohnungseigentumsrechtlichen Zustimmungen/Genehmigungen; fordern Sie entsprechende Unterlagen zur Einsicht, bestehen Sie ggf. auf ausdrücklichen vertraglichen Verkäuferzusicherungen!

2 Erwerb einer „Gebrauchtwohnung"

2.3 Der technische Zustand (Wertangemessenheit); Besichtigung!

Für Ihre Kaufentscheidung (und die Angemessenheitsprüfung des geforderten Kaufpreises) wesentlich ist auch, dass Sie sich ein genaues Bild über den **technischen Zustand** der Wohnung **und der Gesamtanlage** (des Gemeinschaftseigentums, auch der Außenanlagen) machen. Das Baujahr eines Hauses muss hier nicht unbedingt entscheidend sein, selbst wenn die Bautechnik der Anlage nicht mehr in allen Punkten dem heutigen Stand der Technik und den aktuellen Normen entsprechen sollte.

Die ins Auge gefasste Wohnung sollten Sie auf jeden Fall vor dem Kauf (ggf. mit einem technischen **Fachmann**) und nicht nur „bei Sonnenschein" **besichtigen** (wie Sie dies ja auch beim Gebrauchtwagenkauf praktizieren!) und sich über den baulichen Zustand von Sondereigentum und Gemeinschaftseigentum (insbesondere gemeinschaftlicher technischer Einrichtungen) aufklären lassen. Funktioniert die Heizungs- und Sanitärtechnik störungsfrei, schließen Fenster und Türen dicht, ist die Wohnung schimmelfrei, besteht ausreichend Wärme- und Schalldämmung, sind die Feuchtigkeitssperrschichten von Terrassen und Balkonen noch in Ordnung, gibt es Wand- oder Deckenrisse oder Sprünge an Sanitäreinrichtungsgegenständen, sind Fliesenschäden erkennbar, funktioniert die Klingelsprechanlage usw.? Nur so besteht die Chance, dass Sie vor eventuellen kurzfristigen „bösen Überraschungen" verschont bleiben, d. h. vor u. U. baldigen Finanzierungsbeteiligungen (ggf. über Sonderumlagen) an Dach- und Dachabdichtungssanierungen, Fassaden-, Balkon- und Fensterinstandsetzungen, notwendigen Erneuerungen von Lüftungs- und heiztechnischen Anlagen, Sanitärinstallationen, Liftreparaturen usw. Stellen Sie vor Kauf in Vollmacht des Veräußerers gezielte Fragen u. U. auch an den Verwalter, der Ihnen insoweit grds. auskunftspflichtig ist (ggf. gegen angemessene Sonderhonorierung). Dass werterhaltende Sanierungen insbesondere des Gemeinschaftseigentums über kurz oder lang erforderlich werden (mit anteiligen Zahlungsverpflichtungen auch Ihrerseits), muss Ihnen bei Gebraucht- bzw. Altbauwohnungserwerb allerdings bekannt sein. Erkundigen Sie sich ausdrücklich nach geplanten, möglicherweise bereits beschlossenen **Sanierungsmaßnahmen**. Wichtig ist hier die Fälligkeit eventueller **Sonderumlagen**. Liegt diese erst nach Ihrem Eigentumserwerb, haben Sie die Zahlung zu leisten (auch wenn der Beschluss vorher gefasst wurde!).

> **Hinweis:**
> Fragen Sie bei Unklarheiten ausdrücklich nach eventuellen Mängeln. Eine grundsätzliche selbstständige Aufklärungspflicht des Verkäufers über solche besteht nämlich nicht. Sie müssen selber auf die Wahrnehmung Ihrer Interessen achten. Vom Verkäufer gegebene Antworten müssen jedoch zutreffend sein. Eine Verpflichtung zur Aufklärung und Information besteht hingegen bei schwer wiegenden Mängeln.

Entscheidende Frage ist u. a. also auch, ob die augenblickliche Bausubstanz des Kaufobjekts in **angemessener Wertrelation** zum geforderten Kaufpreis steht (zu den anzustellenden Überlegungen und Bewertungsverfahren im Detail vgl. *Sommer* in Sommer/Piehler, Grundstücks- und Gebäudewertermittlung für die Praxis, Haufe Orga-Handbuch (Bestell-Nr. 62.27, ISBN 3-448-03343-X), Gruppe 4, Abschnitt 4.4.2, Seite 155 ff.

2.4 Prüfung des Kaufvertragsentwurfs

Auch beim Erwerb der Gebraucht-Wohnung sollten Sie sich rechtzeitig den notariellen **Vertragsentwurf** zur Überprüfung der Vertragsklauseln aushändigen lassen. Sie können sich mit dem Verkäufer einigen, bei welchem Urkundsnotar die Verbriefung stattfinden soll.

Ihr **Kaufgegenstand** wird durch Bezugnahme auf die betreffende Grundbuchstelle (Gemarkung, Band, Blatt) und die laufende Nummer nach Teilungserklärung und Aufteilungsplan definiert. **Wesentliche Bestandteile** Ihres Kaufobjekts (wie z. B. Fenster, Türen, Heizkörper, Badewanne, Waschbecken, Armaturen usw.) kaufen Sie kraft Gesetzes mit (§ 94 BGB). **Zubehör** (wie z. B. eine Einbauküche, Heizöl, Teppichboden, Gardindeckenschienen, Sonnenschutzmarkise und andere Ausstattungsgegenstände) sollten eigens im Vertrag als mitverkauft vermerkt werden, selbst wenn im Zweifel auch von einem Verkauf dieser Inventar- und Zubehörteile auszugehen sein dürfte (§ 314 BGB).

Beabsichtigen Sie, Schulden und Belastungen des Verkäufers zu übernehmen, müssten Sie sich rechtzeitig der **Zustimmung** etwaiger **Grundpfandgläubiger** vergewissern. Die Kaufurkunde sollte hier über Ihre beabsichtigte Finanzierung klare Aussagen machen. Lassen Sie sich unbedingt vor Kaufunterzeichnung **Pfandfreistellung** von Gläubigern „bei diesem Verkaufspreis" **zusichern!**

2 Erwerb einer „Gebrauchtwohnung"

Ist das Kaufobjekt noch mit Grundpfandrechten des Verkäufers belastet (die mit Kaufpreisgeldern gelöscht werden sollen), können entsprechende Kaufpreisteile gemäß Vereinbarung beim Notar auf ein Anderkonto **hinterlegt** werden, verbunden mit dem **Treuhandauftrag** an den Notar, dass dieser die Geldmittel zur Wegfertigung valutierter Pfandrechte Zug um Zug gegen Erteilung der Löschungsunterlagen verwendet. Häufig wird insoweit auch vereinbart (zwischen Notar und Kreditinstituten), dass das Institut dem Notar treuhänderisch **Löschungsbewilligungen** überlässt mit der Auflage, davon erst Gebrauch zu machen, wenn der benötigte Ablösebetrag überwiesen ist. Vergewissern Sie sich, dass Bankinstitute solche Treuhandaufträge erteilt haben.

Nochmals: Denken Sie daran, dass Sie bei Übernahme von beweglichen Ausstattungs- und Einrichtungsgegenständen, insbesondere bei einer evtl. **Inventarübernahme** die Erwerbsgegenstände eindeutig vertraglich auflisten und ggf. sogar bewerten. Der Kaufpreis für die Wohnung einerseits und für mitverkauftes Zubehör (einschl. bewegliches Inventar) andererseits sollte im Vertrag ausdrücklich aufgeteilt werden; Grunderwerbsteuer, Kosten der Auflassungsvormerkungseintragung, Grundbuchgebühren errechnen sich allein aus dem Immobilerwerbspreis (Bodenwertanteil?).

Berücksichtigen Sie bei Ihrer Kaufentscheidung (zusätzlich zum reinen Kaufpreis) auch die generell anfallende – nunmehr 3,5 %ige **Grunderwerbsteuer** (vgl. hierzu auch Abschn. 1.7.18 und 4.6), ebenso die **Notar-** und **Grundbucheintragungskosten**. Bei den Gerichts- und Notargebühren kalkulieren Sie vorsichtig ca. 1 % des Erwerbspreises.

Überprüfen Sie **Kaufpreis**höhe und -fälligkeit sowie Verzugszinsregelungen auf Angemessenheit und Üblichkeit. Kommen Sie mit fälliger Zahlung in Verzug, kann es auch zur Haftung Ihrerseits kommen nach § 326 BGB (Schadenersatz wegen Nichterfüllung oder Vertragsrücktritt durch den Verkäufer); § 454 BGB wird meist im notariellen Kaufvertrag ausdrücklich abbedungen. Über ebenfalls vereinbarte Zwangsvollstreckungsunterwerfungsklausel (vgl. § 794 ZPO) kann ein Verkäufer auch gegen Sie vereinfacht aus der Kaufurkunde in Ihr gesamtes Vermögen vollstrecken (Verteidigung Ihrerseits durch Vollstreckungsgegenklage nach § 767 ZPO und Antrag auf vorläufige Einstellung der Zwangsvollstreckung i.d.R. gegen Sicherheitsleistung). Die möglichen Bedenken gegen die Formulierung der Zwangsvollstreckungsunterwerfungsklausel, die beim Bauträgerkauf vorliegen können, treten beim Gebrauchtwohnungskauf nicht auf; im

Rahmen der Zahlung kommt es hier auf die einzelnen Bautenstände nicht an, weil das Objekt bereits fertig gestellt ist.

Ungesichert sollten Sie keine Kaufpreisvorleistungen erbringen. Die Zahlungsfälligkeit ist hinauszuschieben bis zum Eintritt folgender **Voraussetzungen:**

- Eintragung der Auflassungsvormerkung zu Ihren Gunsten (dingliche Absicherung Ihres Eigentumsverschaffungsanspruchs);
- Sicherstellung der Lastenfreistellung von Grundpfandrechten des Verkäufers vor völliger Bezahlung des Kaufpreises;
- Bestätigung, dass der Vertrag rechtswirksam zustande gekommen ist;
- ggf. Räumung des Kaufobjekts durch Nutzer als Fälligkeitsvoraussetzung für Kaufpreiszahlung.

Für die steuerliche Unbedenklichkeit (Grunderwerbsteuerzahlung) haben im Regelfall Sie nach vertraglichem Innenverhältnis zu sorgen. Treuwidrig wäre es, wenn Sie durch Nichtzahlung der Grunderwerbsteuer etwaige Kaufpreiszahlungsfälligkeiten verzögern würden. Ebenso müssen Sie die **Kosten** der Vertragsbeurkundung, der Vormerkungseintragung und Löschung, der Auflassung und des Grundbuchvollzugs tragen (§ 449 BGB).

Ihr Verkäufer hat demgegenüber die Kosten „seiner" Lastenfreistellungen zu übernehmen, ebenso etwa erforderlich werdende Vermessungsgebühren (§ 448 BGB). Bei etwa vereinbarter Verwalterzustimmung zur Veräußerung (§ 12 WEG) müssen grds. ebenfalls Sie im Innenverhältnis zum Verkäufer nach entsprechender Vereinbarung diese für den weiteren Vertragsvollzug notwendigen Kosten tragen.

Auch Notarkosten gehen im Innenverhältnis zu Ihren Lasten.

Zahlung von Kaufpreisteilen vor Vorliegen vorgenannter, vertraglich festgelegter Voraussetzungen wäre alleinige Vertrauenssache und für Sie sehr riskant; überlegen Sie, ggf. Zahlung auf ein **Notaranderkonto** zu leisten. Bedenken Sie dabei aber, dass bei der Geldverwahrung und der Zahlung an den Notar so genannte Hebegebühren anfallen; diese betragen etwa 0,25 % der weiterzuleitenden Beträge. Sie müssen selbst entscheiden, ob Ihnen Ihre Sicherheit diesen Preis wert ist.

Entscheidend ist die klare, am besten datumsmäßig festzulegende Regelung im Vertrag über den **Besitzübergang**, d. h. den Gefahren-, Lasten- und Nutzungsübergang im Innenverhältnis zum Verkäufer. Ab diesem Zeitpunkt steht Ihnen – nach vollständiger Kaufpreiszahlung – eine etwaige Mietrendite zu (Kautionsübertragung!); andererseits haben Sie auch mit diesem Datum grds. die laufenden Lasten des Wohnungseigentums, also insbesondere die laufenden Wohngeldverpflichtungen (auf Vorauszahlungsbasis) zu tragen, d. h. den Verkäufer ab diesem Übergabezeitpunkt von Zahlungspflichten der Gemeinschaft gegenüber **freizustellen**. Kaufpreiszahlung und Besitzübergang sollten allerdings ebenfalls erst nach schriftlicher Mitteilung des Notars erfolgen, dass – wie schon oben erwähnt – zu Ihren Gunsten die Auflassungsvormerkung im Grundbuch eingetragen ist (des weiteren evtl. Pfandfreistellungen und Negativerklärungen zu etwaigen Vorkaufsrechten vorliegen). Anteilige Kostenausgleiche für laufende Jahresbetriebs- und Verwaltungskosten einschließlich etwaiger späterer Einzelabrechnungsminussalden können und sollten individuell im Vertrag vereinbart werden.

Für **Wohngeldrückstände** des Veräußerers, also schon vor Übergabe fällig gewordene Zahlungsschulden des Veräußerers, haften Sie nach h. R. M. grds. nicht; eine solche Rückstandshaftung, die auch für ausstehende Sonderumlagen gelten kann, auch Ihrerseits besteht allerdings (bei Kauf) dann, wenn in zulässiger Weise eine **Gesamtschuldhaftung** (Solidarhaftung) Veräußerer/Erwerber bei rechtsgeschäftlicher Eigentumsnachfolge (wie häufig) in der Gemeinschaftsordnung **vereinbart** sein sollte. Informieren Sie sich dann rechtzeitig über solche Rückstände und kalkulieren Sie solche möglichen Zahlungspflichten auch Ihrerseits in den Kaufpreis ein!

Beschließt allerdings die Wohnungseigentümergemeinschaft erst **nach** dem Eigentumsübergang auf Sie (Eintragung im Grundbuch) die Abrechnung früherer Jahre, haben Sie für die sog. **Abrechnungsspitze** (= Abrechnungsergebnis ./. offene Zahlungsverpflichtungen des Verkäufers nach Wirtschaftsplan) zu haften (so die neue, nicht unumstrittene BGH-Meinung). Im Verhältnis zu Ihrem Verkäufer sollten Sie wegen der Aufteilung dieser Beträge im Innenverhältnis eine entsprechende Vereinbarung treffen. Wegen des bestehenden Haftungsrisikos gegenüber der Gemeinschaft ist es ratsam, bereits vor Vertragsunterzeichnung zu prüfen, welche Abrechnungen (mehrere Jahre?) möglicherweise noch nicht beschlossen wurden (bitte auch beachten, ob alte Abrechnungsbeschlüsse angefochten und neue noch nicht gefasst wurden).

Konsequenz dieser Rechtslage ist auch, dass Ihnen als Erwerber eventuelle Guthaben aus der Abrechnung, die erst nach Ihrem Eintritt in die Gemeinschaft beschlossen werden, zustehen.

Aus der zurzeit geltenden Rechtsprechung hinsichtlich der Haftung des Erwerbers nur für die so genannte Abrechnungsspitze haben einige Verfasser von Gemeinschaftsordnungen die Konsequenzen gezogen. Teilweise ist in neueren Vereinbarungen zu finden, dass durch den Beschluss über die Jahresabrechnung eine eigenständige Forderung begründet wird. Dann besteht Ihre Haftung als Erwerber unabhängig von der genannten BGH-Entscheidung. Teilweise wird sogar noch weiter gegangen. In Gemeinschaftsordnungen ist auch zu finden, dass das Abrechnungsergebnis sich aus den Verpflichtungen des letzten, abzurechnenden Wirtschaftsjahres und den noch nicht ausgeglichenen Beträgen, die auf der Wohnung lasten und aus Vorjahren resultieren, zusammensetzt. Bei solchen Regelungen besteht ein nahezu nicht absehbares **Haftungsrisiko**, sodass Sie genau prüfen müssen, welche Forderungen **aller** Ihrer Voreigentümer noch offen stehen.

Im Vertrag sollte auch ausdrücklich klargestellt werden, dass Anteile des Veräußerers an der **Instandhaltungsrückstellung** und an sonstigem gemeinschaftlichem Vermögen sowie Rechte aus Verträgen der Gemeinschaft auf Sie übergehen; ggf. ist auch von stillschweigender Abtretung auszugehen. Weiterhin müssen Sie sich gesetzesgemäß häufig nochmals vertraglich ausdrücklich verpflichten, in bestehende frühere Eigentümerbeschlüsse und auch gerichtliche Entscheidungen (einschl. Vergleiche) **einzutreten**, ebenso in alle **Rechte** und **Pflichten** aus Teilungserklärung mit Gemeinschaftsordnung und Verwaltervertrag. Ergänzend gilt ohnehin § 10 Abs. 2 und 3 WEG (Bindungswirkung der dinglichen, d. h. der im Grundbuch eingetragenen Teilungserklärungsvereinbarungen, der Beschlüsse und gerichtlicher Beschlussentscheidungen auch ohne kaufvertragliche Regelung für und gegen Rechtsnachfolger).

Rechte als Wohnungseigentümer erlangen Sie allerdings nach neuer BGH-Rechtsprechung erst mit Ihrer Eigentumseintragung im Grundbuch. Die Rechtsfigur des sog. **werdenden/faktischen Eigentümers** in der **Sondernachfolge** hat der **BGH verneint** (vgl. hierzu auch Abschn. 1.7.13 oben). Verwalter sind heute auch nicht mehr verpflichtet, zwischen Ihnen und Ihrem Veräußerer zeitanteilig abgrenzend (bezogen auf den Besitzübergangszeitpunkt) in Form zweier Einzelabrechnungen abzurechnen. Vgl. ergänzend auch Abschn. 3 unten.

2 Erwerb einer „Gebrauchtwohnung"

Lassen Sie sich von Ihrem Verkäufer u. U. alle im Zusammenhang mit der Wohnung bestehenden Ansprüche gegenüber Ihren zukünftigen Miteigentümern und dritten Personen abtreten. Andernfalls besteht nach einer neueren Rechtsprechung (die primär auf einen schuldrechtlichen Haftungsverband abstellt) die Gefahr, dass zum Zeitpunkt Ihres Eintritts in die Gemeinschaft Ansprüche von Ihnen nicht (mehr) geltend gemacht werden können; andernfalls kann Ihr Verkäufer weiterhin Rechtsinhaber bleiben.

Was die Verkäuferhaftung für **Rechtsmängel** betrifft, ist auf die gesetzliche Regelung der §§ 434, 439, 440 BGB und Ihre Rechtsfolgeansprüche nach den §§ 320, 323, 326 zu verweisen (vgl. auch oben Abschn. 1.7.12).

Gelegentlich entstehen Wohnungen auch durch die Aufteilung eines vorhandenen Wohnungseigentumsrechts in mehrere neue. Dies ist grundsätzlich zulässig. Es muss jedoch gewährleistet sein, dass tatsächlich auch die neue Wohnung, welche Sie erwerben wollen, rechtlich entstanden ist. Wesentlicher Anhaltspunkt dafür ist, dass ein eigenes Wohnungsgrundbuchblatt bereits besteht.

Überprüfen Sie auch, ob die von Ihnen beabsichtigte Nutzung in den Räumen nicht durch die Gemeinschaftsordnung untersagt ist. Wenn Sie beispielsweise Räume im Dachgeschoss erwerben, dürfen diese nicht als Speicher ausgewiesen sein. Wohnungen sind zu gewerblichen Zwecken nicht nutzbar.

Was die **Baumängelgewährleistung** (Haftung für **Sachmängel**, vgl. §§ 459 ff. BGB) betrifft, wird diese bei Gebrauchtwohnungen verkäuferseits in der Regel **ausgeschlossen**; die Formulierung in der Urkunde lautet häufig: *„Das Vertragsobjekt wird gekauft wie besichtigt unter Ausschluss einer Mängelgewährleistung"*. In diesem Zusammenhang sollten Sie sich allerdings zusätzlich die ausdrückliche vertragliche **Zusicherung** des Verkäufers geben lassen, dass diesem zum Verkaufszeitpunkt *„keine wesentlichen, nicht offenkundigen Mängel an Sonder- und auch Gemeinschaftseigentum bekannt sind"*. Würde nämlich ein Verkäufer bestehende, nicht auf Anhieb erkennbare Mängel trotz positiver Kenntnis beim Verkauf verschweigen, könnten Sie u. U. Schadenersatzansprüche wegen **arglistiger Täuschung** durch unterlassene Aufklärung geltend machen, u. U. sogar in langer, 30-jähriger Frist, ggf. auch vom Vertrag zurücktreten. Den „bösen" Vorsatz (also die positive Kenntnis des Verkäufers zum Verkaufszeitpunkt von einem wesentlichen Mangel im Sondereigentum oder u. E. auch im Gemeinschaftseigentum) haben jedoch Sie als Käufer nachzuweisen (oft schwierig!). Allerdings besteht wohl grds. – ohne ausdrückliche Befragung – **keine Aufklärungspflicht** des Verkäufers über solche Mängel, die einer Besichtigung zugänglich bzw. ansonsten ohne weiteres für einen Käufer bei der im eigenen Interesse gebotenen Sorgfalt erkennbar sind (Einzelfälle sehr strittig).

Andererseits muss der Verkäufer Sie auch über die Beziehungen der Wohnungseigentümer untereinander aufklären, wenn diese von der Norm abweichende Besonderheiten aufweist (etwa ständige Streitigkeiten zwischen Gruppen von Eigentümern mit einer Unmenge – über 100 in den letzten acht Jahren – von Gerichtsverfahren – OLG Düsseldorf, Urteil v. 4. 12. 1996). Bei einer unterlassenen Information muss der Verkäufer für die aus der mit der Kaufentscheidung verbundenen Folgen haften.

Hat ein Verkäufer selbst noch durchsetzbare Gewährleistungsansprüche gegen verantwortliche Baubeteiligte, müssten Sie darauf bestehen, dass er Ihnen diese Ansprüche zur etwaigen Verfolgung (Weiter- oder ggf. Mitverfolgung) **abtritt**; diese Abtretung sollten Sie annehmen. Auf ggf. noch gerichtsanhängige Beweis- oder Klageverfahren bzgl. anfänglicher Baumängel an Sonder- oder Gemeinschaftseigentum und auch anhängige WEG-Streitigkeiten sollte Sie ein Verkäufer ebenfalls hinweisen (andernfalls möglicherweise Schadenersatzpflicht des Verkäufers) und (noch bestehende bzw. schon rechtshängige) Ansprüche an Sie abtreten (in der Regel auch stillschweigend abgetreten, BGH, Urteil vom 19. 12. 1996).

Besondere (wesentliche) **Eigenschaften** (wie z. B. Mietertrag, Wohnungsgröße, Fehlen einer Wohnungs- und Mietpreisbindung, Fehlen von Rückständen an öffentlichen Lasten, Grundsteuer, Wohngeldern, Vorliegen öffentlich-rechtlicher Bau- und Nutzungsgenehmigungen, bezahlte Erschließungskosten) können verkäuferseits ausdrücklich **zugesichert** werden (Haftung nach § 459 Abs. 2 BGB). Besteht kein vertraglich vereinbarter Haftungsausschluss, haben Sie bei Vorliegen eines Sachmangels oder bei Fehlen einer zugesicherten Eigenschaft die Möglichkeit, den Kaufvertrag zu **wandeln** (Rückabwicklung) oder den Kaufpreis zu **mindern**. Daneben können Sie auch **Schadenersatz wegen Nichterfüllung** fordern, wenn entweder eine vertraglich zugesicherte Eigenschaft im Zeitpunkt des Vertragsabschlusses fehlt oder ein Mangel (Fehler) durch den Verkäufer **arglistig verschwiegen** wurde (§ 463 BGB, Aufklärungspflichtverletzung); arglistiges Verschweigen liegt auch vor, wenn Sie den Verkäufer ausdrücklich nach einem wesentlichen (evtl. „verborgenen") Mangel/Fehler fragen und dieser

2 Erwerb einer „Gebrauchtwohnung"

„schweigt"; Sie können insoweit den „kleinen" oder „großen" Schadenersatz geltend machen (zu Mängeln am Gemeinschaftseigentum vgl. ergänzend oben Abschn. 3.5).

Gewährleistungsansprüche (soweit nicht vertraglich ausgeschlossen) wegen Sachmängeln am Immobil **verjähren** bei Gebrauchtwohnungs**kauf** in **einem Jahr** ab Übergabe (§ 477 Abs. 1 BGB), es sei denn, der Sachmangel wurde arglistig verschwiegen (dann 30-jährige Verjährung, § 196 BGB); bei arglistigem Verschweigen gibt es auch keinen Haftungsausschluss (§ 476 BGB).

Für **Größe** und **Beschaffenheit** der Wohnung wird im Regelfall verkäuferseits eine Haftung zu Recht ausgeschlossen, um Unsicherheiten zwischen reinem Beschrieb des Vertragsgegenstandes und Zusicherungen gemäß § 468 BGB zu vermeiden.

Eine bisher dem Verkäufer von den Miteigentümern gestattete oder nur geduldete **Nutzung** eines Sondereigentums in Abweichung zu bestehenden Vereinbarungen in Teilungserklärung mit Gemeinschaftsordnung (und Aufteilungsplan) muss nicht unbedingt auch einen Vertrauenstatbestand zu Ihren Gunsten als Rechtsnachfolger bewirken (z. B. Arztpraxiskauf in einem Wohnungseigentum); sichern Sie sich hier vor Kauf ab (Nutzungsgestattung [weiterhin] auch Ihnen gegenüber)!

Eine förmliche Übergabe wie im Werkvertragsrecht gibt es im Kaufrecht grundsätzlich nicht. Allerdings empfiehlt sich auch hier nach dem Vertragsschluss eine **Besitzübergabeverhandlung** (Gefahr-, Lasten- und Nutzungsübergang), bei der zumindest sämtliche Schlüssel übergeben und auch Zählerstände abgelesen werden (Zwischenablesungen!). Dadurch erleichtern sich zeitanteilige Abrechnungen im Innenverhältnis zum Verkäufer.

Erschließungskostenvereinbarungen (vgl. §§ 127 Abs. 2 und 134 Abs. 1 Baugesetzbuch) können ebenfalls an Aktualität gewinnen, wenn z. B. behördliche Erschließungsmaßnahmen (Kanalanschlussarbeiten, Straßenplanung oder -verbreiterung, Gehwegsänderungen, Leitungsverlegungen usw.) anstehen oder noch nicht endgültig abgeschlossen bzw. abgerechnet sein sollten.

2.5 Gemeinschaftsregelungen

Wie beim Neubauerwerb haben auch beim Gebrauchtwohnungskauf **Teilungserklärung** und **Gemeinschaftsordnung** erhebliche rechtliche **Bedeutung**. Studieren Sie rechtzeitig und gewissenhaft diese Vertragsunterlagen, ebenso den meist vorhandenen Verwaltervertrag! Teilungserklärung und Gemeinschaftsordnung geben Aufschluss über den Zweckcharakter der Anlage, die vereinbarten Nutzungen (Nutzungsberechtigungen) im Bereich des Sondereigentums und Gemeinschaftseigentums (z. B. ausschließliche Hotelfremdnutzung über zwischengeschaltete Hotelbetriebsgesellschaft, Nutzung nur als Altenwohnheim usw.), die Höhe des Wohngelds, Ihr Stimmrecht usw. Auch hier darf ergänzend auf die Ausführungen in Abschn. 1 zum Neubauerwerb verwiesen werden.

Wie steht es zudem mit einem **gemeinschaftlichen** Schwimmbad, einer Sauna (Gemeinschafts- oder Bruchteilssondereigentum, Kostenbeteiligung), wie mit einem Wasch- und Trockenraum, Fahrrad-, Schlitten- und Kinderwagenabstellräumen, wie kann der gemeinschaftliche Garten bzw. Innenhof genutzt werden? Gibt es insoweit vereinbarte oder beschlossene Nutzungsregelungen im Detail?

Achtung:
Spekulieren Sie nicht auf wohnungseigentumsrechtlich notwendige Zustimmungen anderer Eigentümer zu beabsichtigten baulichen und/oder **Nutzungszweckänderungen** des Sondereigentums (selbst bei in Aussicht gestellten oder evtl. sogar schon vorliegenden öffentlich-rechtlichen Genehmigungen)! Der Ausbau eines **Speicher**teileigentums oder eines **Hobbyraumes** zu Wohnzwecken z. B. kann durchaus am Widerspruch nur eines einzelnen Miteigentümers scheitern. Allein baubehördlich vorliegende Genehmigungen genügen **nicht**!

Entspricht die **Hausordnung** in aktueller Fassung Ihren Vorstellungen und Bedürfnissen (Tierhaltung, Musikausübung, Ruhezeitenregelung usw.)?

2.6 Ergänzende Fragestellungen an Verkäufer und Verwalter

Lassen Sie sich über Änderungen der Teilungserklärung/Gemeinschaftsordnung (Vereinbarung mit Eintragung im Grundbuch zur Wirkung für und gegen den Rechtsnachfolger!) aufklären. Fragen Sie gegebenenfalls bei dem Grundbuchamt nach.

2 Erwerb einer „Gebrauchtwohnung"

Seit Bestehen der Wohnungseigentümergemeinschaft/der Anlage können darüber hinaus – wie schon erwähnt – im Laufe der Jahre verbindliche **Versammlungsbeschlüsse** gefasst worden und u. U. auch rechtskräftige **Gerichtsentscheidungen** (einschl. etwaiger – beschlussbestätigter – gerichtlicher Vergleiche) ergangen sein, die auch für Sie als Wohnungserwerber und neues Mitglied der Wohnungseigentümergemeinschaft rechtswirksam sind (**Bindungswirkung** von Versammlungs- und Gerichtsbeschlüssen auch ohne Eintragung im Grundbuch, vgl. § 10 Abs. 3 WEG). Diese gerichtlichen Entscheidungen und Vergleiche ändern oftmals sogar verdinglichte, im Grundbuch eingetragene Regelungen der Teilungserklärung mit Gemeinschaftsordnung ab, ohne dass diese Änderungen und/oder Ergänzungen aus dem Grundbuch (mangels Eintragungsnotwendigkeit) ersichtlich wären.

> Es empfehlen sich deshalb diverse frühzeitige **Fragestellungen** an den Verkäufer und auch den Verwalter, um Aufschluss über die aktuelle Verwaltungspraxis der Anlage zu erhalten – und zwar vor verbindlichem Kauf! Dies wird oftmals übersehen und kann früher oder später zu unkalkulierten Risiken führen. **Protokollaushändigung!**
>
> Vorsicht: Veränderungen sind auch durch gerichtliche Entscheidungen oder Vergleiche möglich. Diese werden jedoch nicht im Grundbuch eingetragen. In diesen Fällen können Sie eine Information nur durch den Veräußerer erhalten.

Vom **Wohnungsverkäufer** (hilfsweise vom Verwalter gegen Vollmachtsnachweis durch den Verkäufer und evtl. Auslagenerstattungszusage) sollten Sie sich rechtzeitig vor der verbindlichen Kaufbeurkundung deshalb zumindest folgende **Unterlagen** aushändigen lassen:

– die letzte Jahresgesamt- und Einzelabrechnung (u. U. mit vorhandenem Vermögensstatus),
– den laufenden Wirtschaftsplan,
– die letzten Versammlungs**protokolle** (aus den protokollierten Beschlüssen lassen sich sehr schnell etwaige augenblickliche Probleme und Auseinandersetzungen innerhalb der Gemeinschaft erkennen, u. U. auch Sonderumlagebeschlüsse mit zukünftigen Zahlungsverpflichtungen Ihrerseits),

- mögliche Gerichtsentscheidungen und gerichtliche bzw. außergerichtliche Vergleiche, notariell beurkundete Verträge der Wohnungseigentümer (möglicherweise sind diese trotz entsprechenden Anspruches nicht durch Eintragung im Grundbuch vollzogen worden, dann keine Wirkung für den Rechtsnachfolger; Sie müssen in dem Fall entscheiden, ob die Eintragung für Sie vorteilhaft ist und von dem Verkäufer noch verlangt werden soll).
- wie schon erwähnt, den letzten Einheitswert- und Grundsteuerbescheid,
- einen u. U. bestehenden Mietvertrag (in diesem Zusammenhang sollte eine eigene Kautionsübertragungsregelung getroffen werden, soweit der Verkäufer eine Mietkaution oder anderweitige Kautionssicherheit in Händen hat). „Kauf bricht bekanntlich nicht Miete" (§ 571 BGB)! Haben Sie wirklich die Chance, ein bestehendes Mietverhältnis, z. B. aus Eigenbedarfsgründen erfolgreich und unproblematisch zu kündigen oder muss vielleicht noch der Verkäufer für Räumung bei Selbstbezugsabsicht Ihrerseits sorgen?

Dringend zu empfehlen ist ohnehin auch eine Kontaktaufnahme mit dem **Verwalter**, wobei Sie als Erwerbsinteressent diesem ggf. eine entsprechende Ermächtigung oder Vollmacht Ihres Verkäufers auf Verlangen vorzulegen haben. Folgende wichtige **Fragestellungen** sind je nach Einzelfall angezeigt:

- Besitzt der Verkäufer noch Wohngeldrückstände (insbesondere Vorauszahlungsschulden), für die Sie u. U. bei entsprechender Vereinbarung in der Gemeinschaftsordnung (gesamtschuldnerisch) mithaften müssten?
- Dies gilt auch im Hinblick auf offene Zahlungen von Sonderumlagen, die wesentlich höher als die Wohngeldschulden des Verkäufers sein können.
- Liegen wichtige Gerichtsentscheidungen vor, die das Gemeinschaftsleben und die gemeinsame Verwaltung gegenüber ursprünglichen Vereinbarungen ändernd beeinflusst haben?
- Sind laufende Verfahren der Gemeinschaft bzw. gegen die Gemeinschaft bei Gericht anhängig (mit evtl. zu erwartenden nachteiligen Kostenfolgen)?
- Bestehen Darlehensrückzahlungsverpflichtungen der Gemeinschaft? Für die daraus resultierenden Schulden haben Sie jedoch nicht zu haften, wenn nicht auch den Erwerber bindende Beschlüsse vorliegen (unbedingt rechtsfachlichen Rat einholen).
- Wie hoch ist die derzeit bestehende Wohngeldvorauszahlung?
- Wie lautet die Kontenbezeichnung des vom Verwalter betreuten Gemeinschaftskontos, auf das im Regelfall mit Besitz-, Lasten- und Nutzungsüber-

gang die laufenden Wohngelder (in Freistellung der Zahlungsverpflichtungen Ihres Verkäufers gegenüber der Gemeinschaft bis zur Eigentumsumschreibung auf Sie im Grundbuch) einbezahlt werden müssen? Ist das Lastschrifteinzugsermächtigungsverfahren vereinbart bzw. bestandskräftig beschlossen?
- Bestehen derzeit große Wohngeldausfälle durch zahlungssäumige Miteigentümer (Ausfallshaftung bei Eigentümerinsolvenz!)?
- Welchen augenblicklichen Stand hat die derzeitige Instandhaltungsrückstellung bzw. das Rücklageanlagevermögen, auch unter Berücksichtigung der Zinsabschlagsteuer?

(In Rücklageguthaben treten Sie bekanntlich als rechtsgeschäftlicher Erwerber ein, ohne dass zwischen Ihnen und dem Verkäufer eine Auseinandersetzung zu erfolgen hat; der Übergang sollte eigens vertraglich erwähnt werden, um mögliche Streitfragen einer evtl. stillschweigenden Abtretung zu vermeiden; der anteilige Guthabensbetrag sollte letztlich auch für die Kaufpreiskalkulation maßgebend sein).

- Von wirtschaftlicher Wichtigkeit ist auch die Frage nach etwa anstehenden größeren Instandsetzungen (stehen teure Flachdach-, Außenfassaden-, Feuchtigkeits- und Dämmschutz-, Fenster- oder Zentralheizungssanierungen an?). Stehen hier solche oder ähnliche Maßnahmen bevor, müssen Sie sich i. d. R. an der Finanzierung solcher Sanierungen beteiligen.
- Sind kurzfristig Sonderumlagen zu erwarten oder bereits beschlossen mit Zahlungsfälligkeiten, die in Ihre (Besitz)Eigentumszeit fallen könnten?
- Existieren noch unerfüllte oder neuerliche bauliche und behördliche Auflagen (Spielplatz- bzw. Spielgeräteauflagen, brand- und sicherheitsrechtliche Auflagen, TÜV-Auflagen usw.)?
- Ist von Grundstücksaltlasten etwas bekannt?
- Bestehen Zweifel hinsichtlich korrekter Wohn- und Nutzfläche?
- Ihr erstes Kontaktgespräch erleichtert dem Verwalter vermutlich auch die Entscheidung über eine etwa vereinbarte Verwalterzustimmung zum Wohnungsverkauf in positivem Sinne (bei Vereinbarung des § 12 WEG in der Teilungserklärung). Äußern Sie sich in diesem Fall in eigenem Interesse unaufgefordert über Ihre Person und Ihre finanzielle Situation, um dem Verwalter die rasche Entscheidung zu erleichtern. Nur aus wichtigem Grund in Ihrer Person (begründete Bedenken gegen Ihre finanzielle oder persönliche

Integrität) könnte eine Verwalterzustimmung verweigert werden. Besteht Wunsch des Verwalters auf Selbstauskunft Ihrerseits?
- Lassen Sie sich Namen und Anschrift des Verwaltungsbeirats, insbesondere des Beiratsvorsitzenden geben, um ggf. auch diesem noch vor einem Kauf ergänzende Fragen stellen zu können.

Sind Sie durch Eintragung im Grundbuch **Eigentümer** geworden, teilen Sie dies (auch wenn Sie hierzu nicht verpflichtet sein sollten) mit dem Datum der Eintragung/Umschreibung dem Verwalter mit. Erst **ab** diesem **Zeitpunkt** besitzen Sie alle Eigentümerrechte und -pflichten innerhalb und außerhalb der Gemeinschaft.

2.7 Planbeschrieb der Wohnung

In Ihre Unterlagen gehört unbedingt auch eine **Planzeichnung** Ihrer Wohnung, möglichst eine Detailzeichnung, ggf. ein Auszug aus dem anfänglich genehmigten Aufteilungsplan. Zeichnerische Darstellung und Wohnung „in Natur" sollten identisch sein. Achten Sie insbesondere auf Nebenräume und entsprechende ergänzende Planzeichnungen, insbesondere bei zusätzlichem Erwerb eines Kellers, Speichers, Kfz-Stellplatzes oder zur Wohnung gehörenden Hobbyraums. Mitgekaufte Sondernutzungsrechte müssten ebenfalls aus Beschrieb (Teilungserklärung) und Zeichnungen (Lageplan) in Fläche und Grenzen klar erkennbar sein.

Nachträglich vorgenommene, sanktionierte bauliche Veränderungen oder Nutzungszweckänderungen könnten u. U. die ursprüngliche Konzeption der Anlage bereits erheblich verändert haben.

2.8 Der Mietvertrag

Mit dem Erwerb der Wohnung **(Eigentumsumschreibung)** treten Sie kraft Gesetzes in einen u. U. bestehenden Mietvertrag ein **(§ 571 BGB)**. Mögliche Vermieterrechte (Kündigungen, Mietzinserhöhungen usw.) können Sie daher erst nach Eigentumsumschreibung wahrnehmen. Die Mieten werden Ihnen lediglich durch Abtretung im Innenverhältnis übertragen. Mit dem Verkäufer können Sie aber vereinbaren, dass dieser noch Kündigungen oder Mietzinserhöhungen auszusprechen hat (eventuell für die Berechnung der Rendite oder der Finanzierung beachtlich). Lassen Sie sich einen bestehenden Mietvertrag vor endgültigem

2 Erwerb einer „Gebrauchtwohnung"

Kauf aushändigen. Nach dem Erwerb sollten Sie sich persönlich oder schriftlich beim Mieter als dessen neuer Vermieter vorstellen und insbesondere sehr rasch die Kontenänderung mitteilen. Der Verkäufer hat Ihnen auch auf Frage Auskunft zu geben, ob mieterseits Probleme aufgetreten sind und insbesondere der Mieter bisher pünktlich seine Miete und etwaige Nebenkosten bezahlt hat. Nach verbindlichem Kauf muss Ihnen der Verkäufer auch Mietkautionen übertragen. Fordern Sie von dem Veräußerer auch die bisher angefallenen Belege für die nächste Betriebskostenabrechnung, weil diese von Ihnen nach Ablauf des Kalenderjahres erstellt werden muss (h. M.); wegen möglicher Rückzahlungsansprüche des Mieters sollten Sie mit dem Verkäufer eine Ausgleichsvereinbarung treffen.

Aus dem Mietvertrag ergeben sich im Regelfall die geltende Neben- und Heizkostenbeteiligung, eine etwaige Kündigungs- und Mietzinserhöhungsmöglichkeit, die Höhe der u. U. geleisteten Kaution usw. Über Kündigungen und mögliche Mietzinserhöhungen (– gesetzlich eingeschränkt! –) nach wohnmietgesetzlichen Vorschriften sollten Sie sich rechtzeitig ein klares Bild verschaffen (ggf. Fachberatung).

2.9 Ergänzende Verhaltensrichtlinien

Wie beim Erwerb einer neu erstellten Wohnung ist oftmals rechtliche und steuerliche **Fachberatung** empfehlenswert. Berücksichtigen Sie auch Berechtigung und Höhe einer etwa anfallenden **Maklerprovision**. Ist Ihr Makler zugleich **Verwalter** der Gemeinschaft **und** ist weiterhin Verwalterverkaufszustimmung nach § 12 WEG in der betreffenden Gemeinschaft vereinbart, besitzt der Makler gegen Sie keinen Provisionsanspruch, es sei denn, er hätte Sie im Zuge des Maklerauftrags über seine Verwalterzustimmungspflicht hinreichend aufgeklärt und von Ihnen daraufhin ein separates Provisionsversprechen unterzeichnet erhalten (so der BGH). Auf die neuere Rechtsprechung einiger Instanzgerichte, die dem vermittelnden Verwalter, der einer Eigentumsübertragung nicht zustimmen muss, nunmehr ebenfalls einen Anspruch auf Maklerprovision absprechen will, sei auch hier (vgl. bereits oben Abschnitt 1.6) hingewiesen. Auch bei Erwerb einer gebrauchten Wohnung bestehen an dieser Rechtsauffassung erhebliche Zweifel, sodass durchaus berechtigtermaßen ein Anspruch des Maklers, der als Wohnungseigentumsverwalter der Übertragung nicht zustimmen muss, bestehen kann. Kalkulieren Sie dieses weitere Kostenrisiko deshalb auf jeden Fall mit ein.

Ist die von Ihnen erworbene Wohnung vermietet, besteht häufig bei sog. Kapitalanlageobjekten ein besonderer Verwaltungsvertrag nur über die Wohnung (das Sondereigentum) nach § 675 BGB (u. U. sogar als Garantie- oder Zwischenmietvertrag). Ohne ausdrückliche Verpflichtung zugunsten des Mietverwalters sind Sie nicht gezwungen, diesen Vertrag zu übernehmen oder in ihn einzutreten. Mit dem Erwerb der Wohnung können Sie auch in dem Fall, dass Sie diese selbst neu vermieten wollen oder den aktuellen Mieter kraft Gesetzes übernehmen, diese Verwaltung vollkommen neu und eigenständig regeln.

Besteht eine so genannte gewerbliche Zwischenvermietung müssen Sie wissen, dass Sie nach § 549a BGB bei deren Beendigung in den Mietvertrag mit dem Endnutzer, tatsächlicher (Unter-)Mieter, eintreten.

Führten alle rechtlichen, steuerrechtlichen und kaufmännischen Vorüberlegungen zu einem positiven Ergebnis, können der notarielle Vertrag und die Auflassung unterzeichnet werden. Denken Sie daran, dass Sie im Zuge der Urkundsverlesung Fragen an den Notar stellen können, die Ihnen dieser in verständlicher Form zu beantworten hat. Der **Notar** ist allerdings – wie schon mehrfach erwähnt – nicht Ihr genereller wirtschaftlicher, rechtlicher und steuerlicher Berater!

2.10 Wohnungserwerb nach Umwandlung von Altbausubstanz in Wohnungseigentum

Entsteht durch Umwandlung Wohnungseigentum, spricht man von „gekorenem" Wohnungseigentum; hier gelten grundsätzlich die vorstehenden Überlegungen zum Kauf einer Gebrauchtwohnung bzw. einer „geborenen" Eigentumswohnung.

Den Kauf sollten Sie allerdings erst tätigen, wenn die Teilungserklärung vollzogen und die einzelnen Wohnungsgrundbücher angelegt sind (bei MaBV-Verträgen zwingend erforderlich). Zu diesem Zeitpunkt ist dann in der Regel auch der Aufteilungsplan **abgeschlossenheitsbescheinigt** (ebenfalls Voraussetzung der Begründung von Wohnungseigentum).

Waren Sie bereits Mieter des vom Grundstückseigentümer neu gebildeten („gekorenen") Wohnungseigentums, kennen Sie Ihr Kaufobjekt und die Gesamtanlage bestens, sodass negative Überraschungen erfahrungsgemäß ausbleiben dürften. Erwerben Sie jedoch als Anleger eine vermietete, neu gebildete Eigentumswohnung, denken Sie an den **Sonderkündigungsschutz** des Mieters Ihrer

2 Erwerb einer „Gebrauchtwohnung"

Wohnung (§ 564b Abs. 2 BGB, mit zusätzlicher Eigenbedarfskündigungssperrfrist des Mieters von derzeit insbesondere in Ballungsgebieten 10 Jahren (!) neben der allgemeinen zusätzlichen gesetzlichen Kündigungsfrist des § 565 BGB; vgl. hierzu auch Ausführungen weiter unten).

Treffen Sie ggf. vor Kauf Feststellungen, ob bei der Neubegründung von Wohnungseigentum **mietrechtlichen Nutzungsberechtigungen** Rechnung getragen wurde. Bedenken Sie auch, dass der teilende Grundstückseigentümer u. U. einige unverkäufliche Mietwohnungen in seinem Eigentum behält (Stimmenmajorität!) und Eigennutzinteressen auf lange Sicht einmal Vermieter- und Mieterinteressen zuwider laufen könnten.

Denken Sie also auch an mögliche **Stimmrechtsmajorisierungen** durch den teilenden Grundstückseigentümer je nach vereinbartem Stimmrechtsprinzip.

Auch im Umwandlungsfall bei Teilung nach § 8 WEG durch den bisherigen Alleineigentümer entsteht mit Besitzübergabe einer ersten Wohnung an einen Fremderwerber die sog. **faktische Gemeinschaft**.

Ein Altbau erfordert erfahrungsgemäß auch einen höheren **Instandhaltungs-** und **Instandsetzungsbedarf**, sodass sich Ihr Augenmerk verstärkt auf die Instandhaltungsrückstellungsregelung und etwaige bestehende Rückstellungsguthaben richten sollte. Bedenken Sie, dass evtl. nur Schönheitsreparaturen, vielleicht nur „kosmetische Behandlungen" am und im Baukörper vorgenommen wurden.

Sichern Sie sich frühzeitig vertraglich ab, dass der Grundstückseigentümer anderen Kaufinteressenten nicht bauliche **Sonderwünsche** und Änderungen zubilligt, die Ihr bereits erworbenes oder zu erwerbendes Eigentum beeinträchtigen könnten (z. B. nachträgliche Verfliesung – statt Teppichboden – in einer Wohnung über Ihnen mit Schallverschlechterungsgefahren insbesondere bei nicht ordnungsgemäßer Ausführung).

Eine ggf. bestehende **Mietverwaltung** des Grundstückseigentümers ist auch mit Entstehen der Wohnungseigentümergemeinschaft streng zu trennen von der neu einsetzenden **Wohnungseigentumsverwaltung** (insbesondere im buchhalterischen Bereich). Laufende Versorgungs- und Dienstleistungsverträge müssen rechtzeitig auf den neuen Auftraggeber, die Wohnungseigentümergemeinschaft, umgeschrieben werden.

Gewährleistungsrechtliche Besonderheiten ergeben sich nur, wenn sich der Verkäufer vor oder nach Erwerb zu größeren Instandsetzungen/Modernisierungen verpflichtet. Hier muss nach BGH bei Neuerstellung einzelner Gewerke (also einer Schwerpunkt- oder **Kernsanierung**) eine Gewährleistung nach BGB-Werkvertragsrecht vereinbart werden, wobei dann in der Kaufurkunde ausdrücklich und eindeutig die Altbausubstanz von Neuerstellungsgewerken abgegrenzt sein könnte; ist dies nicht der Fall oder sind neu erstellte Gewerke technisch nicht trennbar von Altbausubstanz, dürfte stets BGB-Werkvertragsgewährleistung in Betracht kommen (mit grds. 5-jähriger Gewährleistungsfrist).

Nach der Neukonzeption der **MaBV** ist die für Neubauvorhaben geltende Ratenzahlungsregelung bei Altbausanierungen entsprechend anzuwenden (zur Neufassung der MaBV vgl. oben Abschn. 1.2 am Ende). Die Raten werden daher fällig, wenn die entsprechenden Arbeiten jeweils abgeschlossen sind. Sie müssen aber bedenken, dass bei Altbausanierungen bereits eine gewisse Bausubstanz vorhanden ist. Dies führt dazu, dass bereits zu Beginn von Ihnen mehrere Raten gefordert werden können. Die Vorleistungspflicht des Bauträgers besteht insoweit nicht mehr in vollem Umfang. Wegen der eindeutigen gesetzlichen Regelung ist dies jedoch hinzunehmen. Hier ist besondere Vorsicht geboten. Achten Sie darauf, bevor Zahlungen geleistet werden, dass auch alle Arbeiten, für die die Ratenzahlung angefordert wird, erbracht sind. Andernfalls laufen Sie Gefahr, für Ihre Gelder nicht einen entsprechenden Gegenwert zu erhalten. Eine Kontrolle des jeweiligen Bautenstandes ist besonders wichtig.

Überraschenderweise hatte i. Ü. im Frühjahr 1989 die Stadt München bei einer beabsichtigten Altbauumwandlung dem betreffenden Hauseigentümer die Erteilung der **Abgeschlossenheitsbescheinigung verweigert**, mit dem Argument, dass Schall- und Wärmeschutz der vorhandenen Trenndecken und -wände nicht den **heutigen** bauordnungsrechtlichen Anforderungen nach jeweiliger Landesbauordnung (hier der BayBO) genügten. Unter Hinweis auf die Allgemeine Verwaltungsvorschrift von 1974 für die Erteilung von Abgeschlossenheitsbescheinigungen (die nach Auffassung der Stadt München auch für bereits errichtete Gebäude insoweit gelten würde) bestätigte im Mai 1989 der BayVGH die ablehnende Entscheidung der städtischen Baugenehmigungsbehörde (LBK München); das BVerwG wies mit Urteil vom Juli 1989 die Revision des Eigentümers mit ähnlicher Begründung zurück; eine erste Verfassungsbeschwerde gegen diese neue verwaltungsgerichtliche Rspr. wurde vom BVerfG erst gar nicht angenommen (Beschluss vom 30. 11. 1989).

2 Erwerb einer „Gebrauchtwohnung"

Die Gesamtproblematik dieses auch politischen Streitkomplexes stand dann kurze Zeit in heftiger, kritischer Fachdiskussion, zumal Altbauten tatsächlich aus technischen oder wirtschaftlichen Gründen vielfach gar nicht den heutigen technischen Anforderungen gerade im Schall- und Wärmeschutzbereich angepasst werden konnten, was vielerorts zu faktischen Umwandlungsverboten führte. Auch für uns waren die über Auslegung der Allgemeinen Verwaltungsvorschrift von 1974 gewonnenen Begründungsergebnisse der verwaltungsgerichtlichen Rechtsprechung nie überzeugend, ganz abgesehen von u. U. doch verletzten Grundrechten (Gleichheitssatz, Art. 3 GG und Eigentumsgarantie trotz Sozialbindung, Art. 14 GG). Bezweckt wurde offensichtlich mit dieser Rechtsprechung und Behördenpraxis – u. E. nur vermeintlicher – Mieterschutz, der doch in erster Linie allein über das **Mietrecht** gelöst/gefunden werden sollte/müsste. Wegen vereinzelter unseriöser „Spekulationsumwandlungen" hätte man u. E. auch nicht generell jegliche Umwandlungen durch solche restriktive „Auslegungsakrobatik" wohnungseigentumsrechtlicher Bestimmungen verhindern dürfen.

Der V. Zivilsenat des BGH (WEG-Senat) hat sich dann auch – u. E. zu Recht – mit seiner Entscheidung v. 14. 2. 1991 gegen die anderslautende Rechtsprechung des BVerwG ausgesprochen, das Verfahren ausgesetzt und zur endgültigen Klärung dieser immobilwirtschaftlich bedeutsamen Frage den Gemeinsamen Senat der obersten Gerichtshöfe der BRD angerufen. Dieser **Gemeinsame Senat** der 5 obersten Bundesgerichte hat mit Entscheidung vom 30. 6. 1992 die Auffassung des BGH (V. Senat) bestätigt; Abgeschlossenheitsbescheinigungen müssen deshalb nach derzeitiger Rechtslage nach wie vor auch dann von Baugenehmigungsbehörden bei beabsichtigten Altbauumwandlungen erteilt werden, wenn Schall- und Wärmeschutz der Trenndecken und -wände nicht den heutigen landesbaurechtlichen Anforderungen entsprechen sollten.

In der Folgezeit kam es dann auch zu mieterschutz**gesetzlichen Änderungen** und Neuregelungen (vgl. Investitionserleichterungs- und Wohnungsbauland-Gesetz – in Kraft ab 1. 5. 1993 – mit entsprechenden Ermächtigungen an Landesregierungen zu Rechtsverordnungserlassen), d. h. modifizierten Mietervorkaufsrechten und insbesondere verlängerter Kündigungssperrfristen für Eigenbedarfskündigungen (bis zu 10 Jahren) sowie Ersatzwohnraumnachweisen, was nach wie vor u. E. eher investitionshemmend als letztlich – längerfristig und allgemein betrachtet – mieterschutzfördernd angesehen werden muss.

Zurzeit muss damit auch nicht mehr auf umstrittene Alternativmodelle und Umgehungskonstruktionen, wie z. B. das sog. „Bruchteilsmodell" oder auch das „Keller- bzw. Garagensondereigentumsmodell" (mit weitgehenden Sondernutzungsrechtsbegründungen an Wohnräumen) zurückgegriffen werden.

2.11 Erwerb kraft Gesetzes bzw. Hoheitsaktes

Neben dem vorstehend aufgezeigten rechtsgeschäftlichen (vertraglichen) Erwerb eines Wohnungs-/Teileigentums ist noch ein Erwerb kraft Gesetzes (z. B. **Erbfall**) oder durch staatlichen Hoheitsakt (z. B. Zuschlag in der **Zwangsversteigerung**) möglich. In diesen Fällen wird das Eigentum außerhalb des Grundbuchs übertragen. Der Erwerb in der Zwangsversteigerung erfolgt durch den rechtskräftigen Zuschlagsbeschluss. Die Eintragung im Grundbuch ist hier für den Eigentumswechsel nicht entscheidend; die **Eintragung** erfolgt in diesen Erwerbsfällen zu einem späteren Zeitpunkt und hat nur **Grundbuchberichtigungsfunktion**. Zu Besonderheiten dieser Erwerbsformen lassen Sie sich speziell beraten.

Haben Sie eine Wohnung durch **Zuschlag** in der Zwangsversteigerung erworben (eingesteigert), besteht grds. Ihnen gegenüber **kein Maklerprovisionsanspruch** eines zuvor verkäuferseits beauftragten Maklers (keine Vertragsvermittlung, sondern Erwerb kraft staatlichen Hoheitsakts!); entgegenstehende Formularvereinbarung in Ihrerseits einmal unterzeichnetem Maklerauftrag mit allgemeinen Auftragsbedingungen wäre nach BGH insoweit ungültig; anders wäre die Rechtslage, wenn Sie im Sinne eines eigenständigen, separaten Provisionsversprechens (individualvertraglich) mit einem Makler seinerzeit eine verbindliche Absprache getroffen hätten, die Provision auch dann zahlen zu wollen, falls das angebotene Objekt von Ihnen einmal ersteigert werden sollte; auch bei sog. Ausbietungsgarantien könnten Besonderheiten vorliegen. Generell sollte vor Kontaktaufnahme mit einem Makler rechtskundiger Rat eingeholt werden.

Rechtliche Besonderheiten bestehen auch bei Teilungs- bzw. (Gemeinschafts-)auseinandersetzungsversteigerungen (auch zu Mietvertragskündigungen).

Haben Sie eine Eigentumswohnung geerbt, übermitteln Sie einem Verwalter unverzüglich eine beglaubigte Abschrift Ihres Erbscheins (zum Nachweis Ihrer jetzigen Eigentümerstellung)!

3 Der Erwerb einer Eigentumswohnung als Anlageobjekt oder als Feriendomizil

3.1 Einleitung

Eine Eigentumswohnung kann als Anlageobjekt rentabel sein. Insbesondere kommt sie als Sicherheit zur Altersvorsorge in Betracht. Mit einem solchen Erwerb als Anlageobjekt im weitesten Sinne sind jedoch auch Gefahren verbunden. Diese werden bereits zum Zeitpunkt des Erwerbes durch einen teilweise undurchsichtigen Markt oder durch wenig seriöse Vertriebsmethoden gekennzeichnet.

Insoweit ist besondere Vorsicht geboten, da gerade im Rahmen des Erwerbs durch Sie Fehler gemacht werden können, die sich später nicht oder nur schwer korrigieren lassen.

Zunächst sind die allgemeinen Grundsätze im Rahmen eines Erwerbs von Wohnungseigentum zu beachten. Bei der Eigentumswohnung als Kapitalanlage kommen jedoch Besonderheiten hinzu, welche zwischenzeitlich auf dem Markt erkennbar geworden sind.

3.2 Objektzustand

Bei dem Erwerb einer solchen Wohnung sollten Sie niemals auf die Angaben innerhalb eines Prospekts vertrauen. Die dort häufig zu findenden Fotografien sind im Regelfall retuschiert und geben häufig nicht den tatsächlichen Zustand des Gebäudes wieder. Insoweit ist es tunlich, das Objekt anzusehen, um einen realen Eindruck von den tatsächlichen Verhältnissen zu erhalten. Es sind Fälle bekannt geworden, in denen die Erwerber ihre Wohnung niemals gesehen haben. Häufig lässt sich bei einer solchen Inaugenscheinnahme bereits erkennen, ob im Rahmen des Vertriebs die gemachten Angaben zutreffend sind. In der Vergangenheit musste bedauerlicherweise die Erfahrung gemacht werden, dass versucht wurde, nur schwer auf dem Markt absetzbare Immobilienobjekte in Form des Verkaufs von Eigentumswohnungen vermarkten. In diesem Zusammenhang sollten Sie auch darauf achten, dass nicht bereits erkennbar eine Sanierung ansteht. Wenn eine solche nach dem Verkauf durchgeführt werden muss, sind Sie im Regelfall als Erwerber verpflichtet, die darauf entfallenen finanziellen Lasten zu tragen.

3.3 Rendite

Häufig werden, regional bedingt, Wohnungen zu einem Quadratmeterpreis angeboten, der mit dem Ihres Wohnsitzes nicht vergleichbar ist. Hier ist innerhalb der Bundesrepublik ein deutliches Süd-Nordgefälle zu erkennen. Wohnungen in den Länden Bayern und Baden-Württemberg sind in der Regel teurer als solche in den nord- und westdeutschen oder in den östlichen Bundesländern. Lassen Sie sich durch diese Kaufpreise bitte nicht irritieren. Mit dem Wert der Immobilie haben diese Preise in der Regel nichts gemein. Die höheren Preise in Süddeutschland resultieren aus der besseren Lebensqualität des Umfeldes und den dortigen Gegebenheiten des Wohnungsmarktes. Während Sie in Süddeutschland häufig überhöht sind, findet in West-, Nord- und Ostdeutschland teilweise eine reale Bewertung statt. Andererseits muss jedoch auch hervorgehoben werden, dass erkennbar die Preise solcher „billigen" Objekte gemessen am tatsächlichen Wert und dem Zustand des Gebäudes überhöht sind. Der auf den ersten Blick günstige Kaufpreis je Quadratmeter sollte daher kein Grund ausschließlicher für den Entschluss zum Kauf einer Wohnung als Kapitalanlage sein.

Prüfen Sie in diesem Zusammenhang bitte auch die Vermietbarkeit der von Ihnen zu erwerbenden Wohnung. Eine Kapitalanlage kann nämlich nur dann sinnvoll sein, wenn sich durch die Vermietung auch eine entsprechende Rendite erzielen lässt. Hier sollte das Umfeld der Wohnung geprüft werden. Insbesondere ist darauf zu achten, ob sich das Gebäude in einer guten, mittleren oder normalen Wohnlage befindet. Die dahingehende Einordnung nach dem örtlichen Mietspiegel (zu erhalten bei den örtlichen Haus- und Grundeigentümer- und Mietervereinen sowie bei der Stadtverwaltung) trägt wesentlich zur Höhe des zu erzielenden Mietzinses bei.

Soweit die von Ihnen zu erwerbende Wohnung bereits vermietet ist, treten Sie gemäß § 571 BGB mit der Umschreibung im Grundbuch als neuer Vertragspartner in den Mietvertrag ein. Diese gesetzliche Rechtsnachfolge führt dazu, dass der Mietvertrag in der bestehenden Form auf Sie übergeht. Änderungen sind Ihnen alleine wegen des Eigentumsübergangs nicht möglich. Hier muss insbesondere geprüft werden, ob der Mietvertrag durch den Voreigentümer in sachgerechter Weise abgeschlossen wurde. Von Bedeutung ist hier neben der Höhe der Mietzinsen und der entsprechenden Ausschöpfung des insoweit durch den Mietspiegel vorgegebenen Rahmens auch die Vereinbarung hinsichtlich der Umlagefähigkeit verschiedener Betriebskosten. Denken Sie bitte daran, dass alle die Kostenpositionen der Betriebskosten, welche nicht in dem Mietvertrag genannt sind, nach der herrschenden Rechtsprechung keinesfalls auf den Mieter abgewälzt werden können. Bei der Berechnung der Rendite spielt dies eine entscheidende Rolle. Denn gegebenenfalls müssen Sie einige der anfallenden Betriebskosten mangels Umlegbarkeit aus dem von Ihnen erzielten Nettomietzins begleichen.

Im Rahmen des gewerbsmäßigen Vertriebs von Wohnungen als Anlageobjekte werden häufig die an die Wohnungseigentümergemeinschaft zu entrichtenden monatlichen Wohngeldvorauszahlungen niedrig bemessen, um dem Erwerber eine besonders kostengünstige Anlage anzubieten. Hier sollten Sie sich hinreichend erkundigen, ob die angesetzten Kosten auch mit den tatsächlich zu erwartenden übereinstimmen (Nachfragen bei der Stadtverwaltung und den Versorgungsträgern sind hilfreich, letzte Betriebskostenabrechnung der Mieter zeigen lassen). Es ist häufig vorgekommen, dass unmittelbar nach Beendigung der Vertriebsphase diese Wohngeldvorauszahlungen in erheblichem Umfang, teilweise um bis zu 100%, anstiegen. Die ursprünglich nur für den Verkauf und Vertrieb vorgenommene Berechnung erwies sich später als nicht haltbare Kalkulation.

Im Rahmen Ihrer Berechnungen, auch unter Einschluss der Finanzierung, muss dringend darauf geachtet werden, dass die von Ihnen zu erzielenden Mietzinsen auf Dauer sowohl die an die Wohnungseigentümergemeinschaft monatlich zu entrichtenden Wohngeldvorauszahlungen, die Kosten für die möglicherweise vorgenommene Darlehensgewährung für den Ankauf der Wohnung als auch eine angemessene Verzinsung des eingesetzten Eigenkapitals erzielen. Zudem sollten Sie bedenken, dass unvorhergesehene Ausgaben in der Zukunft anfallen können, sodass möglichst nach Abzug der genannten Kosten ein, wenn auch vielleicht nur geringer, Überschuss verbleibt, um in der Zukunft diese von der Wohnungseigentümergemeinschaft erhobenen Sonderumlagen decken zu können. Sollte sich eine dahingehende Berechnung der Rendite nicht ergeben, kann von dem Kauf der Wohnung nur abgeraten werden, wenn nicht besondere Umstände hinzu kommen.

Solche Umstände können allenfalls darin liegen, dass Ihnen aus persönlichen Gründen an der Zuweisung von Verlusten gelegen ist. Sie sollten dies jedoch wegen der steuerlichen Folgen, welche sich in der Vergangenheit nahezu jährlich geändert haben, mit Ihrem Steuerberater zunächst durchsprechen und von diesem sich entsprechend beraten lassen.

Nicht übersehen werden sollte, dass im Rahmen von als Hoteleinrichtungen vertriebenen Wohnungen, häufig die Wohnungseigentümer mit den Teilhabern einer so genannten Betriebsgesellschaft identisch sind. Dies kann zu weiteren Problemen nicht nur im Bereich der Verwaltung des Wohnungseigentums führen. Nach der vorliegenden Rechtsprechung kann wegen der personellen Verflechtung auch entgegen den sonstigen rechtlichen Einschätzungen eine Gewerbesteuerpflicht entstehen (BFH, Urteil vom 10. 4. 1997). Dies führt zu finanziellen Mehrbelastungen, die bei der Renditekalkulation hinreichend berücksichtigt sein wollen. Ohne rechtlichen und wirtschaftlichen Rat sollte der Erwerb einer solchen Wohnung nicht erfolgen.

3.4 Vertriebsphase

In der Vergangenheit war vielfach zu beobachten, dass im Rahmen des Vertriebs von Wohnungen häufig so genannte „Pakete" angeboten wurden. Diese beinhalteten neben einer Vermittlung der Finanzierung, einer Bearbeitung der steuerlichen Angelegenheiten und der Verwaltung der Wohnung auch noch die Vertretung gegenüber der Wohnungseigentümergemeinschaft. Die Vertreiber bieten insoweit regelmäßig an, nahezu alle mit der Wohnung verbundenen Arbeiten zu übernehmen. Dazu zählt auch häufig die Eingliederung in einen so genannten Garantiemietvertrag, die Einbindung in ein gewerbliches Zwischenanmietungsverhältnis oder sogar die Beteiligung an einem Vermietungspool.

Gerade wenn solche pauschalierten, umfassenden Angebote gemacht werden, ist bei dem Erwerb der Wohnung als Kapitalanlage besondere Vorsicht geboten. Die Angebote mögen sich rentabel anhören und als bequem anbieten. Gehen Sie jedoch bitte davon aus, dass keine der beteiligten Personen in irgendeiner Weise unentgeltlich oder uneigennützig für Sie eine Tätigkeit erbringt.

Im Rahmen der Vermittlung von Finanzierungen lohnt sich immer ein Vergleich mit den Angeboten der eigenen Bank. Sie werden dann schnell feststellen, dass das vermeintlich günstige Finanzierungsangebot sich nicht als solches bewahrheitet. Zudem werden häufig für die Vermittlung solcher Finanzierungen noch Provisionen verlangt. Spätestens dann werden diese unrentabel.

Auch steuerliche Leistungen werden regelmäßig, insbesondere in den Fällen, in welchen ein Steuerberater noch eingeschaltet werden soll, nicht unentgeltlich erbracht. Hier ist dringend anzuraten, mit dem eigenen Steuerberater Kontakt aufzunehmen, um die Seriosität eines solchen Angebotes überprüfen zu lassen. Denn häufig verhält es sich in der Weise, dass die Erstellung der entsprechenden Teile Ihrer Einkommensteuererklärung (Anlage „V" für die jeweilige Wohnung) zwar in Übereinstimmung mit den gebührenrechtlichen Vorschriften erfolgt. Sie werden jedoch nicht darüber aufgeklärt, dass Ihr Steuerberater im Rahmen der zu fertigen gesamten Einkommensteuererklärung aufgrund der negativen Progression der Gebührentabelle einen wesentlich geringeren Betrag für die gleiche dann vorliegende Teilleistung berechnet. Die Einschaltung des eigenen Steuerberaters hat zudem den Vorteil, dass dieser Ihre sonstigen Belange kennt.

Soweit Ihnen angeboten wird, letztlich die Verwaltung des Objekts insgesamt aus der Hand zu geben und sich einem so genannten Vermietungspool anzuschließen, ist darauf hinzuweisen, dass dies mit erheblichen finanziellen Risiken für Sie behaftet sein kann. Sinn und Zweck eines solchen Pools ist es, durch Zusammenschluss aller Vermieter für den Fall, dass einige Mieter ihre Verpflichtungen nicht erfüllen, eine Interessengemeinschaft zu bilden. Diese soll die dem Einzelnen entstehenden Mietzinsausfälle insoweit mindern, als dass die Leistungen aller Mieter in den Pool einfließen und nach einer bestimmten Quote an alle Poolmitglieder verteilt werden. Die Vermietung wird durch einen Poolverwalter – ebenfalls nicht unentgeltlich – wahrgenommen. An der Auswahl sind die Eigentümer nicht beteiligt. Auf andere Mieter, mag Ihrer auch finanziell zuverlässig sein, haben Sie keinerlei Einflussmöglichkeiten. Ausfälle der anderen Poolmitglieder tragen Sie wirtschaftlich mit. Ihre persönliche Renditeberechnung wird damit unkalkulierbar.

Die so genannte gewerbliche Zwischenanmietung hatte in der Regel steuerliche Gründe. Durch Änderung der steuerlichen Vorschriften ist jedoch das Interesse an diesem Rechtsinstitut teilweise verloren gegangen. Soweit es heute noch ausgeführt wird, hat dies einzig und allein den Zweck, den gewerblichen Zwischenanmieter finanziell in Vorteil zu bringen. Es liegt auf der Hand, dass wenn dieser für die von Ihnen angemietete Wohnung einen bestimmten Betrag zahlt, er einen höheren Mietzins bei dem Endnutzer selbst erzielt. Dies können Sie bei etwas Engagement eventuell mit Hilfe eines Maklers auch selbst erreichen. Das von den Vertreibern oft genannte Argument der Entlastung des Eigentümers von der Vermietung erscheint nur vorgeschoben. Denn diese können Sie einem Makler oder gegen geringeres Entgelt einem Immobilienverwalter für das Sondereigentum überlassen. Die gewerbliche Zwischenanmietung hat daher nur Vorteile für den gewerblichen Zwischenanmieter.

Gleiches gilt auch für die so genannte Mietgarantie. Im Unterschied zur gewerblichen Zwischenanmietung wird die Wohnung nicht zunächst an einen Gewerbetreibenden, sondern unmittelbar an den Endnutzer vermietet. Der Gewerbetreibende garantiert Ihnen lediglich in einer Art Ausfallbürgschaft einen bestimmten Mietzins. In der Regel behält er sich die Vermietung vor. Jedoch wird dafür regelmäßig ein Entgelt verlangt. Dieses beträgt bei einem Garantiezeitraum von fünf Jahren zwei bis drei Monatsmietzinsen.

In beiden Fällen ist das Risiko gegeben, dass der Gewerbetreibende, wie in der Praxis auch häufig zu beobachten, bereits nach kurzer Zeit in Vermögenslosigkeit gerät und bei Ihnen entsprechende Probleme auftauchen, was die Abwicklung des Mietverhältnisses betrifft. Darüber hinaus verursachen solche Konstruktionen bei der Insolvenz des gewerblichen Zwischenanmieters oder Mietgarantiegebers lediglich unnötige Ausfälle und Kosten.

Kombinationen der dargestellten Angebote sind in nahezu jeder Möglichkeit auf dem Markt zu beobachten.

Sinnvoll erscheint es, sich im Rahmen der Vermietung der Wohnung an einen örtlichen Makler, der regelmäßig auch die dortigen Gegebenheiten des Marktes kennt, zu wenden, um eine sachgerechte Vermietung zu erlangen. Alternativ dazu kommt die Beauftragung eines Verwalters für das Sondereigentum in Betracht.

Vorsicht ist ebenfalls geboten, wenn durch den Vertreiber die Verwaltung der Wohnungseigentümergemeinschaft, des jeweiligen Sondereigentums und des Vermietungspools in einer Hand angeboten werden. Die Praxis hat gezeigt, dass

Erwerb einer Eigentumswohnung

klare und eindeutige Abgrenzungen der verschiedenen Rechtsverhältnisse nicht immer erfolgen. Von einer Verwaltung der Gemeinschaft durch den Mietgarantiegeber oder gewerblichen Zwischenanmieter sollte aus den gleichen Gründen abgesehen werden.

Trotz dieser geschilderten Risiken stellt die Eigentumswohnung ein geeignetes Kapitalanlageobjekt dar. Sie sollten, wenn Sie ein entsprechendes Objekt erwerben, dieses nach Möglichkeit selbst verwalten.

Bei dem Erwerb mehrerer Wohnungen ist es zur Risikostreuung ratsam, sich in verschiedenen Objekten zu engagieren. Sie mindern damit die Möglichkeit, durch eine schadensträchtige Anlage in Ihrer Planung gestört zu werden.

Darstellung der Rechtsverhältnisse bei Kapitalanlagemodellen

				Erwerbergruppe	
				WEG	Pool
Bauträger	identisch oder	WEG-Verwalter	Einfluss auf	Erwerber	Erwerber
verbunden mit	verbunden mit	=		Erwerber	Erwerber
Makler		Pool-Verwalter		Erwerber	Erwerber
und/oder		=		Erwerber	
Finanzierungsvermittler		Zwischenanmieter		Erwerber	Erwerber
verbunden		oder		Erwerber	Erwerber
oder		Mietgarant		Erwerber	Erwerber
identisch		=		Erwerber	Erwerber
Bank		SE-Verwalter		Erwerber	Erwerber

3.5 Ferienobjekte

Oftmals werden auch Ferienwohnungen in Form von Wohnungseigentum angeboten. Hier müssen Sie zunächst davon ausgehen, dass wegen der in der Regel exponierten Lage ein höherer Kaufpreis zu entrichten ist. Wegen häufig vorliegender besonderer Ausstattungen des gemeinschaftlichen Eigentums ist auch mit erhöhten Bewirtschaftungskosten zu rechnen.

Von Bedeutung ist auch, dass Sie das Objekt nicht ständig überwachen können. Die Nutzung erfolgt nur in der Frei- und Urlaubszeit. Dringend notwendig zu ergreifende Maßnahmen und eine dahingehende Kontrolle der Tätigkeit der Verwaltung scheiden daher nahezu aus. Sie müssen sich auf die Seriosität der Verwaltung und deren fachgerechte Tätigkeit hinreichend verlassen können. Über die Verwaltungsfirma sollten Sie daher vor dem Erwerb Erkundigungen einziehen.

Da Sie das Ferienobjekt nicht wie Ihre sonstige Wohnung ständig nutzen und eine Vermietung in der Regel ausfällt, wird die Nutzung sich nur auf einen Teil des Jahres beschränken. Der Nutzen, eine eigene Ferienwohnung zu halten, muss demnach mit den damit verbundenen Kosten abgewogen werden. Nur wer sich dies leisten kann, sollte den Kaufentschluss für ein Ferienobjekt fassen.

3.6 Time-sharing-Modelle

Aus diesem Zwang des Vergleichs von Nutzen und Kosten haben sich die so genannten Time-sharing-Objekte entwickelt, die zwischenzeitlich auf den europäischen Markt in den beliebten Urlaubsorten zahlreich verbreitet sind. Sie erwerben bei diesen Modellen nicht eine Wohnung, sondern ein zeitlich begrenztes Nutzungsrecht an einer Immobilie oder einen Teil derselben, was sich jährlich wiederholt. Die rechtliche Gestaltung dieser Modelle, die häufig auch in Form von Wohnungseigentum und Dauerwohnrechten erfolgt, ist sehr unterschiedlich und oft nur schwer zu durchschauen. Seit dem 1. 1. 1997 werden Sie als Verbraucher bei dem Erwerb solcher Objekte durch das Teilzeit-Wohnrechtegesetz – TzWrG (vom 20. 12. 1996, BGBl I 1996, Seite 2154 ff.), welches die Methoden der Vertreibung reglementiert, geschützt.

Eine dingliche Absicherung Ihres „Eigentums" erfolgt bei den Time-sharing-Modellen nur in Ausnahmefällen. Treuhandverhältnisse und Unterbeteiligungen sowie vereins- oder gesellschaftsrechtliche Konstruktionen sind demgegenüber wesentlich häufiger anzutreffen. Dies bietet erhebliche Risiken für den Erwerber solcher Time-sharing-Rechte, weil eine ständige rechtliche und wirtschaftliche Abhängigkeit zu anderen Personen gegeben ist.

Beachten Sie auch, dass Sie das jeweilige Objekt nur für einen begrenzten Zeitraum des Jahres nutzen. Die Behandlung und der Grad der Abnutzung sind daher von vielen Personen abhängig. Dies können Sie nicht verändern und kaum beeinflussen. Wegen der nur zeitweiligen Nutzung tragen Sie auch nur einen Teil der anfallenden Kosten, dennoch, und darüber sollten Sie sich hinreichend informieren, haften Sie für alle Kosten im Verhältnis zu dritten Personen als Gesamtschuldner.

Mit dem Erwerb des Objekts wird man häufig auch Mitglied eines so genannten Tauschringes (der größte dürfte wohl zurzeit der international tätige RCI sein). Sie bringen Ihr Objekt in diese Tauschbörse ein, haben dafür dann die Möglichkeit, andere Objekte zu nutzen.

Die Nutzung des Time-sharing-Objekts kann je nach rechtlicher Ausgestaltung des Systems eine steuerlich bedeutende Zuwendung sein. Auch die Überlassung an dritte Personen kann steuerliche Probleme auslösen. Über die jeweiligen Auswirkungen sollten Sie sich vor dem Erwerb hinreichend erkundigen.

Der Erwerb eines solchen Time-sharing-Objekts sollte demnach nicht ohne rechtliche und steuerliche Beratung erfolgen. Erwerben Sie ein solches Recht vor allem nicht ohne entsprechende Informationen auf Informations- oder Verkaufsveranstaltungen (Achtung: Verträge sind häufig – gerade im Ausland – auch ohne notarielle Beurkundung wirksam). Die Ihnen zustehende Widerrufsfrist von zwei Wochen ist sehr kurz. Kaufreue und spätere bessere Informationen können dann nicht mehr zur Lösung des Vertrages führen.

Hinweis:

Achten Sie beim Kauf eines Anlageobjekts auf die Seriosität Ihres Geschäftspartners und des Angebots.

Schließen Sie keine Verträge – auch für die Verwaltung – ab, die Sie rechtlich und wirtschaftlich nicht durchschauen können und holen Sie notfalls Rat bei einem sachkundigen Rechtsanwalt ein.

Wenn Sie mehrere Objekte erwerben, sollten Sie das Risiko dadurch vermindern, dass Sie sich nicht auf eine Anlage festlegen.

Bei Ferienobjekten müssen Sie mit erhöhten Investitions- und Betriebskosten rechnen.

Bei Time-sharing-Objekten sollten Sie besondere Vorsicht walten lassen und gegebenenfalls die Widerrufsfrist von zehn Tagen beachten.

4 Wesentliche Rechte und Pflichten als Wohnungseigentümer in der bestehenden Eigentümergemeinschaft

4.1 Zum Wohngeld/(Hausgeld) und zur Verwalterabrechnung

Die i. d. R. monatlich oder quartalsweise (je nach Vereinbarung) fällig werdende **Wohngeldvorauszahlung** (im Schnitt derzeit zwischen 5 bis 10 DM pro m^2 Wohnfläche pro Monat) muss sich grundsätzlich aus einem mit einfacher Mehrheit genehmigten und beschlossenen **Wirtschaftsplan** ergeben (zu Anfang u. U. auch aus Vereinbarungen der Gemeinschaftsordnung).

Für Wohngeldvorauszahlungsschulden des Wohnungsverkäufers (Altschulden, „echte" Rückstände), die bei Wohnungskauf bereits vor Eigentumsübergang fällig geworden sind, besteht grds. **keine Haftung des Erwerbers** (Ausnahme nach h. R. M.: Es wäre in der Gemeinschaftsordnung eine Solidar-/Gesamtschuldhaftung ausdrücklich vereinbart).

Gleiches (keine Rückstandshaftung) gilt stets für den Erwerb in der Zwangsversteigerung bereits nach zwingenden Regelungen des ZVG (Zwangsversteigerungsgesetz). Ein Ersteher haftet hier erst ab Zuschlag, der sein Eigentum begründet, für nachfolgende Zahlungsfälligkeiten.

Umstritten ist derzeit (bzw. war bis vor kurzem) die **Erwerberhaftung** für **Vorauszahlungsschulden** des Voreigentümers (nach bisherigem Wirtschaftsplan), die bei Abrechnungsgenehmigung und Einzelabrechnungssaldierung **nach** Eigentumswechsel mitsaldiert und fällig werden; ist hier nur der Erwerber (Neueigentümer) Zahlungsschuldner der Gemeinschaft gegenüber oder verbleibt es bei der Schuldnerschaft allein des Voreigentümers und nur entsprechender Teilschuld des Neueigentümers hinsichtlich einer sog. Abrechnungsspitze oder haften beide Beteiligte nebeneinander (in Nebenschuldnerschaft)? Der **BGH** hat in einer viel diskutierten Grundsatzentscheidung vom November 1995 nunmehr sehr apodiktisch bestimmt, dass insoweit ein Erwerber nur hinsichtlich der sog.

Abrechnungsspitze der Gemeinschaft gegenüber haftet (also für die saldierte Einzelabrechnungsnachzahlungsschuld **minus** offener Vorauszahlungsschulden des Voreigentümers nach Wirtschaftsplan); eine Abrechnung ersetzt (überholt) als Anspruchsgrundlage nicht den früheren Wirtschaftsplan (der auch als Anspruchsgrundlage gegen den Veräußerer weiter existent bleibt), sondern verstärkt nur den Zahlungsanspruch. Enthält eine beschlussgenehmigte Einzelabrechnung nicht diese Trennung in unterschiedliche Schuldnerschaften, muss ein solcher auch die Einzelabrechnung genehmigender Beschluss erwerberseits auch nicht angefochten werden. Nach neuer Rechtsprechung des BGH (Beschluss v. 23. 9. 1999) kann die Anfechtung entfallen, weil sich der Beschluss über die Abrechnung nur auf deren Spitze erstreckt.

Eine Haftung kann Ihnen als Erwerber jedoch drohen, wenn in der Gemeinschaftsordnung eine Vereinbarung getroffen wurde, dass mit jedem Beschluss über die Abrechnung eine neue, von dem Wirtschaftsplan rechtlich unabhängige Forderung entsteht (in neueren Gemeinschaftsordnungen wegen der vorliegenden BGH-Rechtsprechung nicht selten). Klarstellende Absprachen im internen Erwerbsvertrag sind hier aufgrund dieser Rechtslage dringend anzuraten (u. U. auch zur Gläubigerstellung für saldierte Guthaben).

Die tatsächlichen Gesamteinnahmen und Gesamtausgaben der Gemeinschaft eines abgelaufenen Geschäftsjahres müssen vom Verwalter in Form einer **Jahresabrechnung** abgerechnet werden (vgl. Rahmenregelung des § 28 WEG; nach derzeit h. M. einfache Einnahmen-/Ausgaben-Überschussrechnung nach Ist-Zufluss und -Abfluss aus Gründen leichter Verständlichkeit; keine Gewinn- und Verlustrechnung; Abgrenzung ausnahmsweise nur im Bereich der Heiz- und Warmwasserkosten und evtl. noch bei Rücklage-Soll-Umbuchungen). Kontenstände sind in der Abrechnung zu dokumentieren, ebenso die Entwicklung einer separaten Instandhaltungsrückstellung (einschließlich abzuführender und aufzuteilender Zinsabschlagsteuerbeträge und Solidaritätszuschläge). Ein Vermögensstatus mit Darstellung der offenen Forderungen und Verbindlichkeiten der Gemeinschaft zum Geschäftsjahresende kann und sollte u. E. (muss aber nicht nach derzeit h. M.) verwalterseits miterstellt und auch eigentümerseits mitbeschlossen werden. Zum Zweck einer Kontenprüfung (richtiger Stand zum Ende des Geschäftsjahrs) und aus Gründen rechnerischer Richtigkeit und Vollständigkeit einer Abrechnung müssen u. E. auch alle tatsächlich erfolgten Zahlungsvorgänge dargestellt werden, also insbesondere auch im laufenden Geschäftsjahr

4 Wesentliche Rechte und Pflichten als Miteigentümer 123

eigentümerseits geleistete Nachzahlungen aus genehmigten Einzelabrechnungen (Salden) des vorausgegangenen Wirtschaftsjahres und alle aus dem gemeinschaftlichen Girokonto ausbezahlten Einzelguthaben zur Vorjahresabrechnung. Dies hat nichts mit sog. Saldenvorträgen zu tun, die nicht neuerlich (mit)beschlossen werden dürfen (allein das Ergebnis vorausgegangener Abrechnung(sbeschlussfassung) darstellen).

In Großgemeinschaften (verwaltet von Vollkaufleuten; EDV-Anlage; doppelte Buchführung) wird oftmals in der Praxis auch nach bilanzähnlichen Formsystemen abgerechnet, d. h., insbesondere mit Vermögensaktivierungen und -Passivierungen sowie sehr weitgehenden Ausgabenpositions-Abgrenzungen bezogen auf ein bestimmtes Wirtschaftsjahr. Soweit diese Abrechnungsdokumentation den Vereinbarungen der Eigentümer entspricht (meist in Anlagen mit viel vermieteten Wohnungen und damit leichteren, periodengerechten Mietnebenkostenabrechnungsmöglichkeiten durch die vermietenden Miteigentümer) und von diesen auch unschwer nachvollzogen und verstanden werden kann, kann auch ein solches Abrechnungsbild – wenn auch entgegen h. R. M. – u. E. toleriert werden.

Die Abrechnung nach WEG kann auch (muss aber nicht) in sog. „umlagefähigen" und „nicht umlagefähigen" Kostengruppen (Ausgaben) untergliedert werden, um Wohnraum vermietenden Eigentümern Nebenkostenabrechnungsarbeiten mit ihren Mietern zu erleichtern.

Die Jahresabrechnung ist nach Prüfung des Verwaltungsbeirats (oder eines separat bestellten „Kassenprüfers") von den Eigentümern mit einfacher Beschlussmehrheit in einer Versammlung zu genehmigen. Auch die auf der Gesamtabrechnung basierenden **Einzelabrechnungen** müssen sachlich und rechnerisch richtig sein (sind Ihre Vorauszahlungsbeträge zeitlich und summenmäßig korrekt erfasst und ausgewiesen?). Achten Sie hier bei der Einzelabrechnung auch auf den jeweils korrekten Ansatz des gesetzlichen oder des vereinbarten oder bestandskräftig beschlossenen **Kostenverteilungsschlüssels**. Die Abrechnung muss nach Geboten der Rechtsprechung klar und übersichtlich gegliedert, d. h. allgemeinverständlich sein. Nach derzeit herrschender Rechtsmeinung muss grds. auch über die **Einzelabrechnungen** Beschluss gefasst werden, soll die Anspruchsgrundlage für etwaige saldierte Jahresrestschuldzahlungen gegenüber einzelnen Eigentümern geschaffen werden; auch Guthabensrückzahlungen gemäß Einzelabrechnung können erst nach genehmigender Beschlussfassung erfolgen (zu weiteren Einzelheiten vgl. ETW, Gruppe 4).

Vgl. zum korrekten Formbild einer Abrechnung (und auch eines Wirtschaftsplanes) nach h.R.M. auch **Muster** in Abschn. 5.9 unten.

Die Abrechnung ist vom Verwalter nach einer Entscheidung des BayObLG in den ersten – maximal wohl 6 – Monaten des Folgewirtschaftsjahres zu erarbeiten und zur Beschlussfassung zu stellen! Weisen Sie ggf. säumige Verwalter auf diese Rechtsprechung hin (und evtl. Haftungskonsequenzen bei verspäteter Vorlage)!

> **Beachte** auch:
> Selbst die fristgemäße Anfechtung eines Abrechnungsgenehmigungsbeschlusses bei Gericht entbindet Sie nicht von der Pflicht, saldierte Nachzahlungsschulden selbst einer fehlerhaften Abrechnung vorerst einmal unverzüglich an die Gemeinschaft (z.H. des Verwalters) auf das gemeinschaftliche Girokonto zu bezahlen; jeder Mehrheitsbeschluss ist nämlich „schwebend" gültig, bis eine etwaige Ungültigkeit (dann von Anfang an) rechtskräftig durch das Gericht festgestellt wurde! Eine Beschlussanfechtung erzeugt also **keine aufschiebende Wirkung**!

Die **Bewirtschaftungskosten** (d.h. die Bruttogesamtausgaben der Gemeinschaft) setzen sich zusammen aus

- den allgemeinen Betriebskosten (untergliedert),
- den Heizkosten,
- der Verwaltergebühr und
- Zahlungen in eine ggf. zu bildende (bzw. bestehende), separat zu buchende Instandhaltungsrückstellung.

Die **Heizkostenabrechnung** (sie gehört mit zu einer [Einzel-]Abrechnung!) hat nach bestimmten Kostenverteilungsgrundsätzen zu erfolgen, d.h., Verbrauchskosten und Fixkosten sind grundsätzlich im Verhältnis 70:30, 60:40 oder 50:50 – je nach Vereinbarung oder Einführungsbeschluss – aufzuschlüsseln **(Heizkostenverordnung!)**. Sollte heute in diesem Punkt noch nicht verbrauchsabhängig abgerechnet werden, könnten Sie dies als Maßnahme ordnungsgemäßer Verwaltung über gerichtlichen Antrag gegen die Gemeinschaft erzwingen (andernfalls nämlich 15 %-iges Kürzungsrecht Ihres Mieters bzgl. der Heizkosten!). Fixkosten sind grds. nach der Wohn- oder Nutzfläche oder nach dem umbauten

4 Wesentliche Rechte und Pflichten als Miteigentümer

Raum zu verteilen, u. U. auch bezogen allein auf die beheizten Räume (vgl. § 7 Abs. 1 HeizKVO). Hinsichtlich der Warmwasserkostenverteilung gelten ähnliche Grundsätze (vgl. § 8 HeizKVO); zu Einzelheiten der verbrauchsabhängigen Heiz- und Warmwasserkostenabrechnung vgl. Freywald in ETW, Gruppe 5, S. 501 ff.

Ist die Wohnung **vermietet**, besteht grds. kraft mietvertraglicher Vereinbarung die Möglichkeit, bestimmte Nebenkosten dem Mieter durch eigene Abrechnung weiterzugeben (vgl. auch Anlage 3 zu § 27 Abs. 1 der Zweiten Berechnungsverordnung). Die kraft mietgesetzlicher oder vereinbarter Regelung umlegbaren Kosten sollten unschwer aus der Verwalterabrechnung entnommen werden können (nicht umlegbar sind grundsätzlich im Wohnmietrecht Instandsetzungskosten, die Verwaltergebühr und die Instandhaltungsrücklageanteile!). Rechnen Sie mit Mietern rechtzeitig (d. h. sobald wie möglich), nach zu erwartender Gesetzesänderung innerhalb von einem Jahr) ab und unterbinden Sie ggf. durch „Zwischenbescheide" mögliche **Verwirkungseinwendungen** des Mieters für den Fall, dass Sie Abrechnungen vom Verwalter erst verspätet erhalten! Werden mieterseits zu Recht weitergehende zeitliche/periodengerechte **Abgrenzungen** von Ausgabenpositionen gefordert (die mietrechtliche Rechtsprechung ist hier nicht eindeutig und nicht einheitlich), muss diese der Vermieter ggf. nachholen (evtl. mit Hilfestellung des Verwalters, dem diese Zusatzarbeit u. U. separat vergütet werden müsste).

Drängen Sie in der Gemeinschaft und beim Verwalter auf die Bildung einer **angemessenen Instandhaltungsrückstellung**; nur so können bei überraschenden Reparaturnotwendigkeiten größeren Umfangs Sonderumlagen vermieden werden! Die rechtzeitige Bildung einer angemessenen (nicht zu hohen, aber auch nicht zu niedrigen!) Rücklage könnten Sie sogar als Maßnahme ordnungsgemäßer Verwaltung im Ablehnungsfall gerichtlich erzwingen. Die Angemessenheit richtet sich u. E. nach dem jeweiligen Einzelfall (Formeln sind angeboten von Peters, Stein und jüngst von v. Hauff/Homann). Auch steuerrechtliche Überlegungen können insoweit eine Rolle spielen. Zu Anlageformen (evtl. gemischt und mit unterschiedlichen Bindungsfristen) sollten auf Verwalterempfehlungen ebenfalls entsprechende Mehrheitsbeschlüsse gefasst werden.

Verlangen Sie ordentlichen **Bericht des Verwaltungsbeirats** vor Genehmigung der Jahresabrechnung über dessen Rechnungs- und Belegprüfung; mit der

Genehmigung der Jahresabrechnung wird nämlich grundsätzlich auch die (zumindest rechnerische) **Entlastung** des **Verwalters** für das abgelaufene Geschäftsjahr beschlossen. Die **Entlastung bedeutet** gewissermaßen einen Anspruchsverzicht gegenüber dem Verwalter, ausgehend von den Tatumständen, die bei der Beschlussfassung bekannt waren oder bekannt sein mussten (hätten bekannt sein können).

Lassen Sie sich vom Verwalter über etwaige **Wohngeldschulden** anderer Eigentümer und Zahlungsbeitreibungsmaßnahmen (Versuche) informieren, da Sie insoweit für Säumnisse mithaften, d. h. Schulden anderer Miteigentümer sozusagen mitfinanzieren müssen (über notwendige Sonderumlagen oder entsprechend erhöhte Wirtschaftsplanansätze oder sogar über gesamtschuldnerische Inanspruchnahme durch Drittgläubiger der Gemeinschaft). Ein Datenschutz innerhalb der Wohnungseigentümergemeinschaft besteht wegen solcher Auskünfte nach übereinstimmender Meinung nicht. Ihr Verwalter muss angehalten werden, rechtzeitig Rückstände von wohngeldsäumigen Miteigentümern – notfalls gerichtlich – einzutreiben.

Unter Wahrung des Verhältnismäßigkeitsgrundsatzes kann u. U. auch gegen säumige Eigentümer mit hohen Wohngeldschulden als ultima ratio nach ergebnislosen Vollstreckungsversuchen aus rechtskräftigen gerichtlichen Titeln mehrheitlich beschlossen werden, den betreffenden Eigentümer bis zur Zahlung seiner Rückstände von der **Heiz- und Warmwasserversorgung**, ja sogar von der **Kaltwasserzufuhr abzutrennen**, soweit dies technisch möglich ist (unter Berufung auf das Leistungsverweigerungsrecht nach § 273 BGB, so diverse obergerichtliche Rechtsprechung aus jüngster Zeit); ein renitenter Wohngeldschuldner kann somit – legal – „ausgefroren" und „ausgetrocknet" werden; diese Gegenrechte gegen einen säumigen Eigentümer bestehen sogar dann, wenn dieser seine Wohnung vermietet haben sollte (ggf. berechtigte Gegenansprüche hat ein Mieter allein gegen seinen Vertragspartner, d. h. den Vermieter zu richten).

Sie haben im Übrigen selbst jederzeit nach Voranmeldung/Terminabsprache das Recht, in Verwaltungs-, insbesondere Abrechnungsunterlagen und Belege **Einsicht** zu nehmen, soweit Sie hier einen Verwalter nicht rechtsmissbräuchlich schikanieren (Treu und Glauben). Sie können zu wohnungseigentumsrechtlich berechtigten Zwecken auch eine vollständige **Namens- und Anschriftenliste** aller Miteigentümer anfordern. Sämtliche Verwaltungsunterlagen stehen im

4 Wesentliche Rechte und Pflichten als Miteigentümer

Eigentum der Gemeinschaft, werden vom bestellten Verwalter nur treuhänderisch verwahrt! Auch über Zahlungssäumnisse anderer Eigentümer können Sie sich – wie schon erwähnt – informieren lassen; aus datenschutzrechtlichen Gründen können Ihnen hier berechtigte Auskünfte und Einsichten nicht verweigert werden (Anonymitätsanspruch besteht nicht!). Aus dem Einsichtsrecht dürfte auch Ihre grds. Berechtigung folgen, sich von Unterlagen – allerdings auf eigene Kosten – Kopien anfertigen zu lassen. Bei erbetener Übersendung bestimmter Unterlagen muss eine Kopie- und Portokostenerstattung angeboten werden. Für Auskunftspflichten des Verwalters unter dem Geschäftsjahr muss allerdings nach weit verbreiteter Meinung ein dringendes Bedürfnis bestehen (grds. nur Bericht gegenüber der gesamten Wohnungseigentümergmeinschaft). Auch ein Verwaltungsbeirat muss grundsätzlich nur allen Eigentümern gemeinsam Bericht und Auskunft geben.

Ein in der Gemeinschaftsordnung **vereinbarter Kostenverteilungsschlüssel** kann grundsätzlich nur allstimmig **abgeändert** werden [**Ausnahme:** wenn der Verteilungsschlüssel grob unbillig ist, besteht ein gerichtlich durchsetzbarer Anspruch auf Abänderung (u.U. nach wesentlicher Änderung anfänglicher Geschäftsgrundlage, vgl. § 242 BGB) oder die Gemeinschaftsordnung würde ausdrücklich zu dieser Regelung eine bestimmte qualifizierte Mehrheit für ausreichend ansehen – auch dann allerdings nach BGH nur, soweit ein sachlicher Grund für eine nachträgliche Änderung vorliegt und Eigentümer nicht unbillig benachteiligt werden]. Beschließt eine Gemeinschaft eine Änderung der dinglich in der Gemeinschaftsordnung vereinbarten Kostenverteilung nur mit einfacher Mehrheit (§ 16 Abs. 2 WEG ist abdingbar), haben Sie die Möglichkeit, einen solchen Beschluss fristgemäß (im Regelfall erfolgreich) anzufechten. Nach noch herrschender Rechtsprechung (BayObLG und OLG Düsseldorf sowie OLG Karlsruhe; vgl. auch 1.8.3) würde der nicht angefochtene und damit bestandskräftige Beschluss zur Änderung der Gemeinschaftsordnung führen und diese auf Dauer abändern (vereinbarungsersetzender „**Zitterbeschluss**", str.). Nach einer neueren Rechtsauffassung (Buck, Hauger, Wenzel) sollen die Beschlüsse, welche die Kostenverteilungsregelungen in der Gemeinschaftsordnung abwandeln, jedoch sogar nichtig sein. Eine Anfechtung wäre dann sogar nicht erforderlich. Die Nichtigkeit könnte jederzeit geltend gemacht werden. Die Beschlussanfechtung eines Abrechnungsgenehmigungsbeschlusses kann i.Ü. nicht mit einer erwünschten Kostenverteilungsänderung begründet werden.

Kann ein Verwalter mangels Kontendeckung (Wohngeldzahlungsausfälle; zu niedrige Wirtschaftsplankalkulation) Verbindlichkeiten der Gemeinschaft Dritten gegenüber (z.B. den Stadtwerken, einem Handwerker, einem Öllieferanten gegenüber) nicht erfüllen, besteht die dem Wohnungseigentum wesensimmanente Gefahr, dass Sie persönlich von einem Gemeinschaftsgläubiger in die **Gesamtschuldhaftung** genommen werden; nach Zahlungsleistung haben Sie dann Ausgleichsansprüche gegen Ihre anderen Miteigentümer. Drängen Sie in solchen Fällen auf rasche Einberufung einer außerordentlichen Versammlung und entsprechende **Sonderumlage**beschlussfassung, um schneller und in einem Betrag den Ausgleich über „die Gemeinschaftskasse" zu erhalten!

Selbst für unverkaufte (überwiegend fertig gestellte) oder **leer stehende Wohnungen** ist üblicherweise das gesamte Wohngeld von dem betroffenen Wohnungseigentümer (u.U. auch dem Bauträgerverkäufer) zu leisten. Sonderprobleme kann es zur Wohngeldzahlungspflicht eines Bauträger-(Noch)eigentümers geben bei **baustufenweiser** Erstellung und Veräußerung von Wohnungen (Mehrhausanlage) in längeren Zeitabschnitten (evtl. hier Reduzierung des Wohngeldes bei entsprechender Vereinbarung für noch im Rohbau befindliche Wohnungen oder gar für solche noch gänzlich ohne Baubeginn nach Grundsätzen von Treu und Glauben).

Beim **Ersterwerb** vom Bauträger (nach Teilung gemäß § 8 WEG) **beginnt** Ihre Wohngeldvorauszahlungspflicht direkt der „**faktischen Gemeinschaft**" gegenüber mit **Besitzübergang** Ihrer fertig gestellten Einheit (im Anschluss an einen notariellen Erwerbsvertrag und zu Ihren Gunsten im Grundbuch eingetragener Auflassungsvormerkung); die faktische Gemeinschaft entsteht mit Übergabe einer ersten Wohnung vom Bauträger-Verkäufer an einen Ersterwerber. Bei Erwerb bzw. Besitzübergang erst **nach** Invollzugsetzung/Entstehung der Wohnungseigentümergemeinschaft (= Eintragung eines ersten Erwerbers im Grundbuch als Miteigentümer neben dem Bauträgereigentümer) entstehen allerdings nach verfestigter BGH-Rechtsprechung Rechte und Pflichten Ihrerseits (also auch Wohngeldvorauszahlungsverpflichtungen) direkt der Gemeinschaft gegenüber erst mit Ihrem Eintragungsdatum als Eigentümer im Grundbuch (ein „faktischer Eigentümer" analog WEG wird also in der Sondernachfolge in bereits entstandener Wohnungseigentumgemeinschaft nach zwischenzeitlich verfestigter Rechtsprechung des BGH abgelehnt). Zahlungsverpflich-

4 Wesentliche Rechte und Pflichten als Miteigentümer

tet können Sie allerdings auch hier kraft **erwerbsvertraglicher Regelung** breits ab Besitzübergang sein, d. h., Sie müssen dann die Schuld des Veräußerers der Gemeinschaft gegenüber (sozusagen für diesen) ausgleichen (bzw. können und sollten dann gleich direkt an die Gemeinschaft – zu Händen des Verwalters – Vorauszahlungen leisten); vgl. auch oben Abschn. 1.7.13.

Beachten Sie, dass Sie grundsätzlich nicht berechtigt sind, gegenüber Wohngeldzahlungsforderungen Zurückbehaltungs- oder Aufrechnungsrechte geltend zu machen. Nur im Ausnahmefall einer anerkannten bzw. rechtskräftig durch Gerichtsentscheid festgestellten Gegenforderung oder einer Forderung Ihrerseits aus einer im Interesse der Gemeinschaft vorgenommenen Notgeschäftsführung (z. B. Bezahlung einer Rohrbruchreparatur) besitzen Sie ein Aufrechnungsrecht (Verrechnungslage/Gegenseitigkeit). Es ist also ein großer (häufiger) Irrtum zu glauben, dass man als Eigentümer Wohngeldvorauszahlungen z. B. dann einstellen kann, wenn man – vielleicht sogar zu Recht – mit der Leistung des Verwalters nicht zufrieden ist; eine **Wohngeldzahlungspflicht** besteht nämlich allein **gegenüber** den restlichen **Miteigentümern** (stets wechselseitig)!

Ein Wohngeldeinzug im **Lastschriftenermächtigungsverfahren** bedarf nicht zwingend einer anfänglichen Vereinbarung in der Gemeinschaftsordnung; entsprechende Regelungen im Verwaltervertrag können u. U. als Verpflichtungsgrundlage ausreichen (strittig), nachträgliche Eigentümerbeschlüsse nach h. M. wohl nur dann, wenn sie für die Erleichterung der Verwaltung zweckdienlich sind (HansOLG Hamburg, Beschluss v. 6. 4. 1998).

Nochmals: Für **Einzelabrechnungsschuldsalden**, die – nach Kauf – in Ihrer Wohnungseigentumszeit (also **nach** Eigentumsumschreibung) erst **fällig** werden (Beschlusszeitpunkt!), haften grundsätzlich Sie als Neueigentümer der Gemeinschaft gegenüber (allerdings grds. nur Haftung hinsichtlich einer „Abrechnungsspitze", also nicht für etwaige Vorauszahlungsrückstände Ihres Vorgängers). Ihnen steht es auch frei, in einem Wohnungserwerbsvertrag entsprechende interne Kostenausgleichsregelungen aufzunehmen. Zeitanteilig abgrenzend nach Kostenpositionen abrechnen muss der Verwalter bei Eigentumswechsel während des Geschäftsjahres allerdings nicht (und zwar weder bezogen auf den Besitzübergang noch auf den Zeitpunkt des Eigentumswechsels). Für früher fällig gewordene „Altschulden" Ihres Verkäufers als seinerzeitigem Eigentümer (also „echte" Rückstände) haften Sie nach h. R. M. grds. nicht (Ausn.: ausdrücklich vereinbarte Gesamtschuldhaftung auch für solche Rückstände!).

Wird eine Jahresabrechnung (ohne zeitliche „Manipulation", d. h. bewusste Fälligkeitszeitverschiebung zulasten des Erstehers) nach Zuschlag in der **Zwangsversteigerung** beschlussgenehmigt, hat der Ersteher ebenfalls nach bisher h. R. M. eine Einzelabrechnungsschuld des erstmals abgerechneten Vorjahres der Gemeinschaft gegenüber auszugleichen (nach neuer BGH-Rechtsprechung wohl auch hier nur in Höhe der sog. Abrechnungsspitze), da diese Schuld mit Beschlussfassung fällig wurde, also zu einem Zeitpunkt, als bereits der Ersteher Eigentümer und Mitglied der Gemeinschaft war (bei „Manipulation" besteht Beschlussanfechtungsberechtigung des Erstehers). Für Rückstände des Voreigentümers aus früheren, bereits abgerechneten Geschäftsjahren haftet ein Ersteher schon nach ZVG (Zwangsversteigerungsgesetz) allerdings nicht. Besonderheiten gelten bei Zwangsverwaltung oder in der Insolvenz eines Eigentümers. Auch bei **Sonderumlagebeschlussfassungen** mit beschlossenen Ratenfälligkeiten ist auf die Eigentumsstellung zum Zeitpunkt der Fälligkeit einer Rate abzustellen (strittig bei saldierten Jahresschulden).

Besteht ein gewisses Misstrauen gegenüber der kaufmännischen Abrechnungsarbeit des Verwalters, kann in einer Versammlung über einen entsprechenden Tagesordnungspunkt auch ein einfacher Mehrheitsbeschluss auf **Rechnungslegung** gefasst werden. Dieser Beschluss verpflichtet den Verwalter zur sofortigen Erstellung einer Einnahmen-Ausgabenübersicht und einer Vermögensbestandsaufnahme (zeitnaher Status ohne Einzelabrechnungspflicht). Häufig wird dieser Beschluss nach § 28 Abs. 4 WEG bei **Abberufung** eines Verwalters aus wichtigem Grund gefasst; nach vereinzelter obergerichtlicher Rechtsprechung muss ein aus wichtigem Grund abberufener Verwalter sogar ohne entsprechenden Beschluss stets von sich aus zum Stichtag seines Amtsendes Rechnung legen, im Anschluss daran unverzüglich alle Verwaltungsunterlagen an einen evtl. neu bestellten Verwalter übergeben (Holschuld des neuen Verwalters), ohne insoweit Zurückbehaltungsrechte geltend machen zu können.

Sind Fehler oder Pflichtwidrigkeiten des Verwalters aus einer Abrechnung erkennbar (trotz „korrekter", rechnerisch allein richtiger Ausgabenbuchung), ist zumindest die **Verwalterentlastung zu verweigern**, um die Möglichkeit offen zu halten, weitere Tätigkeitspflichten zu fordern, insbesondere u. U. Schadenersatzansprüche geltend zu machen. Ein dennoch erfolgender Verwalterentlastungsmehrheitsbeschluss kann unter Hinweis auf Verstoß gegen Grundsätze ordnungsgemäßer Verwaltung angefochten werden. Ein Entlastungsbeschluss kann i. Ü. nicht teilweise, sondern nur gänzlich für ungültig erklärt werden.

> **Beachte** also:
> Selbst wenn ein Verwalter bewusst oder unbewusst unberechtigterweise – gleich aus welchem Grund – Gelder dem Gemeinschaftskonto entnommen haben sollte, sind diese Entnahmen auf der Ausgabenseite einer Abrechnung darzustellen; nur dann ist eine Abrechnung vollständig und **rechnerisch richtig** und muss auch entsprechend genehmigt werden; eine Abrechnungsbeschlussanfechtung hätte insoweit keinen Erfolg. In einer solchen Situation muss dem Verwalter allein die **Entlastung** verweigert werden, notfalls ein dennoch mehrheitlich gefasster Entlastungsgenehmigungsbeschluss fristgemäß bei Gericht angefochten werden.

4.2 Rechte und Pflichten vor und in der Eigentümerversammlung

Sie müssen zu einer jeden ordentlichen oder außerordentlichen Eigentümerversammlung ordnungsgemäß **geladen** werden; andernfalls könnten Sie u. U. (Kausalität!) Beschlüsse erfolgreich anfechten (Nichtladung als Beschlussformmangel; ggf. sogar Wiedereinsetzung in den vorigen Stand bei versäumter Ein-Monats-Anfechtungsfrist zulässig und begründet).

Ort einer Versammlung ist grds. der Ort der Wohnanlage (bzw. eine geschlossene in der Nähe der Wohnanlage befindliche Räumlichkeit), i. d. R. nicht der des Firmensitzes eines Verwalters. Eine Gemeinschaft kann hier jedoch spezielle Regelungen treffen. Auch insoweit ist der Nichtöffentlichkeitsgrundsatz von Eigentümerversammlungen zu beachten, also z. B. keine Versammlung in einem allgemein zugänglichen, offenen Gaststättenraum mit anderen Gästen oder im Freien mit der Möglichkeit von Zuhörern!

Die **Einberufung** zu einer Versammlung hat unter grundsätzlicher Wahrung der vereinbarten oder gesetzlichen **Einberufungsfrist** (nach Gesetz soll die Ladungsfrist – allerdings abdingbar – grds. mindestens 1 Woche betragen) **schriftlich** zu erfolgen. Im Fall besonderer Dringlichkeit kann im Einzelfall auch einmal die gesetzliche oder vereinbarte Ladungsfrist verkürzt werden (vgl. § 24 Abs. 4 WEG).

Im Ladungsschreiben ist die **Tagesordnung** bekannt zu geben; d. h., es müssen in **Kurzform** (stichwortartig) die anstehenden Beschlussgegenstände beschrieben sein (Informationsbedürfnis), vgl. die allerdings abdingbare Bestimmung des § 23 Abs. 2 WEG. Ergibt sich eine konkrete Beschlussfassung nicht mit hinreichender Deutlichkeit aus einem Kurzbeschrieb in der Einladung, kann u. U. bereits aus diesem Grund ein Beschluss angefochten werden (insbesondere dann, wenn Sie an der Versammlung nicht teilnehmen konnten und auch nicht wirksam vertreten waren).

Der **Versammlungstermin** wird vom Verwalter nach eigenem ordnungsgemäßen Ermessen – meist in Absprache mit dem Verwaltungsbeirat – bestimmt. Der **Zeitpunkt** einer Versammlung kann und sollte nicht zur Unzeit festgelegt werden (z. B. u. E. nicht an einem Werktag um 10 Uhr vormittags, allerdings ausnahmsweise auch an Samstagen, Sonn- und Feiertagen [nachmittags, keinesfalls zu Kirchgangszeiten], auf keinen Fall an einem Karfreitag, nicht nur in Bayern!). Allerdings müssen Sie bereits mit einem Versammlungsbeginn u. U. auch schon um 16 oder 17 Uhr rechnen. Versammlungen bis spät in die Nacht hinein sind u. E. nicht ratsam (Ermüdung, Gereiztheit, Konzentrationsmängel auf Seiten aller Beteiligten zu sehr später Stunde; dann besser Antrag und evtl. Geschäftsordnungsbeschluss in ggf. noch beschlussfähiger Versammlung „auf Abbruch der heutigen Versammlung und Fortsetzung an anderem, noch mit neuerlicher Ladung mitzuteilendem Tag").

Die Minderheit von **mehr als 1/4** der Wohnungseigentümer (Minderheitenquorum) – berechnet nach Kopfzahl, nicht nach Miteigentumsanteilen (**häufiger Irrtum**) – kann vom Verwalter unterschriftlich die Einberufung einer **außerordentlichen Eigentümerversammlung** erzwingen (unter Angabe des Zwecks und der Gründe), so die (insoweit wohl abdingbare) gesetzliche Bestimmung des § 24 Abs. 2 WEG. In gleicher Weise ist es u. E. auch möglich, die Aufnahme bestimmter **einzelner Tagesordnungspunkte** zu erreichen. Nach wohl herrschender Rechtsmeinung können einzelne Beschlussanträge nicht über das Quorum des § 24 Abs. 2 WEG erzwungen werden, da dies dem Wortlaut des Gesetzes widersprechen soll (zuletzt OLG Düsseldorf). Verlangt wird ein entsprechender gerichtlicher Verpflichtungsantrag. Dabei dürfte es sich, weil wegen dieser Punkte

4 Wesentliche Rechte und Pflichten als Miteigentümer 133

eine eigene Versammlung verlangt werden kann, um übertriebenen Formalismus handeln. Fehlt ein Verwalter oder weigert sich dieser pflichtwidrig, eine notwendige Eigentümerversammlung einzuberufen, kann diese auch von einem bestellten **Verwaltungsbeiratsvorsitzenden** oder dessen Stellvertreter wirksam einberufen werden, vgl. ebenfalls § 24 Abs. 2 WEG (ansonsten – wenn z.b. kein Beirat existiert – gerichtlicher Antrag auf Ermächtigung einer Person/eines Eigentümers zur Einladung möglich und nötig).

Ansonsten können selbstverständlich jederzeit bei Bedarf auch vom Verwalter außerordentliche Eigentümerversammlungen einberufen werden (i. d. R. in Abstimmung mit einem Verwaltungsbeirat).

Bei **Einladungsformmängeln** und darauf gestützten Beschlussanfechtungen wird gerichtlicherseits häufig auf eine **Kausalität** abgestellt, d. h. die Frage, ob bei Vermeidung des Formmangels nicht ohnehin ein gleiches Beschlussergebnis erzielt worden wäre; dieses Ergebnis muss jedoch von der Antragsgegnerseite vorgetragen und unter Beweis gestellt werden bzw. zur Überzeugung des Gerichts eindeutig **feststehen** (strenge Anforderungen). Dennoch sollten mögliche Beschlussanfechtungen nicht allein auf Formmängel gestützt werden (formfehlerheilende „Heilungsversammlung" möglich, was dann zu einer Hauptsacheerledigung des ursprünglichen Anfechtungsverfahrens führen könnte), sondern ggf. auch auf beschlussinhaltliche Mängel (Verstoß z.B. gegen Gesetz, Teilungserklärung, frühere Beschlussfassungen, Treu und Glauben, Bestimmtheitsanforderungen usw.).

Der **Versammlungsleiter** hat vor Eintritt in die Tagesordnung und im Zweifel (insbesondere auf Geschäftsordnungsantrag hin) auch neuerlich vor einzelnen Beschlussfassungen im Laufe der Versammlung die **Beschlussfähigkeit** der Versammlung ordnungsgemäß festzustellen. Jede Beschlussfassung setzt nach Gesetz (abdingbar) Beschlussfähigkeit voraus (vgl. § 25 Abs. 3 WEG). Das gesetzliche Beschlussfähigkeitserfordernis kann jedoch in der Gemeinschaftsordnung auch wirksam abbedungen sein. Beschlussfähigkeit ist grundsätzlich gegeben, wenn Eigentümer mit **mehr als der Hälfte** sämtlicher **Miteigentumsanteile** persönlich anwesend oder wirksam vertreten sind (ansonsten Beschlussanfechtungsgefahr).

Die Zulässigkeit der gleichzeitig mit der ersten Einladung für den Fall der Beschlussunfähigkeit anberaumte **Wiederholungsversammlung** (im Gegensatz zur sog. Fortsetzungsversammlung) etwa eine halbe oder eine Stunde später (**Eventualeinberufung**) wird mangels entsprechender Vereinbarung von der herrschenden Rechtsmeinung abgelehnt (vgl. die abdingbare gesetzliche Bestimmung des § 25 Abs. 4 WEG). Insoweit fehlerhafte Einladung kann ebenfalls zu einer erfolgreichen Beschlussanfechtung führen.

Verwalter/Versammlungsleiter und Gemeinschaft müssen **Diskussions-, Antrags- und Stimmrechte** einzelner Eigentümer bzw. derer Stimmrechtsvertreter in der Versammlung in angemessener Form berücksichtigen und dürfen grundsätzlich das „rechtliche Gehör" des einzelnen Eigentümers nicht unangemessen beschneiden (Redezeitbegrenzung oder Rednerliste über Geschäftsordnungsbeschluss möglich!). Tonbandmitschnitt des Versammlungsverlaufs ist Eigentümern nicht gestattet (sogar ohne Einwilligung anderer Redner strafrechtlich verboten).

Das wesentlichste Recht des Eigentümers an der Mitgestaltung der Geschicke der Gemeinschaft (ordnungsgemäße Verwaltung des Gemeinschaftseigentums) ist sein **Stimmrecht**. Existiert keine abweichende Vereinbarung, gilt das (abdingbare) **gesetzliche Kopfprinzip** (jeder Eigentümer hat – unabhängig von der Zahl ihm gehörender SE-Einheiten – eine Stimme; maßgebend ist die Grundbucheintragung), vgl. § 25 Abs. 2 Satz 1 WEG. Es kann jedoch auch – abweichend vom gesetzlichen Vorschlag – das Wertprinzip (Stimmrecht nach ME-Quoten) oder das Real- oder Objektprinzip (je Einheit eine Stimme) zulässigerweise (wohl auch gerechter in Anbetracht meist anteiliger Zahlungsverpflichtungen nach ME-Anteilen) in der Gemeinschaftsordnung vereinbart sein. Ist eine Personenmehrheit Eigentümer eines Sondereigentums, haben sich die Mitglieder einer solchen Eigentümermehrheit auf ein Votum zu einigen (andernfalls Stimmenungültigkeit). Existiert z. B. Garagenteileigentum in vielköpfiger Eigentümerbruchteilsgemeinschaft nach den §§ 741 ff. BGB, sollte sich diese „Untergemeinschaft" einen Sprecher/„Obmann" (Stimmrechtsvertreter) wählen, damit das Stimmrecht „dieses Sondereigentümers" (der gesamten Tiefgaragengemeinschaft) in der Eigentümerversammlung erhalten bleibt und nicht ungültig ist (§ 25 Abs. 2 Satz 2 WEG). Interna innerhalb der Bruchteilsgemeinschaft (innerhalb des Sondereigentums) sind i. Ü. grundsätzlich nach § 745 BGB allein von diesen Gemeinschaftsmitgliedern mehrheitlich zu beschließen (keine WEG-Beschlüsse!). Der WEG-Verwalter ist ohne separaten Geschäftsbesorgungsvertrag nach § 675 BGB (Sondereigentumsverwaltung) auch nicht verpflichtet, eine sol-

4 Wesentliche Rechte und Pflichten als Miteigentümer 135

che Bruchteilsgemeinschaft sozusagen mitzuverwalten, was häufig eigentümerseits verkannt wird.

Ehegatten als Bruchteilsmiteigentümer eines Wohnungseigentums (z. B. zu je 1/2) müssen sich also auch auf ein Votum einigen (andernfalls ungültige Stimme, vgl. § 25 Abs. 2 Satz 2 WEG). Ein „gequoteltes" Stimmrecht gibt es grundsätzlich nicht.

Sollte an dem Wohnungs- oder Teileigentum ein Nießbrauch bestellt worden sein (häufig aus erbschaftsteuerlichen Gründen), so besitzt der Nießbraucher nach nunmehr vorliegender Rechtsprechung weder ein Stimm- noch ein Anfechtungsrecht. Zwischen dem Nießbraucher und der Gemeinschaft besteht keinerlei Rechtsbeziehung.

Stimmrecht (insbesondere beim Kopfprinzip) besitzt i. Ü. grds. auch nur derjenige, der im Grundbuch als Eigentümer (noch oder schon) eingetragen ist; da der BGH – wie schon mehrfach erwähnt – die Rechtsfigur des sog. **werdenden/faktischen Eigentümers** in der **Sondernachfolge** abgelehnt hat, behält auch der Veräußerer das Stimmrecht nach Wohnungsverkauf bis zur Umschreibung des Eigentums auf den Erwerber im Grundbuch (evtl. Vertretungsermächtigungen kaufvertraglich möglich, soweit keine vertretungseinschränkenden Vereinbarungen in der Gemeinschaftsordnung getroffen wurden!).

Ersterwerber vom Bauträgerverkäufer (Teilung nach § 8 WEG) haben allerdings **vor** rechtlicher Entstehung der Gemeinschaft (mindestens 2 im Grundbuch eingetragene Eigentümer) nach wie vor nach h.M. alle Rechte und Pflichten wie Volleigentümer (in hier nach wie vor anerkannter sog. **faktischer Gemeinschaft**, zwischenzeitlich infrage gestellt von OLG Saarbrücken, Beschluss v. 27. 2. 1998 und Belz; die weitere Rechtsprechung des BayObLG und des OLG Hamm aus neuerer Zeit hält jedoch an der bisherigen Rechtsmeinung fest), sofern nach notariellem Kauf zu Ihren Gunsten eine Auflassungsvormerkung im Grundbuch eingetragen ist und Besitz, Lasten, Nutzungen und Gefahr auf Sie übergegangen sind. Nach verfestigter und bisher unwidersprochen gebliebener Meinung des BayObLG sollen diese (anfänglichen) faktischen Eigentümer ihre Rechtsstellung auch behalten, wenn nachfolgend die Wohnungseigentumsgemeinschaft rechtlich entsteht/in Vollzug gesetzt wird. Das Stimmrecht korrespondiert hier auch mit entsprechenden Wohngeldzahlungsverpflichtungen solcher faktischen Eigentümer (OLG Frankfurt, Beschluss v. 25. 4. 1997).

In Ausnahmefällen kann ein Eigentümer nach § 25 Abs. 5 WEG vom Stimmrecht **ausgeschlossen** werden (sein).

Soll ein Eigentümer zum Verwalter bestellt werden (oder ist der zu bestellende Verwalter zugleich auch Miteigentümer der Gemeinschaft), so ist sein Stimmrecht bei alleiniger **Bestellungs-** oder Wiederbestellungsabstimmung **nicht** ausgeschlossen, Ausschluss besteht bei Vertragsgenehmigungen mit ihm, bei Entlastungsbeschlüssen zu seinem bisherigen Handeln, bei Entscheidungen über seine Abberufung aus wichtigem Grund mit fristloser Vertragskündigung (demgegenüber zur Genehmigung „seiner" Abrechnung und „seines" Wirtschaftsplan wohl kein Stimmrechtsausschluss!).

Ist ein Eigentümer (oder auch ein bevollmächtigter Eigentümer bzw. Verwalter) vom Stimmrecht zu Recht auszuschließen, kann er grds. auch nicht mit ihm erteilten Vollmachtsstimmen abstimmen; sein Stimmrechtsausschluss erfasst damit auch seine Vollmachtsstimmen, sofern dort keine ausdrücklichen Stimmrechtsweisungen schriftlich vom Vollmachtgeber vermerkt sein sollten (die bei der Beschlussfassung berücksichtigt werden müssten); u. U. ist ein nicht abstimmungsberechtigter Eigentümer aber befugt, über erteilte oder willentlich unterstellte Untervollmachtsberechtigung die Vollmachtsstimme auf eine andere abstimmungsberechtigte Person weiterzugeben/zu übertragen. Durch den Stimmrechtsausschluss wird aber nicht das Anwesenheitsrecht in der Versammlung des betroffenen Eigentümers beeinträchtigt.

Auch ein etwa **„majorisierendes Stimmrecht"** eines Eigentümers (oder eines Eigentümers mit erhaltenen umfangreichen „Vollmachtspaketen") muss Sie nicht abschrecken oder resignieren lassen; grds. haben Sie nach „demokratischen Spielregeln" auch eine solche Mehrheit zu akzeptieren, zumal sich Kosten- und Lastenbeteiligungen der gemeinschaftlichen Bewirtschaftung i. d. R. auch nach diesen Mehrheitsverhältnissen richten. Wurde allerdings eine solche „Mehrheitsstimme" im Einzelfall **rechtsmissbräuchlich** (insbesondere gegen Grundsätze ordnungsgemäßer Verwaltung verstoßend) abgegeben, besitzen Sie auch hier das Beschlussanfechtungsrecht, also gerichtliche Kontrollmöglichkeit; werden demgegenüber aus Ihrer Sicht vernünftige Beschlussanträge majorisierend abgelehnt, besteht gerichtliche Zustimmungs- bzw. Verpflichtungsantragsmöglichkeit. Bei majorisierender „Eigenverwalterbestellung" schränken vereinzelt die Obergerichte auch solche Mehrheitsstimmrechtsausübungen aus Minderheitenschutzgründen ein.

4 Wesentliche Rechte und Pflichten als Miteigentümer 137

Tritt aufgrund etwaiger (berechtigter) Stimmrechts-(Vertretungs-)ausschlüsse zu einem bestimmten **Tagesordnungspunkt Beschlussunfähigkeit** ein, ist es derzeit umstritten, ob dennoch zu diesem Punkt die betreffenden Stimmberechtigten dieser Versammlung wirksam beschließen können, oder ob vielleicht hinsichtlich dieses einen Punktes neuerlich zur sog. Wiederholungsversammlung geladen werden müsste.

Stimmrechtsvollmachten sind also – wie bereits angesprochen – grundsätzlich zulässig (vgl. Muster Abschn. 6.4 unten); es kann vereinbart werden, dass eine schriftliche Vollmacht vorgelegt werden muss. Die Vertretungsberechtigung kann jedoch auch in einer Vereinbarung zulässigerweise eingeschränkt sein (z. B. Vertretungsberechtigung nur durch Ehegatten, Verwandte, andere Wohnungseigentümer oder den Verwalter). Solche grds. zulässigen Klauseln sind allerdings eng auszulegen. Bestehen – was u. E. wünschenswert wäre – keine einschränkenden Vereinbarungen, kann jede Person als Vertreter bestimmt werden. In einer Stimmrechtsvollmacht kann der Vollmachtgeber dem Vertreter auch schriftliche **Weisungen** erteilen, die dann vom Versammlungsleiter zu beachten sind.

Von der Stimmrechtsvertretung ist das **Teilnahmerecht** Dritter, beratender Begleitpersonen, die zusammen mit einem Eigentümer in der Versammlung erscheinen, zu unterscheiden. Die Teilnahme beratender Personen zusammen mit dem Eigentümer müsste u. E. als grds. uneingeschränkt zulässig angesehen werden (ebenso deren Rederecht als sog. Erklärungsbote), sofern keine anderslautenden Vereinbarungen in der Gemeinschaftsordnung existieren (a. A. zuletzt jedoch das KG Berlin 1992 und in grds. Bestätigung der BGH); der **BGH** entschied insoweit im Januar 1993, dass bei vereinbarter Stimmrechtsvertretungsbeschränkung grds. auch das Teilnahmerecht von Begleit- bzw. Beratungspersonen (insbesondere also Rechtsanwälten) aufgrund des zu beachtenden **Nichtöffentlichkeitsgrundsatzes** von Eigentümerversammlungen nicht gestattet sei; Ausnahme: Beratung und Begleitung bei berechtigtem Eigentümerinteresse (?), etwa hohem Alter des Eigentümers und/oder besonderer Schwierigkeit der zu entscheidenden Beschlussthemen(!). Kritik unsererseits: Ein Stimmrechtsvertreter könnte u. U. erscheinen, der mit Berater erscheinende Eigentümer müsste allerdings seinen Berater u. U. wieder nach Hause schicken(!). Diese Probleme könnten und sollten auch im Einzelfall durch entsprechende Geschäftsordnungsmehrheitsbeschlüsse vor Eintritt in eine Tagesordnung bereinigt werden (Zulassung des Vertreters oder auch Beraters).

Je nach gesetzlichem oder vereinbartem **Abstimmungsprinzip** (Kopf-, Wert- oder Objektprinzip) hat der Versammlungsleiter die Abstimmung entweder – Geschäftsordnungsantrag möglich – durch Handzeichen, Stimmkartenauszählung oder schriftlich (offen oder geheim) durchzuführen und das **Abstimmungsergebnis** zu einem positiv gestellten Antrag korrekt zu errechnen und bekannt zu geben. Nach richtiger Auffassung (umstritten) hat der Versammlungsleiter Beschlüsse als solche auch zu verkünden (bzw. die mehrheitliche Ablehnung eines Antrags), um Eigentümer nicht im Unklaren über die Rechtsfolge zu lassen, ob von einem Beschluss auszugehen ist oder nicht. **Existent** (wirksam) wird allerdings ein Beschluss nach h. M. bereits mit entsprechender Auszählung und Bekanntgabe des positiven Mehrheitsergebnisses; ab diesem Zeitpunkt beginnt auch die entsprechende **Beschlussanfechtungsausschlussfrist** von **einem Monat** (nicht nach vier Wochen) nach § 23 Abs. 4 WEG; die Frist beginnt also **nicht** ab etwaiger **Zusendung** eines **Versammlungsprotokolls**, was häufig verkannt wird! Zur Form der Anfechtung vgl. unten Abschn. 3.3!

Stimmenthaltungen werden nach BGH-Entscheidung von 1988 überhaupt nicht mehr in die Stimmenauswertung einbezogen; sie bleiben unberücksichtigt und sind sozusagen einer ungültigen oder überhaupt nicht abgegebenen Stimme gleichgestellt; anderweitige Vereinbarungen zur Enthaltungswertung bleiben jedoch trotz der klärenden Grundsatzentscheidung des BGH gültig. Maßgebend für eine übliche einfache Mehrheitsbeschlussfassung ist also grds. die Mehrheit der positiv abgegebenen Ja-Stimmen (gegenüber den Nein-Stimmen), mit anderen Worten, **mehr Ja- als Nein-Stimmen** (ohne Berücksichtigung etwaiger Enthaltungsstimmen) führen zu einem wohnungseigentumsrechtlich wirksamen Beschluss! Bei Pattsituation einer Abstimmung hat ein Antrag nicht die erforderliche Beschlussmehrheit gefunden, ist somit als abgelehnt zu betrachten.

Beim Stimmrecht ist auch auf den jeweiligen **Eigentumseintrag** im Grundbuch abzustellen; besitzen der Ehemann M die Wohnung Nr. 1, die Ehefrau F Wohnung Nr. 2 und die Eheleute M/F die Wohnung Nr. 3 in Bruchteilsgemeinschaft zu je 1/2, so kommen insoweit bei Abstimmungen in der Versammlung und Teilnahme beider Eheleute 3 **Stimmen** in die Wertung; bei unterschiedlichem Votum beider Eheleute ist allein die „gemeinsame" Stimme für die Wohnung Nr. 3 ungültig.

4 Wesentliche Rechte und Pflichten als Miteigentümer

Ein mit Mehrheit abgelehnter Antrag ist (nach noch h.M.) **kein** anfechtbarer „Beschluss" (oft als sog. **„negativer Beschluss"** oder Nichtbeschluss bezeichnet); hier besteht nur evtl. Antragsmöglichkeit bei Gericht auf Vornahme einer bzw. Zustimmungsverpflichtung zu einer bestimmten Handlung als ordnungsgemäße Verwaltungsmaßnahme; ein solcher Antrag unterliegt damit auch nicht der Monatsfristbindung wie im Beschlussanfechtungsfall (zwischenzeitlich streitig, wenn die Beschlussablehnung einen rechtlich relevanten Regelungsinhalt hat!).

Zum organisatorischen Verlauf einer Versammlung, insbesondere zu Abstimmungsvorgängen, können spontan sog. **Geschäftsordnungsanträge** (auch seitens des Versammlungsleiters) gestellt werden, über die ebenfalls die Mehrheit der Eigentümer durch sofort vollziehbaren Beschluss entscheidet (Beispiele: Gestattung der Teilnahme eines Vertreters oder einer beratenden Begleitperson; – Änderung der Reihenfolge der Tagesordnung; – Ende der Debatte; – geheime, schriftliche Abstimmung; – Wahl von Stimmauszählern; – Vorsitzwechsel; – Ausschluss eines trotz Abmahnungen beharrlich störenden (z.B. alkoholisierten) Eigentümers/Vertreters aus dem Versammlungsraum (bitte keine „Selbstjustiz" im Weigerungsfall!); – Abbruch oder Unterbrechung der Versammlung; – Redezeitbegrenzung usw.). Solche Geschäftsordnungsbeschlüsse sind **nicht anfechtbar**.

Bestimmte Beschlüsse bedürfen nach Gesetz oder Vereinbarung zu ihrer Wirksamkeit nicht nur der einfachen Mehrheit, sondern u.U. einer **qualifizierten Mehrheit** von z.B. „mehr als 1/2 aller Stimmen" (vgl. § 18 Abs. 3 WEG) oder „mehr als 2/3" oder „mindestens 3/4-Stimmen" oder gar der Zustimmung aller Eigentümer. Darauf sollte der Versammlungsleiter vor Abstimmung hinweisen. Wird dann eine ansonsten rechnerisch primär vorhandene erforderliche qualifizierte Stimmenmehrheit nicht erreicht, ist grds. von Antragsablehnung auszugehen (wenn Eigentümer willentlich und bewusst vor Abstimmung davon ausgegangen sind, dass von einem Beschluss nur dann gesprochen werden sollte, wenn die Mehrheit auch erreicht worden sei).

Beschlüsse nach WEG !	im Gegensatz zu schuldrechtlichen oder dinglichen Vereinbarungen nach § 10 WEG (insbesondere Teilungserklärung mit Gemeinschaftsordnung)

I. Beschlussmehrheiten:
1. **einfacher** Mehrheitsbeschluss — i. G. z. relativem Mehrheitsbeschluss; (mehr Ja- als Nein-Stimmen; (absoluter Mehrheit) Enthaltung grds. unberücksichtigt)
2. **qualifizierter** Mehrheitsbeschluss, von z. B. mindestens/mehr als 1/2, 2/3, 3/4 oder 4/5 (je nach Gesetz oder Vereinbarung) Stimmen
   a) ausgehend von allen 100 % Stimmen oder (je nach Wortlaut/Auslegung)
      – so im Regelfall –
   b) von den Stimmen in einer beschlussfähigen Versammlung nach Vereinbarung
      – selten –
3. **einstimmiger** Beschluss in beschlussfähiger Versammlung (keine Nein-Stimme!) mit Wirkung eines einfachen Mehrheitsbeschlusses
4. **allstimmiger** Beschluss bei Zustimmung aller 100 % Eigentümer – z. B. zwingend beim schriftlichen Umlaufbeschluss! – (evtl. schuldrechtliche Vereinbarung oder Neuvereinbarung in grundbuchmäßiger Form, u. U. auch mit Pfandgläubigerzustimmung)

II. Unterscheide auch:

1) anfechtbare Beschlüsse ↓ aus	2) nichtige Beschlüsse ↓	3) mehrheitlich abgelehnter Antrag ↓	4) **Nullum**/Nihil (Nichts) („Scheinbeschluss") ↓
formellen inhaltlich Gründen (**nur bei Gericht innerhalb Monatsfrist ab Beschlussfassungszeitpunkt**) bei ↓ **Verstößen gegen** – abdingbares Gesetz – Teilungserklärung mit GO – Grundsätze von Treu und Glauben (z. B. unbestimmter Antragsinhalt, Eingriffe in Vertrauensstellung kraft früherer bestandskräftiger Beschlussfassung usw.)	**bei Verstoß gegen** ↓ – zwingendes Gesetz – Anstand u. gute Sitte – bei Inkompetenz der Gem. zur Beschlussf. (z. B. Beschlusseingriffe in das SE) (**keine Anfechtung** nötig, aber Nichtigkeitsfeststellungsantrag im Bestreitensfall möglich)	(oft etwas irreführend als „Nicht"- oder „Negativ"-Beschluss bezeichnet) ↓ **Kein Beschluss!** (nur Antrag auf Verpflichtung/ Zustimmung – grds. unbefristet – möglich!)	**keinerlei Rechtswirkung**; kein Beschluss i. S. d. WEG! (z. B. „private Zusammenkunft" nur einer Eigentümergruppe oder „Probeabstimmung")

Gerichtliche Ungültigkeitsfeststellung oder Antragszurückweisung

4 Wesentliche Rechte und Pflichten als Miteigentümer

Zu einem Tagesordnungspunkt „**Sonstiges**" oder „**Verschiedenes**" dürfen grundsätzlich (außer in einer Vollversammlung aller Eigentümer) keine Beschlüsse zu konkreten Sachanträgen mit Regelungsgehalt für die Zukunft gefasst werden (u. E. auch nicht solche von untergeordneter Bedeutung), da hier ein Beschlussgegenstand abwesenden Eigentümern nicht bekannt ist (Informationsbedürfnis!). Wird unter einem solchen Sammelpunkt für allgemeine Aussprachen und zukünftige Anregungen allerdings trotz bestehenden Anfechtungsrisikos ein förmlicher Beschluss gefasst und wird dieser nicht unter Berufung auf formelle (§ 23 Abs. 2 WEG) und/oder inhaltliche Mängel rechtzeitig angefochten, erlangt er mangels Nichtigkeit Gültigkeit und Bestandskraft für alle Eigentümer und Rechtsnachfolger wie jeder anderweitig formfehlerhafte, jedoch unangefochten bleibender Beschluss auch, solange er existent bleibt (also nicht durch neuerlichen Beschluss wieder aufgehoben wird, was grds. bei jedem Beschluss möglich ist); auch insoweit ist hier von einem „**Zitterbeschluss**" zu sprechen.

> **Merke** deshalb grundsätzlich: Alle an sich (u. U. auch erfolgreich) anfechtbaren Beschlüsse sind – soweit sie nicht n i c h t i g sind – vorerst einmal **schwebend gültig/wirksam** und grds. von allen Beteiligten zu beachten; endgültig gültig (bestandskräftig) werden sie nach Ablauf der einmonatigen Beschlussanfechtungsfrist ohne eingeleitetes gerichtliches Beschlussanfechtungsverfahren (deshalb als sog. **Zitterbeschlüsse** bezeichnet). Auf bestehendes Anfechtungsrisiko eines Beschlusses sollte ein Versammlungsleiter die abstimmenden Eigentümer vor Abstimmung ausdrücklich **hinweisen**, weitergehenden Rechtsrat im Einzelfall allerdings nicht erteilen.

4 Wesentliche Rechte und Pflichten als Miteigentümer

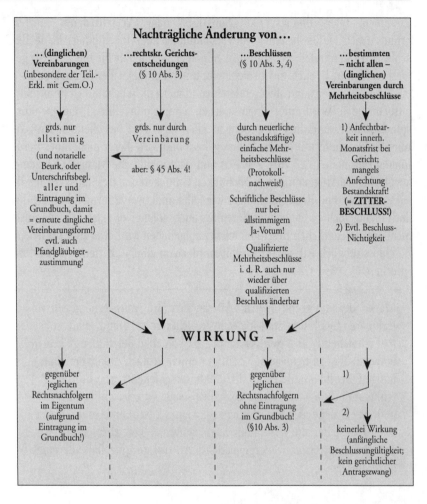

Möglich ist auch eine **Beschlussfassung** (außerhalb einer Eigentümerversammlung) im **schriftlichen Umlaufverfahren**; eine solche Vorgehensweise bietet sich u. U. in kleinen Gemeinschaften bei Eilbedürftigkeit einer Eigentümerentscheidung an. Von einem förmlichen, d. h. bindenden und bestandskräftigen Beschluss ist jedoch bei solchen schriftlichen Beschlüssen nur auszugehen, wenn sämtliche Eigentümer (allstimmig/100 %) uneingeschränkt positiv einem schriftlich gestellten Antrag zugestimmt haben. Schon e i n e Nichtantwort (meist in gesetzter Frist) oder e i n e Enthaltung würde insoweit einen gültigen

4 Wesentliche Rechte und Pflichten als Miteigentümer

Beschluss verhindern (vgl. die gesetzlich zwingende Bestimmung des § 23 Abs. 3 WEG); ohne allstimmige Zustimmung wäre von anfänglich bereits nichtigem Beschluss zu sprechen. Vom Ergebnis einer schriftlichen Abstimmung sollte ein das Verfahren einleitender Verwalter die Eigentümer unverzüglich unterrichten und wirksame schriftliche Beschlüsse auch in der Protokollakte verwahren.

Der Versammlungsleiter hat grundsätzlich mindestens **ein Ergebnisprotokoll** (Beschlussprotokoll) einer Versammlung zu erstellen, welches Aufschluss geben muss über Ort und Tag der Versammlung, die Präsenz (Eigentümer/Vertreter) und Beschlussfähigkeit, die Anträge, Abstimmungsergebnisse, Beschlüsse und die notwendigen Unterschriften (vgl. Muster Abschn. 6.5 unten). Dieses Protokoll muss abschriftlich/in Kopie nach h. R. M. bei meist vereinbarter oder bisher ständig praktizierter Versendungspflicht **spätestens 3 Wochen** nach dem Versammlungstermin den Eigentümern **zugestellt** (zugegangen) sein; gegen diese Fristverpflichtung der h. R. M. verstoßen nach wie vor Verwalter sehr häufig. Können die erforderlichen Unterschriften auf dem Originalprotokoll nicht entsprechend rasch beigebracht werden, entschuldigt dies einen versendungspflichtigen Verwalter nicht, da primär er für Erstellung und Versendung verantwortlich ist und ggf. durchaus seine Protokollabschrift mit entsprechenden Vermerken (auch schon vor endgültiger Unterschriftsleistung der restlichen Unterzeichnerpersonen auf dem Originalprotokoll) rechtzeitig versenden kann. Ablaufoder gar Wortprotokolle muss der Versammlungsleiter nicht erstellen.

Dessen ungeachtet sollten sich Eigentümer, die einer Versammlung fernbleiben mussten und dort auch nicht vertreten waren, ggf. direkt beim Verwalter **erkundigen** (telefonische Anfrage, Einsichtnahme in Protokollentwürfe beim Verwalter), welche Beschlüsse gefasst (oder nicht gefasst) wurden, wenn an rechtzeitige Anfechtungen gedacht ist und Protokolle nicht fristgemäß zugegangen sein sollten (ein Wiedereinsetzungsantrag – Zwei-Wochen-Frist – wegen Anfechtungsfristversäumnis birgt Risiken und kann i. Ü. nur bei „Unverschulden" erfolgreich sein). Eine jede fristgemäße Beschlussanfechtung bei/zu Gericht („Einsprüche" oder „Wiedersprüche" gegenüber einem Verwalter haben keinerlei rechtliche Bedeutung!) sollte auch ganz **konkrete** Hinweise enthalten auf die entsprechenden, angefochtenen Beschlüsse [also z. B. „Anfechtung zu TOP 2 (Entlastung des Verwalters) und zu TOP 5 (Genehmigung der Terrassenüberdachung durch den Eigentümer …) der Eigentümerversammlung vom …"].

Entspricht eine schriftliche Protokollierung nachweisbar in rechtlich bedeutsamen Passagen nicht dem wirklichen Verlauf der Versammlung, besteht die Möglichkeit, gerichtlich (nur bei bestätigtem Rechtsschutzbedürfnis evtl. erfolgreich) **Protokollberichtigung** (Feststellung) zu beantragen (ggf. i. V. mit einer fristgemäßen Beschlussanfechtung), falls der Versammlungsleiter (Verwalter) nicht berechtigten Änderungswünschen außergerichtlich Rechnung tragen will. Diffamierungen haben in einem Protokoll i. Ü. nichts verloren; insoweit besteht Zivil- und Strafrechtsschutz. **Beachte:** Auch für den Protokollberichtigungsantrag soll nach h.M. die Anfechtungsfrist von einem Monat gelten.

Protokolle haben der Versammlungsleiter, der Beiratsvorsitzende oder sein Stellvertreter (soweit ein Verwaltungsbeirat existiert) und ein Wohnungseigentümer, wenn diese in der Versammlung anwesend waren, zu **unterzeichnen** (§ 24 Abs. 6 WEG). Muss eine Verwaltereigenschaft in öffentlich beglaubigter Form nachgewiesen werden (also z. B. Notar bzw. Gericht gegenüber bei vereinbarter Verwalterzustimmungspflicht zur Wohnungsveräußerung gemäß § 12 WEG und Teilungserklärung), sind Protokolle mit Verwalterbestellungs-(bzw. -wiederbestellungs)beschlüssen (nur diese Protokolle!) öffentlich beglaubigt von den vorgenannten Personen zu unterzeichnen (§ 26 Abs. 4 WEG).

4.3 Gerichtliche Kontrollmöglichkeiten auf Antrag

Sind nach Ihrer Ansicht formell oder sachlich-inhaltlich fehlerhafte Beschlüsse gefasst worden (Formmängel im Zuge der Einberufung und aus dem Verlauf der Versammlung bei möglicher Fehlerkausalität auf das Abstimmungsergebnis; inhaltlich fehlerhafte Beschlüsse: Verstöße gegen Gesetz, die Gemeinschaftsordnung oder gegen den Grundsatz von Treu und Glauben), so haben Sie die Möglichkeit, innerhalb **eines Monats seit der Beschlussfassung** durch **Anfechtungsschriftsatz** an das zuständige **Amtsgericht** – Abteilung für Wohnungseigentumssachen (freiwillige Gerichtsbarkeit) –, im Antrag zu bezeichnende Beschlüsse anzufechten (§ 23 Abs. 4 WEG). Auch der bei einem unzuständigen Amtsgericht eingereichte Antrag ist nicht verfristet (neue BGH-Rechtsprechung). Das Anfechtungsrecht besitzen Sie grds. auch dann, wenn Sie in der Versammlung zum betreffenden Beschlussantrag mit Ja gestimmt haben sollten, sofern Sie darlegen, sich geirrt oder nachträglich eines besseren belehrt zu haben (Ihre Anfechtung also nicht rechtsmissbräuchlich ist). Zuständig ist das Amtsgericht des

4 Wesentliche Rechte und Pflichten als Miteigentümer

Ortes der Wohnanlage. Die fristgerecht erfolgte Anfechtung muss in einem (ggf. kurzfristig nachgereichten) Schriftsatz separat im Einzelnen begründet werden, da von Ihnen auch im WEG-Verfahren als echtem Streitverfahren in der freiwilligen Gerichtsbarkeit (mit grds. Amtsermittlungspflicht) Mitwirkungs- und Stoffbeibringungspflichten erwartet werden (vgl. **Muster** einer gerichtlichen Anfechtungsantragsschrift unten Abschn. 6.2.1).

Zur Fristberechnung vgl. auch §§ 187 Abs. 1, 188 Abs. 2, 1. Altern., 188 Abs. 3 und 193 BGB.

> **Beispiele:**
> 1) Beschlussfassung: 4. 4. 22 Uhr – Fristende: 4. 5. 24 Uhr (soweit der 4. 5. kein Sa/So/gesetzl. Feiertag ist, dann Ende des nächsten Werktages) (Nachtbriefkasten bei Gericht)
> 2) Beschlussfassung: 5. 4. 0.30 Uhr – Fristende: 5. 5. 24 Uhr (soweit 5. 5. kein …)
> 3) Beschlussfassung: 31. 3. – Fristende: 30. 4. 24 Uhr (soweit …)
> 4) Beschlussfassung: 31. 1. – Fristende: 28. 2. (29. 2.) 24 Uhr (soweit …)
> 5) Beschlussfassung: 25. 11. – Fristende: 27. 12., soweit kein Sa. oder So. (oder gesetzlicher Feiertag), dann Ende des nächsten Werktages

Die Beteiligten haben also auch im WEG-Verfahren – wie oben schon erwähnt – weitgehende **Mitwirkungs- und Stoffbeibringungspflichten** dem Gericht gegenüber (Sachverhaltsschilderung, Vortrag Ihrer Rügen und Rechtsansichten hierzu, Beweisangebote). Rechtsanwaltszwang besteht in den beiden ersten Gerichtsinstanzen grundsätzlich (AG, LG) nicht, ist jedoch in schwierig gelagerten Fällen empfehlenswert. Die Rechtsbeschwerde – sofortige weitere Beschwerde – zum OLG (BayObLG, KG Berlin) muss allerdings von einem Rechtsanwalt unterzeichnet sein, wenn sie nicht zu Protokoll der Geschäftsstelle eines der 3 Instanzgerichte erklärt wurde. Die Beschlussanfechtung richtet sich nicht gegen den Verwalter, sondern **gegen** sämtliche **restlichen Wohnungseigentümer als Antragsgegner.** Die gerichtliche Entscheidung über die Gültigkeit (Zurückweisung der Anfechtung) oder die Ungültigkeit eines Beschlusses ergeht dann auch mit Bindungswirkung gegenüber allen Beteiligten (§ 45 Abs. 2 WEG). Der Verwalter ist grundsätzlich nur **Zustellungsbevollmächtigter** der Antragsgegner (vgl. § 27 Abs. 2 Nr. 3 WEG) und sog. weiterer Beteiligter des Anfechtungsverfahrens; er hat entsprechende Informationsnebenpflichten den restlichen Eigentümern gegenüber. Oftmals kann der Verwalter zur „Verteidigung" der (aller) restlichen Eigentümer (in Antragsgegnerschaft des Beschlussanfechtungsverfahrens) kraft verwaltervertraglicher Regelung (oder spezieller Beschlussfassung) auch einen Rechtsanwalt beauftragen.

> **Achtung:**
> 1. Allein ein schriftlicher „Einspruch" oder „Widerspruch" gegen einen Beschluss – gerichtet an den Verwalter – hat keinerlei rechtliche Wirkung!
> 2. Auch ein fristgemäß bei Gericht angefochtener Beschluss ist erst einmal „schwebend gültig" (bis zu evtl. gerichtlich rechtskräftiger Ungültigerklärung) und von allen Beteiligten grds. zu beachten bzw. zu erfüllen/durchzuführen! Nur eine evtl. gerichtliche „einstweilige Anordnung" (§ 44 Abs. 3 WEG) kann einen Beschlussvollzugsstop bewirken.

Das wohnungseigentumsgerichtliche **Verfahren** der freiwilligen Gerichtsbarkeit wird vom **Amtsermittlungsgrundsatz** beherrscht, was soviel bedeutet, dass das Gericht den vorgetragenen Sachverhalt grds. selbst im Bestreitensfall anhand eigener **Beweiserhebungen** feststellen muss (Frei- oder Strengbeweis); möglich sind hier insbesondere Orts- und Augenscheinseinnahmen, die Beiziehung von (Grund-)Akten, Einsichtnahme in anderweitige Unterlagen, Akten und/oder Lichtbilder, die Einvernahme von Beteiligten und/oder Zeugen, die Beauftragung von Sachverständigen. Für die beteiligten Parteien besteht jedoch die schon erwähnte Stoffbeibringungspflicht in möglichst substantiierter (detaillierter)/schlüssiger Form. Bleibt ein behaupteter Sachvortrag unbestritten, kann u.U. auch das Gericht von diesen Tatsachen ausgehen (ohne weitere Ermittlungspflichten, str.).

In den ersten beiden Instanzen (Tatsacheninstanzen, AG und LG) hat grds. eine mündliche, öffentliche (Sühne)**Verhandlung** stattzufinden; das Gericht soll auf mögliche vergleichsweise Einigung hinwirken. Vor dem LG ist grds. vor vollbesetzter Kammer zu verhandeln. Das Gericht stellt im Beschlussanfechtungsverfahren in seiner Beschlussentscheidung fest, ob ein angefochtener Eigentümer-

4 Wesentliche Rechte und Pflichten als Miteigentümer 147

beschluss wirksam bleibt („Zurückweisung der Anfechtung") oder für (von Anfang an) ungültig erklärt wird.

Den **Geschäftswert** des Verfahrens bestimmt das Gericht nach billigem Ermessen von Amts wegen nach dem Interesse der Beteiligten an der Entscheidung (vgl. § 48 Abs. 2 WEG); Wertprognosen und damit Prozesskostenrisikovorhersagen sind heute aufgrund unterschiedlichster Wertfestsetzungen der Gerichte nur sehr schwer möglich; das BVerfG hat i.Ü. 1992 die Rechtsgültigkeit des § 48 Abs. 2 WEG bestätigt (im Rahmen verfassungskonformer Auslegung), dabei aber mitangesprochen, dass der Fachrichter bei seiner vorläufigen oder endgültigen Ermessensentscheidung den Grundsatz der Rechtsweggewähr auch für den einzelnen Eigentümer berücksichtigen müsse und gerichtliche Antragstellungen nicht an zu hohen und unverhältnismäßigen Kostenbelastungen scheitern dürften. Nach dem vorläufigen und mit der Endentscheidung endgültig festgesetzten Geschäftswert richten sich die zu bezahlenden Gerichtskosten (nach KostO) und auch etwaige Rechtsanwaltshonorare als außergerichtliche Kosten (entsprechend der jeweiligen Gebührentabellen nach BRAGO).

Vom Geschäftswert zu unterscheiden ist der sog. **Beschwerdewert**, der erreicht sein muss, damit eine Beschwerde gegen eine gerichtliche Entscheidung erst einmal zulässig ist; die Einzelbeschwer der (oder des) Beschwerdeführer(s) muss nach § 45 Abs. 1 WEG derzeit **1.500 DM** übersteigen.

Richterliches billiges Ermessen gilt auch für die **Kostenentscheidung** (vgl. § 47 WEG), wobei in Wohnungseigentumssachen grundsätzlich die unterlegene Seite die Gerichtskosten (berechnet nach KostO) zu bezahlen hat, außergerichtliche Kosten (also insbesondere Rechtsanwaltskosten) **im Regelfall** jedoch unabhängig vom Ausgang des Prozesses jede Streitbeteiligtenseite selbst übernehmen muss (Ausnahme: Bei mutwilliger oder absolut unbegründeter Verfahrenseinleitung oder Beschwerdeführung und insbesondere bei Wohngeldsäumnis- und Schadenersatzverfahren; in diesen Fällen ist auch die Anordnung außergerichtlicher Kostenerstattung – wie grds. auch im Zivilprozess – üblich). In WEG-Verfahren ist auch die Kostenentscheidung des Gerichts grds. maßgeblich für die interne Verteilung der Kosten unter den Verfahrensbeteiligten; im Beschlussanfechtungsverfahren auf Antragsgegnerseite ist vom Verwalter insbesondere § 16 Abs. 5 WEG zu beachten; sind mehrere Antragsgegner zur Kostentragung verurteilt, erfolgt intern auf dieser Beteiligtenseite Einzelaufteilung nach gleich großen „Kopfteilen" (so die h.M.).

Rechtsmittelfähig sind grds. nur alleinige richterliche Kostenentscheidungen; ergeht eine Sach- und eine Kostenentscheidung, kann nicht – isoliert – nur gegen eine etwa belastende (nachteilige) Kostenteilentscheidung (bei Obsiegen in der Hauptsache) Rechtsmittel eingelegt werden.

Strenger formalistischer **Antragszwang** wie im Zivilprozess (dort strenge Parteidispositionsmaxime) herrscht im Wohnungseigentumsverfahren nicht; „Anträge" sind vom Richter nach geäußertem Beteiligtenwillen entsprechend auszulegen bzw. auf richterlichen Hinweis zu korrigieren oder zu präzisieren (insbesondere bei nicht anwaltlich vertretenen Antragstellern).

Jedes Wohnungseigentumsgericht kann zu jeder Zeit (nach rechtshängigem Hauptsacheantrag) in eigenem Ermessen für die Dauer des Verfahrens sog. **einstweilige Anordnungen** treffen, Gerichtsentscheidungen, die grds. unanfechtbar und sofort vollstreckungsfähig sind (vgl. § 44 Abs. 3 WEG). Beteiligte können den Erlass solcher einstweilige Anordnungen auch **anregen**; die Hauptsache soll dadurch jedoch auch hier nicht vorweg entschieden werden, sodass in einer einstweiligen Anordnung nur ein „Weniger" im Vergleich zum Hauptantrag beschlossen werden kann. Voraussetzung des Erlasses einer einstweiligen Anordnung in Wohnungseigentumssachen ist auf jeden Fall die Rechtshängigkeit eines Hauptsacheantragverfahrens.

Gegen die erstrichterliche Beschlussentscheidung (des Amtsgerichts) besteht die Möglichkeit, innerhalb **zweier Wochen** ab Zustellung bzw. Bekanntmachung der Gerichtsentscheidung gegenüber dem zuständigen AG (Ausgangsgericht) oder dem übergeordnet zuständigen LG **sofortige Beschwerde** (Erstbeschwerde) einzulegen, soweit der Wert des Beschwerdegegenstandes nach § 45 Abs. 1 WEG in geänderter Neufassung derzeit 1.500 DM übersteigt.

Gegen die Entscheidung des Landgerichts besteht grds. das letzte wohnungseigentumsrechtliche Rechtsmittel der **sofortigen weiteren Beschwerde** (Rechtsbeschwerde), die vom Oberlandesgericht entschieden wird (in Bayern: vom Bayerischen Obersten Landesgericht – BayObLG –, in Berlin vom Kammergericht – KG). Auch hier ist die Beschwerdefrist von **zwei Wochen** seit Zustellung bzw. der Bekanntmachung der Vorentscheidung einzuhalten und ein Wertüberschreiten der Beschwer von 1.500 DM zu beachten. Die III. Instanz (Rechtsbeschwerdeinstanz) entscheidet dann die streitige Angelegenheit rechtskräftig unter alleiniger Prüfung, ob die Vorentscheidungen auf einer Gesetzesverletzung (ein-

4 Wesentliche Rechte und Pflichten als Miteigentümer 149

schließlich Verfahrensfehlern) beruhen. Beweiserhebungen und Verhandlungstermine finden grundsätzlich in dieser letzten Instanz nicht mehr statt. Neuer Tatsachenvortrag ist den Parteien in der III. Instanz ebenfalls nicht mehr gestattet (ist ein Sachverhalt nach Meinung des OLG noch weiter aufklärungsbedürftig, kann die Sache auch an die Vorinstanz zurückverwiesen werden). Unselbstständige Anschlussbeschwerden sind zulässig.

In III. Instanz können auch keine neuerlichen Anträge, auch keine Hilfsanträge, mehr gestellt werden.

In erster und zweiter Instanz besteht kein Anwaltsvertretungszwang; Beschwerden können auch zu Protokoll einer wohnungseigentumsrechtlichen Geschäftsstelle eingelegt werden; dies gilt auch für die III. Instanz (also die Rechtsbeschwerde); eine Rechtsbeschwerdeschrift müsste andernfalls zumindest von einem Rechtsanwalt unterzeichnet sein.

Will ein OLG in seiner Entscheidung von der Rechtsmeinung eines anderen OLGs oder des BGH zu vergleichbarer Fallkonstellation in der rechtlichen Beurteilung abweichen und ist die umstrittene Frage auch kausal für die Streitentscheidung, hat das OLG den Streit zur **Grundsatzklärung** dem **BGH vorzulegen** (zuständig derzeit in Wohnungseigentumssachen der V. Zivilsenat des BGH).

Hat sich ein Wohnungseigentumsstreit vor Erlass einer Hauptsacheentscheidung **erledigt** (durch übereinstimmende Erledigterklärungen der Beteiligten, z.B. nach formfehlerheilender neuer bestandskräftiger Beschlussfassung oder durch anderweitige tatsächliche Erledigung, ggf. feststellbar auch von Amts wegen, oder durch Antragsrücknahme, Verzicht oder Vergleich), so ergeht oft nur noch eine gerichtliche Kostenentscheidung; diese kann – ohne Sachentscheidungsausspruch – als allein verkündete, abschließende Kostenentscheidung dann grds. mit Rechtsmitteln angegriffen werden (Beschwer!). Wird jedoch in der Hauptsache entschieden, kann bei summenmäßig erreichter Beschwer nur gegen die gesamte Entscheidung Beschwerde eingelegt werden, also nicht allein – isoliert – z.B. nur gegen eine Kostenentscheidungsformel (mag diese auch als unbillig empfunden werden)!

Neben häufigen Beschlussanfechtungsverfahren gibt es weiterhin die Möglichkeit, **Anträge** auf Herausgabe, Beseitigung (Entfernung), Unterlassung,

Wiederherstellung des ursprünglichen Zustands, Verpflichtung zur Vornahme einer bestimmten Handlung, Abgabe einer Willenserklärung und Schadenersatz zu stellen. Anträge auf Beseitigung und Wiederherstellung des bisherigen baulichen Zustandes bieten sich ggf. bei objektiv benachteiligenden baulichen Änderungen an, Schadenersatzanträge zum Beispiel auch in Verwalterhaftungsfällen. Mögliche Anspruchsgrundlagen ergeben sich insoweit häufig auch aus dem BGB (z.B. den §§ 985 oder 823 ff. oder 1004 BGB).

> **Achtung:** Die Geltendmachung „gemeinschaftsgebundener" Schadenersatzansprüche gegen Miteigentümer oder einen (ausgeschiedenen) Verwalter setzt nach verfestigter BGH-Rechtsprechung entsprechende, vorausgehende **Mehrheitsbeschlussfassung** voraus! Ohne entsprechenden Ermächtigungsbeschluss kann insoweit ein einzelner Eigentümer nicht Schadenersatzansprüche anteilig oder auch mit Leistung an die Gemeinschaft geltend machen (unbegründeter Antrag!).

Bei **Wohngeldsäumnissen** einzelner Eigentümer hat nach Gesetz und i.d.R. vereinbarter oder beschlossener Ermächtigung der Verwalter in eigenem oder fremdem Namen (je nach Vereinbarung) nach erfolgloser Abmahnung – kurzfristig – Zahlungsantrag gegen den Schuldner zu stellen. Vom BGH bestätigt wurde zwischenzeitlich, dass der WEG-Verwalter im Rahmen seiner Pflichten nach § 27 Abs. 2 Nr. 1, 2, 4 und insbesondere 5 WEG selbst Schriftsätze an das Gericht richten und auch vor Gericht auftreten und Anträge stellen kann (ohne gegen das RBerG zu verstoßen); im Fall entsprechend vereinbarter Sondervergütung könnte er sogar Sonderhonorare für solche üblichen und leider häufigen Wohngeldinkassoverfahren nach anwaltlicher BRAGO abrechnen. **Mahn- und Vollstreckungsbescheide** zu beantragen, ist seit Neufassung des § 46a WEG (ab 1.4.1991, Rechtspflegevereinfachungsgesetz) überall wieder zulässig, allerdings nach wie vor nur zu empfehlen, wenn nicht mit Widersprüchen der Schuldnerseite gerechnet werden muss. Schriftsätzliche Zahlungsanträge sind an das zuständige Wohnungseigentumsgericht zu richten (auch nach Widerspruch bzw. Einspruch gegen einen Mahn- bzw. Vollstreckungsbescheid ist Abgabe zu beantragen und förmlicher WEG-Antrag zu begründen) unter Darstellung der Wohngeldforderung, gestützt auf Wirtschaftsplan bzw. Abrechnungen oder auch Sonderumlage und die entsprechenden Beschlussprotokolle (Vorlage die-

4 Wesentliche Rechte und Pflichten als Miteigentümer 151

ser Unterlagen mit Antragschriftsätzen). Solche Wohngeldinkassoverfahren konnte früher auch ein einzelner Eigentümer gegen säumige Miteigentümer einleiten, allerdings dann mit Leistungsantrag an alle Eigentümer; auch diese selbstständige **Einzelklagebefugnis** eines Miteigentümers hat der BGH **verneint** (Voraussetzung wäre entspr. Beschlussermächtigung). Grundlage und Erfolgsvoraussetzung dieser Verfahren sind allerdings stets beschlossene Wirtschaftspläne, Sonderumlagen oder Abrechnungen mit saldierten Nachzahlungsschulden (vgl. auch Antrags**muster** unten in Abschn. 6.2.2).

Gegen „ausgeschiedene" (frühere) Eigentümer müssen Zahlungsrückstände allerdings vor dem ordentlichen Zivilgericht eingeklagt werden.

Verstößt ein Beschluss gegen zwingendes Gesetz oder Anstand und gute Sitten, oder ist eine Versammlung zur Beschlussfassung absolut unzuständig bzw. greift ein Beschluss in das Sondereigentum oder die dingliche Rechtsstellung eines Eigentümers (den Kernbereich) unzulässigerweise ein, **kann** dessen **Nichtigkeitsfeststellung** bei bestehendem Rechtsschutz und Feststellungsinteresse erwirkt werden. In solchen Fällen besteht bei gerichtlicher Antragstellung (an sich nicht einmal erforderlich, da sich jeder Beteiligte auch außergerichtlich auf eine Beschlussnichtigkeit berufen kann) nicht die einmonatige Ausschlussfrist wie im Fall von Beschlussanfechtungen.

Die **Vollstreckung** aus wohnungseigentumsgerichtlichen Titeln (Beschlussentscheidungen, Vergleichen, einstweiligen Anordnungen) richtet sich nach der ZPO (§ 45 Abs. 3 WEG); zuständig bleibt jedoch das Wohnungseigentumsgericht; im Vollstreckungsverfahren gilt allerdings der Amtsermittlungsgrundsatz nicht. Voraussetzung für eine Vollstreckung sind ein Gerichtstitel in Ausfertigung, eine darauf vermerkte Vollstreckungsklausel (mit Rechtskraftvermerk) und der Zustellnachweis an den Schuldner! Die Vollstreckung titulierter sog. vertretbarer und unvertretbarer Handlungen sowie von Unterlassungsverpflichtungen richtet sich nach den §§ 887, 880, 890 ff. ZPO.

Wurde ein eigentümerseits gestellter Antrag in einer Versammlung mit Mehrheit abgelehnt (oft als sog. **„negativer Beschluss"** oder Nichtbeschluss bezeichnet), so kann diese ablehnende Entscheidung nach derzeit noch h.M. nicht im Wege einer Beschlussanfechtung geltend gemacht werden, da eben hier kein anfechtbarer, positiver Beschluss zustande gekommen ist (nach neuerer Auffassung soll aber eine Anfechtung möglich sein, weil auch die Ablehnung eine

Regelung darstelle). Solche Anträge werden jedoch i.d.R. bereits nach heutiger herrschender Ansicht vom Gericht in „Hilfestellung" als **Zustimmungsverpflichtungsanträge** zu Maßnahmen „ordnungsgemäßer Verwaltung" ausgelegt (umgedeutet). Auch in diesen Fällen ist der Gerichtsentscheidung zu entnehmen, ob ein Antrag von der Eigentümermehrheit zu Unrecht oder zu Recht abgelehnt wurde (ob die Ablehnung einer beantragten Maßnahme ordnungsgemäßer Verwaltung entsprach oder nicht).

Was die mögliche **Entziehung** des Wohnungseigentums betrifft, sind besondere Regelungen in der Gemeinschaftsordnung zu beachten, ergänzend auch die gesetzlichen, insoweit überwiegend zwingenden Bestimmungen (§§ 18, 19, 43 und 53–58 WEG). Nur bei schweren und beharrlichen Pflichtverletzungen und Störungen kann von einer qualifizierten Eigentümermehrheit (mehr als 1/2 aller Eigentümer) als **ultima ratio** die Entziehung und Veräußerung (im Anschluss daran evtl. Versteigerung nach §§ 53ff. WEG = Zwangsverkauf) des Wohnungseigentums des „Störers" gerichtlich erzwungen werden. Der Grundsatz der Verhältnismäßigkeit ist zu beachten (reichen nicht weniger einschneidende Maßnahmen aus – z.B. Anträge auf Einhaltung der Hausordnung mit Beugestrafandrohung usw.?), ebenso das hohe Prozesskostenrisiko solcher Gerichtsverfahren. Auch evtl. krankheitsbedingte (insoweit u.U. „schuldlose") schwere Störungen des Gemeinschaftsfriedens können nach h.M. im Einzelfall eine Entziehung rechtfertigen. Die Entziehung durch qualifizierten Mehrheitsbeschluss und nachfolgendes Zivilgerichtsverfahren auf Veräußerungsverpflichtung ist allerdings sehr langwierig und kostenaufwendig und hat sich bisher meist als nur „sehr **stumpfe Waffe**" erwiesen, insbesondere bei Entziehungen wegen Wohngeldsäumnissen; hier sind andere Vollstreckungen meist sachdienlicher: – Pfändungsauftrag an den Gerichtsvollzieher, Antrag auf Leistung der eidesstattlichen Versicherung, Pfändungs- und Überweisungsbeschluss, Zwangssicherungs-(Arrest)hypothek, Zwangsverwaltung, Zwangsversteigerung – vielleicht auch sachdienlich formulierte Beschlüsse auf (technisch mögliche) Abtrennung der Schuldnerwohnung von der Heiz- und Warmwasserversorgung sowie der Kaltwasserzufuhr unter Hinweis auf § 273 BGB – das Leistungszurückbehaltungsrecht der Gemeinschaft; man sprach hier bereits vom „**Ausfrieren**" und „**Austrocknen**" eines renitenten Schuldners, gegen den anderweitige Vollstreckungen aussichtslos erscheinen; auch eine vermietete Wohnung eines Schuldners ändert an dieser grds. Berechtigung der Gemeinschaft nichts.

4 Wesentliche Rechte und Pflichten als Miteigentümer

4.4 Zum häufigen Streitthema der (nachträglichen) „baulichen Veränderungen"

Soll durch **nachträgliche** bauliche Änderungsmaßnahmen eines einzelnen Eigentümers (Miteigentümers) das **Gemeinschaftseigentum objektiv nachteilig** nicht ganz unerheblich verändert werden, haben Sie im Fall eigener Betroffenheit grundsätzlich die Möglichkeit, solchen beabsichtigten Änderungen zu widersprechen (nach eigenmächtigem, nicht genehmigtem Vollzug einer Änderung u. U. sogar das Recht, selbstständig **Beseitigung** und **Wiederherstellung** des ursprünglichen Zustands – notfalls auch auf wohnungseigentumsgerichtlichem Weg – zu verlangen, § 15 WEG, § 1004 BGB). Insbesondere Änderungen an der Außenfassade, die den **optischen** und **ästhetischen Gesamteindruck** der Anlage (die Harmonie eines Gebäudes) nicht ganz unerheblich stören oder Änderungen, die Folgeschadensrisiken erkennen lassen, bedürfen somit grundsätzlich der Zustimmung aller Eigentümer, ebenso nachteilige Veränderungen an anderem Gemeinschaftseigentum (Gemeinschaftseinrichtungen) und insbesondere dem Gartengrundstück (§ 22 Abs. 1 WEG), soweit dadurch auch alle Eigentümer nachteilig in ihren Rechten betroffen sind (ansonsten nur der Zustimmung der nachteilig betroffenen Miteigentümer). Abzustellen ist also stets darauf, ob Sie durch eine solche Änderung in Ihren Rechten – objektiv gesehen – nicht ganz unerheblich nachteilig tangiert sind. Manche Änderungen (ganz unerheblicher Art) müssen jedoch im Einzelfall nach den Grundsätzen des § 14 WEG i. V. m. § 242 BGB (Treu und Glauben) hingenommen werden (**Duldungspflicht!**); dann wäre Ihre Zustimmung entbehrlich. Das Wohnungseigentumsgericht hat hier im Streitfall einen gewissen Ermessensspielraum (Augenschein, Lichtbilder); es existiert zu vielen kleineren und größeren Veränderungsmaßnahmen eine umfangreiche Einzelfallrechtsprechung.

Frage:	Bedarf jede bauliche Veränderung der Zustimmung aller Eigentümer?
Richtige Antwort:	Nein, nur der Zustimmung der – objektiv – nicht ganz unerheblich beeinträchtigten Miteigentümer; das können sehr häufig alle restlichen Miteigentümer sein, müssen es aber nicht!

Haben Eigentümer eine bereits (eigenmächtig) von einem anderen Miteigentümer vorgenommene bauliche Veränderung „offenen Auges" längere Zeit (Grenze u. E. etwa bei 10 Jahren) widerspruchslos hingenommen (bewusst „großzügig", u. U. aber auch in Unkenntnis der Rechtslage), so können erst spät geltend gemachte **Beseitigungsansprüche** je nach Einzelfall **verwirkt** sein. Eine einmal eingetretene Verwirkung wirkt i. Ü. für und gegen etwaige Rechtsnachfolger. Bei noch bestehender Beseitigungspflicht und erfolgtem Eigentumswechsel ist der Verkäufer als **Handlungsstörer** beseitigungspflichtig; der Erwerber als **Zustandsstörer** muss jedoch die Beseitigung der Veränderung dulden. Möglicherweise resultieren seinerseits daraus Schadensersatzansprüche gegen den Verkäufer (OLG Köln).

Auch Änderungen eines einzelnen Eigentümers an bzw. in seinem **Sondereigentum** dürfen nicht anderes Wohnungseigentum und das Gemeinschaftseigentum beeinträchtigen (§ 14 WEG). Bereits die Veränderung eines Wohnungsoberflächenbodens (= Sondereigentum) kann korrektur- bzw. ersatzpflichtige Nachteilwirkungen zur Folge haben (z. B. aus Gründen einer evtl. Trittschallschutzverschlechterung).

Eine **Beschlussfassung** über bauliche Veränderungen ist weder erforderlich noch ausreichend (so die immer noch gültige Grundsatzentscheidung des BGH von 1979). Sollte dennoch – wie häufig – über eine beabsichtigte oder bereits durchgeführte Änderung ein vor- oder nachgenehmigender Mehrheitsbeschluss gefasst worden sein **(§ 22 Abs. 1 WEG ist abdingbar)**, der Sie in Ihren Rechten nicht ganz unerheblich und damit auch nicht duldungspflichtig beeinträchtigt, müssten Sie einen solchen (Zitter-)Beschluss fristgemäß anfechten, um dessen Aufhebung zu erreichen und der Bindungswirkung eines solchen Beschlusses (für alle Eigentümer) zu entgehen. Haben Sie selbst nachweisbar einer – von der Gemeinschaft erwünschten – baulichen Veränderung des Gemeinschaftseigentums nicht zugestimmt (u. E. Anfechtung bei Beschlussfassung!), können Sie nach § 16 Abs. 3 WEG u. U. auch von anteiligen Kostenlasten dieser Änderungsmaßnahme freigestellt sein, sofern Sie nicht von einer technisch und wirtschaftlich vernünftigen Änderung im Interesse aller Eigentümer (meist bei Modernisierungsänderungen) (mit)profitieren.

Zu den diversen Änderungsfällen einzelner Miteigentümer (Balkonverglasungen, Terrassenwintergartenüberbauungen, Ummauerungen, Wand- und De-

4 Wesentliche Rechte und Pflichten als Miteigentümer

ckendurchbrüchen, Errichtung von Sondernutzungsgrenzzäunen und Gartengerätehäuschen, Fensterveränderungen, Dachflächenänderungen und vieles mehr) besteht eine sehr kasuistische Einzelfallrechtsprechung (tatrichterliches Ermessen), die Sie in Vergleichsfällen berücksichtigen sollten (vgl. hier ausführlich im Loseblattwerk ETW, Gruppe 2 und 5).

Eine ausgeführte plan- und **baubeschreibungsabweichende Bauausführung** noch vor Fertigstellung einer Anlage (z. B. aufgrund getroffener Sonderwunschabsprachen) ist nach der verfestigten Rechtsprechung des BayObLG noch kein Fall einer baulichen Veränderung i. S. des § 22 Abs. 1 WEG; verändert werden kann nur etwas bauseitig bereits Erstelltes (der anfängliche Status quo des Gemeinschaftseigentums). Nach h. M. können hier allenfalls – mangels Verwirkung (§ 242 BGB) – **Ansprüche** gegen alle Miteigentümer auf erstmalige plangerechte, ordnungsgemäße **Herstellung** geltend gemacht werden (§ 21 WEG), wobei dann auch **alle** Eigentümer anteilig diese erstmalige Herstellungsmaßnahme mitfinanzieren müssten.

Im Spannungsverhältnis zwischen ordnungsgemäßer Instandsetzung/Verwaltung (hier genügt bekanntlich einfache Beschlussmehrheit!) und nachteiligen baulichen Veränderungen (grundsätzliche Zustimmungsbedürftigkeit aller Eigentümer), stehen häufig sog. **modernisierende Instandsetzungen** und Änderungsmaßnahmen der Gemeinschaft z. B. zum Zwecke der Energieeinsparung oder infolge fachtechnisch vorgeschlagener Sanierungsmaßnahmen des Gemeinschaftseigentums. Hier ist stets auf den Einzelfall abzustellen unter Berücksichtigung einer **Kosten-Nutzenanalyse** (zweckmäßige Wertverbesserung, baldige Amortisierung der Investitionskosten, Anpassung an heutige Technik, Folgekostenminderung?). Grundsätzlich besteht nur Ihre Pflicht, mit dazu beizutragen, den aktuellen Zustand der Wohnanlage durch notwendige Instandhaltungen und Instandsetzungen im Wert zu erhalten (einschließlich üblicher und angemessener Verbesserungen nach heutigem Stand der Technik). Durch Modernisierungen dürfen allerdings auch keine sonstigen, bisher nicht vorhandenen Nachteile (auch keine gesundheitlichen Gefährdungen) entstehen (andernfalls evtl. Beschlussanfechtung Ihrerseits!). Behördliche **Auflagen** an eine Gemeinschaft/Verwaltung müssen grds. ohne wenn und aber fristgerecht erfüllt werden; hier besteht über das „ob" grds. kein Eigentümerermessensspielraum, allenfalls über das „wie" der konkreten Ausführung und „durch wen".

Zur umstrittenen Frage des nachträglichen Anschlusses an das **FS-Breitbandkanalnetz** haben im Anschluss an viele untergerichtliche Entscheidungen mit unterschiedlichsten Entscheidungsergebnissen zwischenzeitlich diverse OLGe entschieden, dass der Anschluss jedenfalls dann der Zustimmung aller Eigentümer bedarf, wenn ein solcher Beschluss darauf abzielt, eine an sich auf neuestem Stand befindliche, herkömmliche „Standard"-Programme gut empfangende Gemeinschaftsantennenanlage zu ersetzen und Umrüstungs- und Anschlusskosten auf sämtliche Eigentümer umzulegen. In einem solchen Fall handelt es sich meist nicht mehr um ordnungsgemäße Instandhaltung oder Instandsetzung, sondern nach wie vor um eine bauliche Veränderung. Von einem Sachzwang zu einer diesbezüglichen unbedingten Modernisierung kann wohl auch heute (noch) nicht gesprochen werden. Erst bei einer etwaigen Reparaturbedürftigkeit der vorhandenen Gemeinschaftsantenne kann u. U. einer Modernisierung Rechnung getragen werden (dann einfache – allseits bindende – Mehrheitsbeschlussfassung ausreichend). Die Nachteilswirkung nicht zustimmender Eigentümer liegt im Fall nicht notwendiger Umrüstung insbesondere in den nicht unerheblichen Mehrkosten (Anschluss- und laufende Grundgebühren) und dem gleichsam verfassungsrechtlich geschützten „negativen Informations- und Medienbezugsrecht". Einzelanschlüssen können sich allerdings widersprechende Eigentümer oftmals nicht widersetzen, auch nicht den u. U. damit verbundenen, unvermeidbaren Eingriffen in das Gemeinschaftseigentum, wenn Duldungspflichten angenommen, d. h. Veränderungen nur geringfügig nachteilig sind. § 21 Abs. 5 Nr. 6 WEG und der Grundsatz der (i. Ü. positiven wie negativen) Informationsfreiheit (Art. 5 Abs. 1 Satz 1 GG) ändern an diesem Ergebnis u. E. nichts.

Postalisch ist es auch zulässig, dass sich nur anschlusswillige Eigentümer verkabeln lassen können (als Teilnehmergemeinschaft), was meist auch technisch möglich ist; sie haben dann allerdings auch allein die gesamten Anschlusskosten zu tragen; weiterhin müssen die anschlusswilligen den ablehnenden Eigentümern den Einbau von Trennfiltern (Konnektoren) an deren FS-Geräten finanzieren.

Was heute vielfach eigentümer- und mieterseits erwünschte nachträgliche **Parabolantennen**installationen auskragend an Außenfassaden, Dächern, Balkonbrüstungen usw. betrifft, sind zu Eigentumswohnanlagen und auch zu reinen Mietobjekten diverse Gerichtsentscheidungen ergangen.

Die Rechtsprechung des **Bundesverfassungsgerichts (BVerfG)** zu Mietobjekten (ab 1994) wurde 1995 auch auf das Wohnungseigentumsrecht übertragen und

4 Wesentliche Rechte und Pflichten als Miteigentümer

ausgedehnt. Aus diesem Grund änderte sich zwischenzeitlich überwiegend auch die Rechtsprechung der Wohnungseigentumsfachgerichte. Grundsätzlich muss heute davon ausgegangen werden, dass **Bürger mit ausländischer Staatsangehörigkeit** (ob Mieter oder Eigentümer) auch in Eigentumswohnungen das **Recht** besitzen, (Einzel-)Parabolantennen im Bereich des Gemeinschaftseigentums zu installieren, wenn Sie nur auf diese Weise erwünschte bestimmte FS-Heimatsender empfangen können; dem verfassungsrechtlich geschützten positiven **Informationsrecht** (Art. 5 GG) ist nach BVerfG-Rechtsprechung der **Vorrang** einzuräumen gegenüber Eigentums(bestands)rechten (Art. 14 GG); dass inländischen Bürgern gleiche Rechte bisher offensichtlich nicht zustehen sollen (dann meist als nachteilige baul. Veränderungen i. S. des § 22 Abs. 1 WEG zu werten!), soll i. Ü. nicht gegen den ebenfalls im GG verankerten Gleichheitsgrundsatz verstoßen, was zumindest uns im Augenblick nicht überzeugt. Das Grundrecht der Informationsfreiheit gilt auch für Deutsche (möglich, dass sich ein solcher für einen nur durch Satellitenanschluss zu empfangen Sender interessiert!).

Ausländische Staatsangehörige müssen sich also nicht darauf verweisen lassen, Informationen über ihr Heimatland aus anderen zugänglichen Quellen und Medien zu erhalten. Gefordert werden kann allerdings u. E. zu Recht von Gemeinschaften/Verwaltern bzw. Miteigentümern, dass solche Parabolantennen fachgerecht an möglichst gering störender Örtlichkeit des Gemeinschaftseigentums installiert werden, dass weitergehende Beschädigungen oder Schadensrisiken an gemeinschaftlicher Bausubstanz vermieden/ausgeschlossen sind/werden (andererseits Veranlasserhaftung) und dass bei Wohnungsauszug der alte Zustand des Gemeinschaftseigentums nach Beseitigung der Antenne ordnungsgemäß wiederhergestellt wird. Unter Umständen könnte auch Beweislastumkehr- und Sicherheitsleistung verlangt werden. In vielen Gemeinschaften wird heute bereits überlegt, ob statt Duldung diverser Einzelantennen Umrüstung auf eine einheitliche große gemeinschaftliche Parabolantennenanlage auf das Dach erfolgen sollte (als sog. modernisierende Instandsetzung); fraglich bleibt auch dann allerdings, ob über eine solche „Sammelantenne" alle erwünschten Auslandssender empfangbar sind.

Hinzuweisen ist noch auf die Entscheidung des BVerfG v. Juli 1996, welche die Berechtigung einer Gemeinschaft auf Beseitigung einer Parabolantenne bestätigte, die ein (ausländischer) Mieter eigenmächtig am Gemeinschaftseigentum installiert hatte.

4.5 Gewährleistungsansprüche wegen Mängeln am Gemeinschaftseigentum

Es gehört grundsätzlich zu den gemeinsamen Instandhaltungs- und Instandsetzungspflichten des Gemeinschaftseigentums, auch anfängliche Baumängel im Sinne erstmaliger korrekter Herstellung beseitigen zu lassen. Ein Verwalter hat die Gemeinschaft bei diesem Vorgehen zu unterstützen. Es ist sogar **Nebenpflicht des Verwalters,** Baumängelgewährleistungsansprüche nicht verfristen zu lassen, d. h. ggf. rechtzeitig zur Fristunterbrechung entsprechende Anträge im selbstständigen Beweisverfahren zu stellen oder zumindest auf entsprechende rechtzeitige Beschlussfassungen im Eigentümerkreis in dieser Richtung hinzuwirken (Haftungsgefahr). Weiterhin muss der Verwalter die Gemeinschaft frühzeitig nach Abnahme des Gemeinschaftseigentums **organisatorisch unterstützen,** insbesondere auf rechtzeitige Anträge und Beschlüsse hinwirken (z. B. Einschaltung von Sonderfachleuten, d. h. insbesondere von Privatgutachtern und Bausachverständigen, Beauftragung eines Rechtsanwalts mit der sachgemäßen Verfolgung bestehender Gewährleistungsansprüche usw.). Anfangsverwalter haben also grds. Mängel im Bereich des Gemeinschaftseigentums **festzustellen,** zumindest bei Feststellungen durch Dritte mitzuwirken, Rügen an die Gewährleistungsschuldner weiterzuleiten (verbunden mit Nachbesserungsaufforderungen), Eigentümer entsprechend zu **informieren** und rechtzeitig i. d. R. sachdienliche Beschlussentscheidungen der Gemeinschaft zu **organisieren.** Würde sich hier ein Verwalter zu passiv oder den berechtigten Eigentümerinteressen gegenläufig verhalten (insbesondere bei bestehenden Interessenskonflikten mit einem BauträgerVerkäufer als Gewährleistungsschuldner), könnte sich u. U. sogar eine Schadenersatzpflicht eines Verwalters wegen Verletzung seiner vertraglichen Nebenpflichten ergeben; die **Haftungszeit** beträgt hier selbst bei fahrlässiger positiver Vertragsverletzung des Verwalters (seiner Nebenpflichten) grds. 30 Jahre, wenn Fristen hier nicht ausdrücklich verwaltervertraglich rechtgültig verkürzt wurden (möglich allerdings nach Grundsätzen des AGB-Gesetzes wohl nur hinsichtlich leicht fahrlässigen Fehlverhaltens und im Sinne der Standes- und Berufsordnungen anderer treuhänderisch tätiger selbstständiger Berufsgruppen wie der der Rechtsanwälte, Steuerberater, Notare und Wirtschaftsprüfer). Mehrere Oberlandesgerichte haben in den letzten Jahren bereits Verwalter wegen Nebenpflichtverletzungen in diesem Zusammenhang zur (subsidiären) Schadenersatzzahlung an die Gemeinschaft verurteilt und meist nachfolgende Abberufungen aus wichtigem Grund bestätigt (Vorsicht bei Entlastungsbeschlussfassungen!).

4 Wesentliche Rechte und Pflichten als Miteigentümer

Primäre Gewährleistungsrechte wie **Nachbesserungs- und Kostenerstattungs-** (einschließlich Vorschuss-)ansprüche (Eigennachbesserung bei Verzug) kann grundsätzlich der einzelne Eigentümer mit Leistung an die Gemeinschaft gegen den (die) verantwortlichen Gewährleistungsschuldner geltend machen. Allerdings empfiehlt sich auch hier gemeinschaftliches Vorgehen über entsprechende Beschlussfassung (vgl. **Muster** Abschn. 6.8 unten). Die üblichen sekundären Gewährleistungsrechte **Minderung und Schadenersatz** setzen jedoch grundsätzlich eine Mehrheitsbeschlussentscheidung voraus, bevor hier Ansprüche klageweise geltend gemacht werden können. Die Wandelung (Rücktritt) des einzelnen Eigentümers wegen Mängeln am Gemeinschaftseigentum ist in der Praxis selten (wohl grds. zulässig; formularvertraglicher Ausschluss des Wandelungsrechts strittig). Der BGH hat in einer Entscheidung vom Februar 1990 auch die Klagebefugnis eines einzelnen Eigentümers bejaht, **anteilig Minderung an sich** fordern zu können, in einem Fall, in dem es um behauptete Feuchtigkeits- und Schallmängel ging, die speziell ihn bzw. seine Wohnung nachteilig betrafen (sog. Ausstrahlungsmängel). Entscheidend ist i. Ü. stets, wo die Mangelursache gelegen ist (auch beim häufigen Schallmangel im Regelfall in gemeinschaftlichen Bauteilen), also nicht, wo sich der Mangel vordergründig auswirkt (hier im Sondereigentum); Schallmängel sind damit auch Mängel im/am Gemeinschaftseigentum, ebenso wie z. B. Mängel an Fensterkonstruktionen, fehlerhafte Feuchtigkeitsabdichtungen auf Balkonen oder Terrassen, Schimmelbildung im Sondereigentum aufgrund nicht ausreichender Außenwanddämmung usw. Schadenersatzansprüche (der sog. kleine Schadenersatzanspruch) sind in jedem Fall streng **gemeinschaftsgebunden**, wie der BGH 1991 nochmals bestätigt hat; über **Mehrheitsbeschluss** zur **Wahl- und Klagebefugnis** kann allerdings auch ein einzelner Eigentümer (natürlich auch der Verwalter als Prozessstandschafter) ermächtigt werden, das Verfahren in eigenem Namen zu führen, allerdings mit Antragstellung auf Natural- oder Geldleistung an die Gemeinschaft (grds. nicht, auch nicht anteilig, an sich selbst).

Drängen Sie den Verwalter möglichst frühzeitig, diesen gesamten Themenkomplex (Abnahme, außergerichtliche und gerichtliche Anspruchsverfolgung, Einschaltung von Sonderfachleuten, Finanzierung, Sanierungsmaßnahmen usw.) möglichst bald in Eigentümerversammlungen behandeln zu lassen, um die notwendigen Beschlussmehrheiten zu bekommen und das Prozess- und Kostenrisiko auf alle Eigentümer gleichermaßen zu verteilen. Sind erst einmal die doch verhältnismäßig kurzen Gewährleistungs- und Verjährungsfristen abgelaufen, muss u. U. aus eigener Tasche eine Sanierung des Gemeinschaftseigentums anteilig mitfinanziert werden (als Maßnahme erstmaliger ordnungsgemäßer Herstellung/Fertigstellung/Instandsetzung durch die Gemeinschaft, oftmals über entsprechende Sonderumlagebeschlüsse).

In Bauträgererwerbsverträgen kann gültigerweise nach verfestigter BGH-Rechtsprechung allein **BGB-Werkvertragsgewährleistung** (mit grds. **5-Jahres-Gewährleistungsfrist** für Bauwerksmängel) vereinbart werden. Bei neu hergestellten Bauwerken ist somit eine Fristverkürzung (etwa unter Bezugnahme auf § 13 VOB/B) nicht mehr möglich (Verstoß gegen Grundsätze des AGB-Gesetzes). Ausdrückliche Individualabreden sind beim Bauträgerverkauf selten, setzen i. Ü. Verhandlungsmöglichkeit und -bereitschaft und ausdrückliches, nachweisbares Aushandeln bestimmter Vertragsklauseln voraus.

Die 5-Jahresfrist beginnt grds. mit **förmlicher willentlicher Abnahme** des Gemeinschaftseigentums, nach h. M. also nicht schon „stillschweigend" durch (Mit)Benutzung bzw. Ingebrauchnahme. Im Regelfall ist einmalige und für die Gesamtgemeinschaft einheitliche Abnahme hinsichtlich der Modalitäten ausdrücklich in den Ersterwerbsverträgen und/oder der Teilungserklärung mit Gemeinschaftsordnung geregelt. „Späte" Ersterwerber können u. U. verkäuferseits vertraglich auf bereits erfolgte Übergabe und Abnahme des Gemeinschaftseigentums verwiesen werden (Fristverkürzungsvereinbarungen sind allerdings auch insoweit sehr umstritten). Im Fall rechtzeitiger **Fristunterbrechung** (Anerkenntnis, Klage, Mahnbescheid, Streitverkündung, Antrag im selbstständigen Beweisverfahren usw.) entsteht entweder nach Ende des Unterbrechungstatbestandes eine neue 5-jährige Frist oder fortlaufende Unterbrechung (bis zum rechtskräftigen Abschluss eines gerichtlichen Verfahrens). Durchgeführte Nachbesserungen bewirken ebenfalls – bezogen auf die abgeschlossene Nachbesserungsleistung – einen neuen Fristlauf. Hemmung einer Frist bedeutet i. g. zur Unterbrechung allein ein Fristlillstand. Allein zugesagte Überprüfungen stellen i. d. R. noch kein ausdrückliches Mängelanerkenntnis mit Unterbrechungswirkung dar (deshalb insoweit meist nur Fristhemmung).

Bei nachweisbarem „Organisationsverschulden" eines Gewährleistungsverpflichteten kann u. U. sogar 30-jährige Gewährleistungshaftung bestehen.

Im Zuge anfänglicher Gewährleistung von Mängeln am/im Gemeinschaftseigentum sind gewährleistungsschuldnerseits auch **Folgeschäden** im **Sondereigentum** mitzubeseitigen.

4 Wesentliche Rechte und Pflichten als Miteigentümer

Treten allerdings **nach Ablauf** der Mängelgewährleistungsfristen später Schäden auf, muss sich die Gemeinschaft selbst um die **Instandsetzung** auch von ursächlich im Gemeinschaftseigentum befindlichen Bauschäden kümmern, der einzelne Sondereigentümer hingegen grundsätzlich um die Schadensbeseitigung in seinem Sondereigentum (also z. B. auch um seine Putz- oder Tapetenschäden als Folge einer gemeinschaftlichen Dachundichtigkeit oder einer undichten Terrassenabdichtung). Eine Gefährdungshaftung der Gemeinschaft einzelnen Sondereigentümern gegenüber (also eine Haftung der Gemeinschaft ohne Schuld) kennt das Wohnungseigentumsrecht nicht. Ansprüche gegen die Gemeinschaft hat hier ein einzelner Sondereigentümer hinsichtlich seiner Folgeschäden im Sondereigentum nur dann, wenn die Gemeinschaft (bzw. der Verwalter) bzgl. einer notwendigen Sanierung des Gemeinschaftseigentums **schuldhaft** untätig bleibt bzw. geblieben ist (so die oft verkannte oder unbekannte herrschende Rechtsmeinung).

Zur anfänglichen BAUMÄNGELGEWÄHRLEISTUNGSPFLICHT DES BAUTRÄGERVERKÄUFERS/UNTERNEHMERS
– nach BGB-WERKVERTRAGSRECHT –
(ÜBERSICHT)

I **Allgemein**
- 5 Jahre Gewährleistungsverjährungsfrist bei Bauwerksmängeln (sofern Unternehmer Mängel nicht arglistig verschwiegen hat)
- § 638 –, beginnend mit Abnahme/Übergabe – § 640 –
- **Abnahmepflicht**, soweit Leistung als im Wesentlichen, funktionstauglich erbracht wurde (wenn auch mit kleineren Mängeln behaftet); Teilabnahmevereinbarungen möglich und zulässig
- **Unterbrechung** der Verjährungsfrist u. a. durch schriftliches Mängelanerkenntnis, Klage, Mahnbescheid, Streitverkündung oder
  Antrag im selbst. Beweisverfahren (Beweissicherung)
- **Hemmung** der Frist nach § 639 II

1. Die alternativen (Eventual-)**Gewährleistungsrechte** des Bestellers nach **BGB** (§§ 633 ff.)

a) **Nachbesserungs-**(Mangelbeseitigungs-)anspruch (§ 633 I, II)
   (einschl. Resterfüllungsansprüche geringeren Umfangs nach Abnahme) ⎫
                                                                        ⎬ sog. primäre Gewährleistungsansprüche
b) **Kostenerstattungs-**(Eigennachbesserungs- bzw. Ersatzvornahme-) anspruch (§ 633 III) einschließlich **Vorschuss** – Anspruch (h. R. M.)
   – jeweils im Verzugsfall; Abrechnungspflicht des Bestellers nach erfolgter Mängelbeseitigung; Schadensminderungspflicht (§ 254 II) des Bestellers!
   evtl. Abzug von „Sowieso"-Kosten (h. R. M.) ⎭

c) **Wandelung** (Vertragsrücktritt) – soweit Mangel ⎫
   nicht unerheblich (§ 634 III); formularvertraglicher ⎬ jeweils im Regelfall nach (angemessener) Fristsetzung (Ausn. § 634 II)
   Ausschluss strittig ⎭
d) **Minderung** ⎭ **und Ablehnungsandrohung (§ 634 I)**

e) **Schadenersatz** (wegen) Nichterfüllung (§ 635) ⎫
   in Geld (§ 249)   ⎪
   – als sog. **großer** Schadensersatz-   ⎪ ebenfalls Fristsetzung und Ablehnungsandrohung (§ 634 I) und Verschulden des Unternehmers!
   anspruch (Rücktritt und Schadensersatz)   ⎬ sog. sekundäre Gewährleistungsansprüche
                                                    ⎪
   oder   ⎪
                                                    ⎪
   – als sog. **kleiner** Schadensersatz-   ⎪
   anspruch (Ersatz des durch die Mangelhaftigkeit   ⎪
   insges. verursachten Schadens.)   ⎭

↓
(– jew. keine Mängelbeseitigungs-, Nachweis- u. Abrechnungspflicht! –)
(– erweiterter Schadensbegriff in § 635; grds. auch Mängelfolgeschadensersatz)

4 Wesentliche Rechte und Pflichten als Miteigentümer

2. **Verspätete** Herstellung ! § 636
   (§ 634 I–III, statt Wandelung § 327; allgem. Verzugsrechte nach §§ 283, 284 bleiben bestehen)
3. U. U. auch Bestelleransprüche (insbes. Schadenersatz) aus   } 30-jährige Verjährungsfrist
   - **positiver Vertragsverletzung** – pVV – (vertragl. Nebenpflichtverletzungen); Ersatz für entferntere Mängelfolgeschäden;
   - **arglistiger Täuschung** (aktiv wie passiv); z. B. bewusstes Verschweigen bei bestehender Hinweis- und Aufklärungspflicht (§ 638)
   - evtl. „**Organisationsverschulden**haftung" des Unternehmers (nach BGH); Beweislastfragen;
   - aus **unerlaubter Handlung** (§§ 823 ff.)   } grds. 3-jährige Verjährung (§ 852)
4. U. U. auch Ansprüche aus **culpa in contrahendo** (c. i. c.) oder wegen **Wegfalls der Geschäftsgrundlage** (jeweils § 242) oder aus ungerechtfertigter Bereicherung (§§ 812 ff.); evtl. Vertragsanfechtung (§§ 122, 123)
5. Bis zur Abnahme (§ 640) hat der Besteller in erster Linie **Erfüllungsansprüche**, u. U. auch – je nach Vertrag – separate **Garantieansprüche** (aus besonderen Zusicherungen).

II **Aktivlegitimation** (Klagebefugnis) bei anfänglichen **Mängeln am Gemeinschaftseigentum** (nach verfestigter, modifizierender BGH-Rechtsprechung)

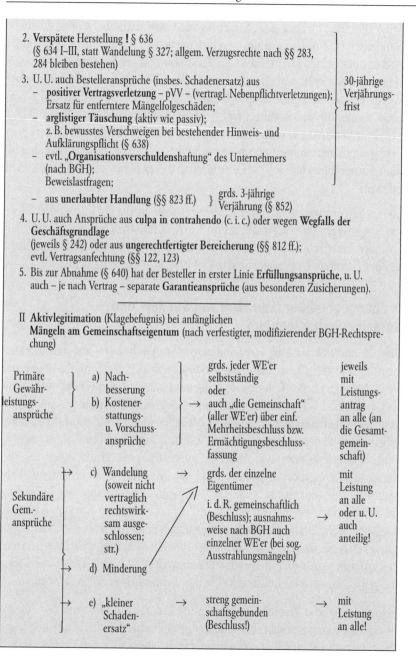

Muss allerdings im Zuge einer Sanierung von Gemeinschaftseigentum durch die Gemeinschaft **Sondereigentum zerstört** werden (z. B. der Fliesenbelag eines Balkons oder einer Dachterrasse im Zuge notwendiger konstruktiver Erneuerungs- und Sanierungsarbeiten), hat der Balkon- bzw. Dachterrasseneigentümer (Sondereigentümer) grds. Anspruch darauf, von der Gemeinschaft wieder eine neue Verfliesung zu bekommen (vgl. § 14 Nr. 4, analog und § 16 Abs. 4 WEG). Probleme können in solchen Fällen auftreten, in denen ein Eigentümer sein Sondereigentum ungewöhnlich hoch – eventuell weit über die Baubeschreibung hinaus – ausgestattet hat; soll die Gemeinschaft diesen planwidrigen Luxus zahlen müssen?

Stehen Sanierungen des Gemeinschaftseigentums an, die nur durch **Betreten** einer Sondereigentümerwohnung aus örtlichen, technischen oder wirtschaftlichen Gründen verwirklicht werden können, besteht entsprechende Duldungspflicht des betreffenden Sondereigentümers (§ 14 Nr. 4. 1. Halbsatz WEG).

4.6 Ordnungsgemäßer Gebrauch von Sonder- und Gemeinschaftseigentum

Was die korrekte Nutzung von **Sondereigentum** (Wohnungs- bzw. Teileigentum) betrifft, ist in erster Linie auf den Zweckbeschrieb, d. h. die Formulierungen und Vereinbarungen in der **Teilungserklärung** mit Gemeinschaftsordnung abzustellen (vgl. § 15 Abs. 1 WEG), daneben auch auf zeichnerische Darstellungen und Eintragungen im **Aufteilungsplan** (Probleme entstehen hier bei widersprüchlichen Beschrieben in diesen beiden dinglichen Wohnungseigentumsbegründungsunterlagen). Teilungserklärung und Aufteilungsplan sind grds. gleichrangige Begründungs- und Bezugsunterlagen. Ausgehend vom „vereinbarten" Wortlaut eines konkreten Einheits- oder Raumbeschriebs (z. B. Wohnung, Gewerberaum, Lager, Keller, Hobbyraum, Speicher, Kfz-Stellplatz, Praxis, Laden, Café, Schwimmbad, Sauna, Bistro, Büro, Studio, Hausmeisterwohnung, Kammer) ist grds. eine Nutzung eines Sondereigentums nur im Sinne dieser speziellen Nutzungszweckvereinbarungen zulässig. Anfänglich festgeschriebene Zweck- und Nutzungsvereinbarungen dürften i. d. R. auch öffentlich-rechtlich, d. h. **behördlich** sanktioniert sein.

Jede nachträgliche **Vereinbarungsänderung** bedarf auch hier grds. der Zustimmung **aller** Eigentümer (bei erwünschter grundbuchrechtlicher Änderung sogar in grundbuchmäßiger Form; Nachtrag zur Teilungserklärung). In Grenzfällen

4 Wesentliche Rechte und Pflichten als Miteigentümer

und bei Streitigkeiten über die Frage konkret zulässiger Nutzung stellt die h. R. M. auch auf Verkehrsüblichkeitsgesichtspunkte und eine „typisierende Betrachtungsweise" ab und prüft zudem die Frage, ob die spezielle Nutzung aus objektiver Sicht als **störender** angesehen werden kann als eine **übliche Nutzung** streng nach dem Wortlaut des vereinbarten Raumbeschriebs; auch dabei steht jedoch der Vertrauensgrundsatz der restlichen Eigentümer im Vordergrund, keine Nachteile durch nachträgliche Nutzungsänderungen der anfänglich festgeschriebenen Vereinbarungen erleiden zu müssen.

Ist z. B. ein Teileigentum allein als „**Laden**" zweckbeschrieben, darf dort kein Restaurant mit Öffnungszeiten bis in die Nacht hinein betrieben werden. In Läden erfolgt allein Warenverkauf über den Ladentisch (Einzelhandel) unter Beachtung der Ladenschlusszeiten nach derzeit gültigem Ladenschlussgesetz; demgegenüber muss dort allerdings wohl ein Tagescafé von den restlichen Eigentümern geduldet werden (nicht störender als ein üblicher Laden mit Kundenverkehr). Ein Sexshop kann im Hinblick auf den überwiegenden Wohncharakter einer Anlage (mit vielen Kinder-Familien) im Einzelfall in einem „Laden"-Teileigentum untersagt werden. Auch gegen Spielotheken wurde bereits erfolgreich prozessiert. In einer „**Praxis**" kann sicher kein Geschäfts- oder Gewerbebetrieb (z. B. Tanz-, Ballett- oder Musikstudio) stattfinden, eher schon ein Bürobetrieb. Ein „**Büro**" kann demgegenüber nicht ohne weiteres als Wohnung genutzt werden; Gleiches dürfte im umgekehrten Fall gelten. „**Speicher**" sind grds. nur zu Lagerungszwecken nutzbar, auf jeden Fall nicht zu Wohnzwecken; ähnlich ist dies bei „**Kellerräumen**" (Basteln, Werken dort unter Berücksichtigung vereinbarter Hausordnungsruhezeiten wohl zulässig) und bei „**Hobbyräumen**" (dort Musizieren, Basteln, Kartenspielen, Fitness, Kinderspiel, Trinkstüberl u. ä. zulässig); in solchen Teileigentumseinheiten etwa installierte Waschbecken, Duschen, WCs oder gar Küchenzeilen, die ein „Wohnen" ermöglichen könnten, müssen auf Antrag hin zumindest von gemeinschaftlichen Rohren/Leitungen abgetrennt werden (auch behördlicherseits können hier Verbote hinsichtlich eines dauernden Aufenthalts von Personen ausgesprochen bzw. wiederholt werden). Ohne Frage darf auch ein „**Sauna**teileigentum" nicht als sog. „Pärchensauna" betrieben oder eine „**Wohnung**" gewerblich (z. B. Prostitution durch Callgirl) genutzt werden (allerdings nach Meinung des KG Berlin vom Juni 1994 als Architekturbüro oder Steuerberaterpraxis!). Weitere Einzelfallrechtsprechung hierzu findet sich im Loseblattwerk in ETW in Gruppe 2 und 5.

Zu diesen **Nutzungsfragen** gibt es in vielen Gemeinschaftsordnungen allerdings auch **liberale Vereinbarungsregelungen**, die z. B. in Wohnungen auch eine selbstberufliche Nutzung dem Grunde nach gestattet (z. B. als Arztpraxis, Rechtsanwalts- oder Steuerberaterkanzlei, Krankengymnastik- oder Heil- oder Kosmetikpraxis usw.); meist steht hier eine erwünschte konkrete Nutzung unter dem **Zustimmungsvorbehalt** des Verwalters (ersatzweise der Gemeinschaft), die dieser (diese) nur „aus wichtigem Grund" verweigern und unter Auflagen (z. B. höherer Wohngeldbeteiligung, Schallverbesserungsmaßnahmen usw.) sowie unter Widerrufsvorbehalt stellen kann (können).

In einer **Hotel**wohnanlage kann wiederum zulässigerweise vereinbart sein, dass Hotelappartementsondereigentümer von eigener „Wohnungs"-Nutzung ausgeschlossen und allein verpflichtet sind, über einzelvertraglich zu beauftragende Hotelbetriebsgesellschaft (und ggf. Poolvertrag) ihre Wohnungen/Appartements für Fremdnutzung durch Hotelgäste zur Verfügung zu stellen. **Achtung:** Gefahr der Gewerbesteuerpflicht, BFH, Urteil vom 10. 4. 1997).

Wird ein Sondereigentum zweck- und vereinbarungswidrig vom **Mieter/Pächter** eines Eigentümers genutzt, so können beeinträchtigte/gestörte Miteigentümer zum einen gegen den vermietenden Miteigentümer (erfolgreich) wohnungseigentumsgerichtlich auf Unterlassung (§ 14 WEG, § 1004 BGB) klagen (oft allerdings bei schon bestehenden Mietverträgen schwierige Vollstreckung eines erwirkten Gebots- oder Verbotstitels), zum anderen aber auch nach neuer Rechtsprechung **direkt zivilgerichtlich** gegen den **Mieter**/Pächter klageweise mit Erfolgsaussicht vorgehen (ebenfalls über § 1004 BGB); der unterlegene Mieter/Pächter hat hier u. U. allein entsprechende Regressansprüche gegen seinen Vertragspartner, d. h. den Vermieter (Verpächter). Auch ein Mieter/Pächter kann nicht mehr Rechte (der Gemeinschaft gegenüber) besitzen als ein (vermietender/verpachtender) Eigentümer!

> **Mieter** und **Pächter** sollten sich deshalb schon vor verbindlicher Vertragsunterzeichnung und evtl. Ein- und Umbauinvestitionen **vergewissern**, ob ihr Vertragspartner überhaupt zivil- und öffentlich-rechtlich berechtigt ist, die Räumlichkeiten zu beabsichtigten Nutzzwecken zu überlassen!

4 Wesentliche Rechte und Pflichten als Miteigentümer

Wie erwähnt, kann sich allerdings auch eine Gemeinschaft im Fall einer beabsichtigten nachträglichen Nutzungsänderung eines Miteigentümers „**großzügig**" verhalten, diese also im Einzelfall beschlussgenehmigen; eine Genehmigung sollte allerdings auch dann nicht vorbehaltlos erfolgen; Kompromisse sind möglich (Zusagen diverser Auflagenerfüllung) bis hin zu Abstandszahlungsleistungen (im Sinne eines – legalen – Aufopferungs- bzw. Wertminderungsausgleichs). Gerade bei beabsichtigtem nachträglichem Ausbau von Speicher- oder Hobbyräumen zu Wohnzwecken (meist in Verbindung mit gewissen baulichen Veränderungen bzw. Eingriffen in das Gemeinschaftseigentum) bieten sich Vergleichslösungen an (z. B. höhere Wohngeldzahlung ohne Änderung der grundbücherlich festgeschriebenen Miteigentumsanteile, alleinige Bezahlung von Sanierungskosten, Übernahme des öffentlich-rechtlichen Bau- und Zweckänderungsgenehmigungsrisikos, Zusage der Tragung aller Instandhaltungs- und Instandsetzungsfolgekosten an veränderten Bauteilen sowie Regelung aller ausbaubedingten Beschädigungen, Beweislastumkehr, Sicherheitsleistungen, pauschale Abfindungszahlung usw.).

> **Beachte** jedoch nochmals aufgrund häufigen Irrtums: Neben wohnungseigentumsrechtlicher Nutzungsgenehmigungen (Zustimmungen) sind u. U. auch **öffentlich-rechtliche Genehmigungen** (Zweckänderungsgenehmigung, Baugenehmigung) erforderlich! Zweigleisigkeit!

Ein aktuelles – oft streitiges – Nutzungsproblem ist heute vielfach auch das Thema der Vermietung (bzw. Untervermietung) von Wohnungseigentum (meist über Mietvertrag mit einer Gemeinde) an **Asylbewerber**, Kontingentflüchtlinge, Obdachlose usw. (mit meist guter Mietzinsrendite für den Vermieter). Grundsätzlich bewegt sich eine solche Wohnungsnutzung im Rahmen zulässigen (Wohn)Gebrauchs, stellt also keine unzulässige gewerbliche Nutzung von Wohnungseigentum dar. Allerdings hat die obergerichtliche Rechtsprechung der letzten Jahre insoweit diverse **Einschränkungen** festgeschrieben, so insbesondere gefordert, dass eine Wohnung auch nur von **einer** Asylbewerberfamilie bewohnt werden dürfe, dass wohnungsaufsichtsgesetzliche **Überbelegungsvorschriften** nach jeweiligem Landesrecht zu beachten seien, dass in einem Zimmer nicht mehr als 2 Personen wohnen dürften und dass mindestens halbjährige Endmietzeiten mit Bewohnern vereinbart sein müssten, um nicht von unzulässiger pensions- oder heimartiger (und damit gewerblicher) Nutzung des Wohnungseigentums ausgehen zu müssen (so z. B. OLG Hamm von 1991, BayObLG von 1991, KG Berlin von 1992, OLG Stuttgart von 1992, OLG Hamm von 1993, BayObLG von 1993 und OLG Frankfurt von 1994).

Während Raumbeschriebe innerhalb eines Sondereigentums (z. B. Wohnzimmer, Kinderzimmer) keine entscheidende rechtliche Bedeutung und damit u. E. auch nicht „strenge" Vereinbarungswirkung haben dürften, sind im Aufteilungsplan (meist entsprechend ergangener Bauauflagen und behördliche Vorgaben) konkret bezeichnete Beschriebe **gemeinschaftlicher Räume** (wie z. B. Treppen-, Flur-, Wasch-, Trocken-, Fahrrad- und Kinderwagenabstell-, Hausmeistergeräte-, Heizzentral- und Tank-, Trafo- und Zählerraum) in Vereinbarungswirkung hinsichtlich der beschriebenen Nutzung bindend. Im Fall nicht vorbestimmter Nutzungen von gemeinschaftlichen Räumen, Flächen und Einrichtungs- bzw. Bauteilen sind Mehrheitsbeschlussfassungen im Rahmen der gesetzlichen Regelung des **§ 15 WEG** möglich; Beschlussfassungen müssen hier **ordnungsgemäßer Verwaltung** und dem **Interesse der Gesamtheit** der Wohnungseigentümer nach billigem Ermessen entsprechen. Diese Grundsätze gelten auch für das gemeinschaftliche Gartengrundstück. Benachteiligt ein gebrauchsregelnder Mehrheitsbeschluss auch nur einen einzelnen Eigentümer, kann (und muss auch) dieser betroffene Eigentümer den Beschluss anfechten, da er sonst der Bindungswirkung auch eines solchen Beschlusses unterliegt (vgl. § 10 Abs. 3, 4 WEG).

Langjährige „vereinbarungswidrige" Nutzung muss miteigentümerseits, aber auch von Rechtsnachfolgern im Eigentum u. U. geduldet werden, wenn sich die bisher hingenommene tatsächliche Situation nicht geändert hat; späte „Gegenrechte" könnten insoweit als **verwirkt** (§ 242 BGB) angesehen werden (Zeit- und Umstandsmoment!).

Zu Fragen berechtigter (üblicher) oder unberechtigter **Nutzung**, Pflege, Sicherheit der Sondereigentumsräumlichkeiten und gemeinschaftlicher Räume, Flächen und Bauteile gibt es heute auch hier **oftmals Streit** unter den Eigentümern. Eine angemessen vorbestimmte oder beschlossene **Hausordnung** (soweit nicht bereits die konkrete Gemeinschaftsordnung Vereinbarungen enthält) sollte auch solche umstrittenen Nutzungsfragen und weiten Rücksichtnahmepflichten klar und eindeutig regeln (vgl. auch nachfolgenden Abschn. 4.7), u. a. also auch Fragen der Gartennutzung (Zier-, Nutz-, Spielgarten; Bepflanzung; Gestaltung;

4 Wesentliche Rechte und Pflichten als Miteigentümer

Kompostierung von Bioabfall; Sonnen im Garten; Grillen; Aufstellen von Gartenzwergen; Setzen von Blumenzwiebeln usw.), des Anbringens von Sonnenschutzmarkisen, der Beschilderung und von Reklameschriften, des Aufhängens von Bildern im Treppenhaus, des Abstellens von Schuhen, Schirmständern, Gummibäumen vor Wohnungstüren, der Balkonnutzung (Schrankaufstellung, Betten lüften über Brüstung, Grillverbote), der tätigen Mithilfe (Schneeräumen, Gartenarbeiten, „Kehrwoche"), des Musizierens, allgemeiner Ruhezeiten, der Tierhaltung, des Schließens von Fenstern und Türen, der Pflege von Pflanz- und Blumentrögen auf Balkonen, des Aufstellens von Wäschespinnen, des nächtlichen Duschens und Badens in der Wohnung, des Abstellens von Rollstühlen und Kinderwägen im Flur, eines Rauchverbots in gemeinschaftlichen Räumen und vieles mehr. Es handelt sich auch hier um die oft als unnötig anzusehenden **Nachbarstreitigkeiten**, die aus fehlendem Verständnis über das Zusammenleben einer Solidargemeinschaft (verschiedenster Individuen) „unter einem Dach" und die dadurch bedingten Rücksichtnahmepflichten (§ 14 WEG) und Beschränkungen der eigenen Wohnbefugnisse entstehen, oftmals auch aus fehlender „Kinderstube" der Bewohner resultieren. Ein erfahrener und fachkundiger Verwalter kann und sollte hier (in Zusammenwirken mit einem Beirat) durch richtige Entscheidungen Streitigkeiten vermittelnd bereits im Keim ersticken, bevor diese eskalieren oder sich in gewisser Eigendynamik fortpflanzen und einen „Gemeinschaftsfrieden" nachhaltig zerstören.

4.7 Hausordnungsfragen

Existiert eine vereinbarte oder beschlossene Hausordnung, können Sie sich bei Verstößen hiergegen gegen den/die betreffenden Störer zur Wehr setzen. Ein Eigentümer hat auch für das Verschulden seines Mieters anderen Eigentümern gegenüber einzustehen (§ 14 WEG). Auch gegen einen Mieter direkt können u. U. entsprechende Ansprüche auf Tun, Dulden oder Unterlassen gestellt werden. Zum Muster einer Hausordnung vgl. unten Abschn. 5.1.

Der Verwalter ist gesetzlich verpflichtet, die Einhaltung der Hausordnung zu überwachen (durch entsprechende Abmahnungen), vgl. § 27 Abs. 1 Nr. 1 WEG; Prozessführung für die Gemeinschaft setzt allerdings einen ermächtigenden Beschluss voraus; Verwalter sollten sich u. E. allerdings insoweit aus Neutralitätsgründen allen Eigentümern gegenüber zurückhalten und entsprechende Klagen einzelne Eigentümer oder die (restliche) Gesamtgemeinschaft (nach entsprechender Beschlussfassung) führen lassen.

Kein Mitbewohner kann Ihnen i. Ü. den **ordnungsgemäßen** (verkehrsüblichen) Gebrauch Ihres Sondereigentums und den gemeinschaftlichen Mitgebrauch des Gemeinschaftseigentums streitig machen. Eine im Interesse der Gesamtheit der Eigentümer „vereinbarte" oder beschlossene Hausordnung enthält grundsätzlich Regelungen über allgemeine Sorgfalts-, Rücksichtsnahme-, Sicherheits- und Gefahrvorbeugungspflichten, Benutzungsregelungen hinsichtlich gemeinschaftlicher Flächen, Räume und Einrichtungsgegenstände (aber auch des Sondereigentums) im Detail, Reinigungspflichten und insbesondere die Vereinbarung von Ruhezeiten. Streitfälle ergeben sich oft zu – gerichtlich u. U. sehr unterschiedlich beurteilten – Fragen wie Tierhaltung, Musikausübung/Ruhezeiten, tätige Mithilfe/Turnusdienste, Stellplatznutzung, Grillen, Verschließen der Haustüre, spielende Kinder, Garten-, Balkon-, Terrassen-, Treppenhausnutzung usw. (vgl. auch vorstehenden Abschn. 4.6). In diesem Zusammenhang ist festzuhalten, dass Ihre üblichen (Nutzungs- und Gebrauchs-)Rechte als Wohnungseigentümer nicht übermäßig und grundlos eingeschränkt werden können.

Ein gänzliches **Tierhalteverbot** kann in einer Hausordnung nicht verfügt werden; allerdings sind Einschränkungen hinsichtlich der Art und der Zahl der Haustiere möglich (h. R. M.), ebenso entsprechende Verhaltensregelungen der Tierhalter. Anfang 1994 hat z. B. das BayObLG eine beschlossene Hausordnungsregelung als gültig erachtet, u. a. des Inhalts, dass Wohnungsinhaber verpflichtet seien, Haustiere, insbesondere Katzen und Hunde so zu halten, dass sie in den Außenanlagen und im Haus nicht frei herumlaufen und Wohnungen, Terrassen bzw. Gartenteile anderer Wohnungseigentümer nicht betreten könnten. In Eigentumswohnanlagen u. U. also auch Katzen an die Leine!

Zur Frage der Gültigkeit (zumindest Nicht-Nichtigkeit) eines **Hundehaltungsverbotsbeschlusses** legte das BayObLG Anfang 1995 eine Streitsache dem Bundesgerichtshof vor; der **BGH** bestätigte am 4. 5. 1995, dass ein bestandskräftiger Mehrheitsbeschluss auf „Hundehaltungsverbot" nicht nichtig sei und vereinbarungsersetzenden Charakter habe (also Zitterbeschluss möglich).

Auch das **Musizieren** innerhalb der eigenen 4 Wände entspricht grds. den anzuerkennenden Wohn- und Lebensbedürfnissen; allein angemessene **Ruhezeitenregelungen** (abends, nachts, früh morgens und mittags) müssen auch insoweit von Musikfreunden respektiert werden; auch andere geräuschvolle Tätigkeiten haben Eigentümer und Mieter in diesen Ruhezeiten zu unterlassen (z. B. lärmverursachende handwerkliche Arbeiten). So wurde z. B. auch obergerichtlich (BayObLG) ein mehrheitlich beschlossenes „Bade- und Duschverbot von 23 bis 6 Uhr" als gültig bestätigt (streitig, zur Vermeidung von Fließgeräuschen und Installationsschallübertragungen). Auch Regelungen etwaiger behördlicher Lärmschutzverordnungen können in spezieller Hausordnung mitberücksichtigt werden.

Verständlicherweise prallen in all diesen und ähnlichen Nutzungsfragen oftmals **unterschiedliche Eigentümerinteressen** aufeinander; im Streitfall muss hier – je nach Einzelfall – eine Interessenabwägung stattfinden (die notfalls objektivierend vom Gericht vorgenommen werden muss); ein Eigentümermehrheitswille muss nicht immer den rechtlichen Ausschlag geben; allerdings müssen überstimmte Eigentümerminderheiten oftmals auch erst lernen, sich nach „demokratischen" Spielregeln auch in einer Eigentümergemeinschaft vertretbaren Mehrheitsentscheidungen u. U. unterwerfen zu müssen (§ 14 WEG).

Die gewerbliche Nutzung eines Sondereigentums kann – wie ebenfalls in Abschn. 4.6 oben schon angesprochen – eingeschränkt oder unter Auflagen gestellt werden. Teileigentum kann nur in dem Umfang genutzt werden, wie sich dies aus der konkreten Zweckbestimmung dieser Einheit gemäß Teilungserklärung mit Gemeinschaftsordnung und Aufteilungsplan ergibt (in typisierender Betrachtungsweise), wobei übermäßige Immissionen (Emissionen) und Störungen von solchen Eigentumsnutzungen nicht ausgehen dürfen. Eigentümer sind auch insoweit für ihre **Mieter verantwortlich**. Auch hier gelten die Grundsätze des § 14 WEG und des § 278 BGB.

Im Einzelfall unzumutbarer und hausordnungswidriger Störung durch einen Mieter oder Pächter einer anderen Wohnung (oder eines Teileigentums) oder gar bei vereinbarungswidriger Nutzung des Miet(Pacht)gegenstands haben Sie auch hier u. U. direkte Abwehr(unterlassungs)ansprüche aus **§ 1004 BGB** gegen einen solchen widerrechtlich nutzenden Mieter/Pächter, verfolgbar vor der allgemeinen Zivilgerichtsbarkeit.

> **Hinweis für Vermieter:**
> Vereinbaren Sie mit Mietern ausdrücklich und individuell, dass sich Mieter (auch) an die bestehende Hausordnung der Eigentümergemeinschaft zu halten haben (in jeweils aktueller Fassung), die dem Mietvertrag als Anlage und Bestandteil beigeheftet ist; Änderungen werden dem Mieter vom Vermieter unverzüglich schriftlich bekannt gemacht und sind damit Vertragsbestandteil!

4.8 Kontrolle des Verwalters

Ein Verwalter muss sich stets von neuem das Vertrauen einer Eigentümergemeinschaft „verdienen" und erarbeiten. Kurze Amtszeiten kraft Gesetzes tragen diesem Verlangen Rechnung, da ohne erneute Wiederwahlbeschlussfassung die Laufzeit eines Amtes und Verwaltervertrages kraft zwingender gesetzlicher Regelung auf maximal fünf Jahre beschränkt ist (vgl. den zwingenden § 26 WEG), und zwar unabhängig davon, auf welche Weise ein Verwalter bestellt wurde. Auch im Fall vereinbarter „automatischer Vertragsverlängerung" (z.B. Fortsetzung der Amtszeit mangels Kündigung in bestimmter Frist um jeweils ein weiteres Jahr) muss spätestens im 5. Amtsjahr erneute Beschlussfassung (auch bei beabsichtigter Wiederbestellung) erfolgen (h.R.M.).

Halten Sie – wenn überhaupt nötig – einen Verwalter an, seine kaufmännisch-buchhalterischen, seine rechtlich-organisatorischen und seine technischen Pflichten (= Hauptpflichten eines jeden WEG-Verwalters) ordnungsgemäß zu erfüllen. Ein guter Verwalter muss allerdings auch **angemessen**, d.h. „preiswert" **honoriert** werden! Derzeit sind Vergütungssätze **zwischen 35 DM und 55 DM**, in Ausnahmefällen auch 60 DM und mehr, zzgl. MWSt pro Wohneinheit und Monat üblich (je nach Größe, Lage, Alter, Bausubstanz und Technik der Anlage, Zusammensetzung der Eigentümer, Streithäufigkeit, Sanierungsnotwendigkeiten, Büroorganisation des Verwalters, Konkurrenzsituation vor Ort und evtl. notwendigen Nacharbeiten für einen säumigen Vorverwalter usw.). Sonderhonorare für Zusatzarbeiten (nicht abgedeckt von einer vorgenannten Vergütungspauschale) müssten eigens und ausdrücklich verwaltervertraglich vereinbart oder auch für Einzelfälle bestandskräftig beschlossen sein.

4 Wesentliche Rechte und Pflichten als Miteigentümer

Zur allgemeinen Verwalterpflicht gehört es auch, einen bestellten Hausmeister zu überwachen. Weiterhin ist der Verwalter der primäre **Garant** dafür, dass die Anlage stets bautechnisch sicher ist und von ihr keine Gefahren auf Bewohner oder fremde Personen ausgehen (**Verkehrssicherungspflicht!**). Entstandene Gefahrenquellen sollten dem Verwalter allerdings auch seitens der Eigentümer/Bewohner unverzüglich mitgeteilt werden (z. B. Schäden und Folgeschäden nach Unwettern, Defekte von Spielgeräten oder an Tiefgaragenrolltoren, in Heizzentralen, Aufzügen, Rohrbrüchen und Überschwemmungen usw.); in Notfällen sind auch Eigentümer selbst handlungsberechtigt, ggf. sogar – verpflichtet. Bei möglicherweise bestehendem Versicherungsschutz hat er die gemeinschaftlichen Interessen wahrzunehmen, verpflichtend allerdings nicht Schadensregulierungen für (folge)geschädigte Sondereigentümer bzw. deren geschädigtes Sondereigentum zu bearbeiten. Notwendige Instandhaltungs- und Instandsetzungsarbeiten am Gemeinschaftseigentum hat er zumindest organisatorisch vorzubereiten, ebenso den Abschluss der erforderlichen Wartungs- und Versicherungsverträge. In schwierigen rechtlichen und technischen Fragen, deren Klärung von einem bestimmten Verwalter auch aus objektiver Sicht nicht erwartet werden kann, hat ein Verwalter zumindest rechtzeitig Eigentümern zu empfehlen, **Sonderfachleute** zu beauftragen (also die Nebenpflicht entsprechender Beschlussvorbereitung).

Bei schuldhaftem, d. h. vorsätzlichem (wohl selten), aber auch fahrlässigem Verhalten im Bereich aller gemeinschaftlichen Verwalteraufgaben kann grds. die Gesamtheit der Gemeinschaft (über entspr. **Beschlussfassung**!) u. U. **Schadenersatzansprüche** gegen den Verwalter wegen Verletzung seiner vertraglichen oder gesetzlichen Pflichten (einschließlich seiner Nebenpflichten) geltend machen. Der Verwalter ist bekanntlich quasi Treuhänder und i. d. R. bezahlter Sachwalter fremden Vermögens und damit zu erhöhter Sorgfalt verpflichtet. Dem Verwalter obliegt auch die vorerwähnte sog. **Verkehrssicherungspflicht** (Mitverantwortung für die Sicherheit des Grundstücks und gefahrgeneigte Bau- und Einrichtungsteile des Gemeinschaftseigentums, d. h. z. B. – je nach Fallsituation, wie schon angesprochen – Überwachung beauftragter dienstleistender Personen / Firmen, Kontrolle gefahrgeneigter gemeinschaftlicher technischer Bau- und Einrichtungsteile wie etwa Dacheindeckung, Aufzug, Heizzentrale, elektrische Tiefgaragenrolltor, Spielgeräte usw., Prüfung etwaiger vom Baumbestand auf dem Grundstück ausgehender Schadensrisiken und nicht zuletzt Organisation und Kontrolle der Schneeräum- und Streudienste innerhalb und außerhalb des Grundstücks). Einen Verwalter kann sogar auch eine Haftung aus den §§ 836, 838 BGB (BGH, OLG Düsseldorf) treffen (z. B. bei Ablösung von Bauwerksteilen). Die notwendigerweise abzuschließende und stets aufrecht zu erhaltende Eigentümerhaftpflichtversicherung deckt allerdings auch solche Risiken mit ab.

Etwa in der Teilungserklärung vereinbarte **Verwalterzustimmungsklauseln** nach § 12 WEG zu Wohnungsverkäufen (seltener auch -vermietungen) berechtigen den Verwalter nicht, solche Zustimmungen ohne berechtigten/wichtigen Grund zu verweigern. Ein wichtiger Grund für eine Zustimmungsverweigerung kann nur auf eindeutig bekannte oder zumindest begründet erwartete **persönliche** oder **finanzielle Unzuverlässigkeit** eines **Erwerbers** gestützt werden (bei zu Unrecht verweigerter Zustimmung könnte ein Veräußerer den Verwalter in Schadenersatzhaftung nehmen). Wohngeldrückstände des Veräußerers z. B. sind kein Grund für den Verwalter, seine Zustimmung zu verweigern oder unter Vorbehalte/Bedingungen zu stellen. Allerdings ist er auch nicht verpflichtet, längerfristige, detektivisch genaue Recherchen über einen Erwerber vor Zustimmungserteilung anzustellen. Für seine Erklärung soll er i. Ü. nach einer früheren Entscheidung des BayObLG nur etwa 8 Tage ab Vorlage der notwendigen Informationen Zeit haben; ohne seine erforderliche Zustimmung bleibt nämlich ein Veräußerungsgeschäft in der Schwebe, kann also nicht weiter vollzogen werden und dadurch finanzielle Schäden auf Verkäufer- und Käuferseite verursachen. Die anfallenden Zustimmungsbeglaubigungsgebühren gehen im Zweifel zulasten der Gemeinschaft (Zustimmungserteilung in deren Interesse), ein vertraglich vereinbartes Sonderhonorar hat der Verwalter allein der Gemeinschaft oder bei vorliegender Vereinbarung dem Veräußerer in Rechnung zu stellen (selbst wenn evtl. kraft interner Absprache der Käufer diese Zahlung zu leisten hat). Seine augenblicklich bestehende Stellung als ordnungsgemäß bestellter und amtierender Verwalter hat er ggf. dem Grundbuchamt/Notar gegenüber nachzuweisen (vgl. auch § 26 Abs. 4 WEG).

Die **Hauptpflichten** des Verwalters, die bei Nachlässigkeiten oder Säumnissen zu einer Haftung führen könnten, ergeben sich insbesondere aus **§§ 27, 28 WEG** (die in § 27 Abs. 1 und 2 WEG normierten Rahmenpflichten sind grundsätzlich zwingender Natur, vgl. § 27 Abs. 3 WEG). Zuständig ist der Verwalter insbesondere für die korrekte **kaufmännische Verwaltung** (Buchhaltung, Abrechnungswesen, Wirtschaftsplankalkulation, Wohngeldinkasso, Einkauf,

Rechnungsausgleich usw.), die **technische (Bestands-)Verwaltung** (Vorbereitung, Organisation, Überwachung, Mängelanspruchsverfolgung von Sanierungsmaßnahmen usw.; bei größeren und technisch schwierigen Instandsetzungen rechtzeitige Empfehlung, Sonderfachleute einzuschalten) und die **rechtlich-organisatorische Verwaltung** (Einladung, Versammlungsleitung, Protokollierung, Veräußerungszustimmung, Zustellungsvertretung usw.).

Zu Aufgaben des Verwalters im Rahmen eines üblichen Instandsetzungsauftrags vgl. nebenstehende **Übersicht**.

INSTANDSETZUNGSAUFTRAG (Beispiel: Fassadenanstrich)

I Vorbereitung

1. Feststellung
   - des Schadensumfangs
   - der Sanierungsnotwendigkeit
   - der Eilbedürftigkeit
2. Besprechung mit Verwaltungsbeirat
3. Herbeiführung eines Grundsatzbeschlusses in einer ordentlichen oder sogar außerordentlichen Eigentümerversammlung (bei Eilbedürftigkeit)/(Ermächtigungsbeschlüsse, **Finanzierung** durch Rücklageentnahme und/oder evtl. Sonderumlage, Zeitpunkt und Zeitplan der Sanierung)
4. Festlegung des Leistungsumfangs im Detail durch Verwaltung/Beirat/ggf. **Fachmann**
5. Einholung von **mehreren vergleichbaren** Konkurrenz- und Kostenangeboten (einschl. Nebenkosten; Regie! **Gerüst!**)
6. Auftragserteilung nach neuerlicher Beschlussgenehmigung oder über bereits gem. Ziffer 3 beschlossene Beiratsermächtigung – i. d. R. in fremden Namen – Finanzierung muss gesichert sein! – ggf. Einschaltung von Sonderfachleuten!

II Auftrag/Bauvertrag

1. BGB oder VOB/B (schriftlicher Auftrag/Bauvertrag!)
   (AGB!) ⟶ bedarf ausdrücklicher Vereinbarung!

2. Regelungen über
   - Leistungsumfang
   - Ausführungsfristen/Termine
   - Zahlungen/Fälligkeiten
   - Abnahme/Vertragsstrafe
   - Gewährleistung (auch bei VOB-Vertrag kann und sollte die Frist auf 5 Jahre vertraglich vereinbart werden)
   - Vergütung ⟵ Pauschalpreisvereinbarung / Einheitspreisvereinbarung / Regiekostenvereinbarung } bei VOB-Vertrag
   - Sicherheiten (Bürgschaften)
   - Einbehalte bei Mängeln

3. Arbeitsüberwachung

4. Abnahme

5. Mängelrügen/ggf. Beweissicherung im selbstständigen Beweisverfahren

6. Bericht des Verwalters über den Ablauf der Sanierung durch Rundschreiben bzw. spätestens in der Eigentümerversammlung

4 Wesentliche Rechte und Pflichten als Miteigentümer

Jederzeit kann durch einfache Beschlussmehrheit (nur im Ausnahmefall durch gerichtlichen Antrag eines einzelnen Eigentümers) ein Verwalter **aus wichtigem Grund abberufen** und dessen Verwaltervertragsverhältnis **fristlos gekündigt** werden (§ 26 Abs. 1 WEG); Voraussetzung ist ein entsprechender Tagesordnungspunkt in der Ladung zur Versammlung. Der Beschluss wird sofort wirksam (unabhängig von einer möglichen Beschlussanfechtung durch den abberufenen Verwalter). Die Gemeinschaft muss allerdings im Streitfall die wichtigen Abberufungsgründe (unbestimmter Rechtsbegriff; richterliches Ermessen) beweisen (schwere Verwalterpflichtverletzungen!, vgl. auch § 626 BGB; Bruch des Vertrauensverhältnisses, Weiterarbeit mit diesem Verwalter unzumutbar!). Jedes strafbare Verhalten eines Verwalters (im Bereich einschlägiger Vermögensdelikte) ist selbstverständlich stets ein ausreichender wichtiger Abberufungsgrund. Fühlt sich ein Verwalter zu Unrecht abberufen, kann er den Abberufungsbeschluss anfechten (nach neuerer Meinung ist dies noch nicht einmal notwendig, weil der Abberufungsbeschluss nur die Willensbildung der Gemeinschaft darstellt und keine Außenwirkung hat) und gleichzeitig Restvergütungsansprüche gegen die Gemeinschaft stellen (Honorarausfall, ggf. unter Abzug ersparter Aufwendungen i.d.R. allerdings von nur 10 oder 20 % nach obergerichtlicher Rechtsprechung). Ob Verfehlungen eines Verwalters für eine Abberufung aus wichtigem Grund ausreichen, sollte vorher (möglichst vor einer entsprechenden Beschlussfassung) fachanwaltlich begutachtet werden. Auch ein durch Beschluss mit sofortiger Wirkung abberufener Verwalter hat unverzüglich einem neu bestellten Verwalter die zur Fortführung der ordnungsgemäßen Verwaltung notwendigen Unterlagen herauszugeben (Holschuld des neu bestellten Verwalters; ein Zurückbehaltungsrecht besitzt der Ex-Verwalter nicht, hat insbesondere alle gemeinschaftlichen Gelder (Fremdgelder) „freizugeben", notfalls das Bankinstitut vom Verfügungs- und Verwalterwechsel unverzüglich in Kenntnis zu setzen; er darf nach seiner sofort wirksamen Amtsbeendigung keinerlei Geldverfügungen mehr für oder gegen die Gemeinschaft vornehmen, hat allerdings auch keine neuerlichen Verwalterpflichten mehr gegenüber der Gemeinschaft zu erfüllen.

Mit der Abberufung sollte gleichzeitig auch ein Beschluss auf sofortige **Rechnungslegung** durch den abberufenen Verwalter gefasst werden, ebenso möglichst anschließend ein Verwalterneubestellungsbeschluss. Eine **Abrechnung** des laufenden Geschäftsjahres hat grds. (mangels anderweitiger Vereinbarungen) bereits der neu bestellte Verwalter zu erstellen, auch bei regulärer Amtsbeendigung des bisherigen Verwalters z.B. zum 31. 12. eines Jahres (nunmehr herrschende Rechtsmeinung). War jedoch der Ex-Verwalter mit Abrechnungen früherer Geschäftsjahre in Verzug und muss diese Arbeit nun von dritter Seite erledigt werden, bestehen entsprechende Schadenersatzforderungen der Gemeinschaft gegen den Ex-Verwalter (nach entsprechendem Mehrheitsbeschluss einklagbar vor dem Wohnungseigentumsgericht).

Wurde nach der Abberufung nicht sofort ein neuer Verwalter durch einfache Beschlussmehrheit bestellt, kann ein **Verwaltungsbeiratsvorsitzender** eine neuerliche außerordentliche Eigentümerversammlung kurzfristig zum Zweck der Verwalterneubestellung einberufen (§ 24 Abs. 3 WEG). Besteht kein Verwaltungsbeirat, hat jeder Eigentümer das Recht, das Wohnungseigentumsgericht anzurufen mit dem Antrag auf Bestellung eines „Interims"-**Notverwalters** durch das Gericht, hilfsweise auf Ermächtigung, selbst eine außerordentliche Versammlung einberufen zu können mit einem Tagesordnungspunkt Verwalterneubestellung und Vertragsabschluss.

Manchmal haben Eigentümer und auch Verwalter nach Ablauf vereinbarter Amts- und Vertragszeit vergessen, rechtzeitig an die gesetzlich notwendige Wiederbestellung zu denken (vgl. § 26 Abs. 2 WEG). Verwaltet hier der bisherige Verwalter weiter, ist er sozusagen nicht legitimierter Pseudo- oder **Scheinverwalter** bzw. Geschäftsführer ohne Auftrag. Beschlüsse infolge „seiner Einladung und Versammlungsleitung" könnten hier im Regelfall erfolgreich aus Gründen eines Formmangels anfechtbar sein (sind allerdings nicht nichtig!); die ordentliche Neu- bzw. Wiederbestellung sollte also schnellstmöglich nachgeholt werden (ggf. mittels gerichtlicher Hilfe i. S. d. Ausführungen im Absatz zuvor).

Eine **BGB-Gesellschaft** (also z. B. Ehegatten, eine Sozietät oder Bürogemeinschaft) kann nach BGH-Rechtsprechung **nicht** wirksam zum **Verwalter** bestellt werden; auch insoweit wäre eine solche Verwaltungsgesellschaft nur eine nicht legitimierte Scheinverwaltung (Beschlussanfechtungsrisiken!); sehr rasch sollte auch hier ein Gesellschafter nachträglich zum offiziellen Verwalter gewählt werden. Ansonsten kann bereits von Anfang an durch den **Bauträger** (in der Teilungserklärung) oder durch einfachen **Mehrheitsbeschluss** (bzw. ausnahmsweise durch das **Gericht**) jede natürliche oder juristische Person, Personenhandelsgesellschaft oder Partnerschaft der freien Berufe zum WEG-Verwalter bestellt werden, also u. U. auch ein Eigentümer selbst (u. E. nicht empfehlenswert), der Bauträger oder ein Tochterunternehmen (u. E. auch nicht stets zu empfehlen; ggf. Interessenkonfliktsituation, insbesondere im Bereich anfänglicher Baumängel), ein Makler usw. Fachliche Vorbildungen, Qualifikationsnachweise oder gar gesetzliche Konzessionen sind nach derzeit geltendem Recht in Deutschland nicht gefordert. Allein Leistung, Erfahrung, Referenzen (wohl auch Verbandszugehörigkeiten) dürften zählen! Auch eine sog. Mehrhausanlage kann nur von einem Verwalter nach WEG betreut werden.

Ein WEG-Verwalteramt ist auch im Aufgaben- und Verantwortlichkeitsbereich streng zu trennen von etwa auch von diesem Verwalter übernommenen **Sondereigentumsverwaltungen** für einzelne Sondereigentümer oder Sondereigentumsgemeinschaften nach grds. frei aushandelbaren Vertragsvereinbarungen gemäß § 675 BGB (Geschäftsbesorgungsvertrag); auch im Fall solcher „Doppelmandate" können mitunter Interessenkonflikte entstehen. Makelnde Sondereigentumsverwalter haben bei der Vermietung das Wohnungsvermittlungsgesetz zu beachten!

4.9 Übernahme eines Verwaltungsbeiratmandats

Tragen Sie sich mit dem Gedanken, aktiv und verantwortungsvoll an den Geschicken „Ihrer" Gemeinschaft mitzuwirken, d. h., das sicher ehrenvolle, mitunter aber auch „undankbare" und zeitaufwendige Amt eines Verwaltungsbeirats anzunehmen („Viel Arbeit ohne Lohn ist halb Spott halb Hohn!"), sei Ihr Augenmerk auf § 29 WEG gelenkt. Aus dieser Bestimmung ergeben sich Ihre grundsätzlichen Aufgaben und Befugnisse. Eine Hauptaufgabe des Beirats ist die **Unterstützung des Verwalters** (Kontrolle damit nur mittelbar). Weisungsrechte gegenüber einem Verwalter besitzt ein Beirat allerdings nicht. Primär hat ein Beirat nach § 29 Abs. 3 WEG Wirtschaftspläne, Abrechnungen, Rechnungslegungen und Kostenvoranschläge vor entsprechenden Beschlussfassungen hierüber zu prüfen und mit Stellungnahmen zu versehen. Der Beiratsvorsitzende (oder sein Stellvertreter) hat darüber hinaus noch die Pflicht, das Versammlungsprotokoll zu unterzeichnen (§ 24 Abs. 6 WEG), weiterhin die Möglichkeit, unter gewissen Voraussetzungen (vgl. § 24 Abs. 3 WEG) selbst eine Eigentümerversammlung einzuberufen. Durch gesonderte Vereinbarungen oder im Einzefall durch Beschlüsse der Eigentümer kann ein Beirat auch mit der Erledigung weiterer

Aufgaben im Interesse der Gemeinschaft betraut/ermächtigt werden. Der Beirat ist allerdings nicht gesetzlicher Vertreter der Gemeinschaft und hat auch nicht die Legitimation, durch eigene Entscheidungen vollendete Tatsachen zu schaffen (die grundsätzlich dem mehrheitlichen Willen der Eigentümergesamtheit und in der konkreten Durchführung dem bestellten Verwalter überantwortet bleiben). Es muss auch davor gewarnt werden, dass sich ein Beirat/Beiratsvorsitzender sozusagen zum „Ersatzverwalter aufschwingt".

Trotz seiner erwähnt regelmäßig unentgeltlichen und ehrenamtlichen Tätigkeit haftet ein Verwaltungsbeirat (ein jedes Mitglied) Miteigentümern gegenüber grds. sogar auch für leicht fahrlässiges Fehlverhalten (OLG Düsseldorf 1997 über 100.000 DM). Der Haftungsmaßstab ist allerdings bei ehrenamtlich Tätigen weit niedriger anzusetzen als bei üblicherweise vergüteten, hauptberuflich arbeitenden Treuhandpersonen. In extremen Fällen kann die Haftung der Verwaltungsbeiratsmitglieder jedoch sehr hoch sein (OLG Düsseldorf, Beschluss aus 1997: über 100.000 DM, nur ein Teilbetrag!) Allerdings kann sich ein „ängstlicher" Beirat auch durch Beschluss von einer solchen Haftung (insbesondere bei wunschgemäß übernommenen „Sonderaufträgen") befreien lassen (jedoch nicht bzgl. Vorsatz oder grober Fahrlässigkeit). Ein Beirat kann sich auch durch Mehrheitsbeschluss entlasten lassen. Über die Wahl/Wiederwahl, evtl. auch den Vorsitz, die Amtsdauer und etwaigen Kosten- und Auslagenersatz entscheidet die Gemeinschaft mangels Vereinbarung grds. mit einfacher Beschlussmehrheit. Jedes Beiratsmitglied ist auch berechtigt, ein Mandat während des Geschäftsjahres – ohne hierfür Gründe nennen zu müssen – niederzulegen. Nichtwohnungseigentümer können grds. (mangels entspr. liberaler Vereinbarung in der Gemeinschaftsordnung) nicht in einen Beirat gewählt werden; mangels vereinbarter Zulässigkeit ist ein anderslautender Mehrheitsbeschluss zumindest erfolgreich anfechtbar („**Zitterbeschluss**"), aber nicht nichtig (§ 29 WEG ist abdingbar); Gleiches gilt hinsichtlich der Zahl der Beiratsmitglieder; das Gesetz geht hier (ebenfalls abdingbar, also nicht zwingend) von 3 Personen/Eigentümern aus.

Neben einem Beirat können von der Gemeinschaft bei Bedarf auch jederzeit Sonderausschüsse mit begrenzten, speziellen Aufgabengebieten gewählt werden (z.B. ein Bauausschuss, ein technischer „Baumängelhilfeausschuss" oder ein Gartengestaltungsausschuss). Die Wahl nur eines „Rechnungs-" oder „Kassenprüfers" wäre jedoch nur möglich, wenn ein Verwaltungsbeirat, der diese Aufgabe nach § 29 WEG zu übernehmen hat, nicht bestellt ist.

4 Wesentliche Rechte und Pflichten als Miteigentümer

Im Rahmen der Wahrnehmung gemeinschaftlicher Interessen ist der Beirat das koordinierende und oft auch vermittelnde **Bindeglied** zwischen den Miteigentümern untereinander und auch zwischen diesen und dem Verwalter. Bei entsprechender Vereinbarung kann ihm auch die Aufgabe eines Schlichtungsorgans übertragen werden, um gerichtliche Verfahren weitgehend zu vermeiden. Die notwendige Harmonie in einer Gemeinschaft hängt oft nicht zuletzt vom weitsichtigen objektiv-neutralen Auftreten und Verhalten eines fachkundigen Verwaltungsbeirats ab und seiner vertrauensvollen Zusammenarbeit mit dem Verwalter, stets im Interesse der Gesamtgemeinschaft. Weder zu diktatorisch-herrisches noch zu unterwürfig-kuschendes Auftreten ist angezeigt. Stellen Sie sich deshalb im eigenen, aber auch aus übergeordnetem Interesse aller Beteiligten gelegentlich zur Wahl! So erlangen Sie auch intensiven Einblick in die Belange einer Gemeinschaft und die doch umfangreiche (oft unterschätzte) Arbeit eines Verwalters, die desinteressierten Miteigentümern oftmals verborgen bleibt. Auch Ihr Engagement ist gefragt! Passive Eigentümer sollten Ihnen eigentlich stets dankbar sein. Das erforderliche „Mindestrüstzeug" für fachkundige, erfolgreiche Beiratsarbeit – zumindest im rechtlichen Bereich – müssten Sie nunmehr nach den bisher gelesenen Seiten unseres kurzen Ratgebers besitzen.

(Zu weiteren Informationen über den Verwaltungsbeirat vgl. Drasdo, Der Verwaltungsbeirat nach dem Wohnungseigentumsgesetz – Rechte und Pflichten – Vergütung – Haftung, Haufe Verlag, Bestellnummer 74.32, ISBN 3-448-03272-7)

5 Steuervergünstigungen in tabellarischer Schnellübersicht

5.1 Förderung nach dem Eigenheimzulagengesetz für eigengenutzte Wohnungen seit 1996

Rechtsgrundlage	Eigenheimzulagengesetz	§ 10 e EStG	§ 10 f EStG
Art der Förderung	Zulage; jährliche Auszahlung jeweils am 15.3.	Abzug wie Sonderausgaben	Abzug wie Sonderausgaben
Begünstigte Objekte	Wohnung im eigenen Haus, Eigentumswohnung; Ausbauten und Erweiterungen	Wohnung im eigenen Haus, Eigentumswohnung; Ausbau, Erweiterung	Baudenkmale und Gebäude in Sanierungsgebieten
Berechtigte Personen	Bauherr; Erwerber (nicht im Schenkungsfall)	Bauherr; Erwerber (nicht im Schenkungsfall)	Bauherr; Erwerber (nur für bestimmte Anschaffungskosten)
Begünstigte Nutzung	Eigene Wohnnutzung durch Eigentümer; unentgeltliche Wohnnutzung durch Angehörige i. S. von § 15 AO	Eigene Wohnnutzung durch Eigentümer	Eigene Wohnnutzung durch Eigentümer
Bemessungsgrundlage (BMG)	Herstellungs- und Anschaffungskosten für Gebäude zzgl. volle Anschaffungskosten für Grund und Boden	Herstellungs- bzw. Anschaffungskosten der eigenen Wohnung zzgl. 50% der Anschaffungskosten für Grund und Boden	Herstellungskosten; Anschaffungskosten für nach Abschluss des Kaufvertrags durchgeführte Maßnahmen; Erhaltungsaufwendungen
Höchstbetrag	Die Summe aus Fördergrundbetrag und Kinderzulage darf die BMG nicht überschreiten; bei Ausbauten und Erweiterungen darf sie 50% der BMG nicht überschreiten	330.000 DM; bei Altbauten* 150.000 DM	unbegrenzt
Höhe der Vergünstigung	**Neubauten:** 8 Jahre je 5% der BMG, max. 5.000 DM **Altbauten*, Ausbauten u. Erweiterungen**, 8 Jahre je 2,5% der BMG, max. 2.500 DM	Sonderausgabenabzug: 4 Jahre bis zu 6%, 4 Jahre bis zu 5% der BMG	Sonderausgabenabzug: 10 Jahre jeweils zu 10% der BMG
Beginn der Förderung	Jahr der Fertigstellung oder Anschaffung und der begünstigten Nutzung	Jahr der Fertigstellung oder Anschaffung und Eigennutzung	Fertigstellung bzw. Abschluss der Baumaßnahmen

* Wenn Anschaffung erst nach Ende des zweiten auf das Fertigstellungsjahr folgenden Jahres erfolgt.
** Ab 1997: Grundförderung und Kinderzulage zusammen sind begrenzt auf max. 50% der Herstellungskosten.

5.2 Gebäudeabschreibungen bei vermieteten Wohnungen

	§ 7 Abs. 4 EStG	§ 7 Abs. 5 Satz 1 Nr. 3 a EStG	§ 7 Abs. 5 Satz 1 Nr. 3 b EStG	§§ 7 h, 7 i EStG
Objekt	Sämtliche Gebäude, ausgenommen selbstbewohnte	Gebäude im Inland, soweit sie fremden Wohnzwecken dienen	Gebäude im Inland, soweit sie fremden Wohnzwecken dienen	Gebäude in Sanierungsgebieten bzw. Baudenkmale im Inland
AfA-Berechtigter	Bauherr; Erwerber	Bauherr; Erwerber (aber nur, wenn die Anschaffung spätestens im Fertigstellungsjahr erfolgt)	Bauherr; Erwerber (aber nur, wenn die Anschaffung spätestens im Fertigstellungsjahr erfolgt)	Bauherr; Erwerber in bestimmten Fällen
Bemessungsgrundlage	Herstellungs- bzw. Anschaffungskosten (unbegrenzt)	Herstellungs- bzw. Anschaffungskosten (unbegrenzt)	Herstellungs- bzw. Anschaffungskosten (unbegrenzt)	Herstellungs- bzw. Anschaffungskosten nach Abschluss des Kaufvertrags (unbegrenzt)
Abschreibungssatz	2% bei Fertigstellung nach dem 31.12.1924 (vorher 2,5%), Wirtschaftsgebäude* 4%	4 Jahre je 7% 6 Jahre je 5% 6 Jahre je 2% 24 Jahre je 1,25%	8 Jahre je 5% 6 Jahre je 2,5% 36 Jahre je 1,25%	10 Jahre jeweils bis zu 10%
AfA-Beginn	Anschaffung oder Fertigstellung (nur zeitanteilig)	Anschaffung oder Fertigstellung (voller Jahresbetrag)	Anschaffung oder Fertigstellung (voller Jahresbetrag)	Abschluss der jeweiligen Baumaßnahme (voller Jahresbetrag möglich)
Zeitliche Voraussetzungen	Bei Wirtschaftsgebäuden*; Bauantrag nach dem 31.3.1985	Bauantrag bzw. Kaufvertragsabschluss nach dem 28.2.1989 und vor dem 1.1.1996	Bauantrag bzw. Kaufvertragsabschluss nach dem 31.12.1995	anwendbar auf Maßnahmen nach 31.12.1990
Sonstige Voraussetzungen	–	–	–	Bescheinigung der Gemeinde- bzw. Denkmalbehörde

* Gebäude bzw. -teile, die zum Betriebsvermögen gehören und nicht Wohnzwecken dienen.

5.3 Neubewertung von Eigentumswohnungen und Übersicht zur neuen Erbschaft- und Schenkungsteuer

Das folgende Modell zur Berechnung der Immobilienwerte für die Erbschaft- und Schenkungsteuer wurde als Teil des Jahressteuergesetzes 1997 verabschiedet. Die Bewertung erfolgt aufgrund der Vorgaben des Bundesverfassungsgerichts rückwirkend ab 1. 1. 1996.

Grundstücksart	Ausgangswert	Abschläge	Zuschläge
Unbebaute Grundstücke	Fläche x Bodenrichtwert* zum 1. 1. 1996	20%	–
Bebaute Grundstücke	Durchschnittliche Jahresmiete (Kaltmiete) der letzten drei Jahre bzw. die übliche Jahresmiete** x 12,5	Altersabschlag pro Jahr 0,5%, jedoch maximal 25%	20% bei Wohngebäuden mit nicht mehr als zwei Wohnungen
Sonderfälle (Fabrikgebäude etc.)	Fläche x Bodenrichtwert* zum 1. 1. 1996 zuzüglich Gebäudewert lt. Bilanz	30% des Ansatzes für Grund und Boden	–

* Die Bodenrichtwerte werden von Gutachterausschüssen ermittelt und dem Finanzamt mitgeteilt.
** Die übliche Miete wird angesetzt, wenn das Grundstück nicht oder vom Eigentümer oder dessen Familie selbst genutzt, anderen unentgeltlich überlassen oder an Angehörige oder Arbeitnehmer des Eigentümers vermietet ist. Dier Finanzämter verfügen über entsprechende Vergleichsmieten, die sie auch schon bisher für Einkommensteuerzwecke ermittelt haben.

Der nach den oben genannten Angaben errechnete Immobilienwert wird am Schluss auf volle 1.000 DM nach unten abgerundet.

Beispielberechnung:

Selbstgenutzte Eigentumswohnung, 8 Jahre alt, übliche Jahresmiete: 12.000 DM.

Ausgangswert:	12.000 DM × 12,5 =	150.000 DM
Abschlag:	4% von 150.000 DM	− 6.000 DM
verminderter Wert:		= 144.000 DM
Zuschlag:	20% von 144.000 DM	+ 28.800 DM
Immobilienwert:		= 172.800 DM
abgerundet		= 172.000 DM

Freibeträge seit 1996 bei der Erbschaft- und Schenkungsteuer

1. Persönliche Freibeträge

Steuerklassen

I	Nr. 1 Ehegatte	600.000 DM
I	Nr. 2 Kinder und Stiefkinder	400.000 DM
I	Nr. 3 (Ur-)Enkel, wenn deren Eltern verstorben sind	400.000 DM
I	Nr. 4 Eltern/Großeltern bei Erwerb von Todes wegen	100.000 DM
II	übrige Verwandte	20.000 DM
III	übrige	10.000 DM

2. Versorgungsfreibeträge

Ehegatte		500.000 DM
Kinder	bis 5 Jahre	100.000 DM
	über 5 – 10 Jahre	80.000 DM
	über 10 – 15 Jahre	60.000 DM
	über 15 – 20 Jahre	40.000 DM
	über 20 – 27 Jahre	20.000 DM

3. Freistellung von Hausrat einschl. Wäsche und Kleidung

Steuerklasse I	80.000 DM
übrige Steuerklassen	20.000 DM

4. Freistellung aller anderen beweglichen körperlichen Gegenstände

Steuerklasse I	20.000 DM
übrige Steuerklassen (mit Haushalt zusammengefasst) Pflege bzw. Unterhaltsentgelt (§ 13 Abs. 1 Nr. 9)	10.000 DM

Steuersätze bei der neuen Erbschaft- und Schenkungsteuer

Wert des steuerpflichtigen Erwerbs (§10) bis einschl. Deutsche Mark	Vomhundertsatz in der Steuerklasse		
	I	II	III
100.000 DM	7	12	17
500.000 DM	11	17	23
1.000.000 DM	15	22	29
10.000.000 DM	19	27	35
25.000.000 DM	23	32	41
50.000.000 DM	27	37	47
über 50.000.000 DM	30	40	50

5.4 Werbungskostenpauschale und neue Grunderwerbsteuer

Seit 1996 konnten bei der Einkünfteermittlung von Wohnungen des Privatvermögens statt der bisherigen Einzelnachweise durch Belege etc. **42 DM pro Quadratmeter vermieteter Wohnfläche** als Jahresbetrag pauschal abgezogen werden (§ 9a Nr. 2 EStG). Dieses **Wahlrecht** war für jede fremd vermietete Eigentumswohnung separat auszuüben und gilt zeitanteilig nur für vermietete Zeiträume. Für die **Wohnflächenberechnung** gelten die §§ 42 bis 44 der II. Berechnungsverordnung, sodass Zubehörräume wie Keller, Abstellräume, Dachböden, Garagen etc. nicht dazu gehören. Flächen von Balkonen, Loggien, Dachgärten und gedeckten Freisitzen zählen hälftig zur Wohnfläche (vgl. oben Abschn. 1.5). Seit 1999 hat diese Bestimmung keine Gültigkeit mehr, sodass die jeweiligen Werbungskosten im Einzelfall nachgewiesen werden müssen.

Seit 1997 beträgt die **Grunderwerbsteuer 3,5%** (vorher 2%) bezogen auf die **Gegenleistung** (= in der Regel das Entgelt für die Veräußerung, wobei der Verkehrswert zugrunde zu legen ist). Nicht zur Gegenleistung gehören z.B. Vertragsstrafen oder die Maklergebühr des Erwerbers. Beim Miterwerb nicht steuerbarer Werte (z.B. des Inventars) erfolgt deren Aussonderung nach der sog. Boruttauschen-Formel (vgl. dazu Heine, Grunderwerbsteuer, Haufe Verlag, Bestell-Nr. 33.22, Abschnitt 3.1.3). Lassen Sie sich hierzu von einem Steuerberater beraten.

5.5 Literaturhinweise zu weiteren steuerlichen Einzelfragen

Wenn Sie sich detaillierter zu Einzelaspekten der steuerlichen Förderung von Eigentumswohnungen informieren wollen, dürfen wir Sie auf folgende Darstellungen aus der Haufe Mediengruppe hinweisen:

– Gruppe 8 (Steuerliche Fragen) im Loseblattwerk „Die Eigentumswohnung – vorteilhaft erwerben, nutzen und verwalten – (ETW), Bestell-Nr. 71.06, mit folgenden Einzeldarstellungen:

- Einkommensteuerliche Behandlung der vermieteten Eigentumswohnung
- Einkommensteuerliche Behandlung des Haus(Wohn)geldes
- Die Feststellung von Grundbesitzwerten für die Erbschaft- und Schenkungsteuer
- Erbschaft- und Schenkungsteuer
- Das Grunderwerbsteuergesetz
- Umsatzsteuer (Mehrwertsteuer) bei Wohnungseigentümergemeinschaften
- Vorsteuerberichtigung bei Zwischenmietverhältnissen
- Die Einheitsbewertung des Wohnungseigentums
- Die Grundsteuer
- Grundsteuervergünstigung nach dem II. Wohnungsbaugesetz
- Die Zweitwohnungsteuer
- Steuervorteile bei denkmalgeschütztem Wohnungseigentum
- Einkommensteuerliche Vergünstigungen für **selbstgenutzte** Eigentumswohnungen (§ 10 e EStG)
- Die Neuregelung der **Wohnungseigentumsförderung ab 1996**
- Der Antrag auf Eigenheimzulage
- Freibetrag auf der Lohnsteuerkarte
- Steuervergünstigungen in den neuen Bundesländern

Parallel zu dem vorliegenden Ratgeber ist folgendes **Buch** erhältlich:

Jaser, Das große Steuer-ABC für Wohnungseigentümer, Bestell-Nr. 33.24, ISBN 3-448-03485-1

Jaser, Die Eigenheimbesteuerung, Bestell-Nr. 06205-002, ISBN 3-448-03704-4

6 Muster

(mit einführenden Erläuterungen und Anmerkungen)

6.1 Hausordnungsvorschlag

I. Einführung

Rechtsgrundlagen:
§§ 13, 14, 15, 21 Abs. 5 Nr. 1, 27 Abs. 1 Nr. 1 WEG
Vereinbarungen in der Gemeinschaftsordnung;
allgemeine Rechtsgrundsätze (insbesondere „Anstand und gute Sitte", „Treu und Glauben")

Vorbemerkende Erläuterungen:
Um ein möglichst störungsfreies, geordnetes und von wechselseitiger Rücksichtnahme geprägtes Zusammenleben auf engstem Raum in einer Eigentumswohnanlage ermöglichen zu helfen, sollten Eigentümer mehrheitlich eine Hausordnung beschließen, sofern eine solche nicht bereits von Anfang an in eine Gemeinschaftsordnungsvereinbarung aufgenommen wurde. Die Aufstellung einer Hausordnung entspricht ordnungsgemäßer Verwaltung (§ 21 Abs. 5 Nr. 1 WEG) und kann deshalb von jedem Wohnungseigentümer, notfalls auch auf gerichtlichem Wege gefordert werden (mit dem Antrag, die restlichen Eigentümer zu verpflichten, eine der Gemeinschaft entsprechende, allgemein übliche Hausordnung – hilfsweise nach beigefügtem Muster. Ergänzungen, Erweiterungen und Änderungen einer bestehenden Hausordnung können ebenfalls stets mit einfacher Eigentümerbeschlussmehrheit beschlossen werden; dies gilt auch für Hausordnungen, die in eine Gemeinschaftsordnung als Rahmen- oder auch Detail-„Vereinbarung" bereits integriert sind (auch eine solche vereinbarte Hausordnung hat u. E. nicht grundsätzlich unabänderbaren Vereinbarungscharakter, sondern ist als schriftlicher Mehrheitsbeschluss – sozusagen als Scheinvereinbarung – zu qualifizieren).

Muss eine Hausordnung erst beschlossen werden, sollten Verwalter und/oder Verwaltungsbeirat einen Entwurf fertigen und der Gemeinschaft zur Diskussion und endgültig genehmigenden Beschlussfassung vorlegen. Es können auch durch Beschluss Personen ermächtigt werden, selbst eine verbindliche Hausordnung aufzustellen und den Eigentümern zum Zweck der genehmigenden Beschlussfassung bekannt zu machen. Dabei ist stets den besonderen Belangen (Bedürfnissen) einer speziellen Gemeinschaft/Anlage Rechnung zu tragen. Der in einer Teilungserklärung mit Gemeinschaftsordnung festgeschriebene übergeordnete Zweckcharakter einer Gesamtanlage kann allerdings durch Hausordnungsregelungen grundsätzlich nicht geändert/eingeschränkt werden.

Das nachfolgende **Muster** ist aus diesem Grund nur ein **möglicher Vorschlag** mit einigen Vereinbarungsvarianten, sollte also auf keinen Fall unbesehen und unüberlegt auf eine eigene Anlage mit vielleicht anders gelagerten Regelungsbedürfnissen übertragen werden. Stets sind die Grundsätze ordnungsgemäßer Verwaltung und allgemeine Billigkeits- und Gerechtigkeitsgedanken (Treu und Glauben, § 242 BGB) zu beachten. Inhaltlich sind einer Hausordnung Grenzen gesetzt; schwer wiegende Eingriffe in die Substanz des erworbenen Sondereigentums und die Rechtsstellung des einzelnen Eigentümers sind nicht möglich, ebenso nicht Absprachen, welche dinglich festgeschriebenen Rahmenvereinbarungen der Gemeinschaftsordnung (im Grundbuch eines jeden Sondereigentums als Bestandteil eingetragen) zuwider laufen.

Die Grenzen der erlaubten/unzulässigen Regelungsinhalte sind naturgemäß fließend und im Detail leider sehr umstritten (vgl. z. B. die umfangreiche Rechtsprechung zu den Themenbereichen Tierhaltung, Musikausübung, Ruhezeitregelungen, Gartennutzung usw.). Vielfach muss mit unbestimmten und auslegungsbedürftigen Rechtsbegriffen gearbeitet werden, da alle möglichen Störeinzelfälle sicher nicht erschöpfend und hypothetisch vorausschauend geregelt werden können.

Zwischen der Hausordnung der Eigentümergemeinschaft und mietvertraglich vereinbarten Hausordnungen bei Wohnungsvermietungen sollte möglichst von Anfang an Kongruenz (Übereinstimmung) hergestellt werden. Die **Hausordnung** der Gemeinschaft gilt gegenüber dem Mieter nur, wenn diese auch als **Bestandteil des Mietvertrages** vereinbart ist (häufig Probleme bei Änderungen, weil ein Mietvertrag nicht einseitig durch den Vermieter geändert werden kann – eine **Ergänzungsklausel** vorbehalten – str.).

6 Muster

Im Übrigen müsste durch mietvertraglich zulässige Sonderabsprachen der Eigentümerhausordnung (einschließlich etwaiger Änderungsbeschlüsse) stets der Vorrang eingeräumt werden, um Konflikte zum Mietrecht auszuschließen (Bekanntmachung dem Mieter gegenüber!).

Die allgemeine Hausordnung kann ohne weiteres bei Regelungsnotwendigkeiten auch durch eine Garagenordnung, Schwimmbad- und Saunaordnung, Waschküchenordnung, Aufzugsordnung, Spielplatzordnung, Gartennutzungsordnung usw. ergänzt werden.

Achtung: Prüfen Sie bei evtl. gedanklicher Verwertung des nachfolgenden Musters vorab, welche Regelungsvorschläge ggf. Ihren konkreten, als Grundbuchinhalt zu wertenden „echten" Vereinbarungen in der Gemeinschaftsordnung oder bereits verbindlich gefassten Beschlüssen bzw. Gerichtsentscheidungen widersprechen und damit grundsätzlich nicht in eine spezielle Hausordnung mit geänderten Inhalten übertragen werden sollten.

II. Muster

Hausordnung

(der Wohnungseigentümergemeinschaft ...)

Vorbemerkung:

Hausbewohner können nur dann friedlich unter einem Dach zusammenleben, wenn sie den Willen zu guter Nachbarschaft auf der Grundlage gegenseitiger Rücksichtnahme und Achtung besitzen und auch danach leben. Aus diesem Grund unterwerfen sich die Eigentümer nachfolgenden Hausordnungsregelungen, wobei sie sich auch verpflichten, im Fall beabsichtigter Wohnungs- bzw. Teileigentumsvermietung sobald als möglich die Einhaltung und Beachtung dieser Regelungen und etwaiger Ergänzungen, Änderungen und Erweiterungen auch Mietern/Untermietern/Pächtern zur Auflage zu machen. Die Hausordnung ergänzt und präzisiert insoweit die Gemeinschaftsordnung und vorgenannte Grundsätze.

A. Häusliche Ruhe (Anm. 1)

1. Als grundsätzliche **Ruhezeiten** werden die täglichen Zeiträume von 22 Uhr bis 6 Uhr und 13 Uhr bis 15 Uhr festgelegt. An Sonn- und Feiertagen wird diese Ruhezeit erweitert auf 18 Uhr bis 8 Uhr und 12 Uhr bis 15 Uhr. Von dieser Regelung ausgenommen sind allein Geschäftsbetriebe in vorhandenem Sondereigentum/Teileigentum (einschließlich in zulässiger Weise beruflich genutztes Wohnungseigentum) mit berechtigterweise weitergehenden Geschäftszeiten, wobei auch hier unübliche und übermäßige Lärmstörungen zu vermeiden sind (Anm. 2).

2. In den vereinbarten Ruhezeiten dürfen keine **ruhestörenden Arbeiten** vorgenommen werden (wie z. B. Teppich klopfen o.Ä., handwerkliche, mit Lärm verbundene [Hobby]Arbeiten etc.). Dies gilt auch für Arbeiten in Kellerräumen und auf bzw. in gemeinschaftlichen Flächen und Räumen in und außer Haus.

3. Das **Musizieren** in Wohnungen ist ebenfalls in vorgenannten Ruhezeiten nicht gestattet. Musikinstrumente sind darüber hinaus – soweit möglich – schallzudämpfen.

4. **Tonträger** dürfen generell nicht über Zimmerlautstärke eingestellt werden; sie dürfen auch nicht auf Balkonen, Loggien oder Terrassen betrieben werden (Anm. 3). Gleiches gilt für Benutzungsgeräusche von genehmigungsfreien Maschinen/Haushaltsmaschinen (wie z. B. Wasch-, Näh-, Küchen- und Schreibmaschinen sowie Staubsaugern).

5. Eltern und Erziehungsberechtigte haben dafür Sorge zu tragen, dass Ruhestörungen durch **Kinder** insbesondere in den vereinbarten Ruhezeiten – in und außer Haus – vermieden werden. Das mit Lärm verbundene Spielen ist nur auf den hierfür vorgesehenen Kinderspielplätzen und -flächen zulässig, also insbesondere nicht in Kellerräumen, Hausgängen, Fluren und Treppenhäusern.

6. Es ist auch darauf zu achten, dass während der Ruhezeiten **Haus- und Wohnungstüren** leise geschlossen werden und bei Zu- und Abfahrten zur oder von der Garage jeglicher unnötige Lärm vermieden wird. Besucher/Gäste sind zur Nachtzeit leise zu verabschieden. Treppenhäuser und Flure dürfen nicht mit Holzschuhen (Kleppern) begangen werden.

7. Das **Baden/Duschen** ist zwischen 22 (23) Uhr und 6 Uhr (an Sonn- und Feiertagen zwischen 22 (23) Uhr und 8 Uhr) aufgrund der damit verbundenen Fließ- und Ablaufgeräusche nicht gestattet (Anm. 4).

8. **Gästeparties** in Wohnungen (insbesondere mit Musik und Tanz) werden höchstens 1- bis 2-mal im Quartal für zulässig erachtet.
Das Gebot der Zimmerlautstärke von Tonträgern und Musikinstrumenten gilt in solchen Fällen erst ab 24 Uhr. Solche Parties und geräuschvolle Veranstaltungen in Wohnungen sind jedoch rechtzeitig vorher unmittelbar betroffenen Nachbarbewohnern anzukündigen.

B. Sauberhaltung, Reinlichkeit und sonstige Verhaltens-, Sicherungs- und Sorgfaltspflichten

1. **Teppiche**, Polster, Betten, Matratzen, Kleidungsstücke, Schuhe etc. dürfen nur auf/in hierfür vorgesehenen gemeinschaftlichen Plätzen/Räumen oder innerhalb des Wohnungseigentums unter Beachtung der Ruhezeiten **gereinigt** werden. Eine Reinigung auf Terrassen und Balkonen ist nicht gestattet. Bettzeug darf auch nicht aus offenen Fenstern oder über Balkonbrüstungen zum Lüften gehängt werden.

2. Kehricht, **Küchenabfälle** u. Ä. dürfen nur in die hierfür bestimmten Abfallbehälter/Mülltonnen entleert werden. Zerkleinerbares Sperrgut ist vor Einlagerung in die Mülltonnen zu zerkleinern, größeres Sperrgut selbstständig in Sammeldeponien zu bringen. Zeitungen und Zeitschriften (sowie Karton/Pappe) sind zu bündeln und für gesonderten Abtransport an Abholtagen neben die Mülltonnen (bzw. in eigene Papierabfalltonnen) zu legen (Anm. 5). Flüssigkeiten und Abfälle (wie Zigarettenkippen, Brot- und Kuchenkrümel etc.) dürfen nicht aus Fenstern oder über Balkone geschüttet werden.
Auch beim Gießen von absturzsicher angebrachten Blumenkästen ist darauf zu achten, dass Gießwasser nicht auf darunter liegende Flächen und/oder Gebäudeteile läuft. Kletterpflanzen an Außenwänden sind im Übrigen nicht gestattet (Anm. 6).

3. In **Ausgussbecken** und WCs dürfen keine Abfälle und schädlichen Flüssigkeiten gegeben werden. Es ist speziell verboten, das WC quasi als Abfalleimer zu benutzen, z. B. für Blechdosen, Watte, Textilien, Hygieneartikel, Windeln, Zeitungen, Zigarettenschachteln, Rasierklingen, Bauabfälle, Farbreste, Fette, Öle o. Ä.

4. Schuldhaft herbeigeführte **Verunreinigungen** gemeinschaftlicher Räume, Flächen und Einrichtungsteile sowie anderen Sondereigentums hat der Störer selbstverantwortlich bzw. auf Weisung des Verwalters unverzüglich zu beseitigen, ggf. entstandenen Schaden zu ersetzen.

5. Das grundsätzlich in begrenzter Zahl gestattete Halten von Hunden und Katzen sowie sonstigen **Haustieren** (Ausnahme Fische im Aquarium) bedarf der vorherigen schriftlichen Erlaubnis der Hausverwaltung. Der betreffende Tierhalter muss stets dafür sorgen, dass durch die Tiere weder Schmutz noch anderweitige Belästigungen verursacht werden.
Hunde sind innerhalb des Hauses und der Außenanlage stets an der Leine zu führen. Verunreinigungen gemeinschaftlicher Gebäudeteile und Flächen sind sofort vom Tierhalter zu beseitigen. Bei Nichtbeachtung dieser Verhaltensregelungen kann eine bereits erteilte Erlaubnis nach einmaliger, erfolgloser Abmahnung widerrufen werden.

Alternativ:

Wohnungseigentümer sind verpflichtet, Haustiere (insbesondere Katzen und Hunde) so zu halten, dass sie in den Außenanlagen des Anwesens und im Haus nicht frei herumlaufen und dass sie die Wohnungen und Gartenteile anderer Eigentümer nicht betreten können. Bei Nichtbeachtung kann – und bei drei erfolglosen schriftlichen Abmahnungen (des Verwalters) muss – die Tierhaltung von der Hausverwaltung untersagt werden (Anm. 7).

6. Das Auftreten von **Ungeziefer** in Wohnungen ist dem Verwalter unverzüglich mitzuteilen (z. B. Befall von Schaben/Kakerlaken/Russen, Silberfischchen usw.). Kammerjägern darf der Zutritt in Wohnungen nicht verwehrt werden.

7. In **Treppenhäusern**, Kellergängen, Fluren und auf gemeinschaftlichen Loggien dürfen keine Gegenstände (z. B. Schuhe, Schränke, Pflanzen, Schirmständer, Blumentöpfe) abgestellt werden. Fahrräder, Kinderwagen (Anm. 7a), Schlitten und dgl. sind grundsätzlich nur im Kellergeschoss auf den hierfür vorgesehenen Plätzen oder innerhalb des Sondereigentums (eigenen Kellers) zu deponieren. Sie sind über Flure und Treppen zu tragen. Etwa verursachte Verschmutzungen gemeinschaftlicher Flächen sind sofort zu beseitigen.
Motorfahrzeuge dürfen grundsätzlich nicht in Kellern abgestellt werden.
Balkone und **Terrassen** dürfen ebenfalls nicht als Abstell- oder Lagerflächen benutzt werden (Ausnahme: übliche Tische, Stühle, Liegen, Sonnenschirme,

Pflanzen). Blumenkästen sind balkoninnenseitig anzubringen. Pflanztröge und -beete auf Dachterrassen dürfen nur so aufgestellt werden, dass genügend Arbeitsraum für Sanierungen an gemeinschaftlichen Bauteilen (z. B. Brüstung oder Fassade) verbleibt; das Gewicht etwaiger Schalen, Tröge und Beete (einschl. Bepflanzung) darf zu keinen statischen Gefährdungen führen und kein Risiko für die Terrassenunterbodenkonstruktion darstellen; konstruktive Schutzschichten sind gegen aggressives Wurzelwerk zu schützen. Für kontinuierliche Gullyreinigung ist der jeweilige Terrasseneigentümer allein verantwortlich.

8. In Erfüllung versicherungsrechtlicher Vorschriften und zum Schutz der Hausbewohner sind die **Haustüren** vom 1. Oktober bis zum 31. März eines Jahres um 20 Uhr, in den übrigen Zeiten um 21 Uhr durch den Hausmeister zu versperren. Jeder Hausbewohner, der nach den genannten Zeiten noch ein- oder ausgeht, hat die Türen wieder ordnungsgemäß zu verschließen. Tagsüber ist darauf zu achten, dass die Haustüren nach der Benutzung wieder in das Schloss einrasten. Die Zugangstüren zu den Räumen der Kellerabteile sind stets abzuschließen (aber Feuerschutzbestimmungen beachten!).

9. Im Keller sind die **Fenstergitter** grundsätzlich geschlossen zu halten. Bei Regen, Sturm und Schnee sind darüber hinaus die Fenster in Kellerabteilen zu schließen. Entsteht durch die Nichtbefolgung dieser Anordnung Schaden an fremdem Eigentum, so haftet der betreffende Kellerabteilbesitzer.

10. Für den Anschluss von **Rundfunk- und Fernsehgeräten** dürfen nur die vorgeschriebenen Spezialanschlusskabel/-anschlüsse an die gemeinschaftliche Antennenanlage verwendet werden. Das Anbringen von gesonderten Außenantennen und Funkamateurantennen ist ohne bestandskräftige Beschlussgenehmigung der Eigentümer nicht gestattet (zum Parabolantennenanschluss vgl. Abschn. 3.4 im Hauptteil).

11. Im Winter ist dafür zu sorgen (insbesondere bei längerer Abwesenheit), dass alle wasserführenden **Leitungen** (Be- und Entwässerung, Heizung) vor Frost geschützt werden.
Unter Druck stehende **Wasseranschlüsse** (insbesondere von Geschirrspül- und Waschmaschinen) sind bei jeglicher (z. B. mehr als eintägiger) Abwesenheit zu sichern/abzudrehen. Gleiches gilt für etwaige Gashähne.

12. Das Anbringen von **Markisen,** Sonnenblenden usw. auf Balkonen und Terrassen bedarf – vorbehaltlich anderslautender Vereinbarung in der Gemeinschaftsordnung – genereller (alternativ: jeweils im Einzelfall) genehmigender Beschlussfassung in der Eigentümerversammlung (alternativ: der Zustimmung des Verwalters). Hinsichtlich etwaiger Haftung für Folgeschäden am Gemeinschaftseigentum gilt auch hier die Verantwortlichkeit des Verursachers (einschl. etwaiger Sondernachfolger). Auf die Einheitlichkeit von Farbe, Form und Gestalt solcher fester Sonnenschutzeinrichtungen ist bei jeglichen Gestattungsentscheidungen zu achten. Anderweitige bauliche Veränderungen an Balkonen und Terrassen richten sich ausschließlich nach den Grundsätzen der Gemeinschaftsordnung bzw. den gesetzlichen Bestimmungen in § 22 Abs. 1 i.V.m. § 14 WEG (Anm. 9).

    Das **Grillen** auf Balkonen und Terrassen ist nicht gestattet (vgl. auch B. 1.; Anm. 10).

13. Bewohner, welche ihre Wohnung über einen mehr als dreitägigen Zeitraum unbewohnt lassen wollen, haben einen **Schlüssel** ihrer Wohnung einer bekannten und leicht erreichbaren Vertrauensperson oder dem Hausmeister (in verschlossenem/versiegeltem Umschlag) auszuhändigen, um im Notfall zur Verhütung bzw. Beseitigung von Schäden das Betreten der Wohnung zu ermöglichen. Der Hausmeister soll eine fremde Wohnung möglichst nur mit einer oder mehreren Zeugenperson(en) betreten.

14. **Schlüsselverluste** (bei bestehender Zentralschließanlage mit Öffnungsmöglichkeiten gemeinschaftlicher Räume) sind unverzüglich dem Verwalter zu melden; Ersatzbestellungen erfolgen über den Verwalter anhand des von ihm verwahrten Schließsicherungsscheins. Die Kosten für Ersatzschlüssel (und ggf. neue Schlösser) hat im verschuldeten Verlustfall der betreffende Eigentümer zu tragen. Schlüssel sind im Übrigen nicht mit Namens- und Anschrifthinweisen zu kennzeichnen (Anm. 11).

15. In Sondereigentumsräumlichkeiten (insbes. Keller- und Speicherräumen) sowie gemeinschaftlichen Räumlichkeiten dürfen keine leicht **brennbaren,** explosiven oder giftigen/ätzenden **Materialien** und Flüssigkeiten gelagert/ aufbewahrt werden.

16. Die Benutzung gemeinschaftlicher **Garten- und Raumflächen** bedarf mangels spezieller Vereinbarung eigener Beschlussregelungen der Eigentümer.

Existieren keine anderslautenden Vereinbarungen oder Beschlüsse, ist das Betreten von angelegten Garten- und Rasenflächen (insbesondere Ziergärten) im Interesse der Gesamtgemeinschaft grds. nicht gestattet.

17. Eigentümer, die ihre Wohnungen **vermieten**, sind verpflichtet, die Hausverwaltung von Ein- und Auszügen schriftlich in Kenntnis zu setzen und die Namen der Mieter bekannt zu geben. Für das Klingeltableau dürfen nur einheitliche Namensschilder verwendet werden, die der Hausmeister/Verwalter nach Anforderung zulasten des Eigentümers bestellt (Anm. 12).

C. Waschordnung

Waschen innerhalb der Wohnung ist nur für Kleinwäsche gestattet, sofern Wohnungen nicht mit eigenen, modernen Haushaltswaschmaschinen ausgestattet sind.

Grundsätzlich können die gemeinschaftlichen Wasch- und Trockenräume bzw. Einrichtungen benützt werden. Das Wäschetrocknen auf Loggien, Terrassen und gemeinschaftlichen Gartenflächen hat zu unterbleiben; auf Balkonen ist das Trocknen nur gestattet, wenn Trockenständer nicht von außen sichtbar sind und insbesondere nicht über Brüstung/Geländer ragen.

Die Einteilung zur Benutzung der Waschküche (einschließlich etwaiger Waschmünzenausgabe) erfolgt im Zweifelsfall durch den Hausmeister (alternativ: nach vereinbarter Turnusregelung oder Planeintragung). Es ist darauf zu achten, dass nach Beendigung des Waschvorganges die Waschküche einschließlich der Maschinen in sauberem Zustand dem Hausmeister (Nachfolgenutzer) überlassen wird. Das Gleiche gilt für den etwaigen Trockenraum nach Abtrocknen der Wäsche. Die Bedienung von Wasch- und Trockenmaschinen ist Kindern grundsätzlich nicht gestattet.

Bei Benutzung der Waschmaschinen ist dem Waschwasser zur Schonung der Heizstäbe ein Entkalkungsmittel beizusetzen. Stark schäumende Waschmittel dürfen nicht verwendet werden. Nach Beendigung des Waschvorganges ist der Wasserhahn abzudrehen und der Trommelverschluss geöffnet zu lassen.

Die Waschraumbenutzer haften für vorsätzliche oder fahrlässige Beschädigung der Waschraumeinrichtungen. Auftretende Störungen sind dem Hausmeister/Verwalter unverzüglich zu melden.

D. Feuer- und Kälteschutz (ergänzende Regelungen)

Zur Vermeidung von Brandgefahr dürfen Keller- und Speicherräume nicht mit offenem Licht betreten werden.

Das Einstellen und Lagern von leicht brennbaren Gegenständen, wie Holz- und Polstermöbel, Autoreifen etc. in Keller- und Speicherabteilen ist grds. verboten.

Bei Frostwetter sind Wohnräume, insbesondere Bad, Toilette und Küche vor allzu starker Auskühlung zu schützen. Die Kellerfenster sind geschlossen zu halten. Dies gilt insbesondere bei längerer Abwesenheit im Winterhalbjahr.

Für das Öffnen und Schließen von Flur- und Treppenhausfenstern ist bei entstehenden Meinungsverschiedenheiten unter Nutzern ausschließlich der Hausmeister/Verwalter zuständig.

E. Garagen- und Stellplatzordnung

1. Alle bestehenden sicherheitsrechtlichen behördlichen Vorschriften und Auflageverfügungen sind strengstens zu beachten. Es gelten zudem die Vorschriften der StVO (Straßenverkehrsordnung) und der StVZO (Straßenverkehrszulassungsordnung).

   Verboten ist u.a. (ohne Gewähr für Vollständigkeit):
   - das Rauchen und die Verwendung von Feuer;
   - die Lagerung von Betriebsstoffen und feuergefährlichen Gegenständen in den Einstellräumen;
   - des Weiteren das Lagern entleerter Betriebsstoffbehälter;
   - das Laufenlassen und Ausprobieren der Motoren in geschlossenen oder nicht ausreichend entlüfteten Einstellräumen;
   - die lose Aufbewahrung gebrauchter Putzmittel (die Aufbewahrung darf lediglich in dichtschließenden Blechgefäßen geschehen);
   - das Hupen und die Belästigung der Nachbarschaft durch Rauch und Geräusch;
   - es darf im Übrigen vor und in der Garage nur im Schritttempo gefahren werden;
   - das Einstellen von Fahrzeugen mit undichtem Tank, Ölbehälter und Vergaser usw.;
   - das Aufladen von Akkumulatorenbatterien in den Einstellräumen.

2. Das Abstellen von Fahr- oder Motorrädern sowie das Parken in der Einfahrtszone ist nicht gestattet.
3. Das Garagentor ist nach jeder Ein- bzw. Ausfahrt zu schließen.
4. Wagen waschen und ähnliche Arbeiten dürfen nur vorgenommen werden, sofern die hierfür vorgeschriebenen Einrichtungen und Plätze vorhanden sind. Waschplätze sind sauber zu hinterlassen.
5. Die Vornahme von Reparaturen ist nicht (alternativ: nur außerhalb des Einstellplatzes) gestattet.
6. Eine Änderung der elektrischen Einrichtungen (einschl. Entlüftung) in der Garage darf nicht eigenmächtig vorgenommen werden.
7. Mopeds, Roller und Motorräder dürfen auf dem Hof grundsätzlich nur mit stehendem Motor bewegt werden.
(8. ggf. weitergehende Nutzungseinschränkungen und Verhaltensgebote über Fahrzeugarten, Nutzungsdauer, Absichrung von Stellplatzflächen, Zubehörlagerung und Pflege sowie Bedienung von Hebebühnen usw.)
9. Ein Garagenbenutzer haftet für alle Schäden, die durch ihn selbst, seine Angestellten, Beauftragten oder sonstige Personen, denen er die Benutzung seines Kraftfahrzeuges oder seines Garagenabstellplatzes gestattet hat, verursacht werden.

F. Sonstiges (Anm. 13)

1. Jeder Wohnungs- bzw. Teileigentümer haftet für seine Familienangehörigen, sein Dienstpersonal oder für Besucher sowie für seine Mieter hinsichtlich der Beachtung dieser Hausordnung, auch wenn bei Zuwiderhandlungen kein Verschulden des Eigentümers selbst vorliegen sollte. Der Eigentümer ist verpflichtet, bei Vermietung seines Eigentums dem Mieter diese Hausordnung (auch in evtl. beschlussgeänderter Fassung) auszuhändigen.
2. Beschwerden über die Nichtbeachtung einzelner Bestimmungen dieser Hausordnung sind dem Verwalter schriftlich unter Hinweis auf Fakten und Daten (nicht in anonymer Form) zuzuleiten (ggf. abschriftlich).
3. Der Hausmeister ist angewiesen, ebenfalls auf die Einhaltung der Hausordnung zu achten; der Hausmeister handelt hier in seiner Eigenschaft als Beauftragter der Hausverwaltung.

4. Ein **Lift/Aufzug** (falls vorhanden) ist grds. nur für die Personenbeförderung, nicht für den Transport von schweren Möbeln oder sonstigen sperrigen und schweren Gegenständen bestimmt. Jegliche Verunreinigungen sind zu vermeiden bzw. unverzüglich zu beseitigen, Sachschäden sofort dem Hausmeister und Verwalter zu melden. Die Eltern von Kindern sind gehalten, darauf zu achten, dass der Lift nicht als Spielzeug von Kindern missbraucht wird. Für alle schuldhaften Beschädigungen haften die verantwortlichen Verursacher von Schäden, bei Kindern deren aufsichtspflichtige Eltern oder Erziehungsberechtigte.

5. Über Ergänzungen und Änderungen dieser Hausordnung entscheiden die Eigentümer unter Berücksichtigung von Billigkeitserwägungen im Rahmen ordnungsgemäßer Verwaltung mehrheitlich.

Sollten einige Bestimmungen dieser Hausordnung gerichtlicher Gültigkeitskontrolle im Einzelfall nicht stand halten, werden ungültige Bestimmungen durch sinngemäß gültige ersetzt. Alle übrigen Regelungen bleiben erhalten.

III. Anmerkungen

1) Widersprüchliche Regelungen zu etwa bestehenden gemeindlichen Lärmschutzverordnungen sollten vermieden werden.

2) Dieser Satz kann in Wohnanlagen mit ausschließlicher Wohnraumnutzung, also ohne zulässigerweise gewerblich genutztes Teileigentum und Wohnungseigentum (z. B. Restaurantteileigentum, Arzt-, Rechtsanwaltspraxis usw.) entfallen.

3) Zur Zimmerlautstärke im Detail vgl. Aufsatz in DWE-Heft 2 und Heft 3/1985. Ausnahmen evtl. bei vorher bekannt zu gebenden Parties, maximal wohl 1 × im Quartal (vgl. auch Ziffer A. 9)!

4) Strittig! Eine solche Regelung ist nach Entscheidung des BayObLG v. 12. 2. 1992 nicht zu beanstanden. Anderer Ansicht ist offensichtlich das OLG Düsseldorf (v. 25. 1. 1991), das auch in Ruhezeiten eine Nutzung von Bad und Dusche zumindest für eine Dauer von 30 Minuten gestattet; a. A. wohl auch das KG Berlin (v. 7. 1. 1985), das bei Berufstätigen eine Einschränkung von Waschzeiten infrage stellt.

5) Ggf.: Soweit Müllschlucker/Schächte vorhanden sind, dürfen diese nicht für sperrige Güter, Gläser, Flaschen und übelriechende Stoffe oder Gegenstände verwendet werden; sie sind in Plastiksäcken oder Tüten verschlossen in den Schlucker/Schacht zu werfen.

6) Hinsichtlich erhöhten Reinigungsbedarfs bei gewerblich genutztem Sondereigentum sind entsprechende Sonderregelungen empfehlenswert.

7) Eine solche Regelung (als Hausordnung-Ergänzungsbeschluss) wurde vom BayObLG (Beschl. v. 9. 2. 1994) als gültig angesehen. Sollte i. Ü. durch Beschluss zu einer Hausordnung ein generelles Tierhalteverbot ausgesprochen werden, ist nach BGH ein solcher Beschluss gültig, wenn er nicht angefochten wurde (also nicht nichtig!).

8) Was das Abstellen von Kinderwagen betrifft, wurde ein solches Verbot vom OLG Hamburg (Beschluss v. 28. 10. 1992) bestätigt, vom LG Düsseldorf (v. 9. 11. 1990) jedoch verneint.

9) Zu Fragen zulässiger Balkonnutzungen vgl. auch Bielefeld in DWE 3/83, 88 und 4/83, 106.

10) Dieses Verbot wurde auch vom OLG Zweibrücken (Beschluss v. 6. 4. 1993) bestätigt; vgl. zu absolutem Grillverbot auf Balkonen auch LG Düsseldorf (Beschluss v. 6. 11. 1990). In Sondernutzungsgärten wird sich allerdings ein generelles Grillverbot nicht rechtfertigen lassen.

11) Strittige Formulierung; zum Teil wird auch vertreten, dass eine Hausordnungsregelung keine diesbezügliche Anspruchsgrundlage enthalten darf; ein Verschulden soll auch dann nicht vorliegen, wenn ein (verlorener) Schlüssel keine identifizierbaren Angaben auf Namen oder Objekte enthalten hat.

12) Möglich ist u. E. auch die Vereinbarung einer angemessenen (nicht zu hohen) Umzugskostenpauschale (oft strittiger „Zitterbeschluss"). Nach anderer Auffassung können über Hausordnungsregelung keine Anspruchsgrundlagen geschaffen werden, allenfalls außerhalb des Zusammenhangs mit der Hausordnung.

13) Ergänzend können hier auch noch Regelungen zu weitergehenden Instandhaltungs- und Reinigungspflichten sowie Streu- und Winterreinigungsdienste aufgenommen werden, soweit nicht im Amt befindlichen Hausmeistern solche Arbeiten vertraglich auferlegt sind.
Zu denken ist auch an Turnusnutzungsregelungen bezügl. gemeinschaftlicher Einrichtungs- und Raumteile.
Weitergehende Verhaltensregelungen wären auch bei vorhandenen Gewerbebetrieben ratsam (Werbeschilder, Reklameeinrichtungen, Abfallbeseiti-

gung usw.), soweit nicht bereits in der Gemeinschaftsordnung diesbezüglich Vereinbarungen festgeschrieben wurden. Auch eine gesonderte Spielplatzbenutzungsordnung (Aufsicht, Sauberhaltung, Sicherheit der Spielgeräte) könnte sich empfehlen.

Es sei abschließend nochmals der **Hinweis** gestattet, dass sich eine Hausordnung stets an den Vereinbarungen und Beschlüssen sowie den Regelungsbedürfnissen einer speziellen Anlage auszurichten hat und Musterhausordnungen (auch die vorstehende!) insoweit **nie ungeprüft** übernommen werden sollten.

6.2 Antragsvorschläge an das Wohnungseigentumsgericht

6.2.1 Anfechtungsantrag gegen Versammlungsbeschlüsse

(es besteht für WEG-Antragsverfahren kein Rechtsanwaltzwang!)

Amtsgericht
Abteilung für Wohnungseigentumssachen
Anschrift   Datum

EILT, BITTE SOFORT VORLEGEN!

Beschlussanfechtungsantrag nach § 43 Abs. 1 Nr. 4 WEG

und

Anregung auf Erlass einer einstweiligen Anordnung

der Eheleute Wolf und Claudia Becker (Anschrift)

– Antragsteller –

gegen

die Wohnungseigentümergemeinschaft Bahnhofstr. 5, 7, 9 in München, bestehend aus den sich aus der Anlage ergebenden Liste der Miteigentümer

– Antragsgegner –

Firma Verwaltung Fa. Huber Immobilien GmbH, vertreten durch den Geschäftsführer Herrn Max Huber, (Anschrift)

– als weiterer Beteiligter –

wegen: Beschlussanfechtung

vorläufiger **Geschäftswertvorschlag:** 16.500 DM

In der, wenn möglich, bald anzuberaumenden mündlichen Verhandlung b e a n - t r a g e n wir

1) die in der Eigentümerversammlung vom 5. 12. 1994 gefassten folgenden Mehrheitsbeschlüsse insoweit für ungültig zu erklären, als dass

   a) zu TOP 1 „Die Jahresabrechnung 1993" insoweit genehmigt wurde, als dort die Ausgabenposition zu Ziffer II. 6 (Verwaltergebühr) nach m^2-Wohnfläche aufgeteilt wurde;

   b) zu TOP 1 „Die Jahresabrechnung 1993" insoweit genehmigt wurde, als dass dort unter Ziffer II. 12 (Sonstige Ausgaben) Rechtsanwaltskosten nach Miteigentumsanteilen umgelegt wurden;

   c) zu TOP 1 „Die Jahresabrechnung 1993" insoweit genehmigt wurde, als dass damit auch dem Verwalter Entlastung erteilt wurde;

   d) zu TOP 8 „Genehmigung der Pergolaüberdachung bzgl. der Dachterrassenwohnung Nr. 18 lt. Aufteilungsplan" beschlossen wurde;

   e) zu TOP 10 den unter „Sonstiges" der Beschluss „Die etwa 15 m hohe serbische Fichte in der SW-Ecke des Grundstücks wird gefällt; der Verwalter hat hier entsprechenden Auftrag namens der Gemeinschaft an einen Gärtner zu erteilen" gefasst wurde;

2) den Antragsgegnern als Gesamtschuldnern die Kosten des Verfahrens aufzuerlegen und zu ihren Lasten als Gesamtschuldner die Erstattung der außergerichtlichen Kosten der Antragsteller anzuordnen.

3) Hinsichtlich des Antrages zu 1) e) regen wir den Erlass einer sofort vollstreckbaren **einstweiligen Anordnung** nach § 44 Abs. 3 WEG ohne mündliche Verhandlung mit dem Antrag an, dem Verwalter zu untersagen, bis zum rechtskräftigen Abschluss des Verfahrens, den Beschluss der Eigentümerversammlung zu TOP 10 zu vollziehen.

Gründe:

1) Wir, die Antragsteller, sind Bruchteilseigentümer zu je 1/2 der Wohnung Nr. 3 lt. Aufteilungsplan der Eigentumswohnanlage Bahnhofstraße 5–9 in … München; die Antragsgegner sind die restlichen Eigentümer der aus 55 Wohnungen bestehenden Anlagen mit 3 Hauseingängen. Verwalter ist seit 1. 1. 1993 die Fa. Huber Immobilien GmbH.

2) a) Der Beschluss zu TOP 1 (bzgl. Ziffer II. 6 der Jahresabrechnung 1993) ist deshalb (teil)unwirksam, da die Verwaltergebühr von 18.810 DM entgegen der in der Teilungserklärung mit Gemeinschaftsordnung v. 30. 6. 1975 (UR Nr. 2038/75 Notar Müller) getroffenen Vereinbarung unter Ziffer VIII. 4. nicht nach Einheiten, sondern nach m²-Wohnfläche einzeln aufgeteilt wurde. Eine Änderung des vereinbarten Kostenverteilungsschlüssels hätte allstimmiger Zustimmung bedurft (die hier nicht gegeben war).

Beweis:
1) Jahresabrechnung 1. 1.–31. 12. 1993 mit Einzelaufteilung
2) Versammlungsprotokoll v. 10. 12. 1994 der Versammlung v. 5. 12. 1994
3) Teilungserklärung mit Gemeinschaftsordnung v. 30. 6. 1975 (Abschrift)

jeweils in Kopie in der **Anlage A 2–4**

b) In der Jahresabrechnung wurden die für das Verfahren vor dem erkennenden Gericht zu dem Aktenzeichen _____ den mit Ausnahme der Antragsteller entstandenen Rechtsanwaltsgebühren nach Miteigentumsanteilen umgelegt. Dies ist aus zweierlei Gesichtspunkten zu beanstanden.

Zum einen widerspricht diese Vorgehensweise der gesetzlichen Bestimmung des § 16 Abs. 5 WEG, nach dem es sich bei den Prozesskosten nicht um Verwaltungskosten nach § 16 Abs. 2 WEG handelt. Eine Verteilung nach der Höhe der Miteigentumsanteile scheidet daher aus.

Zum anderen wurde in dem genannten Verfahren von dem Gericht entschieden, dass die Antragsteller dieses Verfahrens keinerlei Kosten zu tragen haben. Sie dürfen daher mit solchen auch in der Abrechnung nicht belastet werden. Die Verteilung der Rechtsanwaltsgebühren nach der Höhe der Miteigentumsanteile führt jedoch auch zu einer solchen Kostenbelastung.

c) Aufgrund geforderter weiterer Tätigkeitspflichten des Verwalters bzw. möglicher Schadensersatzansprüche gegen ihn ist auch die mit der Abrechnungsgenehmigung im vorliegenden Fall in Verbindung stehende Entlastung ausdrücklich für unwirksam/nicht erteilt zu erklären.

Beweis:
1) Jahresabrechnung 1993, wie vor   A 2, 3
2) Versammlungsprotokoll, wie vor
3) Einvernahme des Herrn Max Huber (hilfsweise)
4) Vorlage der Rechnung des Rechtsanwalts durch Herrn Huber

d) Mit Mehrheitsbeschluss zu TOP 8 hat die Gemeinschaft eine vom Eigentümer der Wohnung Nr. 18 in Holzausführung dunkelbraun geplante Terrassenpergolaüberdachung (Ostseite des Anwesens) genehmigt.

Beweis:
Versammlungsprotokoll, wie vor   A 3

Diese beabsichtigte Maßnahme stellt eine nachträgliche, nicht unerhebliche bauliche Veränderung des Gemeinschaftseigentums dar (§ 22 Abs. 1 WEG); der optisch-ästhetische Gesamteindruck des Hauses (der gemeinschaftlichen Hausaußenfassade) würde bei Realisierung dieser Veränderung – objektiv gesehen – negativ beeinflusst und beeinträchtigt damit bei Realisierung dieser Baumaßnahme auch unsere Rechte. Der Terrassenaufbau würde die architektonische Harmonie des Gebäudes stören und ggf. auch andere Eigentümer animieren, auf ihren Terrassen ebenso bauliche Veränderungen vorzunehmen (Bezugsfallproblematik). Wir sind nicht verpflichtet, diese von Straße und Garten her ohne weiteres wahrnehmbare Terrassenholzbalkenüberdachung zu dulden (§ 14 Nr. 1 WEG) und widersprechen mit dieser Beschlussanfechtung der nur mehrheitlich und (in diesem Fall notwendigerweise) nicht allstimmig genehmigten baulichen Veränderung.

Beweis:
1) Farbfoto der Ostfassade des Anwesens, aufgenommen
    im Nov. 1994   A 5
2) hilfsweise richterlicher Augenschein

Der betreffende Eigentümer der Einheit Nr. 18 lt. Aufteilungsplan muss damit rechnen, dass wir von ihm Beseitigung und Wiederherstellung des

ursprünglichen Zustandes fordern werden, falls er vor Abschluss und Rechtskraft dieses Verfahrens sein Vorhaben verwirklichen sollte und falls vom Gericht (wie erwartet) unserer Beschlussanfechtung in diesem Punkt stattgegeben wird.
Wir stimmten i.Ü. bereits in der Versammlung gegen den Genehmigungsantrag.

e) Der zu TOP 10 unter „Sonstiges" gefasste Beschluss („Fällen einer Fichte") ist bereits deshalb aufzuheben, da er nicht als konkreter TOP und Gegenstand in der Einladung zur Versammlung bezeichnet war. Wir haben i.Ü. auch hier gegen den Antrag gestimmt.

Beweis:

1) Einladungsschreiben der Verwaltung v. 19.11.1994	**A 6**
2) Versammlungsprotokoll, wie vor	**A 3**

Überdies stellt auch dieser Beschluss materiell-rechtlich (inhaltlich) eine nachteilige, nicht duldungspflichtige bauliche Veränderung des Gemeinschaftseigentums dar (§§ 22 Abs. 1, 14 Nr. 1 WEG). Die Fichte steht von Anfang an im gemeinschaftlichen Grundstück, ist gesund, nicht sturmgeschädigt und prägt das Gartenbild der Anlage positiv mit. Risiken des Gemeinschaftseigentums oder fremden Nachbareigentums gehen von diesem Baum nicht aus. Es besteht auch keine Pflegebedürftigkeit dieses wertvollen, hohen Baumes. Die i.Ü. nur jeweils kurzzeitige Sonnenlichtbeeinträchtigung bzgl. einiger Wohnungen muss von den betroffenen Eigentümern hingenommen werden, zumal die Wohnungserwerber bei Kauf ihrer Einheiten Kenntnis vom Gartengestaltungsplan bzw. erfolgten Pflanzungen hatten oder haben konnten. Zudem wurde durch die Verwaltung für das Fällen nicht die Genehmigung nach der hier beeinträchtigten Baumsatzung der Gemeinde eingeholt.

Zu diesem Punkt wird der Erlass einer **einstweiligen Anordnung** angeregt, damit der Verwalter bei etwaigem Vollzug dieses Beschlusses nicht vollendete Tatsachen schafft, die zu einem u.U. nicht wiedergutzumachenden Schaden führen (und zu möglichen diesseitigen Antragserweiterungen primär auf Naturalrestitution, d.h. Verpflichtung auf Neupflanzung einer gleichartigen, gleichhohen Serbischen Fichte).

3) Die Gerichtskosten des Verfahrens sind im Rahmen richterlicher Ermessensentscheidung nach § 47 WEG den Antragsgegnern anzulasten. Abweichend vom üblichen Grundsatz, eine Erstattung außergerichtlicher Kosten in Wohnungseigentumssachen nicht anzuordnen, sollten in diesem Fall die Antragsgegner auch mit der Erstattung unserer außergerichtlichen Kosten belastet werden, da wir in der Versammlung ausdrücklich vor den jeweiligen Beschlussfassungen auf die Rechtslage hingewiesen haben, ohne dass die Verwaltung (Versammlungsleitung) und die Mehrheit der Gemeinschaft unseren Bedenken Rechnung getragen hat. Bei entsprechender Einsicht wäre dieses Verfahren nicht notwendig gewesen, sodass es unbillig erscheint, uns mit eigenen außergerichtlichen Kosten zu belasten.

4) Zum Geschäftswert seien folgende Überlegungen gestattet:
   a) Kostenverteilung Verwaltergebühr (Jahresgesamtbetrag: 18.810 DM)
      GW-Vorschlag 25 % von 18.810 DM
      = 4.702,50 DM
   b) RA-Kosten 3.420 DM
   c) Entlastung: vorläufig ohne eigenen GW-Ansatz
   d) Pergola 5.000 DM DM (geschätzte Baukosten)
   e) Fällen der Fichte 5.000 DM (geschätzter Wert des Baumes und Gärtnerlohn).
   Vorschlag gesamt (aufgerundet): 16.500 DM

5) Wir bitten, uns den einzubezahlenden GK-Vorschuss nach KostO bekannt zu geben (dessen sofortige Zahlung wir versichern) und dem Verwalter möglichst umgehend 2 beigefügte Abschriften dieses Schriftsatzes zuzustellen mit dem Hinweis, die restlichen Eigentümer von diesem Beschlussanfechtungsverfahren unverzüglich in entsprechender Weise zu informieren.
   Sollte das Gericht wegen der gleichzeitig mitbeantragten Entlastungsbeschlussungültigkeit von einem echten Interessenskonflikt des an sich zur Zustellung berechtigten Verwalters ausgehen, wird vorsorglich b e a n t r a g t, durch gerichtliche Zwischenverfügung einen Ersatzzustellungsvertreter zu benennen. Hilfsweise könnten auch wir durch Vorlage entsprechender Antragskopien und Vermittlung der gerichtlichen Geschäftsstelle (unter einstweiliger Übernahme weiterer Zustellgebührenvorschüsse) die Zustellung an alle Antragsgegner veranlassen.

6) Über die Anregung der einstweiligen Anordnung bitten wir, sofort zu entscheiden und die gegebenenfalls erlassene Anordnung des Gerichts unmittelbar an den Verwalter zuzustellen, damit nicht durch das Fällen des Baumes ein unreparabler Zustand geschaffen wird.

Wolf und Claudia Becker
(Unterschriften)

Anlagen lt. Text (A 1–A 6, 2 Schriftsatzabschriften)

6.2.2 Zahlungsantrag des ermächtigten Verwalters gegen wohngeldsäumigen Miteigentümer

Amtsgericht
Abteilung für Wohnungseigentumssachen
Anschrift

Datum

Antrag nach § 43 Abs. 1 Nr. 1 WEG wegen Zahlung rückständigen Wohngeldes

Firma Verwaltung Fa. Huber Immobilien GmbH, vertreten durch den Geschäftsführer Max Huber
(Anschrift)

– Antragstellerin –

gegen

Herrn Hans Meier (Anschrift)

– Antragsgegner –

wegen: Zahlung

Geschäftswert: 1.100 DM

Ich beantrage
1) den Antragsgegner zu verpflichten, zu meinen Händen für die Wohnungseigentümergemeinschaft Bahnhofstraße 5–9 in München 1.100 DM nebst 8% Zinsen seit 16. 3. 1986 zu zahlen;

2) dem Antragsgegner die Kosten des Verfahrens aufzuerlegen und zu seinen Lasten die Erstattung meiner außergerichtlichen Kosten anzuordnen.

Gründe:
1) Als Wohnungseigentumsverwaltung der Gemeinschaft Bahnhofstr. 5–9 in München bin ich Antragstellerin dieses Wohngeldinkassoverfahrens gegen den Antragsgegner als Miteigentümer der Gemeinschaft. Meine Prozessstandschaft (Verfahrensführung in eigenem Namen) ergibt sich aus entspr. Vereinbarung im Verwaltervertrag vom .... (§ 6 Nr. 4 des Verwaltervertrages), der im Bestreitensfall vorgelegt werden kann.
Der Antragsgegner schuldet der Gemeinschaft zu meinen Händen

a) aus beschlossener und bestandskräftiger Jahresgesamt- und Einzelabrechnung 1985 den Restsaldo von 200 DM

Beweis:
1) Jahresgesamtabrechnung 1985 mit Einzelabrechnung Müller A 1
2) Abrechnungsgenehmigung ausweislich des Versammlungsprotokolls v. 28. 2. 1986 der Versammlung v. 20. 2. 1986 A 2
3) hilfsweise meine Einvernahme

b) aus bestandskräftig beschlossenem Wirtschaftsplan 1986 die monatlichen Wohngeldvorauszahlungsraten von je 300 DM für die Monate Jan. 1986 bis einschl. März 1986.

Beweis:
1) Wirtschaftsplan 1986 mit Ausweis der Vorauszahlung Müller A 3
2) Wirtschaftsplangenehmigung/Versammlungsprotokoll, wie vor A 2
3) hilfsweise meine Einvernahme

2) Die pünktlich zum Fälligkeitszeitpunkt Wohngeld bezahlenden Miteigentümer müssen im Augenblick für die Rückstände des Antragsgegners mithaften (Ausfallhaftung), sodass rasches gerichtliches Vorgehen angezeigt war. Gegenrechte des Antragsgegners bestehen nicht.
Einer außergerichtlichen Mahnung zur Zahlung mit Fristsetzung 15. 3. 1986 meinerseits ist der Antragsgegner bisher nicht nachgekommen.

Beweis: Mein Schreiben v. 1. 3. 1986 A 4

3) Da sich der Antragsgegner zumindest ab 16. 3. 1986 (Ablauf der von mir gesetzten Zahlungsfrist) mit dem Wohngeld i.H. von 1.100 DM in Zahlungsrückstand befindet, ist der Verzugszinsanspruch berechtigt. Die Höhe der Verzugszinsen von 8 % (in Erweiterung des gesetzlichen Verzugszinses von 4 %) ergibt sich aus Ziffer XII. der Gemeinschaftsordnung v. 1. 1. 1983 (Seite 16).

Beweis: S. 16 der Gemeinschaftsordnung   A 5

Die Einzelabrechnungsrestschuld 1985 ist dem Antragsgegner – sicher unstreitig – mit Übersendung der Einladung zur Eigentümerversammlung v. 20. 2. 1986 mitgeteilt worden.

Beweis (im Bestreitungsfall): meine Einvernahme

Die monatliche Zahlungsfälligkeit der Wohngeldvorauszahlungen zum jeweils 3. Werktag eines Monats ergibt sich aus Gemeinschaftsordnung und Verwaltervertrag (Vorlage im Bestreitensfall).

4) Ich bitte um Bekanntgabe des Gerichtskosten-Vorschusses nach KostO (Geschäftswert 1.100 DM) und Zustellung dieses Antrags an den Antragsgegner, verbunden mit kurzer Fristsetzung zur Äußerung, sowie um baldige Anberaumung eines Verhandlungstermins, da der Gemeinschaft durch die Zahlungsrückstände des Antragsgegners weitere Schäden drohen.

Die Anordnung auch einer außergerichtlichen Kostenerstattung durch den zahlungssäumigen Antragsgegner (analog zivilprozessonaler Kostentragungsgrundsätze) im Rahmen richterlicher Kostenermessensentscheidung nach § 47 WEG erscheint in diesem Inkassoverfahren angezeigt, ist auch in solchen Wohngeldforderungsverfahren absolut gerichtsüblich.

Max Huber
(Geschäftsführer)
(Unterschrift)

Anlagen lt. Text

6.2.3 Weitere gerichtliche Antragsvorschläge in Kurzform

1) die Antragsgegnerin (Verwalterin) zu verpflichten, dem Antragsteller die vereinbarte Zustimmung nach § 12 WEG (Ziffer ...... der GO) zur Veräußerung der Eigentumswohnung Nr. ...... lt. Aufteilungsplan in der Anlage

.... in München an den Erwerber Herrn .... (gemäß Verkaufsvertrag des Notars ...... mit Amtssitz in München v. ...., UR Nr. ....) zu erteilen,

2) festzustellen, dass die Antragsgegnerin dem Antragsteller jeglichen Schaden zu ersetzen hat, der diesem aus bisher zu Unrecht verweigerter Zustimmung und damit nicht möglichem Vollzug des Verkaufsgeschäfts entsteht,

3) der Antragsgegnerin die Kosten des Verfahrens aufzuerlegen und zu ihren Lasten die Erstattung der außergerichtlichen Kosten des Antragstellers anzuordnen.

4) Der Geschäftswert des Verfahrens wird auf .... DM (10 bis 20% des Verkaufspreises der Wohnung) festgesetzt (nunmehr h.R.M.).

❊ ❊ ❊

1) die Antragsgegnerin (ehemalige Verwalterin) zu verpflichten, sämtliche Unterlagen (der Gemeinschaft) an die neu bestellte Verwaltung Fa. .... hcrauszugeben, hilfsweise zur Abholung nach vorheriger Terminankündigung in geordneter Form bereitzuhalten.

Es handelt sich insbesondere um folgende Unterlagen
- Rechnungen, Bankbelege, Journale
- Versicherungspolicen
- Wartungsverträge
- (möglichst detaillierte Bezeichnung)

2) die Antragsgegnerin (Verwalterin) zu verpflichten, das Guthaben der WEG ... auf bisherigem Gemeinschaftskonto bei der ....-Bank auf das neue Gemeinschaftsgirokonto mit der Nr. .... bei der ....-Bank einschließlich aller noch auf dieses Konto eingehenden Gelder zu überweisen und das Sparbuch „Instandhaltungsrückstellung" der neu bestellten Verwaltung zu übertragen.

Hilfsweise Stufenklage:
a) Die Antragsgegnerin wird verpflichtet, den Antragstellern Auskunft darüber zu erteilen, welche Gelder und sonstigen Vermögenswerte sie noch in Besitz hat (Stufe I).

b) Die Antragsgegnerin wird verpflichtet, die sich nach Auskunftserteilung evtl. ergebenden Beträge an die Antragsteller zu Händen der neu bestellten Verwaltung Fa. ... zu bezahlen und sonstige Fremdvermögenswerte herauszugeben (Stufe II).

3) Kosten/ggf. Anregung auf Erlass einer einstweiligen Anordnung bei Eilbedürftigkeit.

✻ ✻ ✻

1) Der Antrag des Antragstellers, den Beschluss zu TOP 5 der Eigentümerversammlung v. .... für ungültig zu erklären, als unzulässig/unbegründet abzuweisen.

2) dem Antragsgegner die Kosten des Verfahrens aufzuerlegen und zu seinen Lasten die Erstattung meiner außergerichtlichen Kosten anzuordnen.

Gründe:

✻ ✻ ✻

1) Dem Antragsgegner wird verboten, selbst oder durch Dritte in seinem mit der lf. Nr. ...... lt. Aufteilungsplan und Teilungserklärung bezeichneten Ladenteileigentum, vorgetragen im Grundbuch des AG ...... für ...... Band ...... Blatt ...... ein Speiserestaurant mit Öffnungszeit bis Mitternacht zu betreiben oder betreiben zu lassen.

2) dem Antragsgegner die Kosten des Verfahrens aufzuerlegen und zu seinen Lasten die Erstattung meiner außergerichtlichen Kosten anzuordnen.

3) einstweiligen Anordnung.

✻ ✻ ✻

Erstbeschwerde (sofortige Beschwerde)

1) den Beschluss des Amtsgerichts ...... zu dem Az. ...... vom ......, zugestellt am ......, aufzuheben und den Antrag des Antragstellers und Beschwerdegegners vom ...... auf Feststellung, dass die Kosten für die Instandhaltung (...... im Bereich des Sondereigentums Tiefgarage ......) von der Gemeinschaft zu tragen sind, abzuweisen.

2) jeweils für beide Instanzen dem Antragsteller und Beschwerdegegner die Kosten des Verfahrens aufzuerlegen und zu seinen Lasten die Erstattung der außergerichtlichen Kosten anzuordnen.

✻ ✻ ✻

6 Muster

Gegen den Beschluss des Amtsgerichts ...... zu dem Az. ...... vom ......, zugestellt am ......, lege ich hiermit fristgemäß **sofortige Beschwerde** (Erstbeschwerde) und b e a n t r a g e
den Beschluss des Amtsgerichts .... zu dem Az. ...... vom ...., zugestellt am ...., und Entscheidung nach den in 1. Instanz zuletzt gestellten Anträgen.

Die Begründung dieser Beschwerde erfolgt in gesondertem Schriftsatz; aus Gründen eines fest gebuchten Urlaubs bitte ich um stillschweigende Einräumung einer Frist von vier Wochen zur Beschwerdebegründung, erbitte auch keine Verhandlungsterminierung innerhalb der nächsten vier Wochen.

✳ ✳ ✳

W i r   b e a n t r a g e n
die sofortige Beschwerde des Antragstellers gegen den Beschluss des Amtsgerichts .... zu dem Az. ...... vom ......, kostenpflichtig abzuweisen.

Gründe:

✳ ✳ ✳

Als Verwalter und Vertreter der Antragsgegner (*alternativ:* als Mitantragsgegner) im rechtshängigen Beschlussanfechtungsverfahren des Antragstellers ...... lege ich hiermit fristgemäß
sofortige Beschwerde
gegen den Beschluss des Amtsgerichts ...... zu dem Az. ...... vom ...... – mir als Verwalter (alternativ: dem Verwalter) zugestellt am ...... – ein.

Ob die Beschwerde (durch alle oder einzelne Antragsgegner) aufrecht erhalten bleibt (Fortführung des Verfahrens) oder evtl. gänzlich zurückgenommen wird, entscheidet sich in den nächsten Tagen/Wochen; insoweit wird um stillschweigende Fristgewährung zur weiteren Stellungnahme bis ...... gebeten.

Aus diesem Grund bitte ich derzeit auch darum, noch keine Zustellung dieser einstweilen vorsorglich, d. h. allein aus Fristwahrungsgründen eingelegten Erstbeschwerde an den anwaltlichen Vertreter des Antragstellers zu veranlassen; dieser muss sich damit derzeit auch noch nicht in II. Instanz für den Antragsteller bestellen (zur Vermeidung eines u. U. unnötigen Anfalls außergerichtlicher Kosten).

✳ ✳ ✳

6.3 Muster eines Einladungsschreibens zu einer ordentlichen Eigentümerversammlung

I. Muster

Absender: Ort, Datum ....

Verwalter ....
(Name/Anschrift)

An die Wohnungseigentümer
Herrn/Frau
....
....
(Name/Anschrift)

Betr.: Wohnungseigentümergemeinschaft
....

hier: Einladung zur ordentlichen Eigentümerversammlung 19..

Sehr geehrte Damen, sehr geehrte Herren,

als Ihr Verwalter erlaube ich mir, Sie hiermit zur ordentlichen Eigentümerversammlung für das Wirtschaftsjahr ... einzuladen.

Die Versammlung findet statt

    am .... (Datum)
    um .... (Uhrzeit)
    im .... (Ort)

Folgende im Einvernehmen mit Ihrem Verwaltungsbeirat festgelegte **Tagesordnung** steht zur Behandlung an:

1) Berichte des Verwalters und des Verwaltungsbeirats – keine Beschlussfassung –
2) a) Genehmigung der Jahresabrechnung für 19..
   b) Entlastung des Verwalters für seine Geschäftstätigkeit in 19..
3) Entlastung des Verwaltungsbeirats für 19..
4) Genehmigung des Wirtschaftsplans für 19..

5) Erhebung einer Umzugskostenpauschale ab ...
6) Instandsetzungsarbeiten an der Außenfassade (Vergabe/Finanzierung)
7) Neuwahl des Verwaltungsbeirats
8) Änderung des Heizkostenverteilungsschlüssels
9) ....
10) ....
11) Verschiedenes – keine Beschlussfassung –

Aufgrund der Wichtigkeit und finanziellen Tragweite der zu behandelnden Tagesordnungsthemen bitte ich Sie in Ihrem eigenen Interesse um pünktliches persönliches Erscheinen.

Sollten Sie dennoch an einer persönlichen Versammlungsteilnahme verhindert sein, empfehle ich Ihnen dringend, eine Stimmrechtsvollmacht zu erteilen. Zu diesem Zweck darf ich Ihnen in der **Anlage** ein entsprechendes Blankovollmachtsformular beifügen, das Sie mir rechtzeitig vor Versammlungsbeginn aushändigen oder durch Ihren Vertreter übergeben lassen sollten (Anm. 1).

Bedenken Sie bitte, dass im Fall Ihres Nichterscheinens bzw. nicht erteilter Stimmrechtsvollmacht die Beschlussfähigkeit der Versammlung infrage gestellt sein könnte mit der Folge einer dann notwendig werdenden neuerlichen Ladung und Durchführung einer erneuten Versammlung (Wiederholungsversammlung), in der dann ohne Rücksicht auf die Beschlussfähigkeit wirksame Beschlüsse ggf. von einer Eigentümerminderheit gefasst werden könnten. Ein neuer Versammlungstermin würde u.U. auch zu finanziellen Mehrbelastungen aller Eigentümer führen und notwendige Beschlussfassungen zeitlich verzögern (Anm. 2).

In der **Anlage** erhalten Sie weiterhin die bereits durch Ihren Verwaltungsbeirat überprüften Entwürfe der Jahresabrechnung für 19 . . und des Wirtschaftsplanes für 19 . ., über die bekanntlich in der Versammlung Beschluss gefasst werden soll (Anm. 3).

In der Hoffnung, Sie am .... begrüßen zu können
mit freundlichen Grüßen

....
(Verwalter) (Anm. 4)

Anlagen lt. Text

II. Anmerkungen:

1) Zur Stimmrechtsvollmacht vgl. nachfolgendes Muster.
2) Die sog. Eventualeinberufung (gleichzeitige Ladung zur Wiederholungsversammlung etwa eine halbe Stunde nach festgelegtem Beginn der beschlussunfähigen Erstversammlung) wird von der derzeitigen obergerichtlichen Rechtsprechung nicht anerkannt; sie kann allerdings evtl. wirksam in der Gemeinschaftsordnung vereinbart sein; nur dann könnte bereits in der Erstladung sofort (beschlussanfechtungssicher) zur nachfolgenden Wiederholungsversammlung mit eingeladen werden (mit entsprechendem Hinweis gemäß § 25 Abs. 4 WEG).
3) Eine Übersendung aller Abrechnungen an jeden Eigentümer ist nicht erforderlich (**streitig!** Das OLG Köln hat dies in verschiedenen Entscheidungen, die in der nachfolgenden Rechtsprechung und Literatur aber ausnahmslos kritisiert wurden, verlangt).
4) Faksimileunterschrift reicht aus (**streitig!** Das OLG Schleswig, Beschluss v. 4. 12. 1996, verlangt eine eigenhändige Originalunterschrift). Der Absender der Einladung muss allerdings unzweifelhaft aus dem Ladungsschreiben erkennbar sein.

6.4 Stimmrechtsvollmacht für die Eigentümerversammlung

I. Einführung

Rechtsgrundlagen:

§§ 5 Abs. 4, 25 WEG. Allerdings regelt das Wohnungseigentumsgesetz die Stimmrechtsvertretung des Wohnungseigentümers nicht ausdrücklich; sie ergibt sich nur mittelbar aus § 25 Abs. 2 Satz 2 WEG. Es ist herrschende Rechtsmeinung, dass das Stimmrecht kein höchstpersönlich auszuübendes Recht darstellt und deshalb ein Wohnungseigentümer grundsätzlich auch einen Dritten zu seiner Vertretung in einer Eigentümerversammlung und zur Ausübung des Stimmrechts in eigenem Namen (für den Vertretenen) bevollmächtigen und ermächtigen kann (§§ 164 ff. BGB). Das Stimmrecht ist zwar nicht übertragbar, jedoch durch einen Vertreter aufgrund eines Auftrags- oder Gefälligkeitsverhältnisses ausübbar. Spezielle, grds. zu beachtende Vollmachtsregelungen finden sich im Übrigen häufig auch in der Gemeinschaftsordnung.

Erläuterungen:
Unstreitig besitzt ein Vollmachtgeber (also der vertretene Eigentümer) auch die Möglichkeit, im Innenverhältnis dem Vollmachtnehmer (dem Vertreter) **Weisungen**, d. h. also auch Abstimmungsweisungen zu einzelnen Tagesordnungspunkten, zu erteilen. Das hier vorgeschlagene Vollmachtsmuster berücksichtigt solche Weisungsmöglichkeiten. Solche Weisungen hat der Versammlungsleiter bei Stimmenauszählungen zu beachten/zu berücksichtigen.

Was die Person des Stimmrechtsvertreters anbetrifft, ist primär der Wortlaut der Vereinbarung (Gemeinschaftsordnung) maßgebend. Enthält eine Gemeinschaftsordnung keine einschränkende Klausel in zulässiger Form, ist grds. auch das Vertretungsrecht einer „gemeinschaftsfremden" dritten Person anzuerkennen. Ob der Bevollmächtigte berechtigt ist, Untervollmacht zu erteilen, beurteilt sich nach der Interessenlage und dem Willen des Vertretenen, ergänzend auch nach dem Wortlaut der erteilten Vollmacht. Im Zweifel ist es eine Frage der Auslegung, ob eine Verpflichtung des Vertreters besteht, die Vollmacht höchstpersönlich auszuüben.

Von Stimmrechtsvertretungen ist das Teilnahmerecht Dritter (Berater, Begleitpersonen) in Versammlungen zusammen mit einem Eigentümer zu unterscheiden. Nach BGH ist grundsätzlich von der Nichtöffentlichkeit der Eigentümerversammlung auszugehen, und ein Teilnahmerecht Dritter (auch von Beratern) nur im Ausnahmefall gestattet (schwierige, nur vor Ort zu klärende Rechtsfragen; geistige oder körperliche Behinderung des Eigentümers).

Nach § 25 Abs. 5 WEG kann es zu Stimmrechtsausschlüssen des Vertreters kommen, die dann grds. nach h. M. auch Stimmrechtsvollmachten erfassen. Etwaige ausdrückliche Stimmen(Abstimmungs-)weisungen des Vertretenen sind jedoch auch hier bei Stimmenauszählungen zu berücksichtigen.

Die Gemeinschaft kann mehrheitlich über Geschäftsordnungsantrag auch im Einzelfall den Verbleib an sich nicht zulässiger Vertreter oder Berater/Begleiter gestatten.

Stimmrechtsvollmachten können auch jederzeit **widerrufen** oder neu ausgestellt werden; die datumsmäßig zuletzt ausgestellte Vollmacht ist rechtswirksam;

erscheint ein Eigentümer doch (noch) selbst in der Versammlung, erledigt sich eine zuvor ausgestellte Vollmacht von selbst und wird gegenstandslos. Vollmachten können und sollten i. Ü. auch dann noch ausgestellt werden, wenn Eigentümer vorzeitig eine Versammlung verlassen müssten. Damit wird der Eintritt der Beschlussunfähigkeit vermieden.

Ausgehändigte Vollmachten sollte ein Versammlungsleiter auch einer zu führenden Anwesenheitsliste anheften, diese Anlagen auch dem zu verwahrenden Originalprotokoll als Anlage beifügen.

Form:

Die Vollmachterteilung ist kraft Gesetzes nicht an eine Schriftform gebunden (Ausn.: anderslautende ausdrückliche Vereinbarung in der Gemeinschaftsordnung, wie im Regelfall); auch eine mündliche Bevollmächtigung ist deshalb gültig. Aus Beweisgründen ist allerdings stets schriftliche Bevollmächtigung dringend zu empfehlen, möglichst bezogen auf einen konkreten Versammlungstermin. Eine spätere Tagesordnung wird jedoch durch die Vollmacht nicht gedeckt; notfalls muss die Vollmacht erweitert oder neu ausgestellt werden.

II. Muster

An

....

(die Verwaltung oder den Bevollmächtigten)

Vollmacht für die Eigentümerversammlung der Wohnanlage ...
am ....

Ich, ...

Anschrift: ....

bin Eigentümer der Wohnung Nr.	lt. Teilungserklärung
der Garage Nr.	lt. Teilungserklärung
des Teileigentums	lt. Teilungserklärung
des Hobbyraums Nr.	lt. Teilungserklärung

Ich bevollmächtige
(   ) Herrn/Frau ... (Wohnungseigentümer)
(   ) Herrn/Frau ... (Dritten)
(   ) Herrn/Frau ... (Verwaltung)
(   ) Herrn/Frau ... (Verwaltungsbeiratsvorsitzenden),
mich in der Eigentümerversammlung am ... zu vertreten; dabei

1) (   ) stelle ich sämtliche Abstimmungen und Entscheidungen vorbehaltlos in das Ermessen meines Vertreters oder
2) (   ) weise ich meinen Vertreter an, zu den einzelnen mir bekannten Tagesordnungspunkten im Rahmen einer Abstimmungsweisung wie folgt abzustimmen:
   a) zu TOP 1:
   b) zu TOP 2:
   c) zu TOP 3:
   d) zu TOP 4:
   - - - - - - - - - - - - - - - .

Die Vollmacht ist übertragbar, eine Unterbevollmächtigung daher zulässig. Der (Die) Bevollmächtigte bzw. Unterbevollmächtigte ist von der Beschränkung des § 181 BGB befreit.

..............., den ....
                                                     (Unterschrift)
                             (notarielle Beglaubigung ist nicht erforderlich)

6.5 Versammlungsprotokoll

I. Einführung

Rechtsgrundlagen:
§ 24 Abs. 6 WEG. Das Gesetz fordert nur ein Ergebnis- bzw. „Beschlussprotokoll", also eine Niederschrift über die in der Versammlung gefassten Beschlüsse. Die Niederschrift ist von dem Vorsitzenden (der Versammlung), einem Wohnungseigentümer und – falls ein Beirat bestellt ist – auch von dessen Vorsitzendem oder seinem Stellvertreter zu unterzeichnen. Das Originalprotokoll hat der Verwalter in die von ihm zu führende Protokollakte zu nehmen; Eigentümer be-

sitzen hier uneingeschränktes Einsichtsrecht. Im Hinblick auf die Bindungswirkung von Beschlüssen gegenüber allen Eigentümern und Rechtsnachfolgern (vgl. § 10 Abs. 3 und 4 WEG) besitzt ein Protokoll gewisse Urkundsbeweiskraft.

Muss die Verwaltereigenschaft durch eine öffentlich beglaubigte Urkunde (Behörden, Gerichten gegenüber) nachgewiesen werden (z.B. im Fall gemäß § 12 WEG vereinbarter Verwalterzustimmungen zu Wohnungsveräußerungen), genügt die Vorlage des Protokolls mit dem betreffenden Beschluss über die Verwalterbestellung bzw. -wiederbestellung, wobei die Protokollunterschriften der in § 24 Abs. 6 WEG bezeichneten Personen öffentlich beglaubigt sein müssen (**§ 26 Abs. 4 WEG**).

Erläuterungen:

Üblich ist heute ein meist etwas „erweitertes" Beschluss-Protokoll mit verbindenden Textpassagen, Berichten, Erläuterungen, Versammlungsleiter-(Verwalter-)hinweisen und wesentlichen Erklärungen der Versammlungsteilnehmer. Ein umfangreiches Ablauf- oder Wortprotokoll kann nicht gefordert werden. Eine **Versendungspflicht** eines Protokolls (in Kopie) an alle Eigentümer ergibt sich nicht aus dem WEG; sie ist jedoch häufig nach Verwaltervertrag oder Gemeinschaftsordnung **vereinbart**, oder wird verwalterseits wünschenswerterweise praktiziert. Nach herrschender Rechtsmeinung ist das Protokoll spätestens vor Ende der 3. Woche seit dem Versammlungstermin **anzufertigen** und bei bestehender Versendungspflicht auch in dieser Zeit Eigentümern zu **übermitteln** (d. h. so rechtzeitig, dass es ihnen bis zum Ende der 3. Woche seit Versammlungstermin auch zugegangen ist). So kann jeder Eigentümer noch rechtzeitig vor Ablauf der einmonatigen Beschlussanfechtungsfrist in die Niederschrift einsehen und ggf. fristgemäß gerichtliche Anträge stellen.

II. Muster

Versammlungsprotokoll

Über die ordentliche/außerordentliche Eigentümerversammlung der

- Wohnungseigentümergemeinschaft: ....
- vom: ....
- Lfd. Nr.: ....

6 Muster

Ort d. Versammlung: ....
Versammlungsbeginn: ....
Versammlungsleiter: ....
Protokollführer(in): ....
Beschlussfähigkeit mit: .... Anteilen

(oder genauer: Es waren ... Eigentümer mit insgesamt ... Miteigentumsanteilen persönlich anwesend oder rechtswirksam vertreten; die Versammlung war damit beschlussfähig).
(Anwesenheitsliste und Stimmrechtsvollmachten befinden sich in der Anlage des Originalprotokolls)

Unter Hinweis auf die form- und fristgerecht erfolgte Einladung vom ...... (alternativ: Antrag auf Einberufung einer außerordentlichen Versammlung vom ...... und Ladung vom ......) eröffnet der Versammlungsleiter um ...... Uhr die Versammlung unter Eintritt in die allen Eigentümern mitgeteilte Tagesordnung:

1) Zu **TOP 1** („Berichte des Verwalters/des Verwaltungsbeirats")
   a) Der Verwalter, Herr ..., berichtet über wesentliche Vorgänge aus dem abgelaufenen Geschäftsjahr und nimmt insbesondere zu folgenden Problemen Stellung:
      aa) ....
      bb) ....
      cc) ....
   b) Der Verwaltungsbeiratsvorsitzende, Herr ..., berichtet insbesondere über
      aa) die erfolgte Rechnungsprüfung,
      bb) den Stand des Gerichtsverfahrens der Gemeinschaft gegen ... und
      cc) seine Bemühungen in Sachen ......
      – keine Antragstellung und keine Beschlussfassung –
(Evtl.: Schriftliche Berichte finden sich in der Anlage zu diesem Protokoll)

2) Zu **TOP 2** („Genehmigung der Jahresabrechnung für 20.. und Entlastung des Verwalters")
   – **Antrag** des Verwaltungsbeiratsvorsitzenden:
   a) „Die von der Verwaltung erstellte und vom Verwaltungsbeirat stichprobenartig geprüfte und für sachlich und rechnerisch richtig befundene Jahresabrechnung für 20.. wird genehmigt,

b) dem Verwalter wird entsprechend Entlastung für sein gesamtes Handeln im abgelaufenen Geschäftsjahr erteilt

Abstimmung zu a)/zu b):	per Handzeichen/ Stimmkarten/ Namensaufruf
Abstimmungsergebnis zu a):	..... JA-Stimmen ..... NEIN-Stimmen ..... Stimmenthaltungen
zu b):	....
Beschlussergebnis: (fakultativ, aber empfehlenswert)	Damit ist der Antrag zu a)/zu b) mit Mehrheit angenommen/abgelehnt.

3) Zu **TOP 3** („Genehmigung des Wirtschaftsplans für 20..")
   - **Antrag** des Verwaltungsbeiratsvorsitzenden:
   „Der von der Verwaltung vorgelegte und mit dem Verwaltungsbeirat bereits vorbesprochene Wirtschaftsplan für 20.. wird angenommen"

Abstimmung:	**per Handzeichen** ....
Abstimmungsergebnis: (Beschlussergebnis)	Damit ist der Antrag mit großer Mehrheit angenommen.

Auf ausdrückliches Befragen des Versammlungsleiters werden gegen die Abstimmung und das verkündete Abstimmungsergebnis keine formellen Bedenken aus dem Eigentümerkreis erhoben.

4) Zu **TOP 4** („Erhebung einer Umzugskostenpauschale")
   Nach längerer lebhafter Diskussion und Hinweisen des Versammlungsleiters auf mögliche Beschlussanfechtungsrisiken werden folgende Anträge gestellt:
   a) **Antrag** des Eigentümers ....:
   „Im Fall eines Auszugs eines Wohnungsnutzers ist der betreffende Wohnungseigentümer verpflichtet, in die gemeinschaftliche Instandhaltungsrückstellung zu Händen des Verwalters einen einmaligen, pauschalen Kostenausgleichsbetrag in Höhe von 50 DM zu bezahlen, fällig zum 1. Werktag des auf den Auszug folgenden Monats."

b) **Gegenantrag** des Eigentümers ....:
„Im Fall eines Auszugs eines Wohnungsnutzers ist der betreffende Wohnungseigentümer verpflichtet, ... 500 DM (!!) zu bezahlen ...".
Der Verwalter/Versammlungsvorsitzende weist die Gemeinschaft darauf hin, dass die Berechtigung solcher erst durch Beschluss begründeter Umzugspauschalen höchst umstritten ist und – was die Höhe der Pauschale betrifft – auf jeden Fall noch im Rahmen einer ordnungsgemäßen Verwaltung liegen und gemäß Treu und Glauben vertretbar sein müsse (was seiner Meinung nach hinsichtlich des Gegenantrags nicht der Fall sei).

c) Antrag zur **Geschäftsordnung** des Eigentümers .....:
„aa) Die Abstimmung über die Anträge zu TOP 4 soll mit Stimmkarten geheim erfolgen;
bb) Als Stimmauszähler sollen die Eigentümer benannt werden"

Abstimmung: per Handzeichen
Abstimmungsergebnis: Der Antrag ist mit großer Mehrheit abgelehnt.

Gegen das Abstimmungsergebnis werden auf ausdrückliches Befragen keine Bedenken erhoben.

d) **Abstimmung** über den weitergehenden Antrag b): per Handzeichen

Abstimmungsergebnis: 10 JA-Stimmen
                        10 NEIN-Stimmen
                        2 Stimmenthaltungen

Beschlussergebnis: Damit ist der Antrag b) abgelehnt
(bei Stimmgleichheit 10:10 – ohne Wertung der Enthaltungsstimmen – hat der Beschlussantrag keine Mehrheit gefunden)

e) **Abstimmung** über den Antrag a) per Handzeichen

Abstimmungsergebnis: ....
Beschlussergebnis: ....

5) Zu **TOP 5** (...)
6) Zu **TOP 6** („Verschiedenes")
   Hier wurde über folgende Themen diskutiert:
   a) ....
   b) ....
   c) ....

Die Themen unter a) und b) werden spätestens in der nächsten ordentlichen Eigentümerversammlung zur Beschlussfassung gestellt.

– keine Antragstellung und Beschlussfassung –

Mangels weiterer Wortmeldungen wird die Versammlung um ..... Uhr geschlossen. Das Protokoll besteht aus ..... Seiten.

Unterschriften: Datum: ....
der Protokollerstellung
Versammlungsleiter/(Protokollführer/in)

....

Verw.-Beirats-Vors./Stellvertreter   Wohnungseigentümer:

....

Anlage: – Anwesenheitsliste
– Vollmachten
– Stimmkarten in verschlossenen Umschlägen
(soweit schriftliche Abstimmungen erfolgten)

6.6 Verwaltervertrag

I. Einführung

Rechtsgrundlagen

1. Wohnungseigentumsrechtlicher Bestellungsakt: §§ 10 Abs. 2, 21 Abs. 3 und § 26 Abs. 1 WEG; in Ausnahmefällen § 26 Abs. 3 WEG
2. Zivilrechtliches Geschäftsbesorgungsverhältnis zwischen der Wohnungseigentümergemeinschaft und dem Verwalter: §§ 675, 611 ff. BGB (entgeltlich); in Ausnahmefällen §§ 662 ff. BGB (Auftragsrecht, unentgeltlich)

Erläuterungen

Das nachfolgende Vertragsmuster ist als **ein möglicher Vorschlag** anzusehen.

Dem wohnungseigentumsrechtlichen (Neu-/Wieder-)Bestellungsakt durch einfachen Mehrheitsbeschluss der Eigentümer sollte stets ein Verwaltervertrag (in der Regel entgeltlicher Geschäftsbesorgungsvertrag mit Auftrags-, Werk- und Dienstvertragselementen) folgen, soweit Erstbestellung und Vertrag nicht bereits über Vereinbarung oder schriftlichen Beschluss durch den Bauträgerverkäufer von Anfang an erfolgten. Die Versammlung sollte jedoch durch Beschluss allein über die Hauptpunkte eines Vertrages, wie insbesondere die Person/Firma des Verwalters, dessen Amtszeit und dessen Vergütung sowie über das Gesetz hinausgehende Vollmachten mehrheitlich entscheiden; mit dem Aushandeln und der Abfassung des Vertrages im Einzelnen sollte durch einfachen Mehrheitsbeschluss ein Verwaltungsbeirat und/oder ein Rechtsanwalt ermächtigt werden.

Bei der **Vertragsformulierung** ist von den wohnungseigentumsgesetzlich niedergelegten Leitgedanken auszugehen, des Weiteren von den verbindlichen Bestimmungen in der Teilungserklärung/Gemeinschaftsordnung (!) und nicht zuletzt auch von bestehenden, bestandskräftigen Beschlüssen, sodass sich der Vertragswortlaut selbst auf die wesentlichen Punkte, zulässigen Abweichungen und Ergänzungen gegenüber Gesetz und Gemeinschaftsordnung und im Großen und Ganzen auf die speziellen Anliegen und Bedürfnisse einer bestimmten Wohnungseigentümergemeinschaft beschränken kann. Detaillierte Leistungskataloge können, müssen aber nicht einem Verwaltervertrag beigefügt werden. Verwalterverträge können auch in sog. Pflicht- oder Grundleistungen (pauschal honoriert) und (fakultative) Zusatzleistungen (sonderhonoriert) untergliedert werden. Ordentliche Kündigungsrechte mit entsprechenden Kündigungsfristen sollten – wenn gewollt – ausdrücklich im Vertrag vereinbart werden; eine Abberufung aus wichtigem Grund und eine fristlose Vertragskündigung ist eigentümerseits stets möglich (also auch ohne ausdrücklichen Hinweis in einem Vertrag).

Ein vom Verwalter vorgelegtes Vertragsformular unterliegt im Regelfall auch der Kontrolle des AGB-Gesetzes.

Die in Kurzform auf den Vertrag Bezug nehmende **Vollmachtsurkunde** (s. unten unter B) ist der Legitimationsnachweis des Verwalters gegenüber gemeinschaftsaußenstehenden Dritten, bezieht sich also allein auf das Außenverhältnis (der Verwaltervertrag regelt demgegenüber das Schuldverhältnis zwischen Gemeinschaft und Verwalter, also das Innenverhältnis).

Der Verwaltervertrag und auch die Verwaltervollmacht unterliegen **keinem Formzwang**; die Schriftform ist jedoch aus Beweiserleichterungsgründen dringend angeraten. Bei Verwalterbestellungen durch Mehrheitsbeschluss, dokumentiert durch das betreffende Protokoll, darf auf die §§ 26 Abs. 4 und 24 Abs. 6 WEG hingewiesen werden.

II. Muster

Verwaltervertrag für Wohnungseigentum mit Verwaltervollmacht

A: Verwaltervertrag

zwischen der Eigentümergemeinschaft der Wohnanlage

....

(Straße/Stadt)

und

....

(Name/Firmenbezeichnung des Verwalters, ges. Vertretung)

wird folgende Vereinbarung getroffen:

§ 1 Bestellung und Abberufung des Verwalters

(1) Gemäß Teilungserklärung/Beschluss der Wohnungseigentümerversammlung
vom ....
wurde ....
zum Verwalter des Anwesens
Fa./Herr/Frau ...., gesetzl. vertreten durch .... bestellt.

(2) Die Verwaltungstätigkeit beginnt am .... und endet am .... (vgl. Anm. 1).

(3) Über eine wiederholte Bestellung oder Neubestellung (jeweils längstens auf 5 Jahre) ist bis zum .... durch die Wohnungseigentümer zu beschließen; eventuelle Änderungen gegenüber diesem Vertragstext müssen den Vertragspartnern 4 Wochen vor diesem Termin bzw. vor der diesbezüglichen Wohnungseigentümerversammlung bekannt gemacht werden. Über einzelne Änderungswünsche selbst entscheiden die Eigentümer durch Beschlussfassung in der Eigentümerversammlung. Beschlossene Änderungen bedürfen in jedem Fall zu ihrer Wirksamkeit der Zustimmung des Verwalters.

(4) Eine vorzeitige Abberufung und außerordentliche Kündigung des Vertrags durch die Wohnungseigentümer ist vor Ablauf der unter Absatz (2) bezeichneten Frist nur aus wichtigem Grund mit einfacher Beschlussmehrheit möglich.

6 Muster

§ 2 Allgemeine Pflichten und Berechtigungen des Verwalters

(1) Die Aufgaben und Befugnisse des Verwalters ergeben sich aus dem Wohnungseigentumsgesetz (insbesondere den §§ 27 und 28), aus der Teilungserklärung/Gemeinschaftsordnung, aus den gültigen Beschlüssen und Vereinbarungen der Wohnungseigentümer, aus rechtskräftigen Gerichtsentscheidungen und aus dem Inhalt dieses Vertrages.

(2) Der Verwalter hat im Rahmen pflichtgemäßen Ermessens alles zu tun, was zu einer ordnungsgemäßen Verwaltung in technischer (bestandserhaltender), organisatorischer, rechtlicher und kaufmännischer Hinsicht notwendig ist. Er ist verpflichtet, die Anlage (d. h. das Gemeinschaftseigentum und das gemeinschaftliche Verwaltungsvermögen) mit der Sorgfalt und nach den Grundsätzen eines ordentlichen und fachkundigen Kaufmanns zu betreuen; dabei hat er alle mit der Verwaltung zusammenhängenden gesetzlichen Bestimmungen, vertraglichen Vereinbarungen und bisher bestandskräftig gefassten Eigentümerbeschlüsse und rechtskräftige Gerichtsentscheidungen zu beachten.

(3) Der Verwalter handelt im Namen und für Rechnung der Eigentümer und ist auch gegenüber Behörden, Drittpersonen/-firmen und anderen Gemeinschaften bevollmächtigt, die Gemeinschaft in gemeinschaftlichen Angelegenheiten (der laufenden Verwaltung) außergerichtlich auf der Aktiv- wie auch der Passivseite zu vertreten. Bei anhängigen Prozessen „gegen die Gemeinschaft" (- Passivprozesse -) – einschließlich Wohnungseigentumsverfahren nach § 43 WEG, insbes. Beschlussanfechtungsverfahren – besitzt der Verwalter ebenfalls Vertretungsvollmacht einschließlich der Berechtigung zur Anwaltsbeauftragung. Zur Anstrengung von Aktivprozessen ebenfalls mit Berechtigung zur Rechtsanwaltbeauftragung bedarf es jedoch – mit Ausnahme von § 3 Abs. 2 – der Zustimmung durch den Verwaltungsbeirat, sofern die Angelegenheit aus Termin- und Fristgründen keinen Aufschub bis zu einer ordentlichen jährlichen oder auch außerordentlichen Eigentümerversammlung und einer (grds. erforderlichen) entsprechenden Mehrheitsbeschlussfassung duldet.
Im Fall eines unzweifelhaften Interessenkonflikts des Verwalters ist dessen Vertretung (und auch Zustellungsvertretung) ausgeschlossen.

(4) Der Verwalter ist berechtigt, in Einzelfällen seines Aufgabenbereichs Untervollmacht zu erteilen; grundsätzlich ist er jedoch verpflichtet, die Verwalteraufgaben selbst zu erfüllen.

Auch die Versammlungsleitung ist nicht stets in persona vom Firmeninhaber/Geschäftsführer/Vorstand/Prokuristen wahrzunehmen, sondern kann auch auf andere Firmenvertreter (Sachbearbeiter) oder verwalterseits beauftragte Dritte übertragen werden. Jeder Versammlungsleiter hat auch für ordnungsgemäße Protokollierung zu sorgen.

(5) Der Verwalter hat im Krankheits- oder Urlaubsfalle eigenverantwortlich rechtzeitig für entsprechende Vertretung zu sorgen und Vertreter (als seine Erfüllungsgehilfen) in seinen gesamten Aufgabenbereich einzuweisen und solche Vertretungen den Eigentümern auch in geeigneter Weise zur Kenntnis zu bringen.

§ 3 Einzelaufgaben des Verwalters (beispielhafte Aufzählung)

Der Verwalter hat **insbesondere** folgende Aufgaben zu erfüllen bzw. ist verpflichtet,

(1) mit Wirkung für und gegen die Wohnungseigentümer im Rahmen seiner Verwaltungsaufgaben grundsätzlich im Einvernehmen mit dem Verwaltungsbeirat notwendige Verträge abzuschließen und sonstige Rechtsgeschäfte vorzunehmen (z. B. Hausmeister-, Versicherungs-, Wartungsverträge); Gleiches gilt für etwaige Vertragskündigungen (ggf. hierfür Herbeiführung entsprechender Beschlussentscheidungen).

(2) zur Beitreibung rückständiger Hausgeld-(Wohngeld-)zahlungen zugunsten der Gemeinschaft in fremdem oder auch **in eigenem Namen** mit Wirkung für und gegen die Wohnungseigentümer außergerichtlich und notfalls auch gerichtlich tätig zu werden. Im Fall notwendig werdender gerichtlicher Beitreibungsmaßnahmen ist der Verwalter in diesen Fällen auch ermächtigt, einen fachkundigen Rechtsanwalt einzuschalten.

(3) die nach der Gemeinschaftsordnung und dem Wohnungseigentumsgesetz bestimmte Instandhaltungsrückstellung in beschlossener Höhe auf einem separaten (Bank-, nicht nur internen Buchungs-)Konto zinsbringend, jedoch auch kurzfristig abrufbar anzulegen, soweit kein spezieller Mehrheitsbeschluss für eine anderweitige Anlageform vorliegt (vgl. auch § 5 Abs. 4).

(4) Jede Ausgabe für Instandhaltungs- oder Instandsetzungsmaßnahmen über brutto .... DM im Einzelfall vorher mit dem Verwal-

tungsbeirat abzustimmen (alternativ: intern vor der Ausgabenverfügung die schriftliche Zustimmung des Beirats/eines Beiratsmitglieds/des Beiratsvorsitzenden einzuholen).

Im Fall notwendiger größerer Sanierungsmaßnahmen am/im Gemeinschaftseigentum hat der Verwalter grds. entsprechende Konkurrenz- und Vergleichsangebote einzuholen und Auftragsvergaben mit dem Verwaltungsbeirat abzustimmen, sofern entsprechende Beschlussfassungen zeitlich nicht möglich sind. Weiterhin hat der Verwalter solche Arbeiten selbst zu überwachen und auch abzunehmen, Rechnungsprüfung und -ausgleich vorzunehmen und sich um etwaige Mängelgewährleistung fristgerecht zu kümmern.

Bei größeren und/oder technisch schwierigeren Einzelsanierungsmaßnahmen (insbesondere im Rahmen anfänglicher Baumängelgewährleistung, im Sanitär-, Heizungs- und Lüftungsbereich oder bei bauphysikalischen Sanierungsmaßnahmen), die über routinemäßige, laufende Instandhaltungsmaßnahmen des Gemeinschaftseigentums hinausgehen und ihn aus eigener Sicht fachlich „überfordern" (können), hat der Verwalter den Eigentümern rechtzeitig die Beauftragung von Sonderfachleuten vorzuschlagen und entsprechende Beschlussfassung herbeizuführen.

(5) die in der Gemeinschaftsordnung vorgesehenen und über Mehrheitsbeschluss erwünschten Versicherungen abzuschließen bzw. aufrecht zu erhalten (vgl. auch Abs. 1).

(6) die Einhaltung der Hausordnung und die Erfüllung der den Eigentümern nach Gesetz und Gemeinschaftsordnung obliegenden Pflichten zu überwachen; gerichtliches Vorgehen auftrags der Gesamtgemeinschaft gegen Hausordnungs- und Nutzungsstörer bedarf jedoch grds. genehmigender Eigentümerbeschlussfassung; zur Prozessführung verpflichtet ist der Verwalter insoweit nicht.

(7) auf Wunsch des Verwaltungsbeirats an dessen Sitzungen teilzunehmen.

(8) erforderliche Kontrollen der Hausmeistertätigkeit und eines etwaigen Reinigungs-, Schneeräum- und Gartenpflegedienstes durchzuführen sowie eigenverantwortlich notwendige Sicherheitskontrollen gefahrgeneigter Flächen, Bau-, Grundstücks- und Einrichtungsteile des Gemeinschaftseigentums von Fall zu Fall (bei erkennbarem Bedarf) vorzunehmen.

(9) eine mindestens 2-(3-)wöchige Einladungsfrist zu Eigentümerversammlungen einzuhalten, soweit kein Fall besonderer Dringlichkeit vorliegt oder die Gemeinschaftsordnung eine abweichende Vereinbarung enthält.

(10) Versammlungstermine, Tagesordnungspunkte und Beschlussgegenstände einer bevorstehenden Versammlung mit dem Verwaltungsbeirat abzustimmen.

(11) zumindest ein Beschlussprotokoll abschriftlich allen Eigentümern – mit Zugang innerhalb von 3 Wochen nach einer Eigentümerversammlung – zuzusenden.

(12) Versammlungsprotokolle, gerichtliche Entscheidungen und alle anderen im Eigentum der Gemeinschaft stehenden Verwaltungsunterlagen geordnet aufzubewahren. Über eine evtl. Vernichtung alter Rechnungen, Bank- und Buchhaltungsunterlagen entscheidet ausschließlich die Gemeinschaft im Rahmen ordnungsgemäßer Verwaltung mit einfacher Beschlussmehrheit.

§ 4 Entgeltliche Geschäftsbesorgung und Vergütung

(1) Soweit im Wohnungseigentumsgesetz, der Teilungserklärung/Gemeinschaftsordnung und in diesem Vertrag nichts anderes bestimmt ist, gelten für das Verhältnis zwischen der Wohnungseigentümergemeinschaft und dem Verwalter ergänzend die Vorschriften des BGB über den entgeltlichen Geschäftsbesorgungsvertrag (§ 675 BGB).

(2) Die Vergütung des Verwalters beträgt monatlich
 a) je Wohnungseigentum:
 b) je Teileigentum (Garage/Stellplatz):
 c) je Teileigentum (Gewerberäume):
 d) je sonstiges Teileigentum (z. B. Speicher, Hobbyraum):
 e) je Sondernutzungsrecht:
 zuzüglich der jeweils geltenden MWSt (vgl. Anm. 2).

Diesen Betrag darf der Verwalter **monatlich** (Fälligkeit zu Beginn eines Monats) vom Eigentümergirokonto abheben (abbuchen). Mit dieser Vergütung sind auch alle geschäftsüblichen Sachaufwendungen des Verwalters und seines Bürobetriebs wie z.B. Porto, Telefon, Kopiekosten (für den Eigenbedarf), EDV-Buchhaltung und dergl. abgegolten,

nicht jedoch eine etwa anfallende Saalmiete oder Lautsprecheranlagenmiete für Eigentümerversammlungen, nicht auch etwaiger Sonderaufwand (Arbeitszeit- und Bürokostenaufwand) für einzelne Eigentümer, der mit der laufenden Verwaltung des Gemeinschaftsvermögens nichts zu tun hat.
Zu (möglichen) Sonderhonorarabsprachen vgl. unten Abs. 3 und 5.

(3) durch die Vergütung nach vorgenanntem Abs. 2 wird die Teilnahme an **einer** Jahresversammlung der Wohnungseigentümer (einschließlich einer etwaigen Fortsetzungs- und/oder Wiederholungsversammlung), zu deren Einberufung der Verwalter in jedem Geschäftsjahr verpflichtet ist, abgegolten. Für jede weitere, notwendigerweise einzuberufende, zu leitende und zu protokollierende außerordentliche Eigentümerversammlung (ebenfalls einschl. etwaiger Fortsetzungs- oder Wiederholungsversammlung) erhält der Verwalter eine zusätzliche Entschädigung von der Gemeinschaft in Höhe von .... DM zzgl. MWSt .... (vgl. Anm. 3).

(4) Der anlässlich eines Verwalterwechsels naturgemäß erforderliche, anfängliche Mehraufwand des Verwalters ist mit der ordentlichen Pauschalverwaltervergütung nach Abs. 2 abgegolten (vgl. Anm. 4).

(5) **Nicht** mit der Verwaltervergütung nach Abs. 2 abgegolten – und nachfolgend damit als Sonderhonorar ausdrücklich vereinbart – sind ferner:

- Mehraufwandsgebühren für Mahnungen an zahlungssäumige Wohnungseigentümer (je Mahnung z. B. 15/20 DM zzgl. MWSt zugunsten des Verwalters, zahlbar durch den schuldenden Eigentümer);
- Kosten für eigentümerseits erwünschte Kopien aus Verwaltungsakten (1 DM zzgl. MWSt, bei postalischem Versand zzgl. Porti);
- Kosten für Sonderleistungen gegenüber einzelnen Eigentümern, nach vorheriger Absprache des etwaigen Zeitaufwandes und einer Stundenhonorierung von (z. B.) 200 DM zzgl. MWSt pro Arbeitsstunde (vgl. auch oben Abs. 2);
- Bearbeitungskostenpauschale von (z. B.) 300 DM zzgl. MWSt für jede zu einer Sondereigentumsübertragung vereinbarungsgemäß vorgesehene und erforderliche Verwalterzustimmung in grundbuchmäßiger Form, zahlbar gegen Rechnungsstellung des Verwalters;

- Honorare für ggf. verwalterseits eigenständig (ohne Rechtsanwaltsbeauftragung) geführte gerichtliche Haus(Wohn-)geldinkassoverfahren (Erkenntnis- und Vollstreckungsverfahren), abrechenbar nach den Bestimmungen und Sätzen der Bundesrechtsanwaltsgebührenordnung (BRAGO);
- Honorare für größere, technisch schwierige und aufwendige Sanierungs- und Baubetreuungsmaßnahmen ab einem Auftragsvolumen von ……….. DM je nach Vereinbarung z. B. %-Pauschale nach Auftragssumme, Absprachen analog HOAI oder Stundenabrechnung …
- ………;

(6) Der Verwalter ist berechtigt, der Eigentümerversammlung eine Erhöhung der Verwaltergebühr nach Abs. 2 vorzuschlagen, wenn die wirtschaftliche Gesamtentwicklung dazu berechtigt und nötigt. Eine Erhöhung der Verwaltergebühr während der vertraglich vereinbarten Amtszeit bedarf jedoch in jedem Fall der mehrheitlichen Zustimmung der Eigentümerversammlung. (Alternativ: Vorstehende Honorarsätze sind fest vereinbart bis zum …).

§ 5 Kontenführung

(1) Der Verwalter hat die Pflicht, die Gelder der Eigentümergemeinschaft von seinem Vermögen und dem Dritter, insbesondere anderer von ihm verwalteter Gemeinschaften, getrennt (für die Gemeinschaft pfand- und insolvenzsicher) zu halten.

(2) Die Bank oder das Institut, bei dem das gemeinschaftliche Geschäftsgiro- und auch ein etwaiges Instandhaltungsrückstellungskonto als sog. offene Fremdkonten (nicht als offene Treuhandkonten auf den Namen des Verwalters!) geführt werden, bestimmt der Verwalter im Einvernehmen mit dem Verwaltungsbeirat.

Die Kontenbezeichnung lautet jeweils:

a) Hausgeld-(Wohngeld-)konto (Bank, Bankleitzahl, Konto-Nr.)
Wohnungseigentümergemeinschaft ………………………………,
vertreten durch den Hausverwalter ………………………………

b) Instandhaltungsrückstellungskonto
Wohnungseigentümergemeinschaft ....,
vertreten durch den Verwalter ....
(Abbuchung von Haus(Wohn)geldern im Lastschrifteinzugsverfahren nur bei entsprechender Vereinbarung oder bestandskräftiger Beschlussfassung.)

(3) Instandhaltungsrückstellungsbeiträge aus den laufenden Haus(Wohn)-geldvorauszahlungen werden – spätestens zum Geschäftsjahresende – auf einem gesonderten (Bank-)Konto einstweilen mit möglichst günstiger Verzinsung fest- bzw. angelegt, wobei die Art weiterer Geldanlage im Einzelnen mit dem Verwaltungsbeirat abzustimmen oder über Beschluss der Eigentümerversammlung festzulegen ist (vgl. auch oben § 3 Abs. 3).

(4) Das eingezahlte Hausgeld (Wohngeld) ist verwalterseits einmal jährlich insgesamt und auch den jeweiligen Eigentümern einzeln abzurechnen (spätestens zum Ende des Folgegeschäftshalbjahres). Die Jahresabrechnung (einschließlich der jeweiligen Einzelabrechnungen) und der vom Verwalter in Vorschlag gebrachte Wirtschaftsplan für das neue Rechnungsjahr (Wirtschaftsjahr) müssen den Eigentümern mindestens eine Woche vor der Versammlung schriftlich zugegangen sein, in der über Abrechnung(en) und Wirtschaftsplan abgestimmt werden soll.
(Kurzfristig vor der ordentlichen Jahresversammlung findet vor Ort ein sog. Sprechnachmittag statt, der den Eigentümern rechtzeitig bekannt gegeben wird.)

§ 6 Veräußerung eines Wohnungseigentums

Bei der Veräußerung eines Wohnungs- oder Teileigentums hat der Eigentümer seinen Rechtsnachfolger zum Eintritt in diesen Verwaltervertrag zu verpflichten.

§ 7 Teilweise Unwirksamkeit/Vertragsänderungen

Wird ein Teil dieses Vertrages unwirksam, so bleibt der übrige Vertragsinhalt in vollem Umfang rechtswirksam. Der rechtsunwirksame Teil ist durch eine dem beabsichtigten wirtschaftlichen Zweck in rechtlich zulässiger Weise am nächsten kommende Bestimmung zu ersetzen.

Abänderungen und/oder Ergänzungen dieses Vertrages bedürfen der Zustimmung der Wohnungseigentümer durch Mehrheitsbeschlussfassung in der Eigentümerversammlung und der Genehmigung des Verwalters.

§ 8 Beendigung der Verwaltertätigkeit

Mit Beendigung der Verwaltertätigkeit – gleich aus welchem Grund – hat der Verwalter alle die Eigentümergemeinschaft betreffenden und in deren Eigentum stehenden sowie zu einer ordnungsgemäßen Fortführung der Verwaltung notwendigen Unterlagen unverzüglich in geordneter Form primär einem neu bestellten Verwalter (gegen Legitimationsnachweis oder auf Weisung des Verwaltungsbeirats) auszuhändigen, d. h. zur Abholung gegen Empfangsquittung bereitzustellen. Unterlagenherausgabe an sich kann auch der Vorsitzende des Verwaltungsbeirats (oder sein Stellvertreter) fordern, ebenso die Weisung einer Herausgabe an einen Dritten erteilen. Ohne Herausgabeaufforderung ist der nicht mehr im Amt befindliche Verwalter allein verpflichtet, die Gemeinschaftsunterlagen kostenfrei noch maximal 4 Wochen bei sich in ordnungsgemäßer Verwahrung zu behalten, anschließend im Fall eines eingetretenen Annahmeverzugs angemessen kostenpflichtig zulasten der Gemeinschaft.

Im Fall einer vorzeitigen Amtsbeendigung gleich aus welchem Grund besteht überdies Rechnungslegungspflicht des (ausgeschiedenen) Verwalters.

Nach Amtsbeendigung ist der Verwalter nicht mehr berechtigt und verpflichtet, Verfügungen über gemeinschaftliche Konten vorzunehmen; er hat allenfalls allein noch bei erforderlichen Kontenauflösungen, Verfügungsänderungen und Geldmittelübertragungen auf neuen Verfügungsberechtigten mitzuwirken und das bisher kontenführende Institut unverzüglich vom Wegfall seiner Verfügungsberechtigung und evtl. ihm bereits bekannter neuer Legitimation (eines neu bestellten Verwalters) zu verständigen.

§ 9 Sonstige Bestimmungen (vgl. Anm. 5)

(1) Der Verwalter hat nach eigenem pflichtgemäßen Ermessen von Fall zu Fall Objekt- und Sicherheitskontrollen durchzuführen (Hausmeisterüberwachung, Prüfung von Instandsetzungsnotwendigkeiten, Überprüfung der Einhaltung der Hausordnung usw.) und auf Verlangen den Verwaltungsbeirat von den Ergebnissen seiner Kontrollen zu informieren. Im Übrigen wird auf die §§ 2 und 3 dieses Vertrages verwiesen.

(2) Der Verwalter versichert, dass er eine Vermögensschadenversicherung mit einer Deckungssumme von .... abgeschlossen hat und ständig aufrecht erhält.

(3) Schadenersatzansprüche aus leicht fahrlässiger Vertrags- und Nebenpflichtverletzung gegen den Verwalter verjähren in 3 Jahren von dem Zeitpunkt an, in dem der Anspruch der Gemeinschaft bzw. einzelner Eigentümer entstanden ist, spätestens jedoch in 3 Jahren nach Beendigung des Verwalteramtes (vgl. Anm. 6). (Hinsichtlich etwaiger Schadenersatzansprüche aus unerlaubter Handlung verbleibt es bei der Regelung des § 852 BGB.)

(4) ....

Datum: ....   Für die Eigentümergemeinschaft:
Der Verwalter: z.B. der Verwaltungsbeirat im Auf-
....   trag der Wohnungseigentümerge-
                                meinschaft aufgrund in der Eigentü-
                                merversammlung vom ....
                                .... erteilter Vollmacht/Ermächtigung:

B: Verwaltervollmacht

Wohnungseigentümergemeinschaft: ....
Der Verwalter der Wohnungseigentümergemeinschaft
....
wird bevollmächtigt, die Wohnungseigentümergemeinschaft in allen **gemeinschaftlichen** Verwaltungsangelegenheiten außergerichtlich und auch gerichtlich zu vertreten.

Auch im **eigenen** Namen kann der Verwalter mit Wirkung für und gegen die Wohnungseigentümer Hausgeld-(Wohngeld-)rückstände (einschließlich Sonderumlagebeiträge) gegen säumige Wohnungseigentümer außergerichtlich und auch gerichtlich geltend machen (mit dem Recht, einen Rechtsanwalt zu beauftragen).

Der Verwalter kann des Weiteren insbesondere unter Befreiung von den Beschränkungen des § 181 BGB:

1) Rechte der Wohnungseigentümer gegenüber Dritten regeln und wahrnehmen oder Ansprüche Dritter gegen die Gemeinschaft abwehren,

2) die Wohnungseigentümer als Berechtigte von Dienstbarkeiten gerichtlich oder außergerichtlich vertreten,
3) Dienst-, Werk-, Versicherungs-, Wartungs- und Lieferungsverträge abschließen und auflösen, die zur Erfüllung von Beschlüssen der Wohnungseigentümergemeinschaft oder einer ordnungsgemäßen und sachgerechten Verwaltung erforderlich sind.

Der Verwalter ist auch berechtigt:
1) im Namen aller Wohnungseigentümer mit Wirkung für und gegen sie alle Leistungen und Zahlungen zu bewirken und entgegenzunehmen, die mit der laufenden Verwaltung zusammenhängen,
2) Willenserklärungen und Zustellungen entgegenzunehmen, soweit diese an alle Wohnungseigentümer in dieser Eigenschaft oder – wie im Wohnungseigentumsverfahren – an einen Teil der Eigentümer gerichtet sind,
3) Maßnahmen zu treffen, die zur Wahrung einer Frist oder zur Abwendung eines der Gemeinschaft drohenden Rechtsnachteils erforderlich sind,
4) Untervollmachten für einzelne Verwaltungsangelegenheiten zu erteilen.

Erlischt die Vertretungsmacht des Verwalters, so ist die Vollmacht den Wohnungseigentümern, d.h. dem Vorsitzenden des Verwaltungsbeirats, unverzüglich zurückzugeben. Ein Zurückbehaltungsrecht an der Urkunde steht dem Verwalter nicht zu.

Datum: ....
Der Verwaltungsbeirat im Auftrag der Wohnungseigentümer:
....

Anmerkungen

1) Hier kann nach h.R.M. auch eine (automatische) Vertragsverlängerungs- und eine Wiederbestellungsklausel vereinbart werden (vgl. § 26 Abs. 2 WEG). Beachtet werden muss jedoch stets § 26 Abs. 1 WEG (Vertragsverlängerung mangels Kündigung bzw. Bestellung auf höchstens 5 Jahre!).
Bestellung und Vertragsbeginn können zeitlich auseinander fallen. Der Vertragsbeginn sollte möglichst genau datumsmäßig festgelegt werden, um Zweifel bei Vertragszeitfristberechnungen zu vermeiden.
Bei bestellter Erstverwaltung nach Bauträgerteilung gemäß § 8 WEG beginnt die Amtszeit des Erstverwalters mit Entstehung der **faktischen/werdenden Ge-**

meinschaft, d. h. der Übergabe einer fertig gestellten Sondereigentumseinheit an einen ersten dinglich gesicherten Ersterwerber (faktischen Eigentümer).

2) Die Kostenverteilung des Verwalterhonorars nach Einheiten hat sich zwischenzeitlich durchgesetzt; mangels spezieller Regelung würde allerdings auch hier § 16 Abs. 2 WEG gelten (Verteilung nach Miteigentumsquoten). Entsprechende Kostenverteilungsvereinbarungen in der Gemeinschaftsordnung haben jedoch Vorrang.

3) Je nach Größe der Gemeinschaft üblicherweise z. B. 300, 500 oder 1.000 DM.

4) Diese Klausel entfällt bei einer Verwalter-Erstbestellung (z. B. durch den Bauträgerverkäufer).

5) Hier können spezielle Punkte aufgenommen werden, die im besonderen Interesse der Vertragspartner liegen, z.b. über:
   - Zeitpunkt der Erstellung von Jahresabrechnungen
   - Pflichtenabgrenzungen im Bereich anfänglicher Baumängelgewährleistungsanspruchsverfolgungen bzgl. des Gemeinschaftseigentums (Feststellungs-, Hinweis-, Organisations- und gewisse Aufklärungsnebenpflichten sind hier jedoch nach h. R. M. Pflichtaufgabe eines Verwalters)
   - Abnahme des Gemeinschaftseigentums
     - Zustimmungsvorbehalte des Verwaltungsbeirats bei Ausgaben ab einer bestimmten Größenordnung
     - Hausmeisteranstellungspflichten
     - Baubetreuungstätigkeiten eines Verwalters größeren Umfangs in Abgrenzung zur laufenden und üblichen technischen Bestandsverwaltung (größere Instandsetzungen/Modernisierungen des Gemeinschaftseigentums).

6) Eine solche Haftungsbegrenzung (ähnlich der Regelungen in Berufsordnungen anderer selbstständiger, treuhänderisch tätiger Berufsgruppen wie z. B. Rechtsanwälten, Steuerberatern, Wirtschaftsprüfern, Notaren) ist u. E. auch unter Berücksichtigung des AGB-Gesetzes in der Wohnungseigentumsverwalterbranche als gültig anzusehen und sollte eigentümerseits akzeptiert werden.

6.7 Abnahmeprotokoll – Gemeinschaftseigentum

(Vorbehalt gemäß §§ 464 bzw. 640 Abs. 2 BGB)

Eigentümergemeinschaft: ....
                                       (Ort / Straße)

Beteiligt – auf Seiten des
        – Bauträgers: ....
                                       (Name)

....
       – auf Seiten der
       – Gemeinschaft: ....
....
....

(Vertretungen jeweils möglich)
Abnahmetag: ....

Festgestellte Baumängel/Resterfüllungsarbeiten:

I. Vom Bauträgerverkäufer anerkannt:
    1. ....
        (Mangelbeschrieb in Kurzform – spezifiziert und lokalisiert)
    2. ....
    3. ....

II. Anerkannte Minderungs- und Ausgleichszahlungen ohne Nachbesserungspflicht:
    1. .... Betrag: ....
    2. .... Betrag: ....
    3. .... Betrag: ....
    ....Gesamtsumme: ....

III. Vom Bauträgerverkäufer nicht anerkannt
    (mit kurzer Begründung):
    1. .... Betrag: ....
    2. .... Betrag: ....
    3. .... Betrag: ....

Die sich aus der Übergabe/Abnahme ergebenden vertragsrechtlichen Auswirkungen sind in den notariellen Erwerbsverträgen unter § . . ./Ziffer . . . geregelt.

Auf diese Bestimmungen wird ausdrücklich verwiesen. Vgl. auch etwaige Vereinbarungen in der Teilungserklärung mit Gemeinschaftsordnung.

Die Einweisung in den Betrieb technischer Anlagen (Heizzentrale, Entlüftungsanlage, Aufzug usw.) erfolgte unter Übergabe entsprechender Betriebsanleitungen an den Verwalter. Die Erwerber verpflichten sich, die technischen Anlagen und Einrichtungsgegenstände ordnungsgemäß zu warten bzw. warten zu lassen.

Protokolldatum: ....

Für den Bauträger: Für die Gemeinschaft:

....

....

                                       (Unterschriften)

6.8 Antrags- und Beschlussvorschlag für Mängelgewährleistungsanspruchsverfolgung (bei anfänglichen Baumängeln am/im Gemeinschaftseigentum)

a) Der Verwalter (der Verwaltungsbeirat) wird **ermächtigt**, in eigenem Namen mit Wirkung für und gegen die Gemeinschaft Baumängelgewährleistungsansprüche (nach Wahl primäre oder auch sekundäre Ansprüche) bzgl. des Gemeinschaftseigentums der Anlage (einschl. etwaiger Folgeschäden im/am Sondereigentum aufgrund ursächlich vom Gemeinschaftseigentum ausgehender Mängel) gegen sämtliche Baubeteiligte/den Bauträgerverkäufer geltend zu machen, vorerst versuchsweise außergerichtlich, notfalls aber auch auf gerichtlichem Wege (selbstständiges Beweisverfahren oder Klage).

In diesem Zusammenhang wird der Verwalter auch ermächtigt, Fristen zu setzen, Fristsetzungen mit Ablehnungsandrohungen vorzunehmen, fristlose und fristgerechte Kündigungen auszusprechen sowie Abmahnungen zu veranlassen.

b) Zu diesem Zweck wird der Verwalter (der Verwaltungsbeirat) des Weiteren ermächtigt, mit Wirkung für und gegen die Gemeinschaft einen **Baufachmann** (Privatgutachter) zu beauftragen, die derzeit vorhandenen und noch nicht behobenen anfänglichen Baumängel am Gemeinschaftseigentum eindeutig zu lokalisieren, zu analysieren (Ursachenfeststellung) und unter Angabe des voraussichtlichen Sanierungsaufwandes (entsprechender Minderungsbeträge bei objektiv unmöglicher oder vom Aufwand her unzumutbarer Sanierung) spezifiziert aufzulisten.

c) Zur außergerichtlichen und notfalls gerichtlich notwendigen Verfolgung der Gewährleistungsansprüche gegen den/die Haftungsschuldner wird der Verwalter (der Verwaltungsbeirat) ermächtigt, im eigenen Namen mit Wirkung für und gegen die Gemeinschaft eine baurechtlich versierte **Rechtsanwaltskanzlei** unter Erteilung anwaltsüblicher Vollmacht zu beauftragen und diese ordnungsgemäß und vollständig in tatsächlicher Hinsicht zu informieren.

d) Über Modalitäten und Durchführung evtl. **Eigensanierungsmaßnahmen** (nach eingetretener Verzugslage) – mit Ausnahme von Not- und Eilmaßnahmen nach Beweissicherung – wird die Gemeinschaft zu gegebener Zeit separat Beschluss fassen.
(*Alternativ:* Mit der Sanierung aus evtl. erfolgreich erwirkten Geldmitteln wird die Firma X beauftragt usw.)

e) Zum Zweck der **Vorfinanzierung** vorbeschlossener Maßnahmen (Privatgutachterkosten, Gerichtskostenvorschüsse, Sachverständigenkosten, Rechtsanwaltshonorarvorschüsse) wird eine zweckgebundene S o n d e r u m l a g e erhoben, die (vorerst) limitiert ist auf . . . . . . DM.
Aus diesem Grund hat ein jeder Miteigentümer auf Sonderkonto „Baumängel" an die Gemeinschaft, vertreten durch den Verwalter, bei der x-Bank, Konto Nr. . . . .
. . . . . . DM pro 1/1000 tausendstel Miteigentumsanteil zu bezahlen, und zwar zahlbar in 4 gleichen Raten jeweils zum 1. 1., 1. 4. usw. Bei Abbuchungen von diesem Sonderkonto benötigt der Verwalter die Unterschrift des Verwaltungsbeiratsvorsitzenden, ersatzweise eines Beiratsmitglieds (*alternativ:* bei Abbuchungen über 1.000 DM).

f) (Soweit Verwalterermächtigung vorliegt) Der Verwalter ist verpflichtet, sämtliche beabsichtigten wichtigen Maßnahmen und Entscheidungen jeweils vorher mit dem Verwaltungsbeirat **abzustimmen**.

g) (Bei Beiratsermächtigung) Der Verwaltungsbeirat wird in diesem Zusammenhang von jeglichen **Haftungsansprüchen** der Gemeinschaft **frei gestellt**, sofern ihm nicht Vorsatz oder grobe Fahrlässigkeit nachzuweisen ist.

6 Muster

6.9 Muster einer Gesamtabrechnung mit Einzelabrechnungen gem. § 28 WEG und eines Wirtschaftsplans
(Einnahmen-/Ausgaben-Überschussrechnung nach derzeit überwiegender R. M.)

Wohn(Haus)geldabrechnung für die Zeit von .... bis .... (Geschäfts- u. Abrechnungsjahr)	Wohnanlage: .... Verwalter:	Blatt 1
Name und Anschrift des/der Wohnungs-/Teileigentümer(s)	Nr. des SE lt. Auft.Pl. / Teil.Erkl.: .... ME-Anteil: .... m² Wohn-/Nutz-Fl.: .... Kennz./Bank-/EDV-Nr.:	

Ⓐ Gesamteinnahmen	Brutto	Verteiler- schlüssel	Einzelabrechnung	
I WG-Vorauszahlungen		(lt. Gesetz / Teil.Erkl. oder Beschlüssen) z. B. ME-A	I Ihre WG-Vorauszahlungen	
1. Geschäftsjahr	....		1. Geschäftsjahr	....
2. Sonderumlagen	....		2. Sonderumlagen	....
II WG-Nachzahlungen			II Gutschriften (anteilig)	
[1. Saldenausgleiche auf* frühere Geschäftsj.]			1.	....
2. Ausgleiche (über Gerichtstitel bzw. erfolgr. Vollstr.)	....	....	2.	....
III WG-Verzugszinsen			III	
IV Sonstige Einnahmen der Gemeinschaft			IV	....
1. Zinsen (Bank/Konto)	....	....	1.	....
2. Mieterträge (verm. GE)	....	....	2.	....
3. Waschmünzenverkauf	....		3.	....
4. Außerordentl. Einnahmen	....	....	4.	....
4.1 Schadenersatzleistungen	....		4.1	....
4.2 Versicherungs- erstattung	....		4.2	....
(5. Umzugspauschalen)	....	....	(5. ....)	....
6.	....	....	6.	....
gesamt DM:	....		gesamt DM:	....

Ⓑ Gesamtausgaben		z. B.:	Ausgaben anteilig	
I Allgem. Bewirtschaftungskosten			I	
1. Versicherungen	....	ME-A	1.	....
2. Gem.-Strom	....	ME-A	2.	....
3. Wasser/Abwasser/Kanal	....	ME-A/m²/Kopf	3.	....
4. Hausmeister	....	ME-A	4.	....
5. Lauf. Kleinreparaturen	....	ME-A	5.	....
6. Rechtsanwaltskosten/GK usw.	....	§ 16 V WEG !	6. (evtl. vorläufig)	....
7.	....	ME-A	7.	....
II Heiz- u. WW-Kosten			II Vgl. Heiz- u. WW-Kosten	
1. Geschäftsjahr	....	FIX/VERBR.	1. Einzelabr. (ANLAGE)	....
2. „Bevorratungskauf" Öl	....	ME-A	2. (Anteil „Ölbestand" vgl. Ⓒ III)	....
III Verwaltervergütung	....	E	III	....
IV Zuführung Instandhaltungsrückl.	....		IV	::::::::
[V Ausgleichszahlungen für* frühere Geschäftsj.]	....	ME-A/m² ME-A	V	....
gesamt DM:	....		gesamt DM:	....

Jahresgesamtüberschuss:	Einzelabrechnungsergebnis (Saldo)	+ (Forderung) ./. (Schuld)
Jahresgesamtfehlbetrag:		

* Ggf. auch Darstellung dieser beiden „Konsolidierungspositionen" (Saldenausgleiche zu früheren, beschlussgenehmigten Geschäfts- und Abrechnungsjahren) unter Ⓒ I – informativ – (zur Kontenstandserläuterung).

| (C) Kontenstände/Kontenbewegungen/Instandhaltungsrückstellung/Sondervermögen | Blatt 2 |

I. Gemeinschaftliches Girokonto (Verwaltungskonto)
  Stand zu Beginn des Geschäftsjahres, am .... DM ....
  Stand zum Ende des Geschäftsjahres, am .... DM ....

II. Instandhaltungsrückstellung (Entwicklung)
  1. Stand zum .... (Beginn Geschäftsjahr)
     – Konto Nr. .... (Festgeld) DM ....
     – Konto Nr. .... DM ....
  2. Stand zum .... (Ende Geschäftsjahr)
     – Konto Nr. .... DM ....
     – Konto Nr. .... DM ....
  3. Zugänge/Zuflüsse im Geschäftsjahr
     3.1 über Wohngeldvorauszahlungen: DM ....
     3.2 Zinsen: DM ....
     3.3 (Umzugspauschalen): DM ....
     3.4 ....
                                                gesamt DM ....
  4. Auszahlungen im Geschäftsjahr
     4.1 Großinstandhaltungen: DM ....
     4.2 Instandsetzungen: DM ....
     4.3 **Zinsabschlagsteuer (gesamt)** DM ....
         gemäß in Kopie beigefügter Bankbescheinigung(en)
         (ANLAGE)
     4.4 Solidaritätszuschlag DM ....
                                                gesamt DM ....
  5. Übersicht derzeitiger Vermögensanlagen
     5.1 Festgeld (Zinssatz z. Zt. ...): DM ....
     5.2 Sparbuch (Zinssatz z. Zt. ...): DM ....
     5.3 ....:
  6. Ihr rechnerischer Anteil am Rückstellungsvermögen
     zum .... – Ende des Geschäftsjahres
     (nach ME-Anteil/nach m^2 W/N-Fl.): DM ....
  7. Ihr Anteil an Rückstellungszinsen des
     Abrechnungs-(Geschäfts)jahres 19 .... DM ....
  8. Ihr **Anteil Zinsabschlagsteuerschuld**
     aus steuerpflichtigen Zinseinnahmen des im Geschäftsjahr
     angelegten Rückstellungsvermögens
     (nach ME-Anteil/nach m^2 W/N-Fl.)
     – vgl. oben Ziffer II. 4.3 – DM ....

[III. **Ölbestand/Verw. Vermögen (Bevorratungskauf)**
  1. Ölbestand im Tank am Ende des Geschäftsjahres
     (einschl. erfolgter, ggf. über Sonderanlage finanzierter
     Bevorratungskauf im Geschäftsjahr): Liter ....
  2. Wert des Ölbestandes zum Ende d. Geschäftsjahres in DM gesamt
     („first in first out"-Literpreis): DM ....
  3. Ihr rechnerischer Anteil an diesem Vermögenswert
     der Gemeinschaft: DM ....]

ANLAGE: Heiz- und Warmwassereinzelabrechnung der Servicefirma ....

Anm.: Vorstehende Übersichten (A), (B), (C) sind nach derzeit derzeit h. R. M. zwingender Bestandteil eines „Abrechnungspakets" in Auslegung des § 28 WEG und § 666 BGB, basiert auf den tatsächlichen Einzahlungen und Auszahlungen im Geschäftsjahr (Ausn. Heiz- und Warmwasserkosten) und muss damit auch von der Mehrheitsbeschlussgenehmigung der Eigentümer erfasst werden, sollen saldierte Einzelabrechnungsguthaben (Forderungen) bzw. -nachzahlungen (Schuldausgleichsverpflichtungen) der einzelnen Eigentümer fällig und ggf. gerichtlich erfolgreich durchgesetzt werden.

Nachfolgende Übersichten (D) bis (L) sind demgegenüber fakultativ/informativ (wenn auch zum besseren Verständnis im Einzelfall empfehlenswert), müssen also auch nicht zwingend nach derzeit h. R. M. vom Genehmigungsbeschluss der Eigentümer mit erfasst werden.

6 Muster 243

Ⓓ Ihr Kontenstand/Kontenbewegungen/Entwicklung (Geschäftsjahr) – informativ –   **Blatt 3**

(Wohngeldzufluss/-abruf/-umbuchung)   Haben +   Soll –

    Jan. Wohngeld   + ...   – . . . . . .
    Febr. Wohngeld   + ...   – . . . . . .
    März Wohngeld   + ...   – . . . . . .
    März Sonderumlage (1. Rate)   + ...   – . . . . . .
    usw. . . . . . .

Ⓔ Jahressalden und Ausgleiche zu Ihrem Konto (Vorträge aus früheren – genehmigten – Geschäftsjahren):
(– informativ –)   Haben +   Soll –

  I. 1. Einzelabrechnung
       Geschäftsjahr ..... (Schuld)   – . . . . . .
       Ihre Zahlung
       Monat . . . ./Jahr . . . .:   + ...
       alternativ:
    2. Einzelabrechnung
       Geschäftsjahr ..... (Forderung)   + ...
    3. Gutschrift
       Monat . . . ./Jahr . . . .   – . . . . . .
  II. Informativ: – Ihr Konto zum Geschäftsjahr damit ausgeglichen!   +/./. . . . .   – . . . . . .
      – alternativ:
      – Kontenrückstand/Guthaben zum Geschäftsjahr:
  III. Neuer Schuld-/Forderungsvortrag: + ...   – . . . . . .

Ⓕ Untergliederung von Gesamtausgaben – Positionen der Gesamtabrechnung nach Ⓑ   **Blatt 4**
(fakultativ; in größeren Gemeinschaften empfehlenswert)

z. B.
zu I 1. Versicherungen
    1.1 Eigent. Haftpflicht
    1.2 Verb. Sturm-/LW-/Hagel
    1.3 Öltankvers.
    1.4 . . . .
zu I 5. Lauf. Kleinrep.
    5.1 Rep. Motor Traktor
    5.2 Rep. elektr. Rolltor TG
    5.3 . . . .
zu I 6. RA-Kosten/GK
    6.1 Anwaltl. Beratung Baumängel-Gewährl. GE
    6.2 GK u. RA-K.-Vorschüsse Wohngeldinkasso-Verf.
       ./. Eigentümer . . . .
    6.3 . . . .
zu I. 8. Sonstiges
    8.1 20 kg Streusand
    8.2 Kauf Besen
    8.3 . . . .
    8.4 . . . .

Ⓖ Übersicht offener Forderungen und offener Verbindlichkeiten der Gemeinschaft zum Ende des Geschäftsjahres (Status)
(nach derzeit h. R. M. fakultativ und – entgegen meiner Vorstellung – damit nicht vom Abrechnungsgenehmigungsbeschluss miterfasst)

  I. **Offene Gemeinschaftsforderungen**
    zum . . . .
    1. Offene Wohngeldforderungen gegen Eigentümer
      1.1 Vorauszahlungsverpflichtungen
          aus lf. Geschäftsjahr   DM . . . .
      1.2 Saldierte Abrechnungsrestschulden
          vergangener Geschäftsjahre (Altrückstände)   DM . . . .
      1.3 . . . .   gesamt DM . . . .

2. Offene Forderungen gegen Dritte
   2.1 *Versicherung*
   2.2 Handwerker (Ersatzvornahme)
   2.3 ....

                                                  gesamt DM..........

3. **Forderungen**   gesamt DM..........

Blatt 5

II. **Zum .... bestehende offene Verbindlichkeiten/Schulden der Gemeinschaft gegenüber**

  1. Eigentümern
     1.1 ....
     1.2 ....
  2. Dritten   DM..........
     2.1   DM..........
     2.2   DM..........

  3. **Verbindlichkeiten**   gesamt DM..........

(H) **Namentliche Erfassung der Wohngeldschuldner mit Ausweis des jeweiligen zahlungsfälligen Schuldbetrages** (vgl. oben (G) I 1.)   Blatt 6

(fakultativ, m. E. jedoch rechtlich zulässig u. auch sachdienlich)

                                                              Zahlungsrückstand
                                                              zum ... (Datum)

1. (Name des/der Eigentümer(s))   DM..........
2. ....   DM..........
3. ....   DM..........
4. ....

(Vgl. hierzu auch Bericht des Verwalters in der Eigentümerversammlung)

(I) *Fakultativ:* Sachvermögens- und **Inventarübersicht**/Hausmeistergerätschaften
(gegenständlich, nicht notwendigerweise zeit- und verkehrswertbezogen)

1. Schneeräumgerät Typ ....; gekauft am ....
2. Rasenmäher Typ ....; gekauft am ....
3. 3 Schneeschaufeln
   2 Besen
   Heckenschere
   30 kg Streusplitt
4. Weiteres Handwerkszeug (Axt, Elektrosäge, Kabelrolle 50 m, div. Kleinwerkzeug)
5. ....
6. ....

(K) *Fakultativ:* **Ausgabenvergleiche**

    I Gegenüberstellung/Vergleich der tatsächlichen Ausgaben des Geschäftsjahres
       mit den kalkulierten Wirtschaftsplanansätzen

    II Vergleich der Ausgaben des Geschäftsjahres mit abgerechneten Vorjahreszahlen

6 Muster

> Blatt 7

(fakultativ)
Ⓛ Einige Hinweise der Verwaltung zu diesem gesamten „Abrechnungspaket" für die Eigentümer

1. Ein Einzelabrechnungsguthaben (+, vgl. (B) am Ende) erhalten Sie in den nächsten Tagen – nach Beschlussgenehmigung dieser Abrechnung – ausbezahlt bzw. Ihrem Konto gutgeschrieben (überwiesen).
Eine ausgewiesene Nachzahlungsschuld (./., vgl. (B) am Ende) leisten Sie – beschlussgemäß – bitte innerhalb von **2 Wochen** ab Beschlussgenehmigung auf das Ihnen bekannte GemeinschaftsGirokonto; bei erteilter Einzugsermächtigung im Lastschriftverfahren werden wir Ihre Nachzahlung in dieser Frist von Ihrem Konto abrufen.

2. Wohnungsvermieter werden u. U. zu bedenken haben, dass mangels anderweitiger rechtsgültiger mietvertraglicher Neben- und Betriebskostenabrechnungsvereinbarungen (z. B. Pauschalabsprachen) bestimmte Ausgaben dieser Abrechnung kraft Gesetzes auf Wohnmieter nicht umgelegt werden können; hinsichtlich gewerblicher Mietverträge ist die Rechtslage anders.
Unter Umständen müssen Vermieter – mietrechtlich häufig gefordert – auch Ausgabenpositionen strenger mietzeit-periodengerecht **abgrenzen** als dies wohnungseigentumsrechtlich derzeit von h. R. M. gefordert und hier in Ihrer beschlossenen Abrechnung nach tatsächlichen Einzahlungen und Auszahlungen im Geschäftsjahr dargestellt wird/ist. Gegen Sonderhonorar (gemäß vertraglicher Vereinbarung/separater Absprache) ist Ihnen Ihr Verwalter auf Wunsch gerne insoweit behilflich; Gleiches gilt für etwaige steuerrechtlich für Sie relevante Rückfragen zur Abrechnung.

3. Etwa als Gesamtausgaben gebuchte und auch anteilig einzelabgerechnete Prozessvorschusskosten (Rechtsanwalt, Gericht) aus Verfahren nach § 43 WEG haben u. U. nur vorläufigen Charakter; die endgültige Verteilung und Abrechnung erfolgt gem. § 16 Abs. 5 WEG nach Verkündung der entsprechenden rechtskräftigen gerichtlichen Entscheidung und nach Maßgabe der dort auch – verbindlich – niedergelegten Kostenentscheidung (Kostenformel gemäß Tenor); bei zahlungspflichtiger Auftraggebermehrheit werden Kosten im Innenverhältnis nach h. M. (d. h. nach kopfgleichen Quoten) verteilt und einzeln abgerechnet.

4. Da über Sonderumlage im hier abgerechneten Geschäftsjahr auch ein günstiger „Ölbevorratungskauf" erfolgte und nur das verbrauchte Öl im Sinne des § 7 Abs. 2 Satz 1 Heizkostenverordnung in Ihrer speziellen Heiz- und Warmwasserkostenabrechnung verteilt und abgerechnet wurde (vgl. Einzelabrechnung Ihrer Servicefirma, ANLAGE), ersehen Sie den Geldwert des Ölbestandes am Ende des Geschäftsjahres aus der Übersicht (C) III; dieser Ölbestand ist Ihnen auch anteilig unter (B) II 2. geldwertmäßig belastet (Klammervermerk), konnte aber nicht in Ihrer Einzelabrechnung unmittelbar mit Ihrer (evtl. zusätzlichen) anteiligen Sonderumlagezahlung („für Heizbevorratungskauf") saldiert werden; Gegenwert Ihrer Sonderumlagezahlung ist Ihr anteiliger Geldwert an diesem „Ölvermögen" der Gemeinschaft. Beachten Sie diese Tatsache ggf. auch bei Ihren Nebenkostenabrechnungen mit Mietern für dieses Geschäftsjahr.

5. „Abgegrenzt" wurde ausnahmsweise auch ....
6. ....

Mustervorschlag eines **Wirtschaftsplans** mit Ausweisung des einzelnen Wohngeld-(Hausgeld-)vorauszahlungsbetrages [1]

	Wirtschaftsplan für die Zeit von ... bis ...	Wohnanlage: .... Verwalter: ....

Anschrift des/der Wohnungseigentümer(s)

Wohnungs-Nr.: _____

	insgesamt	(Haus)	Whg.
Einheiten:	___	___	___
ME-Anteile:	___	___	___
m² Wohnfläche:	___	___	___

Bank-/EDV-Nr.: ....

(A) Erwartete Ausgaben	Gesamtbetrag	(Haus)	Aufteilungs-[3] schlüssel	Anteil [3] Eigentümer
1. Allgem. Bewirtschaftungskosten – –				
2. Heizkosten – –				
3. Verwaltergebühren –				
4. Zuführung Instandhaltungsrückst. –				
5. Ausgleichszahlungen (Altsaldenausgleiche)				
Ausgaben insgesamt			–	
(B) Erwartete Einnahmen 1. – 2. –				
Einnahmen insgesamt:			–	
Umzulegende Gesamtkosten/Jahr: DM		Monat rund DM [3]		
Monatliche [2] Vorauszahlung ab: ... DM				

---

[1] Da sich ein beschlussgenehmigter Wirtschaftsplan nach h. R. M. grds. nur auf das betreffende Wirtschaftsjahr bezieht (als Anspruchsgrundlage für Hausgeldvorauszahlungen), sollte stets mit Genehmigung auch die Fortgeltung bis zur Beschlussfassung über einen neuen/folgenden Wirtschaftsplan mitbeschlossen werden. Empfehlenswert und geboten ist möglichst frühzeitige Beschlussfassung über einen Wirtschaftsplan!

[2] Bei vereinbarter monatlicher Vorauszahlungsfälligkeit (wie im Regelfall).

[3] Nur im Ausnahmefall (bei in etwa gleich bleibendem „Jahresgesamtsoll" und damit auch gleich bleibender Wohngeldvorauszahlung) könnte u. U. (entgegen § 28 Abs. 1 WEG) auf Einzelaufteilung, d. h. Einzelwirtschaftspläne verzichtet werden (dann jedoch bitte Hinweis am Ende: „Vorauszahlungshöhe bleibt wie bisher/gehabt").

6.10 Muster eines Erwerbsvertrages
(„Kauf" einer Neubauwohnung vom Bauträger)

I. Einführung

Rechtsgrundlagen

Kauf- und werkvertragsrechtliche Bestimmungen des BGB (§ 313, §§ 433 ff. und 631 ff., sowie allgemeine schuldrechtliche Rechtsgrundsätze), auch unter besonderer Berücksichtigung des AGBG und des WEG sowie der MaBV (in Neufassung ab 1. 3. 1991 in Kraft getreten).

Beim Neubauwohnungserwerb vom Bauträger sollte möglichst auch von „Erwerbsvertrag", nicht „Kaufvertrag" gesprochen werden, da es sich hier um einen gesetzlich nicht ausdrücklich geregelten „Mischvertrags"-Typus vorwiegend mit kauf- und werkvertragsrechtlichen Elementen handelt.

Erläuterungen

Das nachfolgende Vertragsmuster ist als Orientierungshilfe gedacht und erhebt keinen Anspruch auf Vollständigkeit. Im Einzelfall wird der für die Beurkundung auserwählte Notar Formulierungsvorschläge unterbreiten bzw. auf die entsprechende Situation zugeschnittene eigene Formulare vorlegen.

Beim hier vorgeschlagenen Vertragsmuster handelt es sich um einen Vertragstyp, der beim sog. frühzeitigen **Wohnungserwerb „vom Plan weg"** bzw. in der Anfangsphase der Bauerstellung Verwendung finden kann (Erwerb vom Bauträger nach Teilung gemäß § 8 WEG); er betrifft also nicht den Erwerb einer Wohnung in einer bereits baufertig erstellten Eigentumswohnanlage und auch nicht eventuelle Zweit- oder Nacherwerbe (also nicht den Kauf einer sog. Gebrauchtwohnung).

Der Bauträgerverkäufer wird in einer größeren Anlage mit Eigentumswohnungen, die er etwa zur gleichen Zeit fertig zu stellen beabsichtigt, grundsätzlich von Anfang an bemüht sein müssen, in derselben Wohnanlage aus organisatorischen, aber auch aus koordinierenden Gründen (Gemeinschaftseigentum!) in etwa gleich lautende Erwerbsverträge zu verwenden. Damit unterliegt ein solcher – notariell beurkundungsbedürftiger – Vertrag, soweit er tatsächlich formelhaft gleich lautend in einer Mehrzahl von Fällen Anwendung findet (auch im Fall von notarieller Seite verwendeter Formularmuster!), nach herrschender Rechtsmeinung in seinen einzelnen Regelungen auch der Kontrolle des **AGB-Gesetzes** (zum Schutz des Erwerbers). Individuell verhandelte und ausgehandelte Sondervereinbarungen der Vertragspartner sind jedoch keineswegs ausgeschlossen, sollten jedoch auch in der Erwerbsurkunde ausdrücklich protokolliert werden (sonst keine Rechtswirkung!). Auch der vertragsbeurkundende Notar hat u. a. die Pflicht, darüber zu wachen, dass keine rechtlich unwirksamen Vertragsklauseln beurkundet werden. Gleichzeitig hat er die Parteien über die rechtliche Tragweite der einzelnen Vertragsbestimmungen zu belehren, insbesondere bei entsprechenden Fragestellungen und Aufklärungswünschen der Parteien. Nicht ist jedoch der Notar Rechts-, Steuer- oder kaufmännischer Finanz- bzw. Wirtschaftsberater einer der (oder beider) Vertragsparteien, was häufig verkannt wird.

Der hier behandelte Vertragsentwurf geht von einem Bauträger als Verkäufer und Erstellung einer Wohnanlage im frei finanzierten Wohnungsbau aus.

Die Besonderheit des nachfolgenden Vertragsmusters liegt allein darin, dass der Verkäufer noch nicht Eigentümer des zu bebauenden Grundstücks ist und aus diesem Grund die Teilungserklärung mit Gemeinschaftsordnung auch noch nicht im Grundbuch vollzogen wurde (d.h. eigene Grundbuchblätter für die einzelnen Einheiten zum Verkaufszeitpunkt noch nicht gebildet sind). Dies kann auf Erwerberseite u. U. zu Verzögerungsrisiken führen.

Zu bemerken ist noch, dass das **Eigentum** an der mit diesem Vertrag erworbenen Wohnung einschließlich Grundstücksanteil auf den Erwerber wirksam erst mit separater Einigung beider Parteien (Auflassung) und Eintragung der Rechtsänderung im Grundbuch übergeht (vgl. §§ 873 und 925 BGB). Die Auflassung bedarf gesonderter notarieller Beurkundung, wenn sie nicht bereits in der Kaufurkunde enthalten und mitbeurkundet ist (mit einstweiligem Vollzugsverbot an den Notar).

Der Erwerbsvertrag unterliegt der **notariellen Beurkundungsform** des § 313 BGB. Alle für wesentlich erachteten vorvertraglichen Absprachen müssen in die notarielle Erwerbsurkunde ausdrücklich mit aufgenommen werden.

II. Muster

URNr. ....

Erwerbsvertrag einer Eigentumswohnung (Anm. 1) **(Beurkundungsprotokoll)**

Heute, den ....
....
(in Worten)
erschienen vor mir,
Notar mit dem Amtssitz in ....

1. ....
(Vorname, Familienname, Beruf, Geburtsdatum, Anschrift, Personenstand, Güterstand und Ausweis) (Anm. 2)
2. ....
3. ....

Der Notar hat sich von der Geschäftsfähigkeit der beteiligten Personen überzeugt.

Auf Ersuchen der Erschienenen beurkunde ich Ihre bei gleichzeitiger Anwesenheit vor mir abgegebenen Erklärungen nach Grundbucheinsicht als nachfolgenden **Eigentumswohnungserwerbsvertrag** wie folgt:

I. Grundstücksbeschrieb

Mit amtlichem Kaufvertrag vom .... URNr.: .... hat Herr/Frau/Firma .... das Grundstück der Gemarkung .... Flur Nr. ....-Straße in .... (Beschrieb des Grundstücks) mit .... qm/a/ha erworben.

Das Grundstück ist vorgetragen im Grundbuch des Amtsgerichts
.... für ....
Band .... Blatt ....

Das Grundstück ist lastenfrei/belastet mit:

Abt. II

lastenfrei/Auflassungsvormerkung für Herrn/Frau/Firma (Verkäufer) (Anm. 3)

Abt. III
- -...... DM
  Buchgrundschuld für die ....
  (Bankinstitut mit Anschrift)
- ...... DM
  Briefgrundschuld für (Anm. 4) ....
  (- keine Eintragungen)

II. Beschrieb des Erwerbsobjekts

Herr/Frau/Firma ....
errichtet auf dem unter Ziffer I. näher beschriebenen Grundbesitz eine Eigentumswohnanlage mit Tiefgarage (ggf. näherer Beschrieb).

Die Baugenehmigung ist bereits erteilt/ist noch nicht erteilt.

Der Verkäufer hat mit Erklärung vom .... dies amtlich beurkundet (beglaubigt) unter der URNr.: .... - nachstehend als „Teilungserklärung mit Gemeinschaftsordnung" bezeichnet - den vorgenannten Grundbesitz gemäß § 8 des WEG in Miteigentumsanteile, verbunden mit Sondereigentum an den zu Wohnzwecken dienenden Räumen (Wohnungseigentum) sowie Sondereigentum an den nicht zu Wohnzwecken dienenden Räumen (Teileigentum), unter Bezugnahme auf den abgeschlossenheitsbescheinigten Aufteilungsplan aufgeteilt und hierbei gleichzeitig eine Gemeinschaftsordnung vereinbart.

Die Teilungserklärung mit Gemeinschaftsordnung ist noch nicht im Grundbuch vollzogen.

Nach der Teilungserklärung mit Gemeinschaftsordnung sollen u. a. folgende Miteigentumsanteile an dem in Ziff. I. der Urkunde näher beschriebenen Grundbesitz gebildet werden:

1. Miteigentumsanteil von ..../100stel (1.000stel, 10.000stel) verbunden mit dem Sondereigentum an den sämtlichen, im Aufteilungsplan mit Nr. ...... bezeichneten Räumen des Hauses Nr. ....
2. Miteigentumsanteil von .... verbunden mit dem Sondereigentum an dem im Aufteilungsplan mit Nr. ...... bezeichneten Kfz-Abstellplatz in der Tiefgarage (Anm. 5).

Die Vertragsbeteiligten erklären und bekennen, Kenntnis vom Inhalt dieser Urkunde zu haben. Sie hatten Gelegenheit, rechtzeitig vor Beurkundung diese

Urkunde einzusehen; sie liegt in Urschrift bei der heutigen Beurkundung vor. Auf Verlesung und Beiheftung zur heutigen Erwerbsvertragsurkunde (Niederschrift) wird verzichtet. (Der Käufer hat eine Abschrift der Teilungserklärung mit Gemeinschaftsordnung erhalten.) Die Vertragsbeteiligten haben – entsprechend notariell belehrt – davon Kenntnis, dass durch die Verweisung auf die vorgenannte Urkunde diese Inhalt der gegenwärtigen Urkunde wird.

III. Verkauf

Herr/Frau/Firma............................
nachstehend „der Verkäufer" genannt – verkauft hiermit,
a n
....
– nachstehend als „der Käufer" bezeichnet –
den unter Ziff. II............................ aufgeführten

1. Das Anwartschaftsrecht auf den nach Vollzug der Teilung aufgrund der Teilungserklärung und Gemeinschaftsordnung vom ...... zur Urkunde des Notars ......, URNr. ... entstehenden Miteigentumsanteil von .... verbunden mit dem Sondereigentum an der Wohnung Nr...........
2. Das Anwartschaftsrecht .... Miteigentumsanteil von .... verbunden mit dem Sondereigentum am Kfz-Abstellplatz Nr...........

mit allen Rechten, Bestandteilen und dem gesetzlichen Zubehör, mit der Verpflichtung zur schlüsselfertigen Erstellung.

Hinsichtlich der Größe, des Gegenstands, der Lage, des Umfangs und der Nutzung des Sondereigentums und des Gemeinschaftseigentums wird auf die Teilungserklärung mit Gemeinschaftsordnung (ergänzend auf den Aufteilungsplan) Bezug genommen.

IV. Teilungserklärung mit Gemeinschaftsordnung

Der Käufer tritt vom Tag des Besitz-, Lasten- und Nutzenübergangs in alle sich aus der Teilungserklärung mit Gemeinschaftsordnung für ihn ergebenden Rechte und Verpflichtungen ein – auch soweit einzelne Bestimmungen nicht kraft Gesetzes für und gegen den jeweiligen Eigentümer wirken.

Der Käufer erkennt den Inhalt der Teilungserklärung mit Gemeinschaftsordnung auch schon für die Zeit bis zu deren Vollzug im Grundbuch als für und gegen sich verbindlich an. Der Käufer verpflichtet sich, bei der Weiterveräußerung des Erwerbsobjekts seinem Rechtsnachfolger alle Verpflichtungen aus der Teilungserklärung mit Gemeinschaftsordnung – auch soweit diese nur schuldrechtlich wirken – mit der Maßgabe aufzuerlegen, dass auch dieser verpflichtet ist, mit der gleichen Maßgabe seine weiteren Rechtsnachfolger zu verpflichten.

V. Baubeschreibung/Bauplan/Aufteilungsplan

Die Ausführung der Bauwerke richtet sich nach der Baubeschreibung, der (bereits erteilten) Baugenehmigung (mit Auflagen) und dem (bereits behördlich genehmigten) Gesamtbauplan. Der Bauplan ergibt sich aus dem der Teilungserklärung mit Gemeinschaftsordnung beigehefteten und mit Gleichlautvermerk versehenen Aufteilungsplan. Die Abgeschlossenheitsbescheinigung ist ebenfalls bereits erteilt. Insoweit wird ausdrücklich auf die Teilungserklärung mit Gemeinschaftsordnung Bezug genommen. Auf Beiheftung des Gesamtbauplans zur gegenwärtigen Urkunde wird verzichtet. Der Bauplan ist nur in Bezug auf das vom Käufer mitbenutzte Gemeinschaftseigentum und das hier veräußerte Sondereigentum verbindlich, nicht aber bezüglich des übrigen Sondereigentums und Gemeinschaftseigentums. Der Grundrissplan der verkauften Wohnung (sowie der Kellerplan) und der Tiefgaragenplan sind dieser Urkunde als Ausschnittkopien beigefügt und zur Durchsicht vorgelegt worden. Auf sie wird verwiesen.

Die Baubeschreibung ist dieser Urkunde in der Anlage als wesentlicher Bestandteil beigeheftet (alternativ: Die Baubeschreibung ist der Teilungserklärung als Anlage beigeheftet).

VI. Leistungszusicherungen und Abweichungsklausel

Der Verkäufer verpflichtet sich, das Bauvorhaben auf dem Vertragsgrundstück einschließlich der Außenanlagen, insbesondere aber den Vertragsgegenstand, nach Baubeschreibung sowie den Bau- und Aufteilungsplänen fertig zu stellen. Der Verkäufer wird dabei nur normgerechte Baustoffe verwenden und das Bauvorhaben nach den anerkannten Regeln der Baukunst, welche zum Baufertigstellungszeitpunkt gelten, technisch einwandfrei – auch unter Berücksichtigung der zum Zeitpunkt der Erteilung der Baugenehmigung geltenden DIN-Vorschriften – errichten (lassen).

Bei etwaigen Abweichungen zwischen den Plänen und der Baubeschreibung ist in jedem Fall der Wortlaut der Baubeschreibung verbindlich.

Bei irgendwelchen Abweichungen zwischen dem Text der Baubeschreibung und dem Text dieser Urkunde ist auf jeden Fall der Text der gegenwärtigen Urkunde maßgebend.

Soweit die Leistungen des Verkäufers aus diesem Vertrag in irgendeiner Hinsicht nicht genau bestimmt sind, werden sie vom Verkäufer in ortsüblicher und angemessener, von ihm nach billigem Ermessen zu bestimmender Weise erbracht.

Abweichungen in der Planungs- und Ausführungsart, in den vorgesehenen Baustoffen und Einrichtungsgegenständen, die behördlich auferlegt sind oder sich aus architektonischen, technischen, handwerklichen oder aus Gründen der Materialbeschaffung als erforderlich oder wirtschaftlich als zweckmäßig erweisen, behält sich der Verkäufer vor, soweit sie keine wesentliche Wertminderung darstellen, für den Käufer als zumutbar angesehen werden müssen und die Güte der zugesagten Leistungen erhalten bleibt.

Dem Käufer ist bekannt, dass die in der Teilungserklärung und den Plänen angegebenen Wohn- bzw. Nutzflächen nur Zirka-Maße sind. Abweichungen sind möglich und werden vom Käufer insoweit geduldet, als Flächenabweichungen bis zu 3 % plus oder minus nicht zu einer Änderung des in dieser Urkunde vereinbarten Erwerbspreises und/oder der Größe der mitverkauften Miteigentumsanteile am Grundstück führen. Ein Wertausgleich findet insoweit nicht statt.

VII. Sonderwünsche

Zur Ausführung von Sonderwünschen, welche gesondert in Auftrag zu geben sind, ist die vorherige schriftliche Zustimmung des Verkäufers erforderlich. Er ist zur Zustimmung verpflichtet, wenn die Sonderwünsche keiner behördlichen Genehmigung bedürfen und wenn erwartet werden kann, dass sie den Baufortschritt nicht verzögern. Weiterhin müssen sie dem Verkäufer zumutbar sein und dürfen auch nicht Verpflichtungen des Verkäufers gegenüber Dritten beeinträchtigen.

Der Verkäufer bestimmt, ob Sonderwünsche direkt mit den beteiligten Unternehmen, Handwerkern und sonstigen in Betracht kommenden Personen (Architekten, Statikern, Sonderfachleuten, Projektanten u. dgl.) auf Kosten und für

Rechnung des Käufers oder über den Verkäufer selbst abgewickelt werden. Durch Sonderwünsche verursachte Verzögerungen in der Fertigstellung des Erwerbsobjekts hat der Käufer zu vertreten. Der Verkäufer ist berechtigt, eine 10 %ige Bearbeitungsgebühr auf den Mehrkostenaufwand eines jeden Sonderwunsches aufzuschlagen und dem Käufer in Rechnung zu stellen (Anm. 6).

Können Sonderwünsche nicht ausgeführt werden, so berührt dies den Erwerbsvertrag nicht.

Sollten auf Wunsch des Käufers mit erforderlicher Zustimmung des Verkäufers einzelne vorgesehene Leistungen vom Verkäufer nicht ausgeführt werden, so erhält der Käufer Gutschrift in Höhe der dadurch ersparten Aufwendungen des Verkäufers gegenüber Dritten.

Nach Vergabe der jeweiligen Gewerksleistungen durch den Verkäufer ist allerdings ein Verzicht des Käufers auf einzelne Leistungen grundsätzlich ausgeschlossen.

VIII. Gefahrtragung; Übergang von Nutzungen und Lasten; Hausrecht

Der Besitz, die Nutzungen und Lasten, die mit dem Erwerbsobjekt verbundenen Steuern und Abgaben sowie die Gefahren (Gefahr des zufälligen Untergangs und der zufälligen Verschlechterung des Vertragsgegenstandes) gehen mit Wirkung vom ersten Tag des Monats, der dem Tag der Mitteilung des Verkäufers über die Bezugsfertigkeit des Sondereigentums folgt, spätestens jedoch mit der Besitzübergabe (vgl. nachfolgende Ziffer IX.) des Sondereigentums auf den Käufer über.

Ab Besitzübergang hat der Erwerber (als sog. werdender Eigentümer) auch Hausgeld-(Wohngeld-)vorauszahlungen gemäß Vereinbarung in der Teilungserklärung mit Gemeinschaftsordnung an die (faktische) Gemeinschaft zu Händen des Verwalters zu leisten.

Der Käufer ist nicht berechtigt, während der Bauzeit in den Bauablauf einzugreifen oder während der Bauzeit das Erwerbsobjekt zu benutzen. Das Hausrecht auf der Baustelle steht bis zur Besitzübergabe ausschließlich dem Verkäufer zu. Das grundsätzlich nicht gestattete Betreten der Baustelle durch den Käufer geschieht auf eigene Gefahr. Bei Unfällen können gegenüber dem Verkäufer keine Haftungsansprüche, gleich welcher Art, geltend gemacht werden.

IX. Besitzübergang/Abnahme

Das Wohnungssondereigentum wird übergeben, sobald das Sondereigentum des Käufers in seiner Funktion als Wohnung und das vom Käufer notwendigerweise zu benutzende Gemeinschaftseigentum bezugsfertig, d. h. als im Wesentlichen fertig gestellt und in zumutbarer Weise bewohn- und benutzbar zu betrachten sind.

Einreden gegen die Beziehbarkeit des Erwerbsobjekts können wegen geringfügiger Resterfüllungs- und Nachbesserungsarbeiten sowie wegen noch bestehender baulicher Unvollständigkeit der Tiefgarage einschließlich des Stellplatzsondereigentums, der Straßen, Wege und Außenanlagen – soweit gleichwohl der Bezug der Wohnung dem Käufer zugemutet werden kann –, nicht geltend gemacht werden, unbeschadet der Verpflichtung des Verkäufers, auch diese Restarbeiten unverzüglich nachzuholen.

Angestrebt wird die Bezugsfertigkeit der Wohnung zum .... Sie muss jedoch spätestens am „........................." gegeben sein.

Unbeschadet der Verpflichtung des Verkäufers, das Wohnungssondereigentum erst zu letztgenanntem Zeitpunkt bezugsfertig zu stellen, verpflichtet sich der Verkäufer jedoch, dem Käufer ab .... für jeden angefangenen Monat (Woche), in dem die Bezugsfertigkeit der Wohnung noch nicht eingetreten sein sollte, einen Betrag von ...... DM, fällig jeweils am letzten Tag eines Monats, zu bezahlen (Anm. 7).

Bei bevorstehender Bezugsfertigkeit wird der Verkäufer dem Käufer den genauen Übergabetermin mit einer Frist von mindestens 2 Wochen benennen. Der Käufer kann eine einmalige Verschiebung dieses Termins bis zu einer weiteren Woche verlangen. Kommt der Käufer einer wiederholten Aufforderung zur Abnahme schuldhaft nicht nach, gilt die Wohnung mit dem vorgesehenen Abnahmetermin als abgenommen, wenn auf diese Rechtsfolge in der wiederholten Aufforderung hingewiesen wurde.

Anläßlich der Abnahme/Übergabe des Sondereigentums (Teilabnahme des Vertragsgegenstandes, § 640 BGB) wird ein formelles Übergabeprotokoll erstellt (vgl. auch X.).

Stellplatzsondereigentum und Gemeinschaftseigentum werden gesondert förmlich übergeben (vgl. ebenfalls X.).

X. Mängelgewährleistung (Sachmängel)

1. Für Grund und Boden einschließlich Flächengröße und Grundstücksform ist Sachmängelhaftung des Verkäufers grds. ausgeschlossen. Eine Sachmängelhaftung für das Grundstück wird verkäuferseits nur insoweit übernommen, als das zu errichtende Bauwerk auf dem Grundstück hergestellt werden kann.

2. Hinsichtlich der Gewährleistung für anfängliche Baumängel am Bauwerk (Sondereigentum und Gemeinschaftseigentum) wird Folgendes vereinbart:
Der Verkäufer übernimmt nach bürgerlichem Werkvertragsrecht (§§ 633 ff. BGB) die Gewähr dafür, dass seine zu erstellende Bauleistung zurzeit der Übergabe die vertraglich zugesicherten Eigenschaften hat, den anerkannten Regeln der Technik entspricht und nicht mit Fehlern behaftet ist, die den Wert oder die Tauglichkeit zu dem gewöhnlichen oder dem nach dem Vertrag vorausgesetzten Gebrauch aufheben oder mindern (Anm. 8), und zwar unabhängig davon, ob es sich bei fehlender oder fehlerhafter Leistung um eine Bau- oder Planungsleistung handelt.

3. Die Gewährleistungsfrist nach BGB-Werkvertragsrecht für das Sondereigentum beginnt grundsätzlich mit der Übergabe der Eigentumswohnung, hinsichtlich anderen Sondereigentums (z. B. eines miterworbenen Stellplatzsondereigentums) und des Gemeinschaftseigentums mit der formellen und beim Gemeinschaftseigentum einheitlichen Übergabe derselben (Anm. 9). Der Verkäufer ist verpflichtet, alle im Übergabeprotokoll anerkannten Mängel und alle Restarbeiten auf seine Kosten zu beseitigen (Nachbesserung). Kommt der Verkäufer der Aufforderung zur Mängelbeseitigung in einer vom Käufer gesetzten angemessenen Frist nicht nach, so kann dieser die Mängel auf Kosten des Verkäufers abstellen lassen (Ersatzvornahme).
Weitergehende Rechte des Käufers ergeben sich aus den §§ 634, 635 BGB (Anm. 10).
Die Gewährleistungsfrist (Verjährungsfrist) für Bauwerksmängel (Gewährleistungsansprüche) beträgt 5 Jahre, beginnend mit der Abnahme (§§ 638, 640 BGB; vgl. Anm. 11).

4. Die Abnahme sämtlicher im Zeitpunkt der Übernahme ausgeführter Leistungen ist mit der formellen Übergabe zu verbinden, mit Ausnahme des Gemeinschaftseigentums, das formell nach gesonderter Vereinbarung in der

Teilungserklärung mit Gemeinschaftsordnung separat einheitlich und formell übergeben wird. Bei der Sondereigentumsübergabe/-abnahme ist ein schriftliches Übergabeprotokoll zu fertigen, in welches alle vom Käufer geltend gemachten, noch ausstehenden Restarbeiten und Baumängel aufzunehmen sind. Mängelrügen, die vom Verkäufer nicht anerkannt werden, sind im Übergabeprotokoll gesondert zu vermerken. Mit der Übergabe sind zusätzlich sämtliche Schlüssel zu übergeben, gegebenenfalls die Verbrauchszähler abzulesen. Mangels eines berechtigten Anspruchsabtretungsverlangens (nach Ziffer 6 unten) verbleiben Abrechnungsunterlagen aus Verträgen mit (Sub-)Unternehmern und Sonderfachleuten sowie Detailwerkpläne im Eigentum des Verkäufers. Das Protokoll ist von beiden Vertragsteilen zu unterzeichnen. Bei der Übergabe können sich beide Vertragsteile vertreten oder beraten lassen.

Bezieht der Käufer sein Sondereigentum, ohne vorher zur Übergabe aufgefordert worden zu sein, soll im Bezug im Zweifelsfall zugleich die Erklärung der mangelfreien Abnahme des Sondereigentums liegen. Dieser Grundsatz gilt nicht bezüglich des Gemeinschaftseigentums. Etwaige gewährleistungsrechtliche Schadenersatzansprüche gehen dem Käufer dadurch allerdings nicht verloren.

Der Verkäufer haftet auch primär für erst nach formeller Übergabe in der Gewährleistungsfrist nach BGB-Werkvertragsrecht entdeckte oder aufgetretene Baumängel oder Resterfüllungsarbeiten.

5. Werden nach Übergabe des Sondereigentums Leistungen nachgeholt oder Mängel beseitigt, so ist der Käufer verpflichtet, den ausführenden Firmen Gelegenheit zur Nachbesserung nach Terminabsprache innerhalb der üblichen Geschäftszeiten zu geben und die mangelfreie Abnahme zu bestätigen. Für nach der Übergabe ausgeführte Leistungen und Nachbesserungsarbeiten leistet der Verkäufer im Rahmen der vorstehenden Bestimmungen mit der Maßgabe Gewähr, dass eine neue Verjährungsfrist in diesen Fällen ab Fertigstellung der entsprechenden Leistung läuft.

6. Der Verkäufer verpflichtet sich überdies zur Verstärkung der vorbestimmten Gewährleistungspflichten (ungeachtet fortbestehender Haftung des Verkäufers), dem Käufer nach Übergabe verkäuferseits noch bestehende Gewährleistungsrechte gegen baubeteiligte Dritte auf jederzeitiges schriftliches Verlangen des Käufers hin bei eigener Leistungsablehnung oder feststehendem

bzw. zu erwartendem Leistungsunvermögen abzutreten (ohne dass es einer besonderen Abtretungserklärung bedarf). Stellt der Käufer ein solches berechtigtes Verlangen, ist der Verkäufer auch verpflichtet, dem Käufer eine Liste der gewährleistungspflichtigen Personen/Unternehmen mit Angabe des jeweiligen Ablaufs der Gewährleistungsfristen zu übergeben. Auf Anforderung des Käufers hin hat der Verkäufer dem Käufer auch sämtliche zur Verfolgung der Gewährleistungsansprüche notwendigen Auskünfte zu erteilen und Unterlagen herauszugeben.

Die Abtretung der Gewährleistungsansprüche bezieht sich nicht nur auf die Ansprüche gegenüber Handwerkern und Bauunternehmern, sondern auch auf die Ansprüche gegenüber Architekten, Projektanten und allen sonstigen Personen, denen gegenüber etwa sonst dem Verkäufer noch Gewährleistungsansprüche zustehen sollten (vgl. hierzu auch Anm. 8).

Gleiche Regelung gilt für das Gemeinschaftseigentum entsprechend.

7. Die Fertigstellung von Straßen oder anderen Erschließungsanlagen, deren Ausführung durch die Gemeinde ...... erfolgt, gehört nicht zum Leistungsumfang des Verkäufers und ist daher weder Voraussetzung für die Übergabe des Sonder- und/oder gemeinschaftlichen Eigentums noch die Fälligkeit des Kaufpreises bzw. entsprechender Teile hiervon.

XI. Haftungseinschränkung (Rechtsmängel)

Der Verkäufer haftet für ungehinderten Besitz- und Eigentumsübergang und für Freiheit des Vertragsbesitzes von grundbuchmäßigen Belastungen, soweit solche vom Käufer nicht ausdrücklich übernommen oder mit seiner Zustimmung bestellt werden, sowie für die Freiheit des Erwerbsobjekts von Rechten Dritter.

Der Verkäufer haftet jedoch nicht für die Freiheit von altrechtlichen Dienstbarkeiten, die zur Wirksamkeit keiner Eintragung im Grundbuch bedürfen und für etwaige, ihm nicht bekannte bzw. nicht in Folge grober Fahrlässigkeit unbekannt gebliebene Altlasten. Der Verkäufer versichert, dass ihm vom Bestehen solcher Belastungen nichts bekannt ist.

Allen zur vertragsgemäßen Lastenfreistellung erforderlichen Erklärungen stimmen die Vertragsteile mit dem Antrag auf Vollzug im Grundbuch zu.

Der Käufer ist mit der Bestellung von nicht wertmindernden und für ihn kostenfreien Dienstbarkeiten einverstanden, die durch die Baumaßnahme erforderlich

6 Muster

werden sollten (z. B. Leitungsrechte, Abstandsflächendienstbarkeiten, Tiefgaragenrecht, Trafostationsrecht und dgl.). Die (ggf.) in Ziffer I. genannten Belastungen in Abt. II des Grundbuchs werden vom Käufer in persönlicher und dinglicher Haftung übernommen, falls diese unter Mitwirkung des Verkäufers schon vor Umschreibung des Mit- und Sondereigentums im Grundbuch eingetragen werden (vgl. auch Ziffer XXVIII.).

XII. Pfandfreistellung

Der Verkäufer verpflichtet sich, das Erwerbsobjekt unverzüglich von der Mithaftung für die unter Ziff. I. (Abt. III des Grundbuchs) aufgeführten Grundpfandrechte freizustellen, sobald die Teilungserklärung mit Gemeinschaftsordnung im Grundbuch vollzogen ist und der Käufer den nachstehend vereinbarten Kaufpreis samt etwaiger anfallender Zinsen und Kosten vollständig und vorbehaltlos bezahlt hat.

Der Verkäufer verpflichtet sich, unverzüglich ein Pfandfreigabeversprechen der .... mit Sitz in .... zu beschaffen, wonach sich diese .... verpflichtet, bei Beendigung des Bauvorhabens das Erwerbsobjekt von den in Ziff. I. genannten Globalgrundpfandrechten unverzüglich freizustellen, sobald die Teilungserklärung mit Gemeinschaftsordnung im Grundbuch vollzogen ist und der volle Kaufpreis samt etwaiger Zinsen und Kosten bezahlt ist.

Weiter hat (haben) sich der (die) vorgenannte(n) Gläubiger zu verpflichten, bei Nichtfertigstellung des Bauvorhabens eine Freigabeerklärung nach der Zahlung eines dem Bautenstand entsprechenden Teilbetrags des Kaufpreises durch den Käufer abzugeben.

Der Notar wird ermächtigt, die entsprechende Freistellungsverpflichtung für den Käufer in Empfang zu nehmen.

Die Kosten der Lastenfreistellung trägt der Verkäufer.

XIII. Kaufpreis

Der Kaufpreis für das gesamte fertig gestellte Erwerbsobjekt (Eigentumswohnung und Garagenabstellplatz) beträgt – ohne zusätzlich vereinbarte Aufpreise für etwaige Sonderwünsche des Käufers –
...........DM a) (Wohnung) .... b) (Stellplatz) .... (in Worten ....)

Aufgrund und Boden entfällt hierbei ein Wertanteil von .... DM. Dieser Kaufpreis ist ein absoluter Festpreis (Komplettpreis).

Etwaige Lohn- und Materialpreisänderungen haben auf die Höhe des Kaufpreises keinen Einfluss, ebenso nicht eine etwaige Erhöhung oder Ermäßigung der gesetzlichen MwSt.

XIV. Erschließungskosten

In dem vereinbarten Kaufpreis sind alle Erschließungskosten und Nachfolgelasten enthalten, welche durch die Durchführung des vorliegenden Bauvorhabens ausgelöst sind und die zur vollständigen Fertigstellung des Erwerbsobjekts gehören.

Etwaige Kosten für Erschließungsmaßnahmen, die erst nach Bezugsfertigkeit des Erwerbsobjekts durchgeführt werden und auch nicht unmittelbar durch die Durchführung des Bauvorhabens ausgelöst sind, hat demgegenüber der Käufer zu tragen. Etwaige Vorauszahlungen müssen nicht ersetzt werden.

Unter Erschließungsmaßnahmen sind dabei die Erschließungsanlagen im Sinne des Baugesetzbuchs für die erstmalige Herstellung der Erschließungsanlagen und die durch die vereinbarte Bauausführung bedingten Anschlüsse für Versorgungseinrichtungen (Kanal, Strom, Wasser, evtl. Gas usw.) und etwaige Abwasserleitungen sowie die sonstigen Anliegerkosten aufgrund kommunaler Satzung (vgl. auch Ziffer XXVIII.) zu verstehen.

XV. Fälligkeit

Die Fälligkeit des Kaufpreises ergibt sich aus dem Zahlungsplan unter Ziff. XIX. dieses Vertrages.

XVI. Verzugszinsen

Alle Kaufpreisraten sind bis zu ihrer Fälligkeit nicht zu verzinsen. Ab Fälligkeit sind die jeweiligen fälligen Kaufpreisraten für die Dauer des Verzugs mit jährlich .... % zu verzinsen. Die Zinsen sind spätestens mit dem jeweils rückständigen Betrag zu bezahlen. Eine Stundung ist hiermit nicht verbunden.

Für den Fall des Verzugs behält sich der Verkäufer überdies die Geltendmachung eines weiteren Schadens und aller sonstigen gesetzlichen Ansprüche vor.

XVII. Abtretung der Kaufpreisansprüche (vgl. auch Ziffer XXIII.)

Der Verkäufer tritt hiermit seine Ansprüche gegenüber dem Käufer auf Zahlung des Kaufpreises samt etwaiger Zinsen an
....
(Bankinstitut) ab, und zwar zur Zahlung durch den Käufer auf das Konto Nr.
....
Der Käufer nimmt hiervon Kenntnis. Der Käufer kann den Kaufpreis samt etwaiger Zinsen somit mit endgültig schuldbefreiender Wirkung gegenüber dem Verkäufer nur auf dieses vorgenannte Bankkonto bezahlen. Andere Zahlungsweisen sind ausgeschlossen (Anm. 12).

XVIII. Zwangsvollstreckungsunterwerfung (Anm. 13)

Der Erwerber unterwirft sich wegen der Forderungen aus diesem Vertrage in der Höhe von insgesamt .... DM zuzüglich der vereinbarten Verzugszinsen in der Höhe von jeweils ... % ab dem jeweiligen Fälligkeitszeitpunkt sowohl wegen der gesamten Forderung als auch wegen jeder einzelnen Rate der Vollstreckung in sein gesamtes Vermögen.

Auf Verlangen des Veräußerers hat der Notar eine vollstreckbare Ausfertigung dieser Urkunde zu erteilen, wenn in öffentlich beglaubigter Form die Fälligkeit der Forderung durch Bestätigung des Erreichens des vereinbarten Bautenstandes nachgewiesen wird.

Der Nachweis ist durch die Bestätigung des bestellten und vereidigten Sachverständigen (Name, Vorname, Anschrift) oder wenn dieser dazu aus rechtlichen oder tatsächlichen Gründen nicht in der Lage ist, durch einen anderen bestellten und vereidigten, von der Industrie- und Handelskammer nach Feststellung der Verhinderung des oben genannten vorzuschlagenden Sachverständigen, zu erteilen.

Sämtliche Zahlungen des Käufers werden zunächst auf Zinsen und Kosten und erst dann auf die jeweils am längsten fällige Kaufpreisrate verrechnet.

XIX. Zahlungsplan

Der unter XIII. dieser Urkunde vereinbarte Kaufpreis von .... DM ist wie folgt zur Zahlung fällig:

1) Ein Teilbetrag von 30%, also .... DM des Kaufpreises ist zur Zahlung fällig innerhalb von 14 Tagen, nachdem der Verkäufer den Käufer unter Beifügung einer schriftlichen Bestätigung des beurkundenden Notars, zur Zahlung aufgefordert hat worin bestätigt wird, dass
   a) der Verkäufer im Grundbuch als Eigentümer des Grundstücks .... eingetragen ist,
   b) der Kaufvertrag i. S. d. § 3 MaBV rechtswirksam ist und die für seinen Vollzug erforderlichen Genehmigungen vorliegen,
   c) die vorstehende Urkunde dem Grundbuchamt zur Eintragung der bewilligten Auflassungsvormerkung am Wohnungseigentum/Teileigentum für den Käufer vorliegt und dass der Eintragung dieser Auflassungsvormerkung im Grundbuch im unmittelbaren Rang nach dem in Ziff. I. der Urkunde aufgeführten Grundstücksbelastungen und etwaigen vom Käufer übernommenen Grundstücksbelastungen keinerlei Hindernisse entgegenstehen – Zahlung der Grundbuchkosten bzw. Befreiung hiervon vorausgesetzt (Anm. 14),
   d) ihm das/die Freigabeversprechen des Globalgläubiger(s) gem. Ziff. XII. dieser Urkunde vorliegt, und zwar für sämtliche Grundpfandrechte, welche der Auflassungsvormerkung zugunsten des Käufers im Rang vorgehen.

   Weitere Voraussetzung für die Fälligkeit dieser Kaufpreisrate ist das Vorliegen einer Bestätigung des bauleitenden Architekten beim Käufer des Inhalts, dass die Baugenehmigung für das Erwerbsprojekt vorliegt oder bescheinigt wird, dass eine solche nicht erforderlich ist und dass mit den Erdaushubarbeiten begonnen wurde.

2) Ein Teilbetrag von 28%, also .... DM des Kaufpreises ist zur Zahlung fällig nach Rohbaufertigstellung einschließlich der Zimmerarbeiten,

3) ein Teilbetrag von 11,9%, also .... DM des Kaufpreises ist zur Zahlung fällig nach Fertigstellung der Dachflächen einschließlich der Dachrinnen und der Fertigstellung der Rohinstallationen und der Heizungsanlage sowie der Rohinstallationen der Sanitär- und Elektroanlagen,

6 Muster

4) ein Teilbetrag von 11,2 %, also .... DM des Kaufpreises ist zur Zahlung fällig nach Fertigstellung des Fenstereinbaus einschließlich der Glaserarbeiten,

5) ein Teilbetrag von 13,3 %, also .... DM des Kaufpreises ist zur Zahlung fällig nach Fertigstellung des Estrichs und der Fliesenarbeiten im Sanitärbereich sowie nach Bezugsfertigkeit und Zug um Zug gegen Besitzübergabe,

6) ein Teilbetrag von 2,1 %, also .... DM des Kaufpreises ist zur Zahlung fällig nach Fertigstellung der Fassadenarbeiten,

7) ein Teilbetrag von 3,5 %, also .... DM des Kaufpreises ist zur Zahlung fällig nach vollständiger Fertigstellung des Erwerbsobjekts (einschließlich Außenanlagen und Behebung der im Abnahmeprotokoll festgehaltenen Baumängel) (Anm. 15 und 16).

Die Kaufpreisteilbeträge (Ziffern 2 bis 6) sind jeweils binnen 14 Tagen nach Zugang der entsprechenden Zahlungsaufforderung des Verkäufers unter Beifügung einer entsprechenden Bautenstandsbestätigung des bauleitenden Architekten zu leisten; die Zahlungsaufforderung erfolgt an die letzte, dem Verkäufer bekannt gegebene Adresse des Käufers.

XX. Auflassungsvormerkung (vgl. jedoch auch Anm. 14)

Zur Sicherung des Anspruchs des Käufers auf Übertragung des Eigentums an dem verkauften Miteigentumsanteil des in Ziff. I. genannten Grundstücks und auf Einräumung des hiermit zu verbindenden Sondereigentums (derzeitigen Anwartschaftsrechts) bzw. nach Vollzug der Teilungserklärung mit Gemeinschaftsordnung auf Übereignung des mit dem Sondereigentum verbundenen Miteigentumsanteils bewilligt der Verkäufer und beantragt der Käufer die Eintragung einer

Vormerkung

gem. § 883 BGB im Grundbuch an dem in Ziff. I. der Urkunde näher beschriebenen Grundbesitz bzw. nach Vollzug der Teilungserklärung an den in Ziff. II. aufgeführten Miteigentumsanteilen für den Käufer – bei mehreren Käufern im oben angegebenen Anteils- bzw. Gemeinschaftsverhältnis.

Der Käufer gibt schon heute mit dem Zeitpunkt des Vollzugs der Teilungserklärung mit Gemeinschaftsordnung die nicht an ihn verkauften Miteigentumsanteile des Grundstücks von der für ihn zur Eintragung gelangenden Auflassungsvormerkung frei und bewilligt und beantragt den Vollzug dieser Pfandfreigabe im Grundbuch mit Vollzug der Teilungserklärung.

Der Käufer bewilligt und beantragt die Auflassungsvormerkung an dem erworbenen Miteigentumsanteil mit Eintragung der Auflassung im Grundbuch zu löschen, vorausgesetzt, dass keine weiteren Zwischenrechte eingetragen worden sind oder nur solche Rechte, an deren Bestellung der Käufer selbst mitgewirkt hat.

Dem Käufer ist bekannt, dass er mit seiner Auflassungsvormerkung auf seine Kosten hinter alle Grundpfandrechte zurücktreten muss, die zur Aufbringung des Kaufpreises bestellt werden.

XXI. Noch keine Auflassung

Die Auflassung des Erwerbsobjekts wird nicht in dieser Urkunde erklärt.
Der Verkäufer ist zur Erklärung der Auflassung vielmehr erst verpflichtet, wenn
- für jedes Sondereigentum ein eigenes Grundbuchblatt angelegt worden ist,
- das Erwerbsobjekt fertig gestellt und vom Käufer ordnungsgemäß übernommen worden ist,
- der Käufer den Kaufpreis samt etwaiger Kosten für Sonderwünsche und etwaiger Verzugszinsen vorbehaltlos und vollständig entrichtet hat und
- der Verkäufer aus einer etwaigen Mithaftung für Zwischenkredite entlassen ist.

Sollte sich das Unvermögen des Verkäufers zur Erbringung der von ihm übernommenen Bauverpflichtungen bzw. zur Fertigstellung des Erwerbsobjekts ergeben, so ist der Käufer berechtigt, die sofortige Auflassung und Übergabe des Vertragsbesitzes in dem dann befindlichen Zustand zu verlangen, sobald der Käufer alle bis dahin fälligen Zahlungen erbracht hat (alternativ: ..., sobald der Käufer alle Kaufpreisteile bezahlt hat, die dem (anteiligen) Grundstückswert und dem Wert des errichteten Bautenstandes entsprechen).

Die Geltendmachung von Schadenersatzansprüchen des Käufers wegen Nichterfüllung der vom Verkäufer übernommenen Bauverpflichtungen soll dadurch nicht ausgeschlossen sein. Der Käufer ist jederzeit zur Entgegennahme der Auflassung verpflichtet.

XXII. Auflassungsvollmacht

Die Vertragsteile erteilen hiermit
a) Herrn/Frau ...., Notariatsangestellte(r)
b) Herrn/Frau ...., Notariatsangestellte(r)
c) Herrn/Frau ...., Notariatsangestellte(r)
– und zwar jeder für sich allein –

Vollmacht

Unter Befreiung von den Beschränkungen des § 181 BGB, die Auflassung zu diesem Vertrag zu erklären und entgegenzunehmen, sowie alle zum grundbuchamtlichen Vollzug erforderlichen und zweckdienlichen Erklärungen abzugeben und Anträge zu stellen.

Ohne dass dies eine Einschränkung der erteilten Vollmacht gegenüber Dritten bedeuten soll, werden die Bevollmächtigten hiermit jedoch beauftragt, die Auflassung erst zu erklären und entgegenzunehmen, sobald sie der Verkäufer hierzu schriftlich beauftragt hat.

Der Verkäufer verpflichtet sich, diesen Auftrag unverzüglich zu erteilen, nachdem er zur Erklärung der Auflassung verpflichtet ist.

XXIII. Kaufpreisfinanzierung

Die Beschaffung der Finanzierung des Kaufpreises (einschließlich deren Kosten) ist grundsätzlich Sache des Käufers.

Der Verkäufer verpflichtet sich, auf Verlangen des Käufers zwecks teilweiser Finanzierung des Kaufpreises das Erwerbsobjekt mit Grundpfandrechten bis zum Hauptsachebetrag des Kaufpreises und mit Zinsen und Nebenleistungen in beliebiger Höhe ohne Eingehung einer persönlichen Haftung und auf Kosten des Käufers zu belasten und das Kaufobjekt wegen dieser Grundpfandrechte auch der sofortigen Zwangsvollstreckung mit Wirkung gegen den jeweiligen Eigentümer zu unterwerfen. Der Käufer übernimmt derartige Grundpfandrechte mit Vollzug der Auflassung im Grundbuch auch zur dinglichen Haftung. Mit Vollzug der Auflassung werden die in der Person des Verkäufers hinsichtlich dieser Grundpfandrechte entstandenen Eigentümerrechte und Rückübertragungsansprüche auf den Käufer – bei mehreren Käufern im oben angegebenen Anteils- bzw. Gemeinschaftsverhältnis – übertragen, womit dieser einverstanden ist. Die entsprechende Grundbuchberichtigung wird bewilligt. Der Käufer tritt schon

heute die ihm im Zusammenhang mit derartigen Grundpfandrechtsbestellungen zustehenden Auszahlungsansprüche zahlungshalber an die Bank ....
bis zur Höhe des Kaufpreises ab. Der Verkäufer nimmt diese Abtretung an.

Die Grundpfandrechtsgläubiger werden von den Vertragsteilen unwiderruflich angewiesen, Auszahlungen dementsprechend in Anrechnung auf den Kaufpreis zu den vereinbarten Fälligkeitsterminen nur an die ....
(Bank) vorzunehmen.

Bis zur vollständigen Erfüllung aller Zahlungsverpflichtungen des Käufers aus dieser Urkunde dürfen Grundpfandrechte, bei deren Bestellung der Verkäufer mitgewirkt hat, nur zur Finanzierung dieser Zahlungsverpflichtungen verwendet werden. Nach vollständiger Erfüllung aller Zahlungsverpflichtungen aus dieser Urkunde hat der Verkäufer etwa noch bestehende Darlehensansprüche gegen Grundpfandrechtsgläubiger an den Käufer zurückabtreten zu lassen.

XXIV. Vollmachtserteilung zur Kaufpreisfinanzierung

Die Vertragsteile erteilen hiermit
- Herrn/Frau ....
  Notariatsangestellte(r)
- Herrn/Frau ....
  Notariatsangestellte(r)
- Herrn/Frau ....
  Notariatsangestellte(r)
- und zwar jeder für sich allein –

Vollmacht

Unter Befreiung von den Beschränkungen des § 181 BGB, das Kaufobjekt in beliebiger Weise zu belasten, insbesondere Schuldurkunden zu errichten und entsprechende Hypotheken oder Grundschulden und sonst im Zusammenhang hiermit stehende Rechte zu bestellen – jeweils in vollstreckbarer Form einschl. der persönlichen und dinglichen Unterwerfung unter die Zwangsvollstreckung –, gegenüber dem Grundbuchamt alle Erklärungen abzugeben, die mit der Eintragung, der Rangbeschaffung, der Löschung oder der Rangänderung derartiger Rechte zusammenhängen, insbesondere auch mit der für den Käufer bewilligten Auflassungsvormerkung im Rang hinter beliebige Grundpfandrechte und sonstige im Zusammenhang hiermit stehende Rechte zurückzutreten, auch die Eintragung von Rangvorbehalten zu beantragen, auch Darlehensvaluten abzutreten und alle sonstigen Erklärungen, die der Finanzierung des Kaufpreises durch den Käufer dienen, sowie im Zusammenhang mit der Bestellung von Grundschulden Zweckbestimmungserklärungen abzugeben.

Die Vollmacht erlischt mit Vollzug der Auflassung am Erwerbsobjekt im Grundbuch.

Hypotheken und Grundschulden sollen aufgrund vorstehender Vollmacht wirksam nur bestellt werden können durch Erklärungen, die vom beurkundenden Notar, seinem amtlich bestellten Vertreter oder Amtsnachfolger beurkundet oder beglaubigt sind.

Ohne dass dies eine Einschränkung der erteilten Vollmacht gegenüber Dritten bedeuten soll, werden die Bevollmächtigten beauftragt, von dieser Vollmacht nur entsprechend den Vereinbarungen in dieser Urkunde Gebrauch zu machen. Beurkundungsaufträge können jederzeit einseitig vom Käufer gestellt werden.

Die Vertragsteile werden vom Notar darüber belehrt, dass die erteilte Vollmacht die Bevollmächtigten nicht zum Handeln verpflichtet und dass insbesondere die Beschaffung aller erforderlichen Unterlagen nicht Sache der Bevollmächtigten oder des Notars ist.

Der Käufer weiß, dass Grundpfandrechte erst nach Vollzug der Teilungserklärung mit Gemeinschaftsordnung und Beibringung der jeweiligen Rangrücktrittserklärung des Gläubigers bezüglich der Globalbelastung zur rangrichtigen Eintragung ins Grundbuch beantragt werden können. Der Käufer erkennt an, dass die Kaufpreisraten ohne Rücksicht hierauf fällig werden. Die Kosten der Bestellung von Kaufpreisfinanzierungsgrundpfandrechten und hierzu etwa erforderlicher Rangrücktrittserklärungen trägt der Käufer.

XXV. Zustellvollmacht des Notars

Die Vertragsteile beauftragen und ermächtigen den Notar, alle Genehmigungen und sämtliche sonst zum Vollzug dieses Vertrags erforderlichen Erklärungen einzuholen und für die Vertragsteile in Empfang zu nehmen.

Alle zu diesem Vertrag erforderlichen Genehmigungen und Zustimmungserklärungen sollen mit ihrem Eingang beim Notar oder bei der an dieser Notarstelle jeweils amtierenden Person den Vertragsteilen als zugegangen gelten.

XXVI. Änderung der Teilungserklärung mit Gemeinschaftsordnung

Der Verkäufer behält sich das Recht vor, befristet bis zur Eintragung der ersten Auflassungsvormerkung, die Teilungserklärung mit Gemeinschaftsordnung abändern zu können, soweit das Sondereigentum des Käufers nicht unmittelbar betroffen ist, d. h. hierbei insbesondere nicht die Größe der mit dieser Urkunde veräußerten Miteigentumsanteile an dem in Ziff. I. der Urkunde aufgeführten Grundbesitz sowie Lage und Nutzungsart des hiermit verbundenen Sondereigentums berührt werden und Eigentumsrechte (oder auch Anwartschaftsrechte) bei wirtschaftlicher Betrachtungsweise nicht geschmälert oder wertgemindert werden.

Der Käufer bevollmächtigt hiermit zugleich den Verkäufer unter Befreiung von den Beschränkungen des § 181 BGB, im vorstehenden Rahmen die Teilungserklärung abzuändern und stimmt gleichzeitig solchen Abänderungen schon heute zu.

Die Vollmacht umfasst auch das Recht, den Käufer bei einer etwa dadurch erforderlich werdenden Nachtragsbeurkundung zu vertreten.

XXVII. Nachfolgeklausel

Soweit die Verpflichtungen des Käufers aus diesem Vertrag nicht kraft Gesetzes auf etwaige Rechtsnachfolger übergehen, verpflichtet sich der Käufer, alle von ihm jeweils noch nicht erfüllten Verpflichtungen aus diesem Vertrag sowie sämtliche Verpflichtungen aus der Teilungserklärung mit Gemeinschaftsordnung, auch soweit diese nur schuldrechtlich wirken sollten, seinen sämtlichen Sonderrechtsnachfolgern mit der Weiterübertragungsverpflichtung aufzuerlegen.

Der Käufer verpflichtet sich ferner, seinen Sonderrechtsnachfolgern auch alle Verpflichtungen aus dem von ihm noch zu unterzeichnenden Verwaltervertrag in gleicher Weise aufzuerlegen.

XXVIII. Vollmacht zur eventuellen Bestellung von Dienstbarkeiten

Der Käufer bevollmächtigt hiermit den Verkäufer unter Befreiung von den Beschränkungen des § 181 BGB, das Grundstück mit Grunddienstbarkeiten und beschränkten persönlichen Dienstbarkeiten zu belasten, die mit der Versorgung oder Entsorgung des Grundstücks mit Strom, Gas, Wasser, Abwasser, Telefonanlagen usw. zusammenhängen (vgl. auch Ziffer XI. und XIV.).

Der Käufer übernimmt ausdrücklich alle solche Dienstbarkeiten mit Vollzug der Auflassung zur dinglichen Haftung. Diese Vollmacht erlischt mit Vollzug der Auflassung im Grundbuch.

XXIX. Kosten der Urkunde/Vollzug

Die Kosten der Errichtung dieser Urkunde und ihres grundbuchamtlichen Vollzugs, der Genehmigungen und Bescheinigungen sowie der Katasterfortführungsgebühren einschließlich der Kosten für die Eintragung der Vormerkung und Löschung derselben trägt der Käufer.

Die Kosten der vertragsmäßigen Lastenfreistellung von der Globalbelastung trägt der Verkäufer.

XXX. Steuern

Die anfallende Grunderwerbsteuer trägt der Käufer (Anm. 17).

XXXI. Notarermächtigung

Der amtierende Notar wird ermächtigt, sämtliche erforderlichen oder zweckdienlichen Erklärungen zur Durchführung des Rechtsgeschäfts abzugeben und entgegenzunehmen, Anträge – auch geteilt und beschränkt – zu stellen, zurückzunehmen, abzuändern und zu ergänzen, ohne Beschränkung auf die gesetzliche Vollmacht nach § 15 GBO.

Teilvollzug dieser Urkunde ist in jeder Hinsicht zulässig.

XXXII. Besondere Hinweise und Belehrungen des Notars

Die Beteiligten wurden u. a. insbesondere hingewiesen auf:

1. den Zeitpunkt des Eigentumsübergangs (Umschreibung im Grundbuch) und die Voraussetzungen hierfür, insbesondere auf das Erfordernis des Vorliegens der finanzamtlichen Unbedenklichkeitsbescheinigung (GrESt), sowie des Vorvollzugs der Teilungserklärung mit Gemeinschaftsordnung,
2. das Risiko vorzeitiger Kaufpreiszahlung, die Bestimmungen der Verordnung zu § 34c der Gewerbeordnung (Makler- und Bauträgerverordnung) und die Möglichkeiten der Vereinbarung weitergehender Sicherungen des Käufers,
3. die Haftung des Vertragsbesitzes für Rückstände an öffentlichen Lasten und Abgaben (insbesondere Erschließungsbeiträge),

4. die Notwendigkeit der richtigen und vollständigen Beurkundung aller getroffenen Vereinbarungen und Nebenabreden im Hinblick auf § 313 BGB; dass alle nicht beurkundeten Abreden nichtig sind (sein können) und die Wirksamkeit des gesamten Vertrages infrage stellen können,
5. die gesamtschuldnerische Haftung aller Beteiligten für die Zahlung der Gerichts- und Notarkosten sowie der Verkehrssteuern, insbesondere der Grunderwerbsteuer (Anm. 17), auch wenn eine Vertragspartei sie in diesem Vertrag schuldrechtlich alleine übernommen hat,
6. das Erfordernis der Freistellung des Vertragsbesitzes aus dem Pfandverband der Globalbelastung,
7. das Baufertigstellungsrisiko und darauf, dass sich der Käufer über den Baufortschritt selbst informieren muss,
8. wechselseitige gesetzliche Rücktrittsmöglichkeiten und Rechtsfolgen hieraus,
9. die gesetzlichen Gewährleistungsbestimmungen.

Die Vertragsteile versichern, dass mündliche Nebenabreden nicht bestehen.

XXXIII. Unwirksamkeitsklausel (Salvatorische Klausel)

Sollten einzelne Bestimmungen des vorstehenden Vertrages unwirksam sein oder werden, so soll dies die Wirksamkeit der übrigen, in diesem Vertrag getroffenen Bestimmungen nicht berühren.

In diesem Fall sind die Vertragsteile verpflichtet, die unwirksame Bestimmung durch eine solche wirksame Bestimmung zu ersetzen, die dem wirtschaftlichen Zweck und erstrebten Erfolg der getroffenen unwirksamen Regelung am nächsten kommt, soweit nicht nach zwingendem Recht gesetzliche Bestimmungen gelten. Vertragslücken jeder Art sind in gleicher Weise zu schließen (durch Leistungsbestimmung seitens des Verkäufers nach billigem Ermessen gemäß § 315 BGB).

XXXIV. Käufermehrheit

Mehrere Personen als Käufer aus dieser Urkunde haften für sämtliche in der Urkunde eingegangenen Verbindlichkeiten als Gesamtschuldner.

Sie erteilen sich hiermit unter Befreiung von § 181 BGB gegenseitig Vollmacht zur Vertretung in allen die rechtliche und tatsächliche Abwicklung dieses Vertrags betreffenden Angelegenheiten einschließlich der Empfangnahme von Zustellungen aller Art sowie zur Ergänzung und Abänderung dieses Vertrages.

Die Vollmacht erlischt mit Vollzug der Auflassung im Grundbuch.

Mehrere Käufer aus dieser Urkunde bevollmächtigen sich ferner unter Befreiung von § 181 BGB – auch über den Vollzug der Auflassung hinaus – zur Abgabe von Erklärungen aller Art gegenüber dem jeweiligen Verwalter der Eigentumswohnanlage und zur Entgegennahme von Erklärungen und Zustellungen des Verwalters sowie zur Vertretung in der Eigentümerversammlung. Insoweit bedarf der Widerruf der Vollmacht der schriftlichen Erklärung gegenüber dem Verwalter.

Ergänzend wird zu diesem Punkt auf den Inhalt der Teilungserklärung mit Gemeinschaftsordnung verwiesen.

XXXV. Urkundsausfertigungen/Abschriften

Von dieser Urkunde erhalten:
Ausfertigungen:
Der Verkäufer
Der Käufer

Beglaubigte Abschriften:
(Der Verkäufer)
Der Käufer
Das Grundbuchamt des Amtsgerichtsbezirks

Einfache Abschriften:
(Der Verwalter; nur bei einem Genehmigungserfordernis nach § 12 WEG)
Das Finanzamt ...
(Grunderwerbsteuerstelle)
Der Gutachterausschuss ...
Das Kreditinstitut ...

XXXVI. Weitere Vereinbarungen

1. ....
2. ....
3. ....

Unterschriften:

....

....

Siegel:

ANLAGEN ....

Anmerkungen

1) Der Vertrag sollte begriffsneutral als „Erwerbsvertrag" bezeichnet werden, da er sich aus dem Kauf eines ideellen (rechnerischen) Grundstücksanteils und einer Bauwerkerstellungsleistung zusammensetzt. In seiner Gesamtheit bedarf dieser Vertrag der notariellen Beurkundungsform des § 313 BGB.

2) Bei Firmenvertretern sind hier Vertretungs- und Vollmachtshinweise notwendig, z.B. „Herr ...., hier handelnd für die Firma .... als Prokurist. Vom Eintrag der Prokura im Handelsregister hat sich der Notar durch Einsichtnahme in das betreffende Register Gewissheit verschafft" oder „aufgrund der in Urschrift vorgelegten und dieser Urkunde in beglaubigter Abschrift beigehefteter Vollmacht".

3) Hier müssen auch Hinweise erscheinen auf etwaige eingetragene Dienstbarkeiten, z.B. Wegerechte, Geh- und Fahrtrechte, Leitungsrechte, Benutzungsrechte bezüglich bestimmter Teile des Gemeinschaftseigentums zugunsten Behörden und öffentlicher Versorgungsträger (Netztrafostationsrechte z.B.), Duldungs- und Unterlassungsrechte (z.B. eine bestimmte Gemeinschaftsfläche auf Dauer in bestimmtem Zustand zu erhalten oder die Auflage, keine den freien Durchblick verhindernde Umzäunung vorzunehmen) usw.

4) Im Anschluss hieran sollten Freistellungsverpflichtungserklärungen und Sicherstellungen vermerkt werden (vgl. auch § 3 Abs. 1 MaBV), ebenso etwaige Verzichtserklärungen auf Rückübertragungsansprüche gemäß §§ 1168, 1169 BGB.

5) Hinsichtlich der verschiedenen rechtlichen Gestaltungsmöglichkeiten bzgl. zu veräußernder Garagen und Pkw-Abstellplätze einschließlich etwaiger Sondernutzungsrechte darf auf Abschnitt 1.7.3 und insbesondere 1.8.1 verwiesen werden.

Denkbar ist z.B. auch folgende Regelung:
1/2 Miteigentumsbruchteil (bzw. Anwartschaftsrecht) an dem Miteigentum von .... an vorbezeichnetem Grundstück, verbunden mit dem Teileigentum am Doppelparker im 1. UG, im Aufteilungsplan mit der Nr. .... bezeichnet, und zwar mit dem Recht auf ausschließliche Benutzung des oben/unten gelegenen Abstellplatzes. Der Käufer ist verpflichtet, mit dem Erwerber des unten/oben gelegenen Abstellplatzes eine entsprechende Benutzungsregelung zu treffen.

6) Hier sind diverse andere bzw. ergänzende Regelungsmöglichkeiten ebenfalls denkbar (häufig zur Auswahl von Fliesen, Teppichböden oder Sanitäreinrichtungen). Es dürfte z. B. nicht unbillig sein, eine Pauschale von 5 oder 10 % pro Sonderwunschauftragssumme (bzw. Mehrkostenaufwand) vom Erwerber zu verlangen, soweit der anerkannte Sonderwunsch verkäuferseits durchgeführt wird (ggf. auch generell) (wegen etwaiger Rabattverluste bei Wegfall von Leistungen der Normalausstattung lt. Baubeschreibung, organisatorischer und zeitlicher Mehraufwand im Bereich der Planung, Bauleitung und Bauaufsicht usw.).

7) Diese Regelung (pauschalierter Verzugsschadenersatz ohne Nachweispflicht im Sinne einer Vertragsstrafe bei Fristüberschreitung) kann „erwerberfreundlich" angesehen werden. Auf jeden Fall muss der Erwerber bei Übergabe im Fall fälliger und noch nicht vergüteter Vertragsstrafzahlungen einen entsprechenden **Vorbehalt** (am besten am Ende des Übergabeprotokolls) vermerken, um nicht der Forderung verlustig zu gehen. Vorbehaltene Vertragsstrafforderungen können dann auch mit Restkaufpreisraten des Bauträgerverkäufers verrechnet werden. Denkbar sind auch – verkäuferfreundlichere – Abreden einer nur unverbindlichen Fertigstellungsterminzusage (ohne Vertragsstrafregelung) oder – bei zwar verbindlicher Terminzusage – etwa: Bei Fristüberschreitung hat der Verkäufer dem Käufer dem diesen durch die Terminüberschreitung nachgewiesenermaßen entstandenen Schaden zu ersetzen.

8) Die hier vorgeschlagene Gewährleistungsregelung nach BGB-Werkvertragsrecht mit einer grundsätzlichen Verjährungsfrist von 5 Jahren für Mängel am Bauwerk entspricht der augenblicklich vorherrschenden Rechtsmeinung des BGH. Die früher häufig gebräuchliche Teilbezugnahme auf § 13 VOB/B wurde vom BGH generell für ungültig/unzulässig erklärt (Verstoß gegen Grundsätze des AGBG); die Frage der Gültigkeit einer Gewährleistungsregelung nach VOB/B bei Gesamtbezugnahme auf die VOB/B (Mitbeurkundung der gesamten VOB/B) dürfte ebenfalls zu verneinen sein. Bauträgern ist auf jeden Fall dringend zu empfehlen, in Subunternehmerverträgen analog BGB-Gewährleistung zu vereinbaren, beginnend mit der Abnahme durch den Erwerber, weil sonst die Rechte des Bauträgers vor denen des Erwerbers enden (Rechts- und Haftungsrisiko). Anderslautende Individualvereinbarungen sind möglich, wenn der Notar nachhaltig und intensiv auch über etwaige Nachteile solcher Sonderabsprachen belehrt hat (auch Beurkundung zu Beweiszwecken).

Die Gewährleistungsregelung in diesem Vertragsmuster geht von einer grundsätzlichen **Primärhaftung** des Bauträgerverkäufers aus – auch für nach Übergabe in der Gewährleistungsfrist entstandene oder entdeckte Mängel. Damit endet die Gewährleistungshaftung des Bauträgerverkäufers für Bauwerksmängel 5 Jahre nach Übergabe. Die früher übliche Abtretungsklausel führte bekanntlich über das vom BGH entwickelte Institut der Subsidiärhaftung des Bauträgerverkäufers (im Fall nicht erfolgreicher Durchsetzung abgetretener Gewährleistungsrechte) zu einer erheblich verlängerten Haftung des Bauträgerverkäufers (grds. neuer Fristbeginn bei Misslingen einer Anspruchsdurchsetzung aus abgetretenen Rechten) und wird deshalb heute bauträgerverkäuferseits kaum mehr vertraglich angeboten. Aufgrund der vorgenannten höchstrichterlichen Rechtsprechung erscheint die hier vorgeschlagene Regelung einer grds. ausschließlichen 5-jährigen Haftung des Bauträgerverkäufers angemessen und billig. Eine – allerdings nicht einhellig empfohlene – Abtretungs**verpflichtung** ist allein deshalb aufgenommen, um insbesondere Erwerber im Fall einer sich evtl. abzeichnenden Insolvenz eines Bauträgerverkäufers nicht rechtlos zu stellen.

9) Über die formelle Abnahme des Gemeinschaftseigentums und die das Gemeinschaftseigentum betreffenden Gewährleistungsregelungen soll u. E. die Gemeinschaftsordnung verbindliche und damit für eine Gemeinschaft ein-

heitliche Regelungen enthalten. Eine entsprechende auf das Gemeinschaftseigentum bezugnehmende Gewährleistungsklausel könnte aber auch einheitlich in allen individuellen Erwerbsverträgen detailliert mitaufgenommen werden.

10) Das Minderungsrecht könnte u.U. im Sinne des § 13 Nr. 6 VOB/B eingeschränkt werden. Umstritten (und wohl abzulehnen) wäre ein genereller Wandelungsausschluss. Für Mängelfolgeschäden könnte u.U. auch die Haftung des Verkäufers auf Vorsatz und grobe Fahrlässigkeit beschränkt werden. Besonderheiten gelten hinsichtlich der alternativen Gewährleistungsrechte bei Mängeln am/im Gemeinschaftseigentum nach verfestigter BGH-Rechtsprechung hinsichtlich Wahl- und Klagebefugnis.

11) Hinsichtlich „mitverkaufter" beweglicher Ausstattungs- und Einrichtungsgegenstände könnte u.U. kaufrechtliche Gewährleistung nach BGB-Kaufrecht vereinbart werden. Die Zulässigkeit einer Beschränkung der Gewährleistungsfrist (auf 6 Monate oder 1 Jahr) bei gleitenden und beweglichen Teilen (insbesondere elektrischen Geräten, Anlagen, Zubehör, Verschleißteilen) wird wohl von der derzeit h.M. als unzulässig abgelehnt.

12) Möglich ist auch eine treuhänderische Abtretung der Verkäuferansprüche auf Käuferkonto beim Kreditinstitut in Verbindung mit entsprechendem Treuhandauftrag des Käufers an das Kreditinstitut (wobei in Ermächtigung des Kreditinstituts Zahlungsaufforderungen und Mahnungen i.d.R. durch den Verkäufer zu erfolgen haben).

13) Wird die Urkunde mit der Vollstreckungsklausel des Notars versehen, kann der Verkäufer aus ihr – wie aus einem rechtskräftigen Gerichtsurteil – sofort vollstrecken. Der Erwerber müsste einer solchen Vollstreckung bei bestehenden Gegenrechten mit der sog. Vollstreckungsgegenklage entgegnen (verbunden mit einem Antrag auf einstweilige Einstellung der Zwangsvollstrekung gegen entsprechende Sicherheitsleistung).

14) Vor Voreintrag des Verkäufers als Grundstückseigentümer ist Vollzug der Teilungserklärung mit Gemeinschaftsordnung im Grundbuch nicht möglich. Vor Vollzug der Teilungserklärung im Grundbuch ist wiederum keine Auflassungsvormerkung am Wohnungseigentum zugunsten des Käufers eintragungsfähig.

Der Verkäufer soll und muss sich deshalb um raschen Vollzug der Teilungserklärung im Grundbuch kümmern, da auch Kaufpreisfinanzierungen des Käufers i.d.R. erst nach Vormerkungssicherheit möglich sind. Berechtigten rechtlichen Eintragungshindernissen der Teilungserklärung (auf Vorhalt des Grundbuchrechtspflegers) sollte deshalb verkäuferseits möglichst rasch korrigierend nachgekommen werden.

Bei einer Bürgschaftslösung würden sich im Käuferrücktrittsfall bei nachträglichen nachteiligen Teilungserklärungsänderungen Käuferschäden kaum ausschließen lassen.

Ist verzögerlicher Vollzug einer Teilungserklärung im Grundbuch verkäuferseits zu erwarten, sollten auch Käufer über Rücktrittsrechtsvereinbarungen (in bestimmter Frist nach Kaufabschluss) in Verbindung mit Schadenersatz- bzw. Vertragsstrafabsprachen abgesichert werden, ebenfalls bei käufernachteiligen Änderungsnotwendigkeiten der Teilungserklärung (in Anlehnung an Grundsätze des Wegfalls der Geschäftsgrundlage).

15) Dieser Ratenzahlungsplan entspricht den Anforderungen der MaBV in letzter Fassung (ohne Berücksichtigung der erneuten Änderung v. 14. 2. 1997 – in Kraft ab 1. 6. 1997 –) und zwingt den Verkäufer zur jeweiligen Baustufenvorleistung.

Möglich wäre auch eine Vereinbarung, die den Verkäufer berechtigt, Kaufpreisraten gegen Übergabe einer selbstschuldnerischen und unbefristeten Bankbürgschaft im Sinne des § 7 MaBV auch vor Vorliegen der vorgenannten Voraussetzungen abzurufen, wobei die Bürgschaft ohne Hinterlegungsrecht ausgestellt sein muss (mit entsprechender Rückgabeverpflichtung nach Vorliegen vereinbarter Zahlungsfälligkeitsvoraussetzungen).

16) Denkbar wäre auch die Vereinbarung einer 15- oder 20%igen Erfüllungsbürgschaft als zusätzliche Käufersicherheit.

17) Ab 1. 1. 1997 ist der volle Kaufpreis (Gegenleistung) mit 3,5 % der Grunderwerbsteuer zu unterwerfen (Jahressteuergesetz 1997). Steuerschuldner im Außenverhältnis zum Fiskus ist auch der Verkäufer. Die Steuer entsteht bereits mit Abschluss des notariellen Kaufvertrages.

6.11 Muster eines Kartei-/Datenübersichtsblattes für Ihr Erwerbsobjekt

Legen Sie sich für Ihr Wohnungs- oder Teileigentum ein **Kartei-/Datenübersichtsblatt** an – in etwa nach folgendem, modifizierbarem Formularmuster –, um sämtliche wichtigen Daten aus Ihrer Immobilakte auf einen Blick schnell erfassen zu können:

Erwerbsobjekt in ...., ...-Str. Nr. ....

1. Datum des notariellen **Erwerbsvertrages:** ....
2. **Notar** (Name, Anschrift, Telefon) ....
   und **Urk.-Rollen-Nr.** des Erwerbsvertrages: ....
3. **Teilungserklärung** v. ..../(URNr. ..../Notar ...: ....
   eventuelle **Änderungen/Ergänzungen** der Teilungserklärung v. ....
   (URNr. ..../Notar ....)
4. **Verkäufer** (Name, Anschrift, Telefon,
   gesetzlicher Vertreter): ....
5. **Lfd. Nr.** der Einheit nach Aufteilungsplan/
   Teilungserklärung: ....
6. **Lfd. Nr.** des Kfz-Stellplatzes nach Plan/
   Sondernutzungsrecht: ....
7. **Grundbuch**bezeichnung (Amtsgericht,
   Band- und Blatt-Nr.): ....
8. **Miteigentumsquoten**
   a) Wohn- bzw. Teileigentumseinheit: ....
   b) Stellplatzteileigentum (Garage): ....
   c) ....
9. Eintragungsdatum der **Auflassungs-
   vormerkung** im Grundbuch am: ....
10. **Auflassung/Eintragung** der Eigentums-
    umschreibung im Grundbuch am: ....

11. Gesamtkaufpreis/Bezahltdatum: ....
    Ratenzahlungen am: ....
    ....
    ....

12. Kaufnebenkosten (Höhe, Bezahltdatum)
    a) Maklerprovision: ....
    b) Notargebühren: ....
    c) Gerichtsgebühren: ....
    d) Grunderwerbsteuer: ....
    e) Sonstige Kosten: ....
    f) Gesamt: ....

13. Wohn- bzw. Nutzfläche gesamt in qm: ..../Heizfläche............

14. Stockwerkslage, **Anzahl der Räume**
    (Keller, Speicher): ....

15. Besitz-, Lasten- und Nutzungsübergang
    (im Innenverhältnis zum Verkäufer)
    (Datum): ....

16. Gewährleistungsfristende (Baumängel, Restarbeiten)
    a) Sondereigentum: ....
    b) Gemeinschaftseigentum: ....

17. Datum des/der Abnahmeprotokolls(e): ....

18. Einheitswert (Bescheid vom ....): ....

19. Makler (Name, Anschrift, Telefon): ....

20. Grundsteuer/Grundbesitzabgaben
    (Jahressteuersumme derzeit,
    Bescheid vom ....): ....

21. Wohnungseigentumsverwalter (Name, Anschrift, Telefon): ....

22. Verwaltungsbeiratsvorsitzender
    (Name, Anschrift, Telefon): ....

23. Mietpartei (Name, Telefon): ....
    a) Mietvertragsdauer: ....

b) Mietzins und Nebenkostenvoraus-
zahlung (derzeit): ....
c) Staffelungsdaten/Indexierung: ....
d) Kaution: ....
e) zuletzt mit Mieter Nebenkosten
abgerechnet am: ....

24. Finanzierungsbelastungen: ....
  a) Institute (Anschriften, Darlehens-
  nummern): ....
  b) Annuitäten (Zins/Tilgung): ....
  c) Gebühren: ....
  d) Damnum: ....

25. Wohngeldvorauszahlung (derzeitige Höhe
mtl./quartalsweise): ....

26. Eigentümerversammlungen
vom ....
....
....

27. Stimmrechtsregelung: ....

28. Stimmrechtsvertretung: ....

29. Zuletzt abgerechnete Jahreswohngeldschuld ....

30. Fälligkeit von Sonderumlagen: ....

31. Höhe derzeitiger Rücklage: ....

32. ....

33. ....

Anhang

Wohnungseigentums-Gesetz (Stand: 1. 1. 1997) – **Auszug** –

I. Teil: Wohnungseigentum

§ 1 Begriffsbestimmungen

(1) Nach Maßgabe dieses Gesetzes kann an Wohnungen das Wohnungseigentum, an nicht zu Wohnzwecken dienenden Räumen eines Gebäudes das Teileigentum begründet werden.

(2) Wohnungseigentum ist das Sondereigentum an einer Wohnung in Verbindung mit dem Miteigentumsanteil an dem gemeinschaftlichen Eigentum, zu dem es gehört.

(3) Teileigentum ist das Sondereigentum an nicht zu Wohnzwecken dienenden Räumen eines Gebäudes in Verbindung mit dem Miteigentumsanteil an dem gemeinschaftlichen Eigentum, zu dem es gehört.

(4) Wohnungseigentum und Teileigentum können nicht in der Weise begründet werden, dass das Sondereigentum mit Miteigentum an mehreren Grundstücken verbunden wird.

(5) Gemeinschaftliches Eigentum im Sinne dieses Gesetzes sind das Grundstück sowie die Teile, Anlagen und Einrichtungen des Gebäudes, die nicht im Sondereigentum oder im Eigentum eines Dritten stehen.

(6) Für das Teileigentum gelten die Vorschriften über das Wohnungseigentum entsprechend.

1. Abschnitt: Begründung des Wohnungseigentums

§ 2 Arten der Begründung

Wohnungseigentum wird durch die vertragliche Einräumung von Sondereigentum (§ 3) oder durch Teilung (§ 8) begründet.

§ 3 Vertragliche Einräumung von Sondereigentum

(1) Das Miteigentum (§ 1008 des Bürgerlichen Gesetzbuches) an einem Grundstück kann durch Vertrag der Miteigentümer in der Weise beschränkt werden, dass jedem der Miteigentümer abweichend von § 93 des Bürgerlichen Gesetzbuches das Sondereigentum an einer bestimmten Wohnung oder an nicht zu Wohnzwecken dienenden bestimmten Räumen in einem auf dem Grundstück errichteten oder zu errichtenden Gebäude eingeräumt wird.

(2) Sondereigentum soll nur eingeräumt werden, wenn die Wohnungen oder sonstigen Räume in sich abgeschlossen sind. Garagenstellplätze gelten als abgeschlossene Räume, wenn ihre Flächen durch dauerhafte Markierungen ersichtlich sind.

(3) Unbeschadet der im übrigen Bundesgebiet bestehenden Rechtslage wird die Abgeschlossenheit von Wohnungen oder sonstigen Räumen, die vor dem 3. 10. 1990 bauordnungsrechtlich genehmigt worden sind, in dem in Artikel 3 des Einigungsvertrages bezeichneten Gebiet nicht dadurch ausgeschlossen, dass die Wohnungstrennwände und Wohnungstrenndecken oder die entsprechenden Wände oder Decken bei sonstigen Räumen nicht den bauordnungsrechtlichen Anforderungen entsprechen, die im Zeitpunkt der Erteilung der Bescheinigung nach § 7 Abs. 4 Nr. 2 gelten. Diese Regelung gilt bis zum 31. 12. 1996.

§ 4 Formvorschriften

(1) Zur Einräumung und zur Aufhebung des Sondereigentums ist die Einigung der Beteiligten über den Eintritt der Rechtsänderung und die Eintragung in das Grundbuch erforderlich.

(2) Die Einigung bedarf der für die Auflassung vorgeschriebenen Form. Sondereigentum kann nicht unter einer Bedingung oder Zeitbestimmung eingeräumt oder aufgehoben werden.

(3) Für einen Vertrag, durch den sich ein Teil verpflichtet, Sondereigentum einzuräumen, zu erwerben oder aufzuheben, gilt § 313 des Bürgerlichen Gesetzbuches entsprechend.

§ 5 Gegenstand und Inhalt des Sondereigentums

(1) Gegenstand des Sondereigentums sind die gemäß § 3 Abs. 1 bestimmten Räume sowie die zu diesen Räumen gehörenden Bestandteile des Gebäudes, die

verändert, beseitigt oder eingefügt werden können, ohne dass dadurch das gemeinschaftliche Eigentum oder ein auf Sondereigentum beruhendes Recht eines anderen Wohnungseigentümers über das nach § 14 zulässige Maß hinaus beeinträchtigt oder die äußere Gestaltung des Gebäudes verändert wird.

(2) Teile des Gebäudes, die für dessen Bestand oder Sicherheit erforderlich sind, sowie Anlagen und Einrichtungen, die dem gemeinschaftlichen Gebrauch der Wohnungseigentümer dienen, sind nicht Gegenstand des Sondereigentums, selbst wenn sie sich im Bereich der im Sondereigentum stehenden Räume befinden.

(3) Die Wohnungseigentümer können vereinbaren, dass Bestandteile des Gebäudes, die Gegenstand des Sondereigentums sein können, zum gemeinschaftlichen Eigentum gehören.

(4) Vereinbarungen über das Verhältnis der Wohnungseigentümer untereinander können nach den Vorschriften des 2. und 3. Abschnittes zum Inhalt des Sondereigentums gemacht werden.

§ 6 Unselbstständigkeit des Sondereigentums

(1) Das Sondereigentum kann ohne den Miteigentumsanteil, zu dem es gehört, nicht veräußert oder belastet werden.

(2) Rechte an dem Miteigentumsanteil erstrecken sich auf das zu ihm gehörende Sondereigentum.

§ 7 Grundbuchvorschriften

(1) Im Fall des § 3 Abs. 1 wird für jeden Miteigentumsanteil von Amts wegen ein besonderes Grundbuchblatt (Wohnungsgrundbuch, Teileigentumsgrundbuch) angelegt. Auf diesem ist das zu dem Miteigentumsanteil gehörende Sondereigentum und als Beschränkung des Miteigentums die Einräumung der zu den anderen Miteigentumsanteilen gehörenden Sondereigentumsrechte einzutragen. Das Grundbuchblatt des Grundstücks wird von Amts wegen geschlossen.

(2) Von der Anlegung besonderer Grundbuchblätter kann abgesehen werden, wenn hiervon Verwirrung nicht zu besorgen ist. In diesem Fall ist das Grundbuchblatt als gemeinschaftliches Wohnungsgrundbuch (Teileigentumsgrundbuch) zu bezeichnen.

(3) Zur näheren Bezeichnung des Gegenstandes und des Inhalts des Sondereigentums kann auf die Eintragungsbewilligung Bezug genommen werden.

(4) Der Eintragungsbewilligung sind als Anlagen beizufügen:

1. eine von der Baubehörde mit Unterschrift und Siegel oder Stempel versehene Bauzeichnung, aus der die Aufteilung des Gebäudes sowie die Lage und Größe der im Sondereigentum und der im gemeinschaftlichen Eigentum stehenden Gebäudeteile ersichtlich ist (Aufteilungsplan); alle zu demselben Wohnungseigentum gehörenden Einzelräume sind mit der jeweils gleichen Nummer zu kennzeichnen;

2. eine Bescheinigung der Baubehörde, dass die Voraussetzungen des § 3 Abs. 2 vorliegen.

Wenn in der Eintragungsbewilligung für die einzelnen Sondereigentumsrechte Nummern angegeben werden, sollen sie mit denen des Aufteilungsplanes übereinstimmen.

(5) Für Teileigentumsgrundbücher gelten die Vorschriften über Wohnungsgrundbücher entsprechend.

§ 8 Teilung durch den Eigentümer

(1) Der Eigentümer eines Grundstücks kann durch Erklärung gegenüber dem Grundbuchamt das Eigentum an dem Grundstück in Miteigentumsanteile in der Weise teilen, dass mit jedem Anteil das Sondereigentum an einer bestimmten Wohnung oder an nicht zu Wohnzwecken dienenden bestimmten Räumen in einem auf dem Grundstück errichteten oder zu errichtenden Gebäude verbunden ist.

(2) Im Fall des Abs. 1 gelten die Vorschriften des § 3 Abs. 2 und der §§ 5, 6, § 7 Abs. 1, 3 bis 5 entsprechend. Die Teilung wird mit der Anlegung der Wohnungsgrundbücher wirksam.

§ 9 Schließung der Wohnungsgrundbücher

(1) Die Wohnungsgrundbücher werden geschlossen:

1. von Amts wegen, wenn die Sondereigentumsrechte gemäß § 4 aufgehoben werden;

2. auf Antrag sämtlicher Wohnungseigentümer, wenn alle Sondereigentumsrechte durch völlige Zerstörung des Gebäudes gegenstandslos geworden sind und der Nachweis hierfür durch eine Bescheinigung der Baubehörde erbracht ist;
3. auf Antrag des Eigentümers, wenn sich sämtliche Wohnungseigentumsrechte in einer Person vereinigen.

(2) Ist ein Wohnungseigentum selbstständig mit dem Recht eines Dritten belastet, so werden die allgemeinen Vorschriften, nach denen zur Aufhebung des Sondereigentums die Zustimmung des Dritten erforderlich ist, durch Abs. 1 nicht berührt.

(3) Werden die Wohnungsgrundbücher geschlossen, so wird für das Grundstück ein Grundbuchblatt nach den allgemeinen Vorschriften angelegt; die Sondereigentumsrechte erlöschen, soweit sie nicht bereits aufgehoben sind, mit der Anlegung des Grundbuchblatts.

2. Abschnitt: Gemeinschaft der Wohnungseigentümer

§ 10 Allgemeine Grundsätze

(1) Das Verhältnis der Wohnungseigentümer untereinander bestimmt sich nach den Vorschriften dieses Gesetzes und, soweit dieses Gesetz keine besonderen Bestimmungen enthält, nach den Vorschriften des Bürgerlichen Gesetzbuches über die Gemeinschaft. Die Wohnungseigentümer können von den Vorschriften dieses Gesetzes abweichende Vereinbarungen treffen, soweit nicht etwas anderes ausdrücklich bestimmt ist.

(2) Vereinbarungen, durch die die Wohnungseigentümer ihr Verhältnis untereinander in Ergänzung oder Abweichung von Vorschriften dieses Gesetzes regeln, sowie die Abänderung oder Aufhebung solcher Vereinbarungen wirken gegen den Sondernachfolger eines Wohnungseigentümers nur, wenn sie als Inhalt des Sondereigentums im Grundbuch eingetragen sind.

(3) Beschlüsse der Wohnungseigentümer gemäß § 23 und Entscheidungen des Richters gemäß § 43 bedürfen zu ihrer Wirksamkeit gegen den Sondernachfolger eines Wohnungseigentümers nicht der Eintragung in das Grundbuch.

(4) Rechtshandlungen in Angelegenheiten, über die nach diesem Gesetz oder nach einer Vereinbarung der Wohnungseigentümer durch Stimmenmehrheit be-

schlossen werden kann, wirken, wenn sie aufgrund eines mit solcher Mehrheit gefassten Beschlusses vorgenommen werden, auch für und gegen die Wohnungseigentümer, die gegen den Beschluss gestimmt oder an der Beschlussfassung nicht mitgewirkt haben.

§ 11 Unauflöslichkeit der Gemeinschaft

(1) Kein Wohnungseigentümer kann die Aufhebung der Gemeinschaft verlangen. Dies gilt auch für eine Aufhebung aus wichtigem Grund. Eine abweichende Vereinbarung ist nur für den Fall zulässig, dass das Gebäude ganz oder teilweise zerstört wird und eine Verpflichtung zum Wiederaufbau nicht besteht.

Fassung bis 31. 12. 1998:
(2) Das Recht eines Pfändungsgläubigers (§ 751 des Bürgerlichen Gesetzbuches) sowie das Recht des Insolvenzverwalters (§ 84 Abs. 2 der Insolvenzordnung), die Aufhebung der Gemeinschaft zu verlangen, ist ausgeschlossen.

Fassung ab 1. 1. 1999:
(2) Das Recht eines Pfändungsgläubigers (§ 751 des Bürgerlichen Gesetzbuches) sowie das im Insolvenzverfahren bestehende Recht (§ 84 Abs. 2 der Insolvenzordnung), die Aufhebung der Gemeinschaft zu verlangen, ist ausgeschlossen.

§ 12 Veräußerungsbeschränkung

(1) Als Inhalt des Sondereigentums kann vereinbart werden, dass ein Wohnungseigentümer zur Veräußerung seines Wohnungseigentums der Zustimmung anderer Wohnungseigentümer oder eines Dritten bedarf.

(2) Die Zustimmung darf nur aus einem wichtigen Grund versagt werden. Durch Vereinbarung gemäß Abs. 1 kann dem Wohnungseigentümer darüber hinaus für bestimmte Fälle ein Anspruch auf Erteilung der Zustimmung eingeräumt werden.

(3) Ist eine Vereinbarung gemäß Abs. 1 getroffen, so ist eine Veräußerung des Wohnungseigentums und ein Vertrag, durch den sich der Wohnungseigentümer zu einer solchen Veräußerung verpflichtet, unwirksam, solange nicht die erforderliche Zustimmung erteilt ist. Einer rechtsgeschäftlichen Veräußerung steht eine Veräußerung im Wege der Zwangsvollstreckung oder durch den Insolvenzverwalter gleich.

§ 13 Rechte des Wohnungseigentümers

(1) Jeder Wohnungseigentümer kann, soweit nicht das Gesetz oder Rechte Dritter entgegenstehen, mit den im Sondereigentum stehenden Gebäudeteilen nach Belieben verfahren, insbesondere diese bewohnen, vermieten, verpachten oder in sonstiger Weise nutzen, und andere von Einwirkungen ausschließen.

(2) Jeder Wohnungseigentümer ist zum Mitgebrauch des gemeinschaftlichen Eigentums nach Maßgabe der §§ 14, 15 berechtigt. An den sonstigen Nutzungen des gemeinschaftlichen Eigentums gebührt jedem Wohnungseigentümer ein Anteil nach Maßgabe des § 16.

§ 14 Pflichten des Wohnungseigentümers

Jeder Wohnungseigentümer ist verpflichtet,

1. die im Sondereigentum stehenden Gebäudeteile so instand zu halten und von diesen sowie von dem gemeinschaftlichen Eigentum nur in solcher Weise Gebrauch zu machen, dass dadurch keinem der anderen Wohnungseigentümer über das bei einem geordneten Zusammenleben unvermeidliche Maß hinaus ein Nachteil erwächst;

2. für die Einhaltung der in Nummer 1 bezeichneten Pflichten durch Personen zu sorgen, die seinem Hausstand oder Geschäftsbetrieb angehören oder denen er sonst die Benutzung der im Sonder- oder Miteigentum stehenden Grundstücks- oder Gebäudeteile überlässt;

3. Einwirkungen auf die im Sondereigentum stehenden Gebäudeteile und das gemeinschaftliche Eigentum zu dulden, soweit sie auf einem nach Nummer 1, 2 zulässigen Gebrauch beruhen;

4. das Betreten und die Benutzung der im Sondereigentum stehenden Gebäudeteile zu gestatten, soweit dies zur Instandhaltung und Instandsetzung des gemeinschaftlichen Eigentums erforderlich ist; der hierdurch entstehende Schaden ist zu ersetzen.

§ 15 Gebrauchsregelung

(1) Die Wohnungseigentümer können den Gebrauch des Sondereigentums und des gemeinschaftlichen Eigentums durch Vereinbarung regeln.

(2) Soweit nicht eine Vereinbarung nach Absatz 1 entgegensteht, können die Wohnungseigentümer durch Stimmenmehrheit einen der Beschaffenheit der im Sondereigentum stehenden Gebäudeteile und des gemeinschaftlichen Eigentums entsprechenden ordnungsmäßigen Gebrauch beschließen.

(3) Jeder Wohnungseigentümer kann einen Gebrauch der im Sondereigentum stehenden Gebäudeteile und des gemeinschaftlichen Eigentums verlangen, der dem Gesetz, den Vereinbarungen und Beschlüssen und, soweit sich die Regelung hieraus nicht ergibt, dem Interesse der Gesamtheit der Wohnungseigentümer nach billigem Ermessen entspricht.

§ 16 Nutzungen, Lasten und Kosten

(1) Jedem Wohnungseigentümer gebührt ein seinem Anteil entsprechender Bruchteil der Nutzungen des gemeinschaftlichen Eigentums. Der Anteil bestimmt sich nach dem gemäß § 47 der Grundbuchordnung im Grundbuch eingetragenen Verhältnis der Miteigentumsanteile.

(2) Jeder Wohnungseigentümer ist den anderen Wohnungseigentümern gegenüber verpflichtet, die Lasten des gemeinschaftlichen Eigentums sowie die Kosten der Instandhaltung, Instandsetzung, sonstigen Verwaltung und eines gemeinschaftlichen Gebrauchs des gemeinschaftlichen Eigentums nach dem Verhältnis seines Anteils (Abs. 1 Satz 2) zu tragen.

(3) Ein Wohnungseigentümer, der einer Maßnahme nach § 22 Abs. 1 nicht zugestimmt hat, ist nicht berechtigt, einen Anteil an Nutzungen, die auf einer solchen Maßnahme beruhen, zu beanspruchen; er ist nicht verpflichtet, Kosten, die durch eine solche Maßnahme verursacht sind, zu tragen.

(4) Zu den Kosten der Verwaltung im Sinne des Abs. 2 gehören insbesondere Kosten eines Rechtsstreits gemäß § 18 und der Ersatz des Schadens im Fall des § 14 Nr. 4.

(5) Kosten eines Verfahrens nach § 43 gehören nicht zu den Kosten der Verwaltung im Sinne des Abs. 2.

§ 17 Anteil bei Aufhebung der Gemeinschaft

Im Fall der Aufhebung der Gemeinschaft bestimmt sich der Anteil der Miteigentümer nach dem Verhältnis des Wertes ihrer Wohnungseigentumsrechte zur Zeit

Anhang

der Aufhebung der Gemeinschaft. Hat sich der Wert eines Miteigentumsanteils durch Maßnahmen verändert, denen der Wohnungseigentümer gemäß § 22 Abs. 1 nicht zugestimmt hat, so bleibt eine solche Veränderung bei der Berechnung des Wertes dieses Anteils außer Betracht.

§ 18 Entziehung des Wohnungseigentums

(1) Hat ein Wohnungseigentümer sich einer so schweren Verletzung der ihm gegenüber anderen Wohnungseigentümern obliegenden Verpflichtungen schuldig gemacht, dass diesen die Fortsetzung der Gemeinschaft mit ihm nicht mehr zugemutet werden kann, so können die anderen Wohnungseigentümer von ihm die Veräußerung seines Wohnungseigentums verlangen.

(2) Die Voraussetzungen des Abs. 1 liegen insbesondere vor, wenn

1. der Wohnungseigentümer trotz Abmahnung wiederholt gröblich gegen die ihm nach § 14 obliegenden Pflichten verstößt;

2. der Wohnungseigentümer sich mit der Erfüllung seiner Verpflichtungen zur Lasten- und Kostentragung (§ 16 Abs. 2) in Höhe eines Betrages, der drei vom Hundert des Einheitswertes seines Wohnungseigentums übersteigt, länger als drei Monate in Verzug befindet.

(3) Über das Verlangen nach Abs. 1 beschließen die Wohnungseigentümer durch Stimmenmehrheit. Der Beschluss bedarf einer Mehrheit von mehr als der Hälfte der stimmberechtigten Wohnungseigentümer. Die Vorschriften des § 25 Abs. 3, 4 sind in diesem Fall nicht anzuwenden.

(4) Der in Abs. 1 bestimmte Anspruch kann durch Vereinbarung der Wohnungseigentümer nicht eingeschränkt oder ausgeschlossen werden.

§ 19 Wirkung des Urteils

(1) Das Urteil, durch das ein Wohnungseigentümer zur Veräußerung seines Wohnungseigentums verurteilt wird, ersetzt die für die freiwillige Versteigerung des Wohnungseigentums und für die Übertragung des Wohnungseigentums auf den Ersteher erforderlichen Erklärungen. Aus dem Urteil findet zugunsten des Erstehers die Zwangsvollstreckung auf Räumung und Herausgabe statt. Die Vorschriften des § 93 Abs. 1 Satz 2 und 3 des Gesetzes über die Zwangsversteigerung und Zwangsverwaltung gelten entsprechend.

(2) Der Wohnungseigentümer kann im Fall des § 18 Abs. 2 Nr. 2 bis zur Erteilung des Zuschlags die in Abs. 1 bezeichnete Wirkung des Urteils dadurch abwenden, dass er die Verpflichtungen, wegen deren Nichterfüllung er verurteilt ist, einschließlich der Verpflichtung zum Ersatz der durch den Rechtsstreit und das Versteigerungsverfahren entstandenen Kosten sowie die fälligen weiteren Verpflichtungen zur Lasten- und Kostentragung erfüllt.

(3) Ein gerichtlicher oder vor einer Gütestelle geschlossener Vergleich, durch den sich der Wohnungseigentümer zur Veräußerung seines Wohnungseigentums verpflichtet, steht dem in Abs. 1 bezeichneten Urteil gleich.

3. Abschnitt: Verwaltung

§ 20 Gliederung der Verwaltung

(1) Die Verwaltung des gemeinschaftlichen Eigentums obliegt den Wohnungseigentümern nach Maßgabe der §§ 21 bis 25 und dem Verwalter nach Maßgabe der §§ 26 bis 28, im Fall der Bestellung eines Verwaltungsbeirats auch diesem nach Maßgabe des § 29.

(2) Die Bestellung eines Verwalters kann nicht ausgeschlossen werden.

§ 21 Verwaltung durch die Wohnungseigentümer

(1) Soweit nicht in diesem Gesetz oder durch Vereinbarung der Wohnungseigentümer etwas anderes bestimmt ist, steht die Verwaltung des gemeinschaftlichen Eigentums den Wohnungseigentümern gemeinschaftlich zu.

(2) Jeder Wohnungseigentümer ist berechtigt, ohne Zustimmung der anderen Wohnungseigentümer die Maßnahmen zu treffen, die zur Abwendung eines dem gemeinschaftlichen Eigentum unmittelbar drohenden Schadens notwendig sind.

(3) Soweit die Verwaltung des gemeinschaftlichen Eigentums nicht durch Vereinbarung der Wohnungseigentümer geregelt ist, können die Wohnungseigentümer eine der Beschaffenheit des gemeinschaftlichen Eigentums entsprechende ordnungsmäßige Verwaltung durch Stimmenmehrheit beschließen.

(4) Jeder Wohnungseigentümer kann eine Verwaltung verlangen, die den Vereinbarungen und Beschlüssen und, soweit solche nicht bestehen, dem Interesse der Gesamtheit der Wohnungseigentümer nach billigem Ermessen entspricht.

(5) Zu einer ordnungsmäßigen, dem Interesse der Gesamtheit der Wohnungseigentümer entsprechenden Verwaltung gehört insbesondere:
1. die Aufstellung einer Hausordnung;
2. die ordnungsmäßige Instandhaltung und Instandsetzung des gemeinschaftlichen Eigentums;
3. die Feuerversicherung des gemeinschaftlichen Eigentums zum Neuwert sowie die angemessene Versicherung der Wohnungseigentümer gegen Haus- und Grundbesitzerhaftpflicht;
4. die Ansammlung einer angemessenen Instandhaltungsrückstellung;
5. die Aufstellung eines Wirtschaftsplans (§ 28);
6. die Duldung aller Maßnahmen, die zur Herstellung einer Fernsprechteilnehmereinrichtung, einer Rundfunkempfangsanlage oder eines Energieversorgungsanschlusses zugunsten eines Wohnungseigentümers erforderlich sind.

(6) Der Wohnungseigentümer, zu dessen Gunsten eine Maßnahme der in Abs. 5 Nr. 6 bezeichneten Art getroffen wird, ist zum Ersatz des hierdurch entstehenden Schadens verpflichtet.

§ 22 Besondere Aufwendungen, Wiederaufbau

(1) Bauliche Veränderungen und Aufwendungen, die über die ordnungsmäßige Instandhaltung oder Instandsetzung des gemeinschaftlichen Eigentums hinausgehen, können nicht gemäß § 21 Abs. 3 beschlossen oder gemäß § 21 Abs. 4 verlangt werden. Die Zustimmung eines Wohnungseigentümers zu solchen Maßnahmen ist insoweit nicht erforderlich, als durch die Veränderung dessen Rechte nicht über das in § 14 bestimmte Maß hinaus beeinträchtigt werden.

(2) Ist das Gebäude zu mehr als der Hälfte seines Wertes zerstört und ist der Schaden nicht durch eine Versicherung oder in anderer Weise gedeckt, so kann der Wiederaufbau nicht gemäß § 21 Abs. 3 beschlossen oder gemäß § 21 Abs. 4 verlangt werden.

§ 23 Wohnungseigentümerversammlung

(1) Angelegenheiten, über die nach diesem Gesetz oder nach einer Vereinbarung der Wohnungseigentümer die Wohnungseigentümer durch Beschluss entscheiden können, werden durch Beschlussfassung in einer Versammlung der Wohnungseigentümer geordnet.

(2) Zur Gültigkeit eines Beschlusses ist erforderlich, dass der Gegenstand bei der Einberufung bezeichnet ist.

(3) Auch ohne Versammlung ist ein Beschluss gültig, wenn alle Wohnungseigentümer ihre Zustimmung zu diesem Beschluss schriftlich erklären.

(4) Ein Beschluss ist nur ungültig, wenn er gemäß § 43 Abs. 1 Nr. 4 für ungültig erklärt ist. Der Antrag auf eine solche Entscheidung kann nur binnen eines Monats seit der Beschlussfassung gestellt werden, es sei denn, dass der Beschluss gegen eine Rechtsvorschrift verstößt, auf deren Einhaltung rechtswirksam nicht verzichtet werden kann.

§ 24 Einberufung, Vorsitz, Niederschrift

(1) Die Versammlung der Wohnungseigentümer wird von dem Verwalter mindestens einmal im Jahr einberufen.

(2) Die Versammlung der Wohnungseigentümer muss von dem Verwalter in den durch Vereinbarung der Wohnungseigentümer bestimmten Fällen im Übrigen dann einberufen werden, wenn dies schriftlich unter Angabe des Zwecks und der Gründe von mehr als einem Viertel der Wohnungseigentümer verlangt wird.

(3) Fehlt ein Verwalter oder weigert er sich pflichtwidrig, die Versammlung der Wohnungseigentümer einzuberufen, so kann die Versammlung auch, falls ein Verwaltungsbeirat bestellt ist, von dessen Vorsitzenden oder seinem Vertreter einberufen werden.

(4) Die Einberufung erfolgt schriftlich. Die Frist der Einberufung soll, sofern nicht ein Fall besonderer Dringlichkeit vorliegt, mindestens eine Woche betragen.

(5) Den Vorsitz in der Wohnungseigentümerversammlung führt, sofern diese nichts anderes beschließt, der Verwalter.

(6) Über die in der Versammlung gefassten Beschlüsse ist eine Niederschrift aufzunehmen. Die Niederschrift ist von dem Vorsitzenden und einem Wohnungseigentümer und, falls ein Verwaltungsbeirat bestellt ist, auch von dessen Vorsitzenden oder seinem Vertreter zu unterschreiben. Jeder Wohnungseigentümer ist berechtigt, die Niederschriften einzusehen.

§ 25 Mehrheitsbeschluss

(1) Für die Beschlussfassung in Angelegenheiten, über die die Wohnungseigentümer durch Stimmenmehrheit beschließen, gelten die Vorschriften der Abs. 2 bis 5.

(2) Jeder Wohnungseigentümer hat eine Stimme. Steht ein Wohnungseigentum mehreren gemeinschaftlich zu, so können sie das Stimmrecht nur einheitlich ausüben.

(3) Die Versammlung ist nur beschlussfähig, wenn die erschienenen stimmberechtigten Wohnungseigentümer mehr als die Hälfte der Miteigentumsanteile, berechnet nach der im Grundbuch eingetragenen Größe dieser Anteile, vertreten.

(4) Ist eine Versammlung nicht gemäß Abs. 3 beschlussfähig, so beruft der Verwalter eine neue Versammlung mit dem gleichen Gegenstand ein. Diese Versammlung ist ohne Rücksicht auf die Höhe der vertretenen Anteile beschlussfähig; hierauf ist bei der Einberufung hinzuweisen.

(5) Ein Wohnungseigentümer ist nicht stimmberechtigt, wenn die Beschlussfassung die Vornahme eines auf die Verwaltung des gemeinschaftlichen Eigentums bezüglichen Rechtsgeschäfts mit ihm oder die Einleitung oder Erledigung eines Rechtsstreits der anderen Wohnungseigentümer gegen ihn betrifft oder wenn er nach § 18 rechtskräftig verurteilt ist.

§ 26 Bestellung und Abberufung des Verwalters

(1) Über die Bestellung und Abberufung des Verwalters beschließen die Wohnungseigentümer mit Stimmenmehrheit. Die Bestellung darf auf höchstens fünf Jahre vorgenommen werden. Die Abberufung des Verwalters kann auf das Vorliegen eines wichtigen Grundes beschränkt werden. Andere Beschränkungen der Bestellung oder Abberufung des Verwalters sind nicht zulässig.

(2) Die wiederholte Bestellung ist zulässig; sie bedarf eines erneuten Beschlusses der Wohnungseigentümer, der frühestens ein Jahr vor Ablauf der Bestellungszeit gefasst werden kann.

(3) Fehlt ein Verwalter, so ist ein solcher in dringenden Fällen bis zur Behebung des Mangels auf Antrag eines Wohnungseigentümers oder eines Dritten, der ein berechtigtes Interesse an der Bestellung eines Verwalters hat, durch den Richter zu bestellen.

(4) Soweit die Verwaltereigenschaft durch eine öffentlich beglaubigte Urkunde nachgewiesen werden muss, genügt die Vorlage einer Niederschrift über den Bestellungsbeschluss, bei der die Unterschriften der in § 24 Abs. 6 bezeichneten Personen öffentlich beglaubigt sind.

§ 27 Aufgaben und Befugnisse des Verwalters

(1) Der Verwalter ist berechtigt und verpflichtet,

1. Beschlüsse der Wohnungseigentümer durchzuführen und für die Durchführung der Hausordnung zu sorgen;
2. die für die ordnungsmäßige Instandhaltung und Instandsetzung des gemeinschaftlichen Eigentums erforderlichen Maßnahmen zu treffen;
3. in dringenden Fällen sonstige zur Erhaltung des gemeinschaftlichen Eigentums erforderliche Maßnahmen zu treffen;
4. gemeinschaftliche Gelder zu verwalten.

(2) Der Verwalter ist berechtigt, im Namen aller Wohnungseigentümer und mit Wirkung für und gegen sie,

1. Lasten- und Kostenbeiträge, Tilgungsbeträge und Hypothekenzinsen anzufordern, in Empfang zu nehmen und abzuführen, soweit es sich um gemeinschaftliche Angelegenheiten der Wohnungseigentümer handelt;
2. alle Zahlungen und Leistungen zu bewirken und entgegenzunehmen, die mit der laufenden Verwaltung des gemeinschaftlichen Eigentums zusammenhängen;
3. Willenserklärungen und Zustellungen entgegenzunehmen, soweit sie an alle Wohnungseigentümer in dieser Eigenschaft gerichtet sind;
4. Maßnahmen zu treffen, die zur Wahrung einer Frist oder zur Abwendung eines sonstigen Rechtsnachteils erforderlich sind;
5. Ansprüche gerichtlich und außergerichtlich geltend zu machen, sofern er hierzu durch Beschluss der Wohnungseigentümer ermächtigt ist;
6. die Erklärungen abzugeben, die zur Vornahme der in § 21 Abs. 5 Nr. 6 bezeichneten Maßnahmen erforderlich sind.

(3) Die dem Verwalter nach den Abs. 1, 2 zustehenden Aufgaben und Befugnisse können durch Vereinbarung der Wohnungseigentümer nicht eingeschränkt werden.

Anhang

(4) Der Verwalter ist verpflichtet, Gelder der Wohnungseigentümer von seinem Vermögen gesondert zu halten. Die Verfügung über solche Gelder kann von der Zustimmung eines Wohnungseigentümers oder eines Dritten abhängig gemacht werden.

(5) Der Verwalter kann von den Wohnungseigentümern die Ausstellung einer Vollmachtsurkunde verlangen, aus der der Umfang seiner Vertretungsmacht ersichtlich ist.

§ 28 Wirtschaftsplan, Rechnungslegung

(1) Der Verwalter hat jeweils für ein Kalenderjahr einen Wirtschaftsplan aufzustellen. Der Wirtschaftsplan enthält

1. die voraussichtlichen Einnahmen und Ausgaben bei der Verwaltung des gemeinschaftlichen Eigentums;
2. die anteilmäßige Verpflichtung der Wohnungseigentümer zur Lasten- und Kostentragung;
3. die Beitragsleistung der Wohnungseigentümer zu der in § 21 Abs. 5 Nr. 4 vorgesehenen Instandhaltungsrückstellung.

(2) Die Wohnungseigentümer sind verpflichtet, nach Abruf durch den Verwalter dem beschlossenen Wirtschaftsplan entsprechende Vorschüsse zu leisten.

(3) Der Verwalter hat nach Ablauf des Kalenderjahres eine Abrechnung aufzustellen.

(4) Die Wohnungseigentümer können durch Mehrheitsbeschluss jederzeit von dem Verwalter Rechnungslegung verlangen.

(5) Über den Wirtschaftsplan, die Abrechnung und die Rechnungslegung des Verwalters beschließen die Wohnungseigentümer durch Stimmenmehrheit.

§ 29 Verwaltungsbeirat

(1) Die Wohnungseigentümer können durch Stimmenmehrheit die Bestellung eines Verwaltungsbeirats beschließen. Der Verwaltungsbeirat besteht aus einem Wohnungseigentümer als Vorsitzender und zwei weiteren Wohnungseigentümern als Beisitzern.

(2) Der Verwaltungsbeirat unterstützt den Verwalter bei der Durchführung seiner Aufgaben.

(3) Der Wirtschaftsplan, die Abrechnung über den Wirtschaftsplan, Rechnungslegungen und Kostenanschläge sollen, bevor über sie die Wohnungseigentümerversammlung beschließt, vom Verwaltungsbeirat geprüft und mit dessen Stellungnahme versehen werden.

(4) Der Verwaltungsbeirat wird von dem Vorsitzenden nach Bedarf einberufen.

4. Abschnitt: Wohnungserbbaurecht
§ 30

(1) Steht ein Erbbaurecht mehreren gemeinschaftlich nach Bruchteilen zu, so können die Anteile in der Weise beschränkt werden, dass jedem der Mitberechtigten das Sondereigentum an einer bestimmten Wohnung oder an nicht zu Wohnzwecken dienenden bestimmten Räumen in einem aufgrund des Erbbaurechts errichteten oder zu errichtenden Gebäude eingeräumt wird (Wohnungserbbaurecht, Teilerbbaurecht).

(2) Ein Erbbauberechtigter kann das Erbbaurecht in entsprechender Anwendung des § 8 teilen.

(3) Für jeden Anteil wird von Amts wegen ein besonderes Erbbaugrundbuchblatt angelegt (Wohnungserbbaugrundbuch, Teilerbbaugrundbuch). Im Übrigen gelten für das Wohnungserbbaurecht (Teilerbbaurecht) die Vorschriften über das Wohnungseigentum (Teileigentum) entsprechend.

Hinweis: §§ 31–42 betr. das Dauerwohnrecht sind hier aus Umfangs- und Kostengründen nicht abgedruckt.

III. Teil: Verfahrensvorschriften

1. Abschnitt: Verfahren der freiwilligen Gerichtsbarkeit in Wohnungseigentumssachen
§ 43 Entscheidung durch den Richter

(1) Das Amtsgericht, in dessen Bezirk das Grundstück liegt, entscheidet im Verfahren der freiwilligen Gerichtsbarkeit

1. auf Antrag eines Wohnungseigentümers über die sich aus der Gemeinschaft der Wohnungseigentümer und aus der Verwaltung des gemeinschaftlichen Eigentums ergebenden Rechte und Pflichten der Wohnungseigentümer un-

tereinander mit Ausnahme der Ansprüche im Fall der Aufhebung der Gemeinschaft (§ 17) und auf Entziehung des Wohnungseigentums (§§ 18, 19);
2. auf Antrag eines Wohnungseigentümers oder des Verwalters über die Rechte und Pflichten des Verwalters bei der Verwaltung des gemeinschaftlichen Eigentums;
3. auf Antrag eines Wohnungseigentümers oder Dritten über die Bestellung eines Verwalters im Fall des § 26 Abs. 3;
4. auf Antrag eines Wohnungseigentümers oder des Verwalters über die Gültigkeit von Beschlüssen der Wohnungseigentümer.

(2) Der Richter entscheidet, soweit sich die Regelung nicht aus dem Gesetz, einer Vereinbarung oder einem Beschluss der Wohnungseigentümer ergibt, nach billigem Ermessen.

(3) Für das Verfahren gelten die besonderen Vorschriften der §§ 44 bis 50.

(4) An dem Verfahren Beteiligte sind:
1. in den Fällen des Abs. 1 Nr. 1 sämtliche Wohnungseigentümer;
2. in den Fällen des Abs. 1 Nr. 2 und 4 die Wohnungseigentümer und der Verwalter;
3. im Fall des Abs. 1 Nr. 3 die Wohnungseigentümer und der Dritte.

§ 44 Allgemeine Verfahrensgrundsätze

(1) Der Richter soll mit den Beteiligten in der Regel mündlich verhandeln und hierbei darauf hinwirken, dass sie sich gütlich einigen.

(2) Kommt eine Einigung zustande, so ist hierüber eine Niederschrift aufzunehmen, und zwar nach den Vorschriften, die für die Niederschrift über einen Vergleich im bürgerlichen Rechtsstreit gelten.

(3) Der Richter kann für die Dauer des Verfahrens einstweilige Anordnungen treffen. Diese können selbstständig nicht angefochten werden.

(4) In der Entscheidung soll der Richter die Anordnungen treffen, die zu ihrer Durchführung erforderlich sind. Die Entscheidung ist zu begründen.

§ 45 Rechtsmittel, Rechtskraft

(1) Gegen die Entscheidung des Amtsgerichts ist die sofortige Beschwerde, gegen die Entscheidung des Beschwerdegerichts die sofortige weitere Beschwerde zulässig, wenn der Wert des Gegenstandes der Beschwerde oder der weiteren Beschwerde eintausendfünfhundert Deutsche Mark übersteigt.

(2) Die Entscheidung wird mit der Rechtskraft wirksam. Sie ist für alle Beteiligten bindend.

(3) Aus rechtskräftigen Entscheidungen, gerichtlichen Vergleichen und einstweiligen Anordnungen findet die Zwangsvollstreckung nach den Vorschriften der Zivilprozessordnung statt.

(4) Haben sich die tatsächlichen Verhältnisse wesentlich geändert, so kann der Richter auf Antrag eines Beteiligten seine Entscheidung oder einen gerichtlichen Vergleich ändern, soweit dies zur Vermeidung einer unbilligen Härte notwendig ist.

§ 46 Verhältnis zu Rechtsstreitigkeiten

(1) Werden in einem Rechtsstreit Angelegenheiten anhängig gemacht, über die nach § 43 Abs. 1 im Verfahren der freiwilligen Gerichtsbarkeit zu entscheiden ist, so hat das Prozessgericht die Sache insoweit an das nach § 43 Abs. 1 zuständige Amtsgericht zur Erledigung im Verfahren der freiwilligen Gerichtsbarkeit abzugeben. Der Abgabebeschluss kann nach Anhörung der Parteien ohne mündliche Verhandlung ergehen. Er ist für das in ihm bezeichnete Gericht bindend.

(2) Hängt die Entscheidung eines Rechtsstreits vom Ausgang eines in § 43 Abs. 1 bezeichneten Verfahrens ab, so kann das Prozessgericht anordnen, dass die Verhandlung bis zur Erledigung dieses Verfahrens ausgesetzt wird.

§ 46 a Mahnverfahren

(1) Zahlungsansprüche, über die nach § 43 Abs. 1 zu entscheiden ist, können nach den Vorschriften der Zivilprozessordnung im Mahnverfahren geltend gemacht werden. Ausschließlich zuständig im Sinne des § 689 Abs. 2 der Zivilprozessordnung ist das Amtsgericht, in dessen Bezirk das Grundstück liegt. § 690 Abs. 1 Nr. 5 der Zivilprozessordnung gilt mit der Maßgabe, dass das nach § 43 Abs. 1 zuständige Gericht der freiwilligen Gerichtsbarkeit zu bezeichnen ist. Mit

Eingang der Akten bei diesem Gericht nach § 696 Abs. 1 Satz 4 oder § 700 Abs. 3 Satz 2 der Zivilprozessordnung gilt der Antrag auf Erlass des Mahnbescheids als Antrag nach § 43 Abs. 1.

(2) Im Fall des Widerspruchs setzt das Gericht der freiwilligen Gerichtsbarkeit dem Antragsteller eine Frist für die Begründung des Antrags. Vor Eingang der Begründung wird das Verfahren nicht fortgeführt. Der Widerspruch kann bis zum Ablauf einer Frist von zwei Wochen seit Zustellung der Begründung zurückgenommen werden; § 699 Abs. 1 Satz 3 der Zivilprozessordnung ist anzuwenden.

(3) Im Fall des Einspruchs setzt das Gericht der freiwilligen Gerichtsbarkeit dem Antragsteller eine Frist für die Begründung des Antrags, wenn der Einspruch nicht als unzulässig verworfen wird. §§ 339, 340 Abs. 1, 2, § 341 der Zivilprozessordnung sind anzuwenden; für die sofortige Beschwerde gilt jedoch § 45 Abs. 1. Vor Eingang der Begründung wird das Verfahren vorbehaltlich einer Maßnahme nach § 44 Abs. 3 nicht fortgeführt. Geht die Begründung bis zum Ablauf der Frist nicht ein, wird die Zwangsvollstreckung auf Antrag des Antragsgegners eingestellt. Bereits getroffene Vollstreckungsmaßregeln können aufgehoben werden. Für die Zurücknahme des Einspruchs gelten Absatz 2 Satz 3 erster Halbsatz und § 346 der Zivilprozessordnung entsprechend. Entscheidet das Gericht in der Sache, ist § 343 der Zivilprozessordnung anzuwenden.

§ 47 Kostenentscheidung

Welche Beteiligten die Gerichtskosten zu tragen haben, bestimmt der Richter nach billigem Ermessen. Er kann dabei auch bestimmen, dass die außergerichtlichen Kosten ganz oder teilweise zu erstatten sind.

§ 48 Kosten des Verfahrens

(1) Für das gerichtliche Verfahren wird die volle Gebühr erhoben. Kommt es zur gerichtlichen Entscheidung, so erhöht sich die Gebühr auf das Dreifache der vollen Gebühr. Wird der Antrag zurückgenommen, bevor es zu einer Entscheidung oder einer vom Gericht vermittelten Einigung gekommen ist, so ermäßigt sich die Gebühr auf die Hälfte der vollen Gebühr. Ist ein Mahnverfahren vorausgegangen (§ 46 a), wird die nach dem Gerichtskostengesetz zu erhebende Gebühr für das Verfahren über den Antrag auf Erlass eines Mahnbescheids auf die Gebühr für das gerichtliche Verfahren angerechnet; die Anmerkung zu Nummer 1201 des Kostenverzeichnisses zum Gerichtskostengesetz gilt entsprechend.

(2) Sind für Teile des Gegenstands verschiedene Gebührensätze anzuwenden, so sind die Gebühren für die Teile gesondert zu berechnen; die aus dem Gesamtbetrag der Wertteile nach dem höchsten Gebührensatz berechnete Gebühr darf jedoch nicht überschritten werden.

(3) Der Richter setzt den Geschäftswert nach dem Interesse der Beteiligten an der Entscheidung von Amts wegen fest. Der Geschäftswert ist niedriger festzusetzen, wenn die nach Satz 1 berechneten Kosten des Verfahrens zu dem Interesse eines Beteiligten nicht in einem angemessenen Verhältnis stehen.

(4) Im Verfahren über die Beschwerde gegen eine den Rechtszug beendende Entscheidung werden die gleichen Gebühren wie im ersten Rechtszug erhoben.

§ 49 *(aufgehoben)*

§ 50 **Kosten des Verfahrens vor dem Prozessgericht**
Gibt das Prozessgericht die Sache nach § 46 an das Amtsgericht ab, so ist das bisherige Verfahren vor dem Prozessgericht für die Erhebung der Gerichtskosten als Teil des Verfahrens vor dem übernehmenden Gericht zu behandeln.

2. Abschnitt: Zuständigkeit für Rechtsstreitigkeiten

§ 51 **Zuständigkeit für die Klage bei Entziehung des Wohnungseigentums**
Das Amtsgericht, in dessen Bezirk das Grundstück liegt, ist ohne Rücksicht auf den Wert des Streitgegenstandes für Rechtsstreitigkeiten zwischen Wohnungseigentümern wegen Entziehung des Wohnungseigentums (§ 18) zuständig.

§ 61 **Zustimmung nach § 12**
Fehlt eine nach § 12 erforderliche Zustimmung, so sind die Veräußerung und das zugrunde liegende Verpflichtungsgeschäft unbeschadet der sonstigen Voraussetzungen wirksam, wenn die Eintragung der Veräußerung oder einer Auflassungsvormerkung in das Grundbuch vor dem 15. Januar 1994 erfolgt ist und es sich um die erstmalige Veräußerung dieses Wohnungseigentums nach seiner Begründung handelt, es sei denn, dass eine rechtskräftige gerichtliche Entscheidung entgegensteht. Das Fehlen der Zustimmung steht in diesen Fällen dem Eintritt der Rechtsfolgen des § 878 des Bürgerlichen Gesetzbuchs nicht entgegen. Die Sätze 1 und 2 gelten entsprechend in den Fällen der §§ 30 und 35 des Wohnungseigentumsgesetzes.

Stichwortverzeichnis

(Die Zahlen bezeichnen die Seiten)

A
„Ausfrieren", Hausgeldschuldner 126, 152
„Austrocknen", Hausgeldschuldner 126, 152
Abberufung (des Verwalters) 130, 177, 293
Abbruchgenehmigung 39
Abgaben, öffentlich 45
Abgeschlossenheit 282
Abgeschlossenheitsbescheinigung 35, 64, 108
Abgrenzungsfragen 67
Abnahme 87, 160
Abnahmefiktionsklausel 48
Abnahmeprotokoll 46
Abnahmeprotokoll, Gemeinschaftseigentum (Muster) 238
Abrechnung 295
Abrechnungsspitze 97, 121
Abrechnungswesen 175
Abschreibung (Steuer) 184
Abstimmungsergebnis 138
Abstimmungsprinzip 138
Abtretung 98
Abtretungsklauseln 52
AGB-Gesetz 16, 50
Altbau 107
Altbausanierung 108
Altlasten 19, 103
Amtsermittlungsgrundsatz 146
Amtsermittlungspflicht 145
Amtszeit des Verwalters 84
Anderkonto 93

Anderkonto, Notar 94
Änderungen, nachträgliche 59
Änderungsklausel 86
Anfechtung 144
Anfechtungsgegner 145
Ankaufsverpflichtungen 31
Anlageberater 86
Anlageobjekt 111
Anschriftenliste 126
Anträge bei Gericht 149
Antragsvorschläge (Muster) 210
Anwaltsvertretungszwang 149
Arglistige Täuschung 97
Asylbewerber 167
Aufgabenkatalog 84
Aufhebung der Gemeinschaft 288
Aufklärungspflicht 98
Auflassung 53, 88
Auflassungsvormerkung 43, 88, 94
Aufpreis 58
Aufrechnungsrechte 129
Aufteilungsplan 35, 64, 66, 164
außerordentliche Eigentümerversammlung 132

B
Badeverbot 171
Balkon 67
Balkonverglasungen 154
Baubeschreibung 13, 26, 85
Baugenehmigung 39
Baulastenverzeichnis 39
Bauliche Veränderung 81, 153, 291

Baumängel 49, 158
Baumängelgewährleistung 97
Bauträger 16
Bebauungsplan 39
Begleitpersonen 80, 137
Beirat 179
Belastungen (Grundbuch) 39
Belegprüfung 125
Belehrungen des Notars 60
Beschluss 291
Beschlussanfechtung 144
Beschlussanfechtungsantrag (Muster) 202
Beschlussanfechtungsfrist 138
Beschlüsse (Tabelle) 140
Beschlussfähigkeit 133, 293
Beschlussprotokoll 143
Beschlussunfähigkeit 137
Beschrieb 34, 64, 66
Beschwerdefrist 148
Beschwerdewert 147
Beseitigungsansprüche 154
Besichtigung 91
Besitzeinräumung 46
Besitzübergabe 99
Besitzübergang 95
Bestandteile, wesentliche 92
Bestellung zum Verwalter 178
Betretungsrecht 164
Betriebskosten 124
Beurkundung 15, 32, 61
Beweiserhebungen 146
Beweisverfahren, selbständiges 50
Bewirtschaftungskosten 124
Bilanzierung 79
Bindungswirkung 101
Bruchteilsgemeinschaft 134
Buchhaltung 174

Bürgschaft 42

C
Carports 71

D
Dachflächenänderungen 155
Dachterrassen 67, 69, 71
Datenübersichtsblatt (Muster) 277
Deckendurchbrüche 155
DIN-Normen 27
Disagio/Damnum 24
Duschverbot 171

E
Eigenbedarfskündigung 107
Eigenheimzulage 183
Eigenschaften, wesentliche 98
Eigentümerpflichten 104
Eigentümerrechte 104
Eigentümerversammlung 80, 131
Eigentumserwerb 88
Eigentumsübergang 53
Eigentumsumschreibung 53, 61
Einberufung 131, 292
Einberufungsfrist 131, 292
Einkauf 175
Einladung 131, 175
Einladung zur Eigentümerversammlung (Muster) 214
Einladungsformmängel 133
Einnahmen-/Ausgabenrechnung 122
Einsichtsrecht 126
Einstweilige Anordnungen 148
Eintragen (Grundbuch) 104
Eintragung (Grundbuch) 53
Eintragungsbewilligung 284

Stichwortverzeichnis

Einzelabrechnung 79, 123
Einzelklagebefugnis 151
Energieeinsparungsmaßnahmen 82
Entlastung 126, 130
Entziehung des Wohnungseigentums 152, 289, 300
Erbbaurecht 16, 296
Erbfall 110
Erbschaftsteuer 185
Ergebnisprotokoll 143
Erledigung der Hauptsache 149
Erschließungskosten 45, 99
Erwerb kraft Gesetzes 110
Erwerberhaftung 121
Erwerbsgegenstand 38
Erwerbsvertrag (Muster) 247
Erwerbsvertrag 33, 53
Erwerbsvorgang (Schaubild) 12
Eventualeinberufung 134

F
Fachberatung 105
Fachberatung 86
Faktische Eigentümer 96
Faktische Gemeinschaft 54, 107
Faktischer Eigentümer 54
Faktischer Gemeinschaft 135
Fälligkeit (Kaufpreis) 41, 93
Fenster 70
Fensterveränderungen 155
Feriendomizil 111
Ferienwohnungen 118
Fertigstellungstermin 45
Festpreis 41
Feuerversicherung 291
Finanzierung 23, 113, 115
Finanzierungsfragen 86

Flächenberechnung 26
Freiberufliche Nutzung 75
Freiwillige Gerichtsbarkeit 296
Fristberechnung 145

G
Garagen 71
Garagenstellplätze 282
Garantiemietvertrag 116
Gartengerätehäuschen 155
Gartennutzung 168
Gebäudeabschreibung 184
Gebrauchsregelung 287
Geldvermögen 73
Gemeinschaftliche Räume 168
Gemeinschaftseigentum 67, 281, 283
Gemeinschaftsordnung 63, 73, 100
Gemeinschaftsräume 21
Gemeinschaftsregelungen 100
Geräte 73
Gerichtliche Kontrolle 144
Gerichtsentscheidungen 101
Gerichtskosten 299
Gerichtszuständigkeit 144
Gesamtabrechnung 79
Gesamtabrechnung mit Einzelabrechnungen (Muster) 241
Gesamtschuldhaftung 128
Geschäftsordnungsanträge 139
Geschäftswert des Verfahrens 147
Gewährleistung 49
Gewährleistungsfrist 50, 160
Gewerbliche Nutzung 75
Gewerbliche Zwischenvermietung 106
Gewinn- und Verlustrechnung 122
Grundbesitzhaftpflicht 291
Grundbuch 34, 37, 39

Grundbuchblatt (Wohnungsgrundbuch) 283
Grundbucheintragungskosten 93
Grundbuchvorschriften 283
Grunddienstbarkeit 40
Grunderwerbsteuer 61, 93, 187
Grundförderung 183
Grundpfandrechte 40
Grundsatzerklärung 149
Grundschuld 40
Grundsteuerbescheid 102
Grundstücksaltlasten 103
Grundstücksbeschrieb 34

H
Handelsregisterauszug 25
Hauptpflichten des Verwalters 174
Hausbesitzerhaftpflicht 291
Hausgeld 21, 77, 78, 121
Hausordnung (Muster) 191
Hausordnung 82, 168, 169, 189, 291
Haustiere 83, 170
Heizkosten 79, 124
Heizkostenabrechnung 124
Heizkostenverordnung 79, 124
Heizungsanlagen-Verordnung 80
Hinterlegung 93
Hobbyraum 20, 75, 85, 90
Honorar (Verwalter) 172
Hunde 170
Hypothek 40

I
Identifizierung 64
II. Berechnungs-VO 27
Individualabrede 13, 87
Informatoinsrecht 157

Instandhaltung 288
Instandhaltung 291
Instandhaltungsarbeiten 173
Instandhaltungsbedarf 107
Instandhaltungsrückstellung 90, 96, 103, 122, 124, 125, 291, 295
Instandsetzung 288, 291
Instandsetzungen 103, 175
Instandsetzungsbedarf 107
Interessenabwägung 171
Inventarübernahme 93

J
Jahresabrechnung 122
Jahresabrechnung 125

K
Kabelfernsehen 156
Kapitalanlageabsicht 90
Kapitalanlagemodelle 117
Karteiblatt (Muster) 277
Katzen 170
Kauf 11
Kaufangebot, verbindliches 32
Kaufgegenstand 38
Kaufmännischer Verwaltung 174
Kaufpreis 22, 41, 92, 93
Kaufpreisminderung 98
Kaufvertrag (Muster) 247
Kaufvertrag 33
Kaufvertragsentwurf 92
Keller 85
Kernsanierung 108
Kfz-Stellplätze 71
Kinderwagen 169
Kinderzulage 183
Klagebefugnis 51

Stichwortverzeichnis

Kontaminationen 19
Kontrolle des Verwalters 172
Kopfprinzip 134
Kosten 77, 288
Kosten des Verfahrens 299
Kostenentscheidung 147
Kostenerstattungsanspruch 159
Kostentragung 295
Kostenverteilung 77
Kostenverteilungsschlüssel 77, 123, 127
Kündigung, Eigenbedarf 107

L
Ladung 131
Lage (der Wohnung) 18, 19
Lage 89
Lasten 77, 288
Lastenfreistellung 94
Lastentragung 295
Lastschriftenermächtigung 129
Leerstand 128
Leistungsbeschreibung 85
Löschungsbewilligung 93

M
Mahnbescheid 150
Mahnverfahren 298
Majorisierung 136
Makler 30, 86, 116
Makler- und Bauträger-VO 13, 41, 108
Maklerprovision 31, 105, 110
Mängel am Gemeinschaftseigentum 158
Mängelanspruchsverfolgung 175
Mängelgewährleistung 49
Mängelgewährleistungsanspruch
  (Muster) 239
Mängelrechte 50

Mängelrügen 50
Mehrhausanlagen 78
Mehrheit, qualifizierte 139
Mehrheitsbeschluss 293
Mehrheitsbeschlussfassung 138
Mieter 166
Mietgarantie 24, 116
Mietvertrag 104
Mietverwaltung 107
Minderheitenquorum 132
Minderung 98, 159
Miteigentum 282
Miteigentumsanteil 34, 36
Miteigentumsquoten 66
Modernisierende Instandsetzungen 155
Modernisierungsmaßnahmen 82
Musizieren 83, 169, 170
Muster 189

N
Nachbarstreitigkeiten 169
Nachbesserungsanspruch 159
Namensliste 126
Nebenkosten 25
Negativer Beschluss 139, 151
Nichtbeschluss 139, 151
Nichtigkeitsfeststellung 151
Nichtöffentlichkeitsgrundsatz 137
Nießbrauch 40, 135
Notar 60, 88, 106
Notaranderkonto 93, 94
Notarkosten 93, 94
Notverwalter 178
Notverwalter 293
Nutzfläche 29
Nutzung 288
Nutzungsfragen 166

Nutzungszweckänderungen 100

O
Obdachlose 167
Objektprinzip 134
Optionen 31
Ordnungsgemäßer Gebrauch 164, 170
organisatorische Verwaltung 175

P
Pächter 166
Parabolantenne 156
Pauschalpreis/Komplettpreis 41
Pfandfreistellung 92
Pfandfreistellungserklärung 40
Pflichten 121
Pflichten des Wohnungseigentümers 287
Planauszug 85
Pläne 26, 73
Planunterlagen 85
Planzeichnung 104
Prospekte 26, 86, 111
Protokoll 292
Protokollberichtigung 144
Protokollierung 175
Provision, Makler 31, 105, 110

Q
Qualifizierte Mehrheit 139

R
Ratenzahlungen 41
Ratenzahlungsplan 13
Raumaufteilung 20
Reallast 40
Realprinzip 134
Rechnungsausgleich 175
Rechnungslegung 295

Rechnungsprüfung 125
Rechte 121
Rechtsanwalt 86
Rechtsbeschwerde 148
Rechtskraft 298
Rechtsmängel 49, 97
Rechtsmittel 298
Referenzliste 25
Rendite 112
Reservierung 31
Rollstühle 169
Rückabwicklung 98
Rücklageanlagevermögen 103
Ruhezeiten 170

S
Sachmängel 97
Saldenvorträgen 123
Sanierungsmaßnahmen 91
Schadensersatz 159
Schadensersatz wegen Nichterfüllung 98
Schadensersatzanspruch 173
Scheingeschäft 44
Schenkungsteuer 185
Schlüssel 99
Schneeräumdienste 174
Schwarzgeldzahlung 43
Selbstauskunft 25
Sofortige Beschwerde 148, 298
Sonderausschüsse 180
Sondereigentum 34, 282
Sondereigentumsverwaltung 179
Sonderhonorare 85
Sonderkündigungsschutz des Mieters 106
Sondernutzung 73
Sondernutzungsgrenzzäune 155
Sondernutzungsrechte 36, 60, 65, 74

Stichwortverzeichnis

Sonderrechtsnachfolger 57
Sondertilgungen 24
Sonderumlage 91, 102, 103, 128
Sondervereinbarungen 81
Sonderwünsche 12, 58, 85
Sonnenschutzmarkisen 169
Sonsdereigentum 281
Sonstiges 141
Speicher 20, 75, 90
Speicherraum 85
Standort 89
Stellplätze 71
Steuerberater 86
Steuerfragen 183
Steuern 61
Steuern, Literaturhinweise 189
Steuervergünstigungen 183
Stimmenthaltungen 138
Stimmrecht 134, 135, 293
Stimmrechtsausschluss 136, 293
Stimmrechtsmajorisierungen 107
Stimmrechtsvereinbarung 80
Stimmrechtsvertretungsregelungen 80
Stimmrechtsvollmacht (Muster) 216
Stimmrechtsvollmachten 137
Störer 154, 169
Streudienste 174
Subsidiärhaftung 48, 53

T
Tagesordnung 132
Tauschring 119
Tauschung, arglistige 97
Technische Einrichtungen 21
Technische Verwaltung 175
Teileigentum 34, 37, 281
Teileigentumsgrundbuch 283

Teilnahmerecht, Dritter
Teilung durch den Eigentümer 284
Teilungserklärung 26, 34, 63, 100, 164
Teilungsvertrag 63
Tekturen 26
Terrassenwintergartenüberbauungen 154
Thermostatventile 80
Tiefgaragenstellplätze 95
Tierhalteverbot 170
Tierhaltung 83, 169
Time-sharing 118

U
Überbelegungsvorschriften 167
Übergabe/Abnahme 46
Überwachung 175
Überwachungspflichten 173
Umlaufbeschluss 292
Umlaufverfahren 142
Umschreibung (Grundbuch) 53
Umwandlung 106
Unauflöslichkeit der Gemeinschaft 286
Unterlagen 73
Unterverbriefungen 43
Unzuverlässigkeit eines Erwerbers 174

V
Veräußerungsbeschränkung 286
Veräußerungszustimmung 175
Verbrauchserfassungsgeräte 80
Vereinbarungsänderung 164
Vereinbarungswirkung 64
Verfahrensvorschriften 296
Vergütung 172
Verhaltensregelungen 82
Verjährung 99
Verkehrsfläche 29

Verkehrssicherungspflicht 173
Verlustzuweisung 114
Vermietbarkeit 22, 90, 112
Vermietung 125, 167
Vermietungspool 115
Vermögenschadenversicherung 84
Vermögensstatus 79, 122
Versammlungsbeschlüsse 101
Versammlungsleiter 133
Versammlungsleitung 175
Versammlungsort 131
Versammlungsprotokoll (Muster) 219
Versammlungsprotokoll 101, 292
Versammlungstermin 132
Verschiedenes 141
Versicherungsverträge 173
Vertragsabschluss 88
Vertragsänderungen 62
Vertragsentwurf 92
Vertragsstrafe 32, 45
Vertrieb 114
Verwalterabrechnung 121
Verwalterbefugnisse 294
Verwalterbestellung 178, 293
Verwalterentlastung 130
Verwaltergebühr 124
Verwalterhonorar 84, 172
Verwalterneubestellung 178
Verwalterpflichten 84
Verwaltervertrag (Muster) 224
Verwaltervertrag 83
Verwaltervollmacht 295
Verwalterzustimmung 76, 94, 174m 286
Verwaltung 290
Verwaltung, kaufmännische 174
Verwaltung, organisatorische 175
Verwaltung, technische 175

Verwaltungsbeirat 104, 125, 179, 290, 292, 295
Verwaltungsunterlagen 126
Verwaltungsvermögen 73
Verwirkung 154, 168
Verzug 42
VOB/B 51
Vollstreckung 151
Vollstreckungsbescheid 150
Vollstreckungsklausel 44
Voreigentümer 39
Vorverträgen 31
Verwalteraufgaben 294

W

Wanddurchbrüche 154
Wandelung (Rücktritt) 159
Wandelung 98
Warmwasserkosten 79
Wartungsverträge 173
Werbeunterlagen 26
Werbungskostenpauschale 187
Werdender Eigentümer 54, 96
Werkvertrag 50
Werkzeug 73
Wertprinzip 134
Wesentliche Eigenschaft 30, 98
Wiederbestellung 172
Wiederholungsversammlung 133, 293
Wintergarten 154
Wirtschaftsplan (Muster) 246
Wirtschaftsplan 79, 121, 291, 295
Wirtschaftsplankalkulation 175
Wohnfläche 27, 29, 103
Wohnflächenberechnung 187
Wohngeld 21, 77, 78, 90, 121, 295
Wohngeldausfälle 103

Stichwortverzeichnis

Wohngeldinkasso 175
Wohngeldinkassoverfahren 151
Wohngeldrückstände 95, 102, 174
Wohngeldsäumniss 150
Wohngeldschulden 126
Wohngeldsvorauszahlungen 113
Wohngeldvorauszahlung 102, 121
Wohnungsbindungsgesetz 23
Wohnungseigentum 34, 281
Wohnungseigentümergemeinschaft 285
Wohnungseigentümerversammlung 291
Wohnungseigentumsgericht 148
Wohnungseigentumsgesetz (Auszug) 281
Wohnungseigentumsverfahren 148
Wohnungserbbaurecht 296
Wohnungsgrundbücher 284

Z
Zählerstände 99
Zahlungsantrag wegen Wohngeldsäumnis (Muster) 208
Zahlungsraten 41

Zitterbeschluss 127, 141
Zubehör 92
Zuordnungsfragen 67
Zürückbehaltungsrecht 42, 129
Zusatzabsprachen 62
Zusatzhonorare 85
Zuschlag (Zwangsversteigerung) 110
Zusicherung 97, 98
Zustand, technischer 91
Zustellungsbevollmächtigter 145
Zustellungsvertretung 175
Zustimmung (des Verwalters) 76
–, (Verkauf) 174
–, Grundpfandgläubiger 92
Zustimmungsvorbehalt 166
Zwangsversteigerung 110, 130
Zwangsvollstreckung 298
Zwangsvollstreckungsunterwerfung 44, 93
Zweckbestimmung 65, 66
Zwischenablesung 99
Zwischenanmietung, gewerbliche 106, 115

Das gesamte Wohn- und Geschäftsraummietrecht
auf neuestem Stand in ABC-Form!

Dieses bewährte Buch bietet praxisnahe Antworten auf alle wichtigen Rechtsfragen des Alltags.

Schlagen Sie einfach unter dem entsprechenden Stichwort nach. Sofort finden Sie Tipps und Ratschläge, die Ihnen helfen, Zeit und Geld zu sparen und unnötigen Ärger zu vermeiden.

Die Neuauflage bietet Ihnen:

- die aktuelle Rechtsprechung des Bundesgerichtshofs zur Renovierungspflicht des Mieters
- neueste Entscheidungen des Bundesverfassungsgerichts zum Kündigungsschutz und zu den Kündigungsrechten des Vermieters
- die gesetzliche Regelung der Kappungsgrenze für Mieterhöhungen bei Wohnraum
- neueste Rechtsprechung zur Abrechnung von Betriebskosten
- die praktischen Auswirkungen des Euro-Einführungsgesetzes sowie der neuen Insolvenzordnung auf das Mietrecht

Für alle Vermieter und Mieter, die beruflich oder privat mit dem Mietrecht zu tun haben.

BESTSELLER

Stürzer / Koch

Vermieter-Lexikon
Ein Ratgeber für die tägliche Praxis

5. Auflage 2000.
806 Seiten, Broschur
ISBN 3-448-04218-8
Bestell-Nr. 06236-0002
€ 20,35 / DM 39,80

Erhältlich auch in Ihrer Buchhandlung.

Jetzt bestellen!

Besuchen Sie uns im Internet: www.haufe.de

 Telefon: 0761/89 88 111
 Fax: 0761/89 88 222
 e-Mail: bestellung@haufe.de
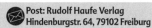 Post: Rudolf Haufe Verlag, Hindenburgstr. 64, 79102 Freiburg

Sofort-Ratgeber für alle Fragen rund ums Wohnungseigentum

Mit über 1000 ausführlich erläuterten Stichwörtern zum WEG-Recht!

Das Wohnungseigentumsrecht ist in erster Linie „Richterrecht". Umso nützlicher ist dieser Praxis-Leitfaden, der alle wichtigen Informationen für Verwalter, Verwaltungsbeiräte und Wohnungseigentümer verständlich, präzise und umfassend auf den Punkt bringt.

- Welche Kompetenzen hat der Verwalter?
- Was muss der Eigentümer dulden?
- Was ist bei der Zählerablesung zu beachten?
- Wann dürfen Bäume gefällt werden?
- Wie ist die Wohnungsbegehung geregelt?
- Wer hat wann der Streupflicht nachzukommen?
- Wie werden Balkonsanierungen geregelt?

Dieser Ratgeber beschäftigt sich nicht mit theoretischen Erläuterungen, sondern bietet Ihnen durch die problemorientierte Darstellungsweise schnellen Zugriff auf Lösungen für Ihre ganz speziellen Fragen bzw. Problemlösungen.

Marcel Sauren

Das Praxislexikon Wohnungseigentum

Neuerscheinung 2000
320 Seiten, Hardcover
ISBN 3-448-04139-4
Bestell-Nr. 06304-0001
DM 68,– / E 34,77

Jetzt bestellen!

Besuchen Sie uns im Internet: www.haufe.de

Telefon:
0761/89 88 111

Fax:
0761/89 88 222

e-Mail:
bestellung@haufe.de

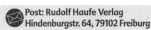
Post: Rudolf Haufe Verlag
Hindenburgstr. 64, 79102 Freiburg